国外职业教育优秀教材精选

汽车机电技术（二）
学习领域5~8

Berufsfeld Fahrzeugtechnik
Lernfelder 5~8

（德）Wilfried Staudt   著

华晨宝马汽车有限公司   组译

机械工业出版社

译者序

人才是21世纪最宝贵的财富，是企业和社会良性发展不可或缺的、至关重要的因素。作为一个负责任的企业公民，华晨宝马始终相信，高素质人才的培养有助于经济的可持续增长和社会的和谐发展。教育也不仅是学校和各级教育部门的职责，更是全社会义不容辞的责任。

作为世界顶级的豪华汽车制造商，华晨宝马自成立以来，始终以世界顶级的品质要求作为生产和管理的标准，从而制造出高品质的一流产品。这些成绩离不开沈阳工厂高素质员工的贡献。一直以来，辽宁省、沈阳市教育系统源源不断地为华晨宝马输送各类型优秀人才，而华晨宝马也通过多种方式参与和支持中国教育事业的发展。

众所周知，德国汽车工业的成功很大程度上得益于双元制职业教育的高度发展。从2005年起，华晨宝马与宝马集团共同投资开展"宝马技术导入"综合培训项目，逐步建立起宝马在中国的基础技术教育培训体系。华晨宝马设立了职业培训部门，并与辽宁省相关院校携手，逐步将德国职业教育体系引入国内。

华晨宝马职业教育培训主要涵盖三方面内容：

一、在现有德国培训课程基础上，结合中国的实际情况及汽车行业职业教育的具体要求，推广适合中国国情的汽车"机械电子一体化"课程；

二、开展针对培训师及教师的示范培训；

三、直接针对职业教育学校学生提供相关培训。

本书是华晨宝马职业教育项目的起点。我们期待"汽车机电技术"培训课程能够对提高汽车行业技术人员和供应商的技能及专业水平发挥积极的作用。

"百年大计，教育为本"。宝马不仅把全球领先的技术运用在产品生产和发展上，更希望通过支持职业教育，为汽车行业输入先进理念和技术，从而推动全行业的发展和进步，使社会和消费者最终获益。

在此，我谨向该书出版过程中给予大力支持和合作的各方，包括：德国技术合作公司（GTZ），辽宁省人力资源和社会保障厅，沈阳市教育局，德国Bildungsverlag EINS教育出版社，北京富事多翻译服务有限公司以及辽宁当地各合作院校等表示衷心的感谢。

华晨宝马汽车有限公司
总裁兼首席执行官

康思远（Olaf Kastner）
2009年8月10日，沈阳

原版前言

这本教学和工作手册可在实施框架教学计划规定方面为教师和学生提供帮助。

学习领域中的重点是：

1. 按照工作和企业流程处理客户委托，

2. 获得专业的诊断和修理能力，

3. 进行质量管理。

框架教学计划给出了有关质量管理的以下信息：

"第一个培训学年，学生应学会持续检查并改进其工作质量。在以后几年中，自评价过程形成质量管理框架内整体质量意识的出发点。"

因此在专业学习阶段必须从质量保证角度认识用户委托的完整处理过程。

与基础学习阶段各学习领域手册中详细讲述的客户委托相反，在专业学习阶段中学生必须借助工作表对客户委托独立完成计划、实施、检查和评估。通过以小组为单位独立执行客户委托，学生既能获得专业的诊断和修理能力，又能培养学习与社交能力。

在这本手册中

· "通过按计划修理实现质量保证要求"；

· "通过检查和记录实现质量保证要求"，以及部分；

· "通过以客户为本实现质量保证要求"；

纳入到了学生利用工作表完成制定计划阶段中。

除客户委托外，这本手册只介绍上述这些领域中必要的新内容和新信息。

课程可以按以下方式组织：

· 制定计划阶段（包括了练习阶段）：

学生利用存储在 CD-ROM 光盘上的工作表处理客户委托。

1. 通过以客户为本实现质量保证要求

接车谈话和接受客户委托

出发点是客户报修。向客户询问和为客户咨询是接受客户委托的组成部分。学生在教师的帮助下完成这一部分。为了练习如何与客户沟通，可以通过扮演角色的方式接受客户委托。

2. 通过系统知识实现质量保证要求

在第一个前期计划中，学生以小组形式组织信息收集。在国际互联网上查找信息以补充资料库内容。

随后客户委托处理阶段与系统知识掌握阶段交替进行。以小组形式掌握有关回答问题并进一步处理客户委托的专业内容。

3. 通过检查和测量实现质量保证要求

学生选择检查和测量设备，确定诊断或修理策略，制定检测计划并根据故障诊断界定故障可能存在的范围。

4. 通过按计划修理实现质量保证要求

在这个阶段中选择工具、维修设备、辅助材料和工作油液，了解操作规程和劳动安全规定，记录工作流程。这个阶段既可以分组进行，也可以全体共同进行。

5. 通过检查和记录实现质量保证要求

完成工作质量检查的各项要点后，各小组应展示他们的工作结果。学生讨论工作结果并研究是否能改进委托处理过程。

记录工作通过集成在维修站信息系统 ESItronic 内的工作卡来进行。

教师主要扮演主持人的角色，在信息分析和处理客户委托方面指导学生，开始并组织下一步的学习过程。

涉及数学、自然科学和英语方面的内容都融入到所有学习领域中。

Wilfried Staudt

2005 年 1 月

目　　录

学习领域 5

供电系统和起动系统
的检查和修理

1 起动蓄电池

1.1 通过以客户为本实现质量保证要求

1.1.1 接受客户委托

客户委托特点	客户委托处理
由救援服务公司将车辆拖到维修站。该车辆的注册登记地点是英国。车主是个略懂德语的英国人，他通过电话委托维修站对车辆进行修复。他将于傍晚来维修站。需要补充确认维修委托。 车辆型号铭牌： 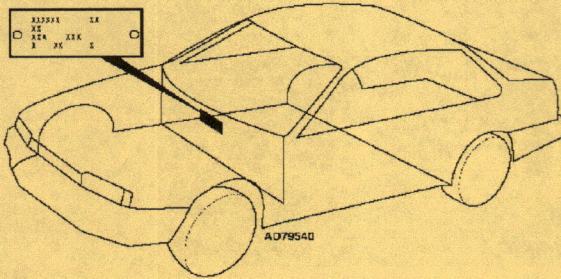	**客户报修：** 发动机不起动 维修委托处理： · 车辆牌照号 · 里程数 · 根据数据标牌识别车辆 　车型：高尔夫 　型号：高尔夫 IV 1.6 　发动机代码：AEH 发动机型号铭牌： 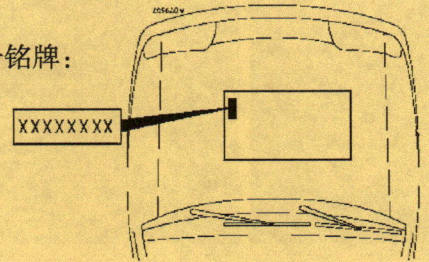

客户地址：

委托书编号： 0001
客户编号： 1510
委托日期： 2004年6月12日

车型	牌照号	车辆识别号	里程数/km
VW	在英国注册登记：ZXY-325	0603 421	85400

注册登记日期	发动机代码	接车人	电话号码
1998年8月25日	AEH	A Meyer	0611/4444444

项目	工时单位	时间	工作内容	价格
01			发动机无法起动	
			车辆由救援公司拖至服务站	
			车主在稍后的时间到达服务站	

日期：　　　　　　时间：

此委托是在明确确认"车辆、总成以及零部件工作和费用估算条件"之后签发并交给本人的。

车辆终检

日期	时间	验收人	里程数/km

————————————
客户签名

1.1.2　客户咨询

首次与客户接触通常是由于车辆出现问题而在汽车销售服务中心内发生的。

客户咨询是处理委托的重要内容。咨询谈话由三部分组成：
- 建立联系，
- 咨询，
- 咨询结束。

客户咨询的所有阶段都要求员工具有系统知识、产品知识、良好的谈话技巧以及以客户为本的指导思想。

1.1.2.1　建立联系

联系的建立始于问候，问候时车辆机电维修工需介绍自己的姓名，有礼貌地询问客户姓名。接下来应使用姓名来称呼用户。以此向客户显示对他本人的关注。给客户的第一印象对于将来与客户之间的关系意义非常重大。因此，重要的是尽快与客户建立个人联系，从接受委托到咨询直至将车辆交付给客户并在以后为用户继续服务期间都保持这种联系。

提问技巧对于咨询谈话的进行有着特殊意义，良好的提问技巧便于从客户那里获得尽量多的信息并能够有目的地为客户提供其可接受的建议。

著名作家Eugen Roth (1895—1976) 曾经说过："能够正确提问的人才能得到最佳的答案。"

学习领域 5

开放式问题	封闭式问题	诱导式问题	二选一问题
开放性问题就是所谓的以"W"起始的问题。不能用是或不是来回答。这些问题都以谁、什么、何时、怎样、为什么、为何目的、哪一些、给哪个人等起始的。 "您的汽车有哪些问题？" "怎样才能发觉这个问题呢？" 开放性提问给客户以表达其想法的机会。	而封闭式问题只能用是或不是来回答。 "您的汽车有问题吗？" "您的汽车油耗很高吗？" 客户回答"不是"时就会出现谈话障碍。即使回答"是"也不包含其他信息，不利于谈话的继续进行。	诱导性问题实际上把答案提示给客户。这些问题与封闭式问题一样只允许一种答案，往往用"是"来回答。 "您不认为这块蓄电池最适用于您吗？" 客户往往作出拒绝性反应，因为他们感觉受到了约束。	二选一问题向客户显示适用于解决其问题的可选方案。这些问题往往有助于在咨询谈话结束时作出决定。 "您想选择 Silver（银）还是 Silverplus（超银）蓄电池？" 这能使客户把注意力集中到这两个产品上并便于其作出决定。
反诘	**说明理由式问题**	**检查式问题**	**反问**
反诘问题不期望得到回答。它包含了问题，同时也给出了答案。 "为什么这辆车油耗过高呢？""因为冷却液传感器或节气门电位器坏了。"	这些问题表示车辆机电维修工认可客户的能力并将其作为对问题解决方案的宝贵支持。 "这是个有意思的好主意，您是从哪里得到这些专业知识的？"	检查式问题用于确保所有存在的问题都已谈论过且谈话双方看法一致。检查式问题用于结束协商过程。	反问可在给出答复之前赢得时间。您要求客户详细描述其问题。客户的问题是： "最早在什么时候我能取走这辆车？" 反问："您什么时候需要这辆车？" 这时客户肯定会回答并给出他对"最早"这个概念的理解信息。

与客户交谈首先应以开放式问题开始（W 起始问题）。

答复开放式问题可以为继续交谈提供共同点，通常能使客户融合在谈话中并获得附加信息。主动倾听能鼓励客户详细描述其问题。车辆机电维修工让客户把话说完并点头示意，保持目光交流并用明确的词语表明自己正在专心倾听。客户结束其讲述后，车辆机电维修工应针对客户的叙述内容作出回应。应感谢客户富有价值的说明，同时回避过于主观的建议。

1.1.2.2　咨询

在大多数情况下客户对所供产品和服务的实际作用不能给予全面的评价。因此他就需要专业人员提供咨询，以便其作出决定。

咨询时需要做好充分的准备工作。这包括所有必要信息资料的汇总，同时要考虑谈话方式、产品优点论据和处理客户可能持有的异议。

不要试图说服客户，要让客户信服。如果咨询时对于企业优势的宣传胜过了客户自己对这家企业的印象，客户就会产生怀疑甚至拒绝。服务接待人员应让客户始终感到，其问题得到认真对待且在解决其遇到的问题时客户能够得到企业的支持。

车辆维修站中的咨询包括以下方面：
- 对保养或维修的范围提供咨询

为客户提供直接接车服务是很有意义的。直接接车时可以向客户告知维修方式以及维修范围。让客户感觉只进行真正必要的维修工作。
- 为总成或附件的安装提供咨询

维修时通常会更换损坏的部件或总成。因为汽车制造商和供货商在不断优化他们的产品，所以除了正常备件或总成（例如免维护蓄电池）外，还有改进型产品（例如绝对免维护蓄电池）可供选择。咨询时必须向客户证明，改进产品的性能可以为他带来明显的好处。只有车辆机电维修工非常熟悉产品且能以使人印象深刻的方式讲述产品优点时，才会取得成功。

如有可能，应让客户亲自看到或触摸所介绍的产品。

可以借助产品优点论据在咨询前介绍或说明服务或产品的特点。

备件方面的产品优点论据			
备件	**产品特征**	**客户异议**	**产品优点论据**
冬季轮胎。	带齿形凸片的胎面凹槽，适用于低温条件的橡胶化合物。	旧冬季轮胎今冬还可以使用。轮胎价格很贵。	冬季轮胎的花纹深度小于4mm时不再适用于冬季使用。装有冬季轮胎的车辆在驶过雪地和污泥地时安全性更高。交通事故花费比新冬季轮胎贵。

同样的道理也适用于附件的安装。除产品特性外，技术装备和道路交通许可规定 StVZO 的法规也起一定作用。例如，加装车外照明装置时需视供电设备的容量和道路交通许可规定StVZO 的法规而定。所有这些要点都属于车辆机电维修工的咨询范畴。

- 对驾驶方式或紧急情况下处理方法的咨询

专业人员可从车辆损坏情况（例如胎体撞破）推断出损坏是因车轮驶过路沿造成的。服务顾问应礼貌、客观且不过分主观地告知客户，其行车安全将因此而受到威胁并由于轮胎更严重的磨损而发生更多的费用。向客户建议尽量不要从路沿上驶过，如果为了停车而必须这样做时，也要以尽量大的钝角和尽量低的车速驶过路沿。

通过向客户提供对紧急情况，例如发动机不起动时的咨询，就能提高客户对汽车销售服务中心的满意度并加强与客户的联系。

1.1.2.3　结束

接受咨询后客户往往还有疑虑并提出各种异议。这表示客户已经对该问题进行过研究。但也可能是客户想得到折扣或更多的服务。无论如何必须认真对待客户的异议，不能简单地置之不理。车辆机电维修工应向客户确认他有权提出异议，以此向客户表明其异议得到了理解。随着将异议转变为问题，往往就能把顾虑消除掉：

客户异议："轮胎价格很贵。"

车辆机电维修工："难道便宜的轮胎比您的安全更重要吗？"

客户对产品提出异议时，提供其他选择也是有益的。

如果咨询结束时客户仍然不能作出决定，则车辆机电维修工应缩小选择范围并再次说明使用相关产品或服务所带来的好处，由此来帮助客户更容易地作出决定。反诘问题"这个轮胎搭配铝合金轮辋真的适合您的车吗？"也有助于作出选择。

咨询结束后应与客户友好道别。告别时车辆机电维修工也应与客户保持目光交流，并祝他一路平安。

1.1.2.4　用英语进行客户咨询

由于国际间的交流以及商品交易，车辆机电维修工不断接触其他语言，尤其是英语。他必须做深入研究英文的工作，且在接受客户委托时能够与外国客户交流。

维修站信息系统 ESItronic、系统和组件供应商的网页和慕尼黑大学的在线《德英词典》服务都能提供有价值的帮助：

ESItronic：点击菜单中的"设置"→"语言"→"英语"。可以将维修站信息系统转换为英语。从中可找到许多术语和解释。

·许多系统和组件供应商为外国客户提供英文网页。输入商业地址，例如bosch.com 往往能代替国家标记 bosch.de 而导向其英文网页。但是通过点击德语网页上的"Englisch"（英语）按钮也能取得相同的效果。

·慕尼黑大学的《德英词典》：通过慕尼黑工业大学的在线服务http://dict.leo.org 可以调用"德→英"或"英→德"词汇。

学习领域
5

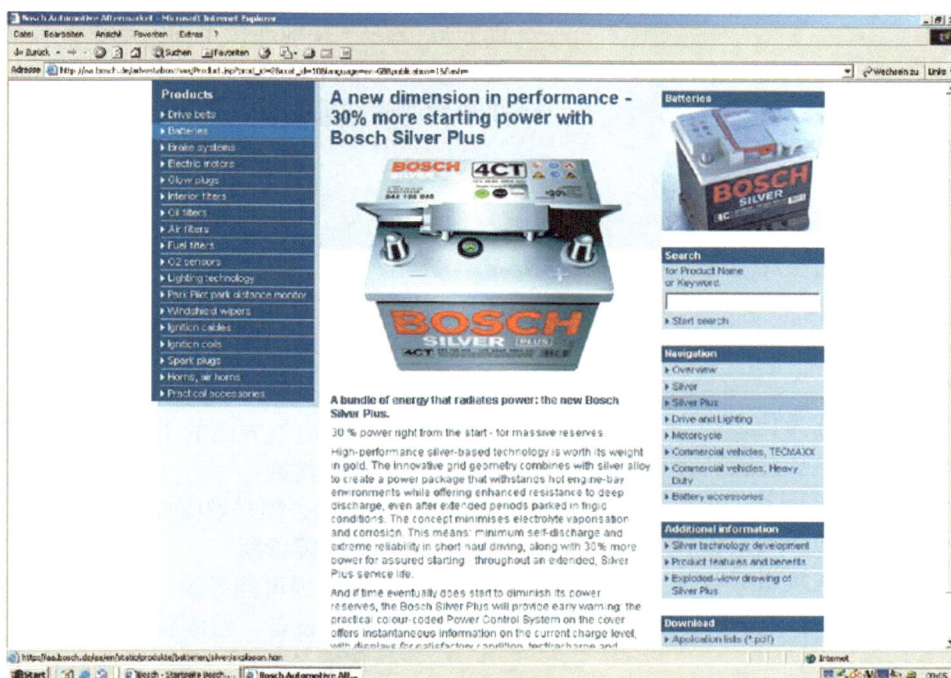

1.2　通过系统知识实现质量保证要求：起动蓄电池

1.2.1　前期计划：脑图"发动机不起动"

按照头脑风暴方法将可能的故障原因汇集在一起。利用脑图（Mind Map）来记录关键点。

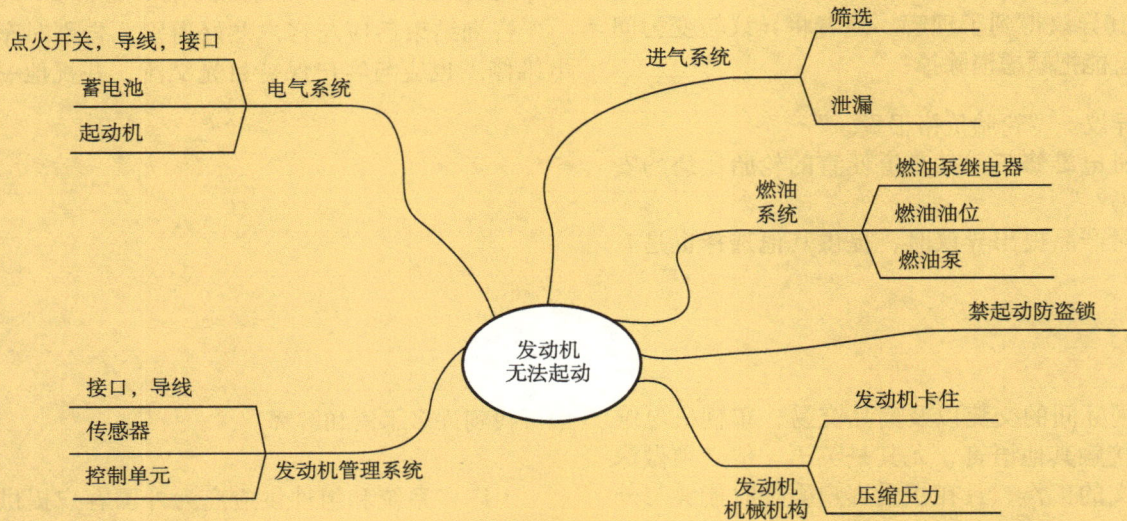

"发动机不起动"的粗略诊断

若不能起动发动机，在怀疑电子系统存在问题之前首先应排除可能的机械和电气原因：

- **一般性故障查询：**

　–起动机带动发动机转动　　　　　　　→ 点火系统，
　　　　　　　　　　　　　　　　　　　→ 燃油系统。

　–起动机只能慢速转动　　　　　　　　→ 蓄电池电压？蓄电池接线柱？接地连接接通？车身？起动机损坏？

　–起动机不转动　　　　　　　　　　　→ 接通前照灯并操纵起动机，
　　　　　　　　　　　　　　　　　　　→ 前照灯微亮，→蓄电池和起动机上的接口？起动机功能？
　　　　　　　　　　　　　　　　　　　→ 前照灯闪烁→蓄电池？接口？充电状态？
　　　　　　　　　　　　　　　　　　　→ 前照灯很亮→接地连接牢固？电磁开关功能？起动机功能？点火起动开关功能？

　–电磁开关吸合，发动机不转动　　　　→ 小齿轮或起动机齿圈损坏。

- **读取故障码存储记录**

　没有故障记录。

- **结果：**

　起动机不转动→前照灯闪烁→蓄电池损坏。

提出问题

1　系统分析
1）这个待检测的系统称为什么？
2）维修站信息系统提供哪些资料（电路图）？
3）符合 DIN 标准的电路图是如何表示的？
4）哪些总成与这个待检测的系统有关？
5）这些总成由哪些子系统组成？
6）供电系统如何工作？
2　安全措施
1）进行电气设备方面的工作时必须采取哪些安全措施？

2）进行蓄电池方面的工作时必须注意哪些事项？
3　预防性措施
　维修前必须采取哪些措施？
4　首次故障诊断
　哪些原因可能导致"发动机不起动"故障？
5　工具，设备，检测仪器
　必须准备哪些工具、设备和检验仪器？

1.2.2　14V车载网络

目前常用的14V车载网络由以下部件组成：

- 蓄能器：12V蓄电池，
- 能量转换器：交流发电机，
- 用电器：起动机、照明装置、控制和调节系统等。

当内燃机以足够的转速转动时，交流发电机就会产生电能并提供给用电器以及供给蓄电池充电。当发动机静止时或起动时，必须由蓄电池承担供电的任务。

1960年时车辆平均功率消耗量约为300W，如今一辆小型汽车不计起动装置的功率消耗量就超过了1000W。随着车载用电器的增加，电能消耗量也在不断地增加。

各用电器的接通时间长短不一。因此将其分为：

- 持续用电器：点火系统、燃油喷射装置，
- 长时间用电器：照明装置、可加热后窗玻璃，
- 短时间用电器：转向信号灯、制动信号灯。

人与汽车的安全在很大程度上取决于电能的供给。

如今汽车可称作"车轮上的计算机"。

车门锁、空调系统、ABS、报警系统、座椅加热装置、照明装置、发动机和排气系统都只能使用电能且由电子系统控制。

即使在停车后，也需要由蓄电池向控制芯片和存储芯片供电。蓄电池也负责向所谓的舒适用电器供电，例如停车时也使用的立体声音响设备和车载电话。供电设备必须能在车辆静止状态下、急速运转和行驶中向车载用电器提供充足可靠的电能。安全供电的基本电量由蓄电池提供。通过发电机和匹配的车载网络系统快速而有效地为蓄电池充电是至关重要的。

使用舒适用电器会导致燃油消耗量的增加，因为发动机需要驱动发电机为其供电。根据蓄电池公司瓦尔塔（Varta）提供的数据，各种用电费用为：

使用5min风窗玻璃刮水器需要0.01欧元，0.2 L汽油能将后窗玻璃加热1h使其保持视线清晰。欣赏音乐的费用是每小时0.01欧元/h。开着空调系统行驶100km消耗1.5 L汽油（在城市路况下甚至消耗1.8 L）。据专家估算，一辆装备了所有舒适性设备的中级轿车年行驶15000km消耗大约50欧元的电能。

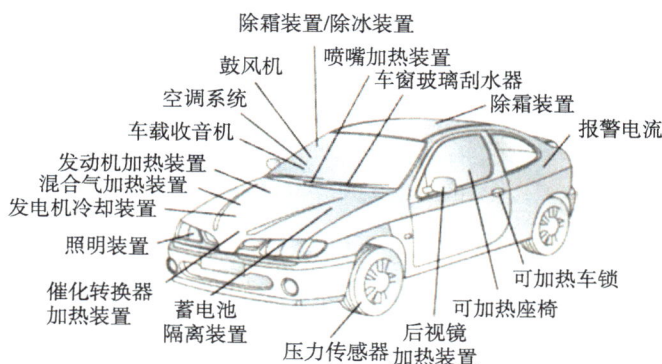

1.2.3　起动蓄电池系统

1.2.3.1　电工学基础

将两种金属板浸在一种导电液体（电解液）中时，就会产生电压（参见学习领域2第39页）。在电压顺序中金属彼此相隔越远，所产生的电压越大。

如果将铜板和锌板浸入电解液中，则测得 1.1V的电压。在此非贵金属（例如锌）分解。车辆蓄电池按照相同的原理工作。

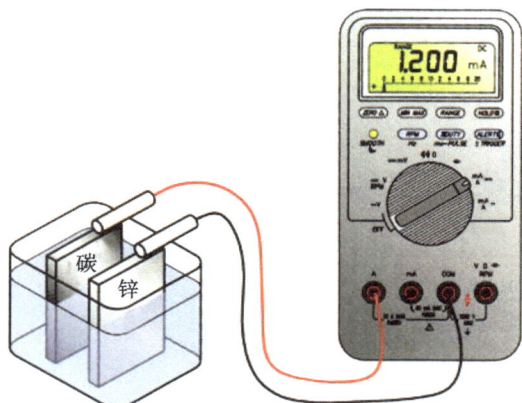

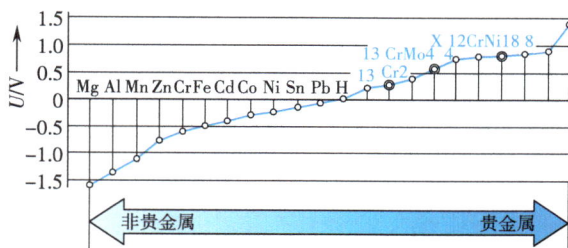

车载用电器的功率需求（平均值）

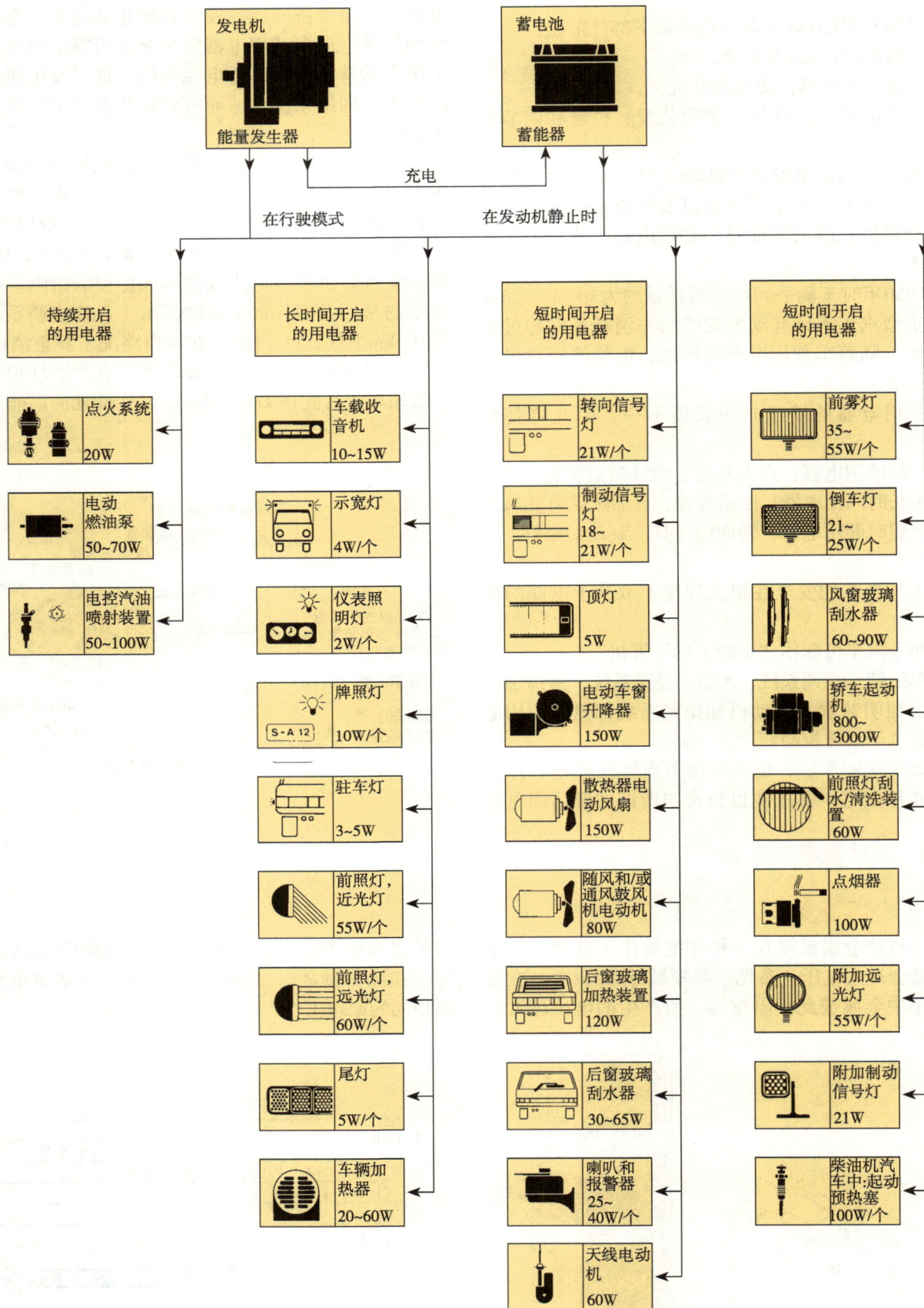

发电机

能量发生器

蓄电池

蓄能器

充电

在行驶模式　　　　　在发动机静止时

持续开启的用电器	长时间开启的用电器	短时间开启的用电器	短时间开启的用电器
点火系统 20W	车载收音机 10~15W	转向信号灯 21W/个	前雾灯 35~55W/个
电动燃油泵 50~70W	示宽灯 4W/个	制动信号灯 18~21W/个	倒车灯 21~25W/个
电控汽油喷射装置 50~100W	仪表照明灯 2W/个	顶灯 5W	风窗玻璃刮水器 60~90W
	牌照灯 S-A 12 10W/个	电动车窗升降器 150W	轿车起动机 800~3000W
	驻车灯 3~5W	散热器电动风扇 150W	前照灯刮水/清洗装置 60W
	前照灯，近光灯 55W/个	随风和/或通风鼓风机电动机 80W	点烟器 100W
	前照灯，远光灯 60W/个	后窗玻璃加热装置 120W	附加远光灯 55W/个
	尾灯 5W/个	后窗玻璃刮水器 30~65W	附加制动信号灯 21W
	车辆加热器 20~60W	喇叭和报警器 25~40W/个	柴油机汽车中:起动预热塞 100W/个
		天线电动机 60W	

1.2.3.2　12V起动蓄电池的结构

12V起动蓄电池由一个通过隔板分成若干个电池槽的组合箱（壳体）构成。每个电池槽包括一个由5块负极板和4块正极组成的极板组。这些极板都由一个涂有活性物质的铅极板网栅组成。

·正极板

它们含有作为活性物质的二氧化铅（PbO$_2$）。

·负极板

它们含有作为活性物质的以海绵状形式出现的纯铅（Pb）。

正极板和负极板分别用一个电极桥连接起来。极板的数量和面积决定了电池槽的容量。

在正极板和负极板之间装有称为隔片的隔板，使正、负极板不能相互接触而发生短路。隔板将极板进行电隔离，而离子却能穿过它们进行迁移（参见1.2.3.3起动蓄电池的功能）。

极板通过其底座固定在蓄电池外壳的底板上。底板之间的空腔是淤渣箱，在蓄电池工作过程中从极板网栅上脱落的活性物质小粒子沉积在淤渣箱中。这样就能防止导电的海绵状铅与极板接触而发生短路。

在标准蓄电池中，由一个共用的密封盖对装有极板组的各电池槽进行密封。密封盖上每个电池槽都有进行维护时加入蓄电池电解液或蒸馏水的加注口。此加注口由带有排气孔的螺塞封堵。

各蓄电池槽中都注有电解液——一种导电的液体。经过稀释的硫酸（H$_2$SO$_4$）作为电解液使用：37.5%的浓硫酸和62.5%的蒸馏水。

每个电池槽可以提供2V的电压。通过各电池槽电极之间的连接条将各电池槽串联在一起。6个电池槽就可以组成一个12V蓄电池。

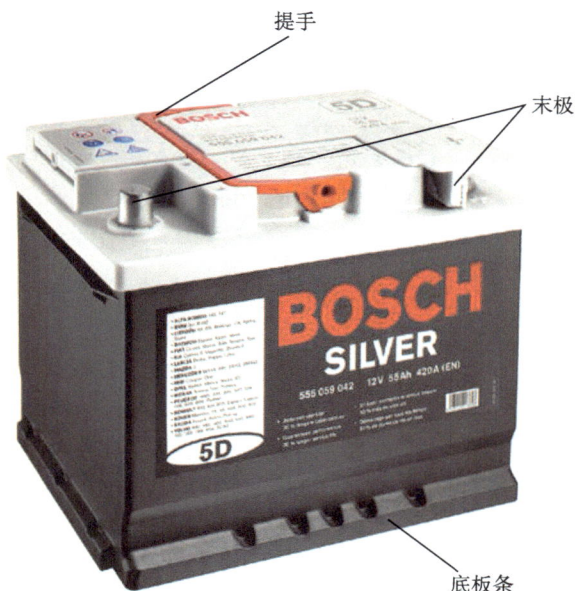

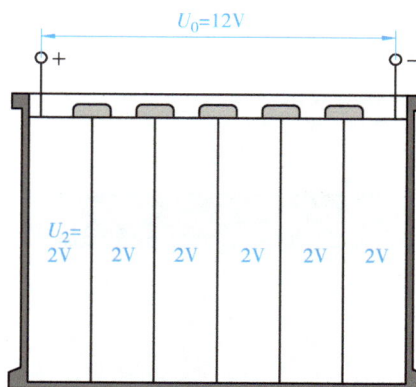

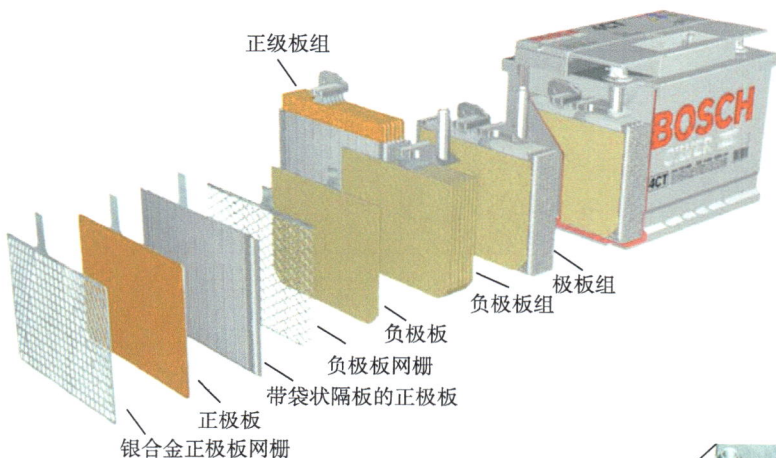

提手
末极
BOSCH
SILVER
555 059 042　12V 55Ah 420A (EN)
5D
底板条

学习领域
5

$U_0 = 12V$

$U_2 = 2V$　2V　2V　2V　2V　2V　2V

正级板组
带底板条的组合箱
BOSCH
4CT
负极板组
极板组
负极板
负极板网栅
带袋状隔板的正极板
正极板
银合金正极板网栅

带有一体式提手的可拆卸极靴护盖
4CT
BOSCH
位于提手内侧的使用说明书
整体式玻璃料（防止火花回火）
末极

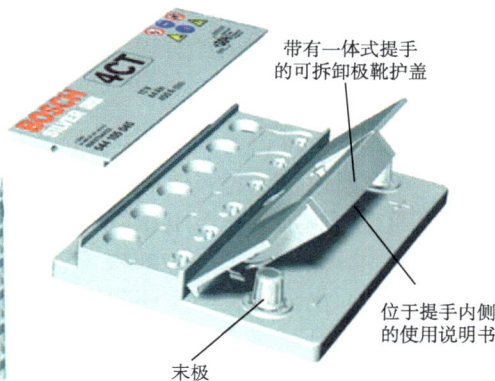

1.2.3.3 起动蓄电池的功能

放电过程	
电流消耗	**电池槽放电**

$$PbO_2 + 2H_2SO_4 + Pb$$
二氧化铅+ 硫酸 +铅

$$\longrightarrow$$

$$2PbSO_4 + 2H_2O$$
硫酸铅+ 水

如果电池槽电极通过一个用电器连接在一起，电流就从负极经过用电器而流向正极。

硫酸分解成氢气（H_2）和酸根（SO_4）。正极板释放出氧气（O_2），氧气与此前释放出来的氢气化合成水（H_2O）。酸根（SO_4）与正负极板中的铅化合成硫酸铅（$PbSO_4$）。

两种极板上的活性物质则转化为硫酸铅，此外还生成水。电解液中的硫酸因此变稀，即电解液中的硫酸含量降低。酸密度降低到 1.12 kg/L，电压为 1.75V。

充电过程	
电池槽充电	**充电后的电池槽**

$$2PbSO_4 + 2H_2O$$
硫酸铅+ 水

$$\longrightarrow$$

$$PbO_2 + 2H_2SO_4 + Pb$$
二氧化铅 + 硫酸 +铅

充电时电流从正极流向负极。两种极板上的硫酸铅通过所施加的充电电压以电化学方式分解为铅（Pb）和酸根（SO_4）。酸根（SO_4）与电解液中的氢（H）化合成硫酸（H_2SO_4）。负极板上产生金属铅（Pb）。正极板的铅与释放出来的氧（O）化合成二氧化铅（PbO_2）。

正极板上的活性物质由二氧化铅组成，负极板上的活性物质由金属铅组成。

电池槽电压达到2.4V时蓄电池开始起泡，即产生危险的氧氢爆鸣气（有爆炸危险）。相应电压称为起泡电压。通过继续充电（过量充电），电池槽的电压上升到 2.75V。蓄电池充足电后其硫酸浓度为 1.28 kg/L。

1.2.3.4　特性参数

蓄电池电压

额定电压	怠速和静止电压	起泡电压，充电电压	充电结束电压	放电结束电压
电池槽的额定电压为2 V，起动蓄电池的额定电压为12 V。	静止电压取决于充电状态和电解液温度：充足电的蓄电池在25℃时其电压约为12.8V，放电后蓄电池的电压约为12V。	如果充电时蓄电池电压达到14.4～14.7V，就会开始起泡且有产生氧氢爆鸣气的危险，这会导致水损耗。	充电结束电压是断开充电电流前在接线端子上测得的电压，例如2.4V/电池槽或14.4V蓄电池电压。	放电结束电压规定了蓄电池允许达到的放电下限电压。低于此下限电压时会导致过度放电和蓄电池寿命降低。放电结束电压为 1.75 V，硫酸浓度为 1.12 kg/L。

内电阻

　起动过程中前照灯会明显变暗。如果发动机静止时接通用电器，则蓄电池接线柱电压会下降。用电器消耗的蓄电池电流越多，接线柱电压下降就会越大。其原因在于蓄电池的内电阻。12 V 蓄电池的内电阻由以下部分组成：

　·各电池槽内电阻的串联（电极与电解液之间的过渡电阻，电极的电子流电阻，电解液中离子流电阻）

　·内部连接件的电阻（电极板和电池槽连接件的电阻）。

　各种工作条件也会对内电阻产生影响：

　·蓄电池的充电状态越好，内电阻就越小。

　·温度越低，内电阻就越大。

　内电阻是蓄电池起动性能的一个标志。

　内电阻与起动机电路中的其他电阻共同决定起动时起动机所需的旋转转速。一个充足电的 $50A\cdot h$ 蓄电池其内电阻为5~10Ω，而当充电状态为50%并且-25℃时，内电阻可上升至25Ω。

用于表示内电阻的备用电路图

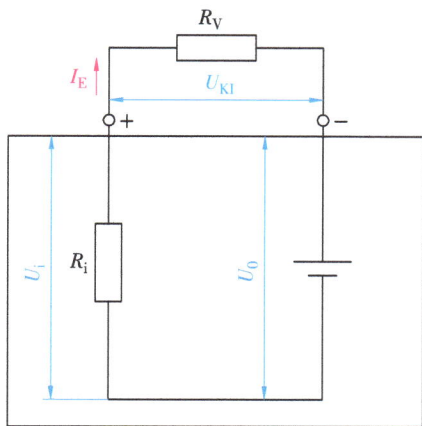

端电压的计算

　备用电路图由一个理想状态的蓄电池和串联的内电阻器构成。

　根据欧姆定律，在此内电阻器上出现电压降 U_i。依此类推

$$U_i = I\, R_i$$

　此时接线端上只存在电压：

$$U_{KI} = U_0 - U_i$$

例如：

　假设蓄电池内电阻为 $R_i = 10m\Omega$，静止电压为 $U_0 = 12.6V$。根据起动机参数，起动过程中可能流过 $I_E = 400A$ 以上的电流。

　蓄电池电极上可供使用的电压由于存在负荷而变小。此电压降为

$$U = R_i I_E = 0.010\Omega \times 400A = 4V$$

　蓄电池电压由于内电阻而下降：

$$U_{KI} = U_0 - U_i = 12.6V - 4V = \mathbf{8.6V}$$

1.2.3.5　蓄电池的标识

为了能对不同制造商的起动蓄电池进行比较，标准中对蓄电池上必须进行的标识作出了规定。蓄电池上记载了以下信息：

· 符合欧洲标准 DIN EN 的特性参数，
· 欧洲型号 ETN，
· 蓄电池制造商标注的型号。

欧洲标准　DIN EN 60095-1

标识示例：

	12V	44Ah	450A

额定电压：12V	额定容量：44A·h	低温检测电流：450A
根据标准，起动蓄电池的额定电压为12V。	额定容量为44A·h。额定容量表示蓄电池储存容量是多大。额定容量等于电流与时间的乘积，作为基本要求，一个12V蓄电池可以在+27℃的温度下输出电流20h，而蓄电池电压不降低到10.5V以下。蓄电池接线柱电压达到10.5V前，44A·h蓄电池可以输出（44/20）A=2.2A的电流至少20h。	发动机冷态时蓄电池的起动能力是一个特别重要的参数。起动能力的一个衡量标准是冷态检测电流。该检测电流是由一个充足电的蓄电池在-18℃时连续进行10s输出而其电压不降到7.5V以下的电流强度。欧洲标准EN对检测方法作了说明。

欧洲型号　ETN

标识示例：

	5	44	105	045

额定电压	额定容量指标	流水号	低温检测电流
第一位数字表示蓄电池电压： 1~4：6V蓄电池 5~7：12V蓄电池 8：　特殊蓄电池 9：　小型牵引用蓄电池 举例：12V蓄电池	第二和第三位数字表示单位为安培小时（A·h）的（20h）容量（详见上述的额定容量）。 举例：44A·h	第四、五和六位数字表示流水号。	第七、八和九位数字以十分之一的单位表示低温检测电流。 举例：10 × 045（A）=450 A

1.2.3.6　特性参数

免维护蓄电池（符合DIN EN标准）	绝对免维护蓄电池

铅锑合金制成的铅极板网栅

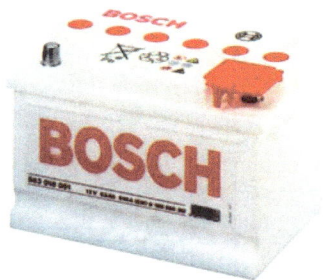

铅钙银合金制成的铅极板网栅

铅极板网栅中含有作为合金成分的锑。锑能改善极板网栅的易铸性、时效硬化性和稳定性。锑合金有一个缺点，即锑会由于腐蚀而从正极板中析出并通过酸液向负极板迁移。这样会形成影响负极板特性的局部电池。这会增加负极板的自放电现象，降低起泡电压。因此过量充电会增加水的消耗量，而又促使了锑的析出。现在钙已经取代了锑的位置。符合DIN EN标准的免维护蓄电池通常进行"干式"充电并在出厂时才注入蓄电池电解液。

作为铅合金成分的钙取代了锑。钙为电化学中性且不会使负极板发生改变，因此不会产生自放电现象。另外起泡电压会保持在一个较高的水平上。

通过铅与钙、锡和银的合金化可以保证蓄电池即使在高温下也能拥有较长的寿命。

水的分解由于高起泡电压而变得很少，以至于超过极板部分的电解液量足够蓄电池整个生命周期的消耗。绝对免维护蓄电池除了两个排气孔以外

是全封闭的。迷宫式安全盖在倾角为70°以下时都能阻止电解液流出，同时可以凝结蒸发的气体并将其导回蓄电池中。其中还集成了防回火装置（形成爆炸气体）。用抗氧化和耐酸的聚乙烯薄膜制成袋形隔板包裹着正、负极板。它们能阻止活性物质的脱落，所以也不再需要蓄电池淤渣箱了。极板也因此可以更大且全部直立固定。由于自放电很少，所以可以将充足电的蓄电池储存几个月。

特性

水消耗量：<6g/A·h 储存时间为 ·6个月时的自放电：酸液密度为1.2kg/L=65%充电状态 75%使用期后的起动功率：DIN规定值的70%	水消耗量：1g/A·h 储存时间为 ·6个月时的自放电：酸液密度为1.26kg/L ·18个月时的自放电：酸液密度为1.2kg/L 75%使用期后的起动功率：DIN规定值的100%以上

免维护蓄电池与绝对免维护电池对比

酸液密度与储存时间的关系

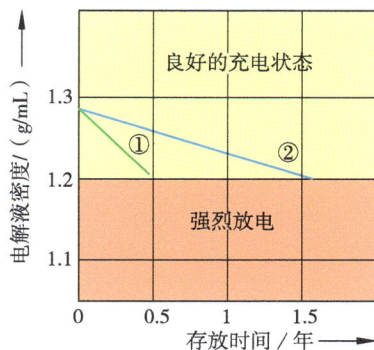

①普通起动蓄电池（PbSb）
②免维护起动蓄电池（PbCa）

起动功率与使用时间的关系

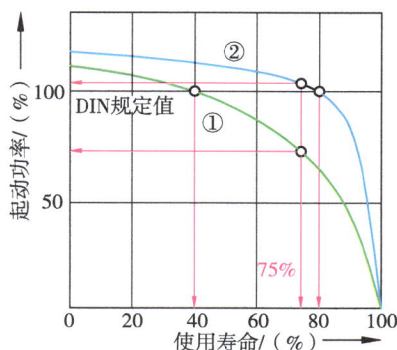

其他种类的蓄电池：

·耐循环蓄电池：覆有薄膜的袋形隔板能防止正极板过早掉渣。适用由于频繁短途行驶（例如出租汽车）和耗电量很高（风扇、空调机）而使蓄电池负载很大的车辆。

·防振蓄电池：极板组用浇铸树脂和／或塑料固

定。适用于建筑业、农业和林业的越野车。

·重载蓄电池（HD 蓄电池）：结合了耐循环和防振特性的蓄电池。适用于振动负荷很高且负荷为周期性的商用车。

1.2.3.7　电路

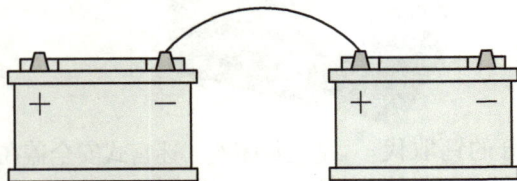

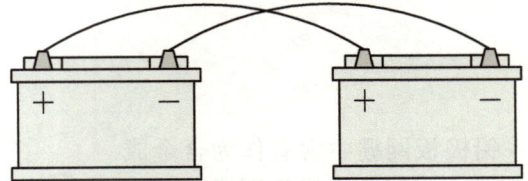

提高电压	提高电容量
例如将两个蓄电池串联以提高电压，两个蓄电池的电容量不发生变化。	例如将两个蓄电池并联以提高容量，电压不发生变化，分别把两个蓄电池的正极和负极连接在一起。

带蓄电池转换继电器的电路

配备大型柴油发动机的商用车大多拥有12/24V设备。这种设备由两个12V的蓄电池组成。在正常运行或发动机静止时为并联状态，其电压为 12V，向除了起动机以外的所有用电器以该电压供电。操纵点火起动开关时，蓄电池转换继电器就将这两个蓄电池串联，此时电压为24V，向设计额定电压为24V的起动机供电。

两个蓄电池在发动机运转时同时充电。

1—Ⅰ号12V蓄电池
2—Ⅱ号12V蓄电池
3—蓄电池转换继电器
4—点火起动开关
5—24V起动机

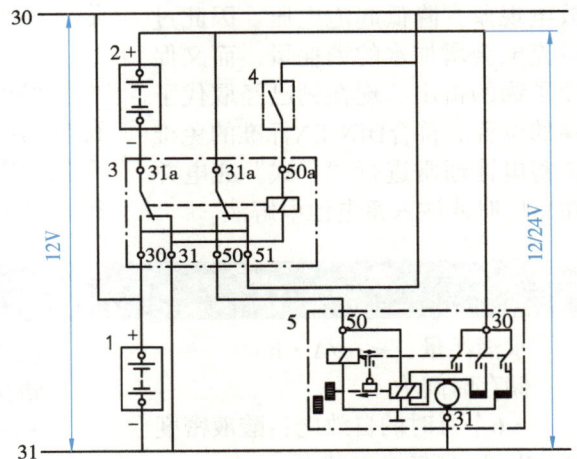

1.2.3.8　动力蓄电池

所有大型汽车制造商目前都在从事电动汽车的开发。电动汽车的关键问题在于电能的储存。迄今为止使用的都是固化电解液（胶体）免维护铅酸蓄

电池。使用这种蓄电池每充一次电行驶距离可达50～70km。现在镍锂蓄电池系统正在越来越多地取代铅酸蓄电池。铅酸蓄电池的能量和功率密度以及寿命比新型蓄电池系统都要低很多。

镍蓄电池系统		锂蓄电池系统	
镍镉蓄电池	镍金属氢化物蓄电池	锂离子蓄电池	锂聚合物蓄电池
在镍镉蓄电池中，正极活性物质主要由镍氢氧化物组成，负极活性物质主要由镉组成。装备有镍镉蓄电池的电动轿车其典型行驶距离约为80～100km。	在镍金属氢化物蓄电池中使用了一种储蓄有氢的合金作为负电极活泼金属来代替镉。	锂是一种有着最小分子重量的金属。锂离子积聚在负电极上的石墨网栅中。正电极含有氧化钴或氧化锰。在此使用一种有机溶液作为电解液。	它由一片很薄的负电极锂薄膜和一片正电极氧化钒薄膜组成。电解液是一种聚合物电解液。将薄膜卷成单个的电池槽。

下面以使用寿命、电量密度和功率密度几个参数对各个蓄电池系统进行比较。它表示：

· 用周期来表示的使用寿命：在实验室条件下按照具体规定执行蓄电池的充、放电周期。使用寿命取决于放电程度。人们把允许放电极限内的放电过程和放电后的再次充电过程称为一个完全的周期。使用寿命通过完全周期表示。

· 电量密度：单位为Wh/L（瓦小时/升）（电量容积）的电量密度表示每一容积单位中的电量含量，单位为 Wh/kg（瓦小时/千克）（电量重量）则表示每一重量单位中的电量含量。应尽可能使这两个数值达到最高值。

· 功率密度：功率密度表示每一重量单位或每一容积单位中可用的功率（功率重量或功率容积）。功率密度是一个极其重要的参数，因为人们用它来确定电动汽车的加速能力。一些新型蓄电池都具有非常良好的电量密度，但是它们的功率密度却很低。

特性	铅酸系统开启/关闭	镍系统 镍镉(Ni/Cd) 镍金属氢化物(Ni/MH)	锂系统 锂离子 锂聚合物
电池槽电压/V	2	1.2	3~4
电量密度/（Wh/kg）	25~30	35~80	60~150
不计加热/ 制冷的能量效率（%）	75~80	60~85	85~90
功率密度/（W/kg）	100~200	100~1000	300~1500
用周期来表示的使用寿命	600~900	>2000	设计>1000
运行温度/℃	10~55	-20~55	-10~50/ 60
免保养	视类型而定	视种类而定	是

在电动汽车中，用一台交流电动机（异步电动机或三相永磁同步电动机）作为驱动电动机。加速踏板的位置信号转换为相应的电动机电流和电压值。必须使用一个通过电网进行充电的蓄电池作为蓄能器。通过一个单速比变速器将电动机的输出转速降低为所需的车轮转速。在此可通过降低磁场强度等来改变转速。

1.2.4　对起动蓄电池进行操作时的工作安全

蓄电池的拆卸

为了避免短路，拆卸时必须注意以下事项：

· 拆卸：先断开负极导线再断开正极导线。

取出蓄电池时不得将蓄电池倾倒，否则电解液可能从排气孔中流出。抓牢蓄电池，以防止其掉到地上。

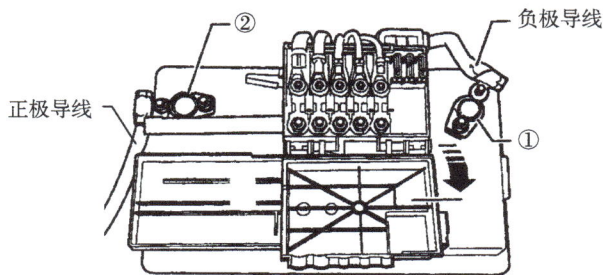

蓄电池的安装

为了避免短路，安装时必须注意以下事项：

· 安装：先连接正极导线，再连接负极导线。

安装蓄电池必须保证以机械方式牢固固定。不得盖住排气孔，如果是集中排气的蓄电池，必须将排气软管连接好。

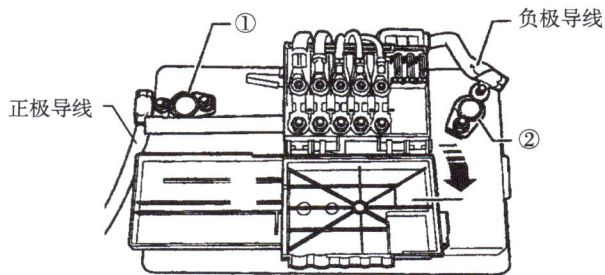

拆卸蓄电池和断开蓄电池导线时，如果车辆机电维修工先用板手断开正极接线柱上的导线，则有发生事故的危险。如果车辆机电维修工手上佩戴戒指，而板手与车身通过戒指产生了连接，上百安培的电流就会流过此戒指。这种电流能产生极高的温度并导致严重烧伤至失去手指。如果安装蓄电池时首先连接负极导线，然后再连接正极导线，也可能发生同样的事故。

进行蓄电池方面的工作时必须注意，不得用导电物体例如螺母板手使蓄电池接线柱搭接在一起。这将造成蓄电池短路，其后果是由于电解液温度升高而导致气压上升直至蓄电池安全阀打开，电解液喷出。这种情况下蓄电池也可能发生爆炸。

蓄电池充电

蓄电池充电时可能产生爆鸣气体。火花可点燃并引爆这种可燃混合气。这种爆炸可导致严重的人身伤害及周围财产的损坏。此外，爆鸣气体发生爆炸时蓄电池的外壳有可能被撕裂，这时电解液就会流出。硫酸可造成腐蚀。

蓄电池充电时充电室内要保持良好的通风。此外，安装蓄电池前首先将其放在通风良好的环境中使其继续放气。

为了防止蓄电池的附近产生火花，蓄电池充完电后必须先将充电器与电源断开，然后再将充电电缆从蓄电池上取下。

电解液加注和混合

按照DIN EN标准免维护蓄电池通常以干式充电法充电后才供货。出厂时已经加注电解液。

电解液混合时必须注意，应将浓硫酸注入到蒸馏水中。如果反过来将蒸馏水注入浓硫酸，则可能引起爆炸。蓄电池电解液的密度应为1.28 kg/L。加注蓄电池电解液时必须注意，酸液液位应超过蓄电池极板上部边缘15mm。经过大约20min的反应时间后蓄电池就可以投入使用了。

有关使用汽车蓄电池的安全说明
蓄电池盖上注明有以下汽车蓄电池的使用安全说明：

必须遵守蓄电池上的安全说明。

必须确保儿童远离电解液和蓄电池。

小心：
蓄电池充电时会产生（高爆性）氧氢爆鸣混合气，因此违规使用蓄电池有发生爆炸的危险。所以请务必注意。

禁止火焰、火花、明火和吸烟。防止在使用电缆、电器时以及通过静电放电而产生火花。防止短路！

注意腐蚀危险：
蓄电池电解液具有强腐蚀性，因此需要穿戴防护手套和护目镜。不得将蓄电池倾倒，否则电解液可能从排气孔中流出。

戴上护目镜！

废弃处理：
应将废旧蓄电池存放在耐酸容器中并进行回收利用。绝不允许将废旧蓄电池当作生活垃圾来处理。

公司	工作 指 导 按照危险物品法规定第20条 蓄电池电解液	编号：　　日期： 负责人：
应用范围		
工作范围：维修站/蓄电池间		活动：蓄电池保养
对人和环境的危害		
引起严重腐蚀。 毁坏有机织物和纺织品。 蓄电池充电时产生有爆炸危险的爆鸣气体。		
保护措施和行为准则		
·避免接触眼睛、皮肤和衣服。 ·戴上防护眼镜（必要时戴上面罩）、手套和围裙。 ·避免产生酸雾。 ·禁止明火、吸烟和火焰。		
出现事故和危险时的行为准则		
用通用吸附剂清除或用中性材料处理溢出的电解液。 通知　　　　　　　　先生/女士。 溢出的电解液较少时用大量清水稀释并冲净。		
急救		
·脱掉已污染的衣物。 ·用大量清水和肥皂彻底清洗皮肤接触部位。 ·接触眼睛后用流水冲洗眼睛15min（眼皮保持翻开状态，保护好未受伤的眼睛，取下隐形眼镜），到眼科医生处治疗。 ·误食后立即漱口并喝下大量清水。不要催吐。打电话叫医生。 ·吸入酸雾后立即到有新鲜空气处并休息。 ·到医院治疗。		
按规定废弃处理		
将旧蓄电池收集在耐酸容器中并回收利用。		

1.2.5　备件

备件种类

备件是指属于车辆基本装备和标准装备的所有零部件。与此相对应，人们把除了基本装备以外附加安装到车辆中的所有零部件称为附件。典型的附件包括收音机、冬季轮胎等。备件有不同的名称：

原装备件	翻新件	旧部件	外厂件	
			相同件	仿制件
这些零部件由汽车制造商批量生产（自产件）或由供货商按照汽车制造商规定提供（外购件）。这些零部件都经过质量检查。 车辆授权经销商必须遵照合同使用原装备件。	翻新件是由制造厂商修复的旧部件，其质量等同于全新的零部件。	这些零部件是例如从事故车辆上拆下来且未经过修复而再次投入使用的零部件。 与安全相关的制动和转向系统零部件除外。	相同件是由供货商超出制造商订货量生产的零部件。这些零部件使用供货商的商标进行销售。	仿制件是与车辆制造商和供货商毫无关系的零部件。它们不是按照车辆制造商的一系列要求生产的。

对于备件需要注意：

·备件通过制造商的零件号标识出来：

零件号中包括车型或动力总成、主分组和子分组代码以及零件号码。

举例：12V 44Ah 360A起动蓄电池，零件号：0180654 41 N

180：动力总成代码

654：6 = 主分组，54 = 子分组

41：零件号码

·备件必须有使用许可证：

道路交通许可规定（StVZO）中规定每辆车必须有一个使用许可证。车辆制造商从位于弗伦斯堡的德国联邦机动车运输管理局获得用于批量生产车辆的一般使用许可证（ABE）。也可以为车辆零部件颁发一个使用许可证，为批量生产零部件颁发一般性使用许可证。售后备件市场上销售的零部件同样需要一般性使用许可证（ABE）。必须在零部件、零部件标签或包装上标注一般性使用许可证（ABE）。

安装无使用许可证的零部件时，整车使用许可证将随之失效。

电子备件目录

电子备件目录以便于用户查找的方式提供了所有备件信息。维修站信息系统 ESITronic（演示版）中可以通过两种方式查找备件：

·选择车辆

选择车辆后，通过点击导航栏中的"装备"按钮就会显示该车辆的所有备件。通过输入"分组"、"所有"和"分类"对备件进行界定。

·品牌特有的部件或总成订货号

输入订货号后显示该部件或总成。

可以调用其他信息：

–通过点击所需备件或总成和／或调用信息类型"备件"，即可显示分解图、带有订货号的备件和附加订购信息。

–通过点击工时单位就能显示工时和以欧元为单位的价格。

–通过功能按钮调用其他信息：

F2：有关缩写的信息，

F6：按钮处于启用状态时：所选备件的插图，

F8：有关备件的信息。

·工时单位

➜ ⊕ 有关车辆装备、工时单位和工作卡的示例请查阅CD–ROM光盘 ⊖
⊖光盘未授权

学习领域
5

1.2.6　系统知识应用

系统知识／前期计划	
1　系统分析	**1　系统分析**
1）这个待检测的系统称为什么？	1）供电和起动系统。
2）维修站信息系统提供哪些资料（电路图）？	2）参见第25页的电路图。
3）符合 DIN 标准的电路图是如何表示的？	3）参见第26页的电路图。
4）哪些总成与这个待检测的系统有关？	4）蓄电池、交流发电机和起动机。
5）这些总成由哪些子系统组成？	5）蓄电池：电极、接线柱、导线。 交流发电机：发电机、调节器、充电导线。 起动机：电动机、继电器、起动导线。
6）供电系统如何工作？	6）目前常用的14V车载网络由以下部件组成： ・蓄能器、一个12V蓄电池， ・能量转换器、一个交流发电机， ・用电器，例如起动机、照明装置、控制和调节系统等。 当内燃机以足够的转速转动时，交流发电机就会产生电能并提供给用电器以及供给蓄电池充电。发动机关闭时或起动发动机时蓄电池必须提供电能。
2　安全措施	**2　安全措施**
1）进行电气设备方面的工作时必须采取哪些安全措施？	1）进行电气设备方面的工作时，原则上必须断开蓄电池接地导线。断开蓄电池时会删除电子储存器（例如故障码存储器）的记录。必须更换绝缘层损坏的导线。只能在断电状态下断开导线连接。应尽可能在点火开关关闭的情况下进行检查和调整工作。如果必须打开点火开关，则不允许接触导电部件。尤其是带有危险高电压的点火系统，尽管有绝缘层保护，但仍然可能通过电压电弧引起电击。更换熔丝和其他功能元件前必须首先切断电路并关闭点火开关，以防止短路和过载。还需要小心电子风扇，因为即使发动机静止时风扇也可能会起动。因此要让发动机冷却下来并拔下导线插头。
2）进行蓄电池方面的工作时必须注意哪些事项？	2）进行蓄电池电解液方面的工作时需多加小心。电解液具有强腐蚀性。必须佩戴防护手套和护目镜。不得将蓄电池倾倒，否则电解液可能从排气孔中流出。蓄电池充电时会产生有高爆炸危险的氧氢爆鸣气体。因此不按规定操作时有发生爆炸的危险。禁止火焰、火花和明火。进行蓄电池方面的工作时必须注意，不得用导电物体例如螺母扳手使蓄电池接线柱搭接在一起。否则会造成蓄电池短路，其后果是有蓄电池爆炸和电解液流出的危险。遵守安装和拆卸规定。遵守工作指导。
3　预防性措施	**3　预防性措施**
维修前必须采取哪些措施？	遵守关于举升机的事故预防规定，将举升机支撑臂支撑在规定的支撑点处，固定住车辆以防其自行移动。
4　首次故障诊断	**4　首次故障诊断**
哪些原因可能导致"发动机不起动"故障？	可能的原因包括蓄电池、交流发电机或起动机故障： ・蓄电池放电：用电器过多，冬季 ・蓄电池电量耗尽：短路 ・蓄电池充电不足：调节器，发电机，充电电路中的接触电阻 ・起动机导线对地或对正极短路

5 工具，设备，检测仪器	5 工具，设备，检测仪器
必须准备哪些工具、设备和检验仪器？	开口环形扳手、蓄电池测试仪、万用表、示波器、电解液检测仪、电极和总线端清洁刷。

BOSCH
ESI [tronic]
电子服务信息

电路图
车辆   VW（大众）/ 高尔夫IV1.6/高尔夫IV/1.6 / 74 kW/01/1998 – /AEH
RB 代码   VWW1572
系统   1998 / 起动 / 充电

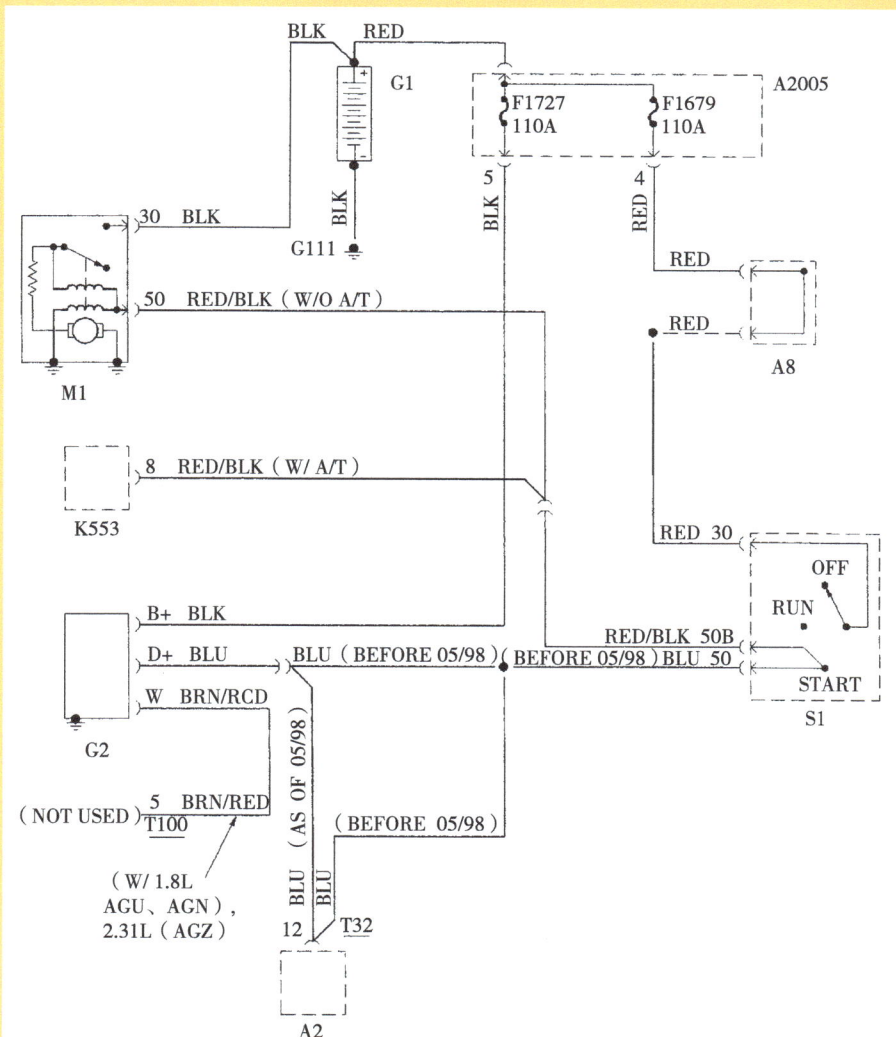

电路图

VW（大众）/ 高尔夫IV1.6 / 高尔夫 IV/1.6/74kW/01/1998–/AEH

1998 / 起动 / 充电

图中位置	名称
A2	组合仪表
A2005	蓄电池箱保险盒
A8	附加继电器板
F1679	熔丝 176
F1727	熔丝 177
G1	蓄电池
G2	发电机
K553	重复起动锁继电器
M1	起动机
S1	点火开关

符合DIN标准的电路图

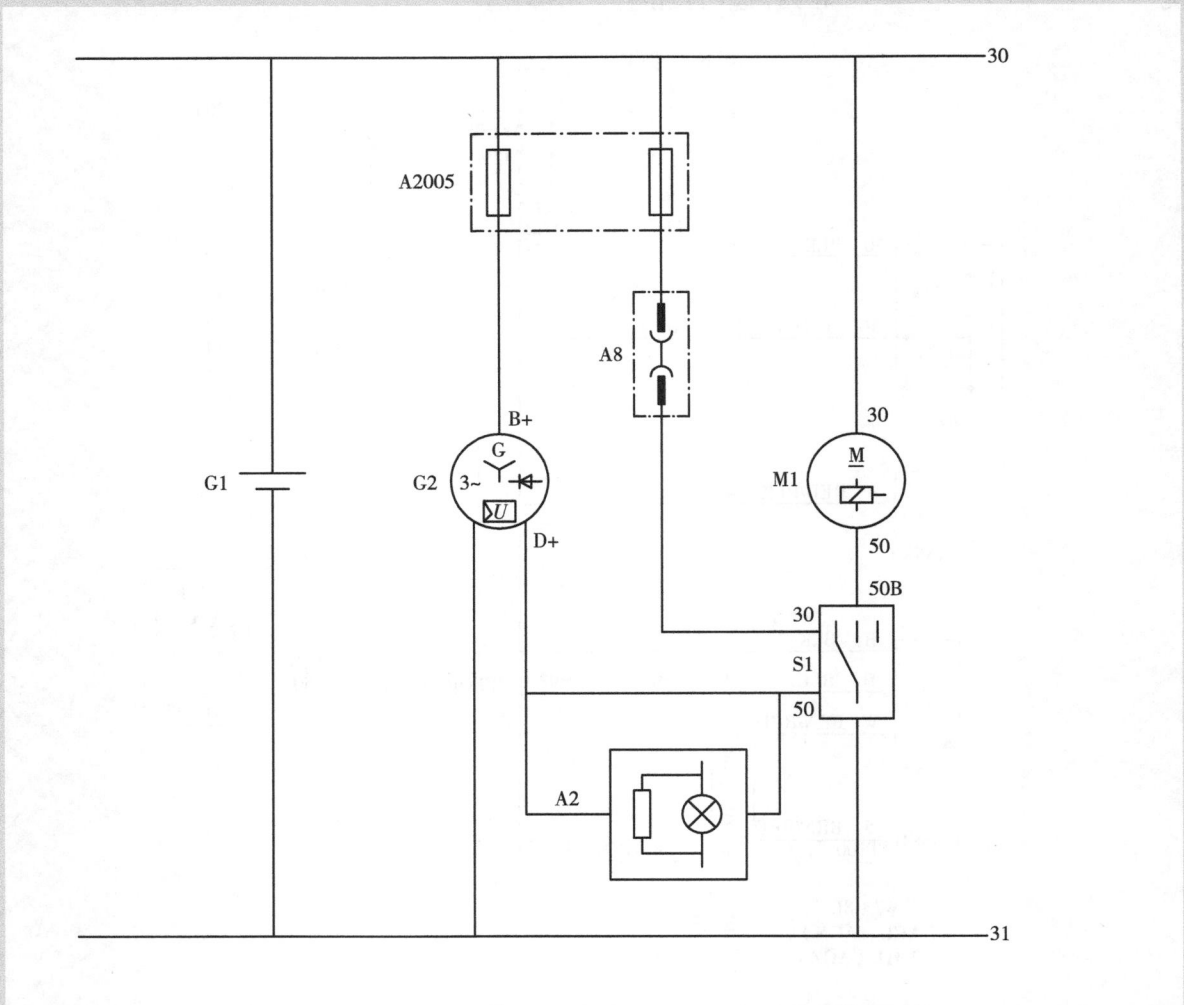

1.3　通过检查和测量实现质量保证要求

1.3.1　蓄电池故障

<table>
<tr><td>

蓄电池损坏

蓄电池损坏：

·隔板磨损造成短路，
·活性物质脱落造成短路，
·电池槽和极板连接条断裂。

内部短路征兆：

·电池槽之间电解液密度值波动较大（差值至少达0.03kg/L）。

连接条断裂征兆：

·蓄电池只能以小电流充电或放电，
·起动过程中电压中断。

蓄电池损坏时必须更换。

</td><td>

车载网络故障

如果蓄电池未损坏，则表明车载网络有故障。

·持续过渡放电：发电机V带损坏，附件消耗的休眠电流过大。
·踩下加速踏板时照明亮度出现波动且出现水分消耗：调节器工作不正常。

</td></tr>
<tr><td>

自行放电

铅锑合金的缺点是蓄电池无负荷时仍然会放电。自放电一方面是由蓄电池内部持续的转换过程造成的，另一方面是由电解液中的杂质、水分和表面泄漏电流造成的。根据蓄电池使用年限自放电量每天可达到蓄电池容量的0.2%~1%。充足电的蓄电池在经过约6个月后，其酸液密度降低到1.20 kg/L。对于绝对免维护蓄电池来说，18个月后才会达到这一数值。

</td><td>

蓄电池硫酸盐化

如果蓄电池长时间未使用，则放电过程中产生的硫酸铅会在极板上形成很难恢复原状的坚硬表面。蓄电池硫酸盐化后，其充电能力严重受限。蓄电池自放电时会产生气泡并由此消耗水分。通过以小充电起始电流进行较长时间的充电，可以使硫酸盐化较轻的蓄电池恢复其功能。如果该转换过程已经超越了一定程度，则通过充电也无法再使其逆转。则表明蓄电池已不能再使用。储存蓄电池时必须注意：

·尽量使停用的蓄电池保持充足电的状态。
·定期检查并最迟在电解液密度低于1.20 kg/L时进行补充充电。

</td></tr>
<tr><td>

过度充电

车辆有多个驾驶员时蓄电池始终处于充足电的状态。由于发动机常常处于高速运转且在白天发电机只需向少数用电器供电，因此有过度充电、腐蚀和地线松动的危险。此时水分会蒸发。

</td><td>

过度放电

如果蓄电池以较低电流强度完全放电，从而造成电压降低到终止放电电压以下，则发生过度放电。过度放电会缩短蓄电池的使用寿命。

</td></tr>
</table>

学习领域
5

1.3.2　故障诊断

故障	原因	补救措施
输出功率小，电压急剧下降	蓄电池放电 发电机的充电电压过低 接线柱氧化或松动 蓄电池与车身之间无金属接地连接 蓄电池电解液有杂质导致蓄电池自放电 蓄电池硫酸盐化 活性物质从极板上脱落	蓄电池充电 检查电压调节器，必要时更换 清洁接线柱，涂敷防酸油脂，拧紧接线柱 更换蓄电池 以小电流为蓄电池充电 蓄电池电量耗尽，更换蓄电池

故障	原因	补救措施
蓄电池充电不足	V带松弛 发电机或电压调节器故障 连接的用电器数量过多	检查张紧装置，必要时更换V带 检查发电机和电压调节器 安装容量更大的蓄电池和功率更大的发电机
电解液液位过低	过度充电，水分蒸发	添加蒸馏水至最大标记
电解液密度过低	蓄电池放电	蓄电池充电
一个电池槽中的电解液密度比其他电池槽中的低很多	一个电池槽内部短路	更换蓄电池

1.3.3　蓄电池维护和检测

现场直观检查

带螺塞的蓄电池和不带螺塞的密闭型蓄电池

- 蓄电池密封性。
- 包装不当、异物等造成击伤、撞伤或压伤区域出现泄漏。
- 蓄电池表面洁净且干燥，因为表面泄漏电流会造成蓄电池额外放电。
- 接口洁净，必要时涂敷电极润滑脂。
- 蓄电池和接口连接牢固，必要时拧紧。

带螺塞的蓄电池

检查液位

　　液位过低时必须添加蒸馏水，切勿添加电解液。

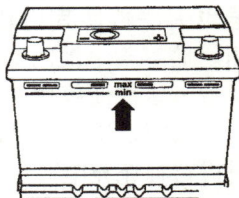

检查电解液密度

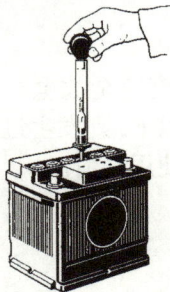

1,16	← 放电
1,18	
1,20	← 充电状态较差
1,22	
1,24	← 充电状态良好
1,26	
1,28	
1,30	

- 定期用电解液检测仪在25℃状态下检测电解液密度
- – 充满电量：1.26~1.28kg/L
- – 充电到一半：1.20~1.24kg/L
- – 完全放电：< 1.16 kg/L
- 检查是否所有电池槽中的电解液密度相同且都在1.25kg/L以上
- 检查电解液颜色和液位
- – 棕色：水分消耗过高
  - → 检查调节器电压

不带螺塞的蓄电池

检查充电状态

　　银合金蓄电池配有一个通过不同颜色表示蓄电池当前充电状态的电量控制系统（电眼）：

- 绿色：蓄电池已充足电。
- 黑色：必须为蓄电池充电。
- 无色或黄色：蓄电池已损坏。

蓄电池已充满电 电眼颜色：绿色	未充电或充电过少 电眼颜色：黑色	电解液达到临界液位 电眼颜色：黄色

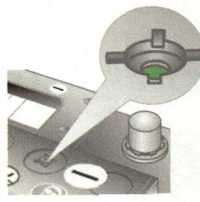

用蓄电池测试仪检测蓄电池

带螺塞的蓄电池

大电流检测

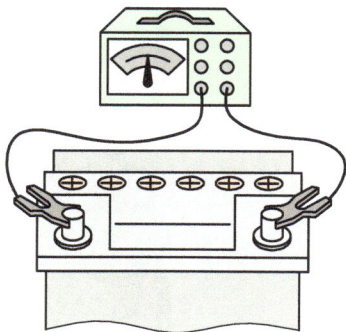

检测前提条件：

电解液密度相同，最低电解液密宽1.25kg/L
带有可接通电阻的负荷检测仪：

· 额定容器值3倍的负荷，
· 负荷施加时间约10s。
电压只允许在小范围内变化。

不带螺塞的蓄电池

1. 设置必要的参数：
· 冷起动电流：设置蓄电池上标明的低温检
测电流
　· 标准：
　设置蓄电池上标明的标准：
　DIN（50~90A）
　IEC（50~1000A）
　SAE（85~1550A）
　EN（80~1550A）
· 蓄电池温度：
　通过箭头键设置温度：
　>0　或<0
　只需评价蓄电池温度。

2. 蓄电池测试
3. 蓄电池测试结果：
· 蓄电池电压（V）
· 以额定冷起动电流百分比表示的起动功率
　（测得的低温检测电流与输入的低温检测电
流之比）
　用文字形式表示的蓄电池状态：
· 蓄电池良好
· 为蓄电池充电
· 更换蓄电池
· 晚换蓄电池／电池槽短路

1.4　通过按计划修理实现质量保证要求

1.4.1　蓄电池充电

蓄电池充电分为：

· 正常充电：充电电流约为额定容量的 10%。
· 快速充电：充电电流为正常充电值的5~8 倍。
· 维护性充电：为补充蓄电池存放时的自放电
损失，以1mA/A·h 的电流为蓄电池长时间充电。

用具有不同充电特性曲线的充电器为蓄电池充
电：

　· W 特性曲线：电阻保持恒定。这表示: 充电电
压升高时充电电流降低。

　· U特性曲线：充电电压保持恒定。达到极限电
压（2.4V/电池槽）时自动调低电流。

　· I特性曲线：充电电流保持恒定。只适宜用小
充电电流充电，否则会产生水分损耗。

充电器还使用不同特性曲线组合工作：

　· WU特性曲线：与W特性曲线一样，充电电压
例如从起泡电压起开始保持恒定。

　· IU特性曲线：充电电流在达到某一特定值前
保持恒定。从该特定值起电压保持恒定，电流开始
下降。

　· WoW特性曲线：从一个特性曲线切换到另
一个特性曲线，例如从大充电电流切换到小充电电
流。

为了防止水分损耗，必须将充电器的电压值限
制在：

　· 对于标准蓄电池限制在14.4V，
　· 对于免维护蓄电池则限制在13.8V 。

充电器

小型充电器	电子充电器	快速起动充电器

小型充电器属于非调节型充电器。充电器按W特性曲线工作。以20 A充电电流正常充电的时间约为12个小时。因为超过起泡电压后仍有电流流动，所以必须在达到充满电状态时将充电器关闭。

这种类型的充电器是用于维修站的充电器。不适用于免维护蓄电池，因为过度充电会导致水分解和产生氧氢爆鸣气。

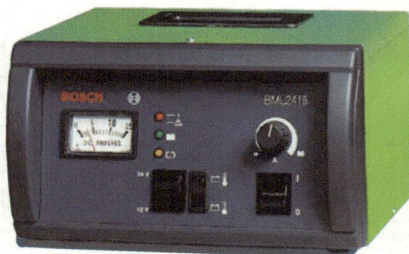

电子充电器是可调节型充电器。充电按IU或WU特性曲线进行。电子充电器允许在不断开蓄电池接线的状态下直接在车载网络中为蓄电池充电。充电时安全气囊、发动机控制单元等电气组件将受到保护以防止损坏。

该充电器具有过度充电保护功能，适用于绝对免维护蓄电池。

快速起动充电器可以为装备有敏感电子设备的车辆快速充电并提供起动辅助。

充电器按WU、W或WoW特性曲线工作。这种充电器装备有电子充电监控器，可以保证充电的经济性和有效性。

为带螺塞的蓄电池充电

必须将蓄电池拆卸下来进行充电。拆卸前必须关闭所有用电器。断开接线时应首先断开接地导线，然后断开正极电缆。借此防止短路。

充电准备工作	充电	充电结束
·打开螺塞， ·将充电器的正级夹钳连接在正级上，将负极夹钳连接在负极上， ·设置充电电流（正常充电时为蓄电池额定容量的10%）。	·打开充电器， ·充电结束条件为： －电解液温度超过55℃（蓄电池外壳微热）， －蓄电池开始起泡， －电解液密度或充电电压在2个小时内没有变化。	·关闭充电器， ·断开蓄电池上的连接线缆并取下充电器， ·检查电解液液位并在必要时添加蒸馏水， ·拧入螺塞。

1.4.2　故障诊断

产品识别

·现场直观检查蓄电池

通过现场直观检查确认蓄电池类型：带螺塞的12V 44Ah 360A起动蓄电池。

维修站信息系统ESItronic

通过导航条调用车辆的"装备"。显示屏上列出由制造商安装的蓄电池。

➔ ⊙装备，数据参见CD-ROM光盘

·蓄电池

与现场直观检查结果比较，借此识别车辆中安装的蓄电池：

12V 44Ah 360A起动蓄电池，

OVG：低底板条，

04B：蓄电池带有密封盖和集中排气孔。

通过功能按钮 F8 可以调用蓄电池的详细数据（参见 CD-ROM 光盘）

可能存在的故障

故障诊断（参见第 27/28 页）

蓄电池		
故障	**原因**	**补救措施**
输出功率小，电压急剧下降	蓄电池放电 发电机的充电电压过低 接线柱氧化或松动 蓄电池与车身之间无金属接地连接 蓄电池电解液没有杂质导致蓄电池自放电 蓄电池硫酸盐化 活性物质从极板上脱落	蓄电池充电 检查电压调节器，必要时更换 清洁接线柱，涂敷防酸油脂，拧紧接线柱 形成金属连接 更换蓄电池 以小电流为蓄电池充电 蓄电池电量耗尽，更换蓄电池

ESItronic

故障	**原因**	**补救措施**
蓄电池放电	蓄电池故障 接地带 蓄电池充电不足	隔板磨损造成短路 电池槽和极板连接条断裂 隐藏用电器造成蓄电池放电 长时间停放造成自放电 长时间行驶造成放电 发电机与发动机或车身之间的接地带腐蚀或松动 调节电压过低，调节器损坏

检测记录　检测顺序：1.蓄电池，2.调节器，3.起动继电器，4.起动导线

设备：电解液检测仪，电子充电器，负荷检测仪，电气测试仪
检测计划

序号	检测步骤	测量点	规定值	实际值（例如）
1	检测电解液密度	—	1.25~1.28kg/L	1.20kg/L
2	蓄电池充电	—	最小1.25kg/L	—
3	大电流检测	—	最小10V	电压中断
4	检测调节电压	将测试仪连接在B+和D−上	13.7~14.9V	13.9V

故障诊断： 关于1.蓄电池放电 关于3.蓄电池损坏，怀疑电池槽和极板连接条断裂 关于4.调节器正常

学习领域

5

客户报修：发动机不起动

1.4.3　维修准备

更换蓄电池

车辆制造商选择能够保证车辆供电的蓄电池装备到车辆上。因此更换蓄电池时建议采用相同型号的蓄电池。如果加装了附加用电器，则必须确认是否需要选用容量更大的蓄电池。为此需要遵守车辆制造商和蓄电池制造商的建议。因为大容量蓄电池的内电阻较小，所以起动时其电压降也较小。蓄电池向起动机提供的电流较大。这个电流可能导致起动机导线烧断。

蓄电池比较

车辆中安装了标准蓄电池（符合DIN EN标准）。因为蓄电池已经损坏且必须更换，所以客户应当咨询关于新型银合金绝对免维护蓄电池与标准蓄电池相比的优点。

标准蓄电池的铅极板网栅由铅锑合金制成。腐蚀时锑从正极板中析出并向负极板迁移并通过形成局部电池使负极板"中毒"。自放电和水分消耗增加。因此必须不定期对蓄电池进行维护。

银合金技术蓄电池的铅极板网栅由铅钙银合金制成。这种蓄电池几乎没有水分损耗，自放电量很小，起动功率提高了将近 30 %，蓄电池使用寿命明显提高且绝对免维护（安装后无需维护）。通过博世（Bosch）公司网站www.bosch.de 可以查阅银合金技术蓄电池的产品特性和优点。

1.4.4　程序流程图

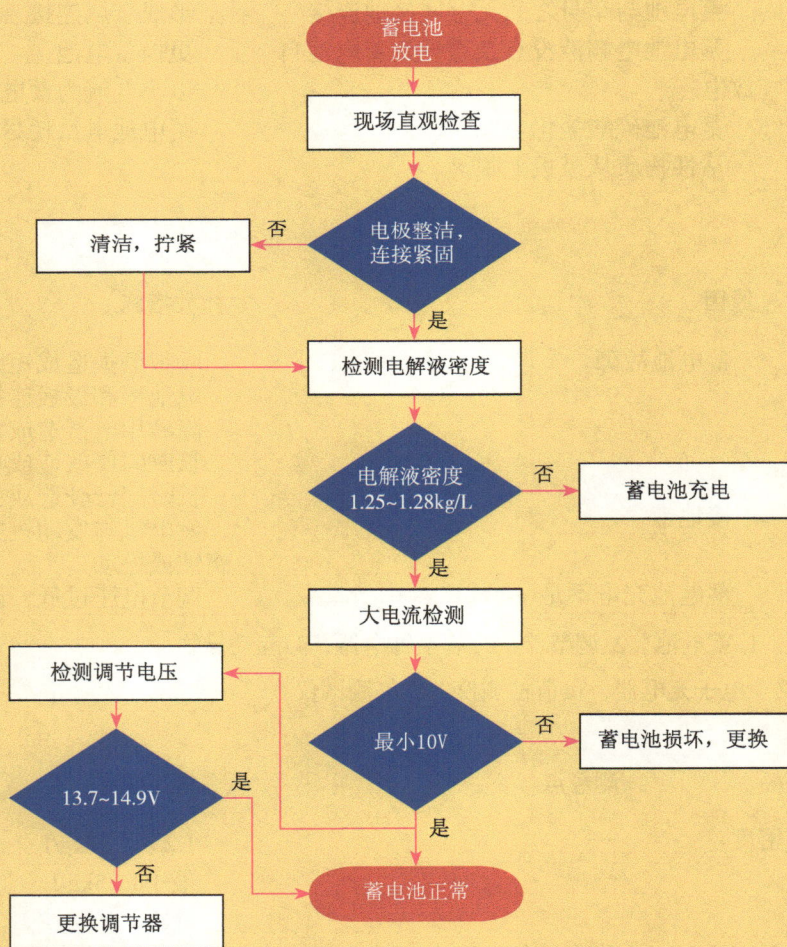

1.5 通过检查和记录实现质量保证要求

1.5.1 检查工作质量

工作质量

1. 维修后哪些项目必须以现场直观检查方式进行检查？

2. 车辆是否干净整洁？

3. 是否遵守规定的维修工时？

4. 自身对质量改进的贡献。

1. 用紧固螺栓正确固定蓄电池，拧紧蓄电池接线柱。

2. 检查车身和车内是否清洁？

3. ESItronic 中规定的工时单位：2AW

4. 考虑一下工作计划、故障诊断、维修和客户咨询是否达到最佳程度。考虑针对下一次维修的改进建议。

1.5.2 借助 ESItronic 系统处理工作卡并开具结算单

1. 是否记录了所需备件和材料？

2. 是否记录了工作开始和结束时间？

1. 参见下文。

2. 参见下文。

工作卡

重新输入小时费率或工时单位费率：菜单"设置"→用户定义→小时费率→欧元/小时或欧元/工时单位输入→确定

工作卡处理：

· 在"客户地址"一栏中输入客户地址。

· 在"经办人"一栏中给出委托编号和技工姓名缩写。

· 选择重新输入的工时单位（参见上文）。

· 选择装备→系统、总成和产品→输入品种（右）→双击名称栏下的总成。

· 选择工时单位→总成和产品→双击工作步骤栏下的显示。

· 点击工作卡→出现包括上述装备和规定工时单位的工作卡。

修改工作卡中的装备数据：

标记需修改的项目→通过点击鼠标右键调出关联菜单→用鼠标左键点击"处理"条目→"工作卡项目"窗口出现→输入总成价格。

打印工作卡：将工作卡存档并使其能够随时显示在显示屏上。如需打印演示版中的工作卡，则只能通过以下途径实现：显示工作卡→按压"打印"或"屏幕打印"键→启动 Word →点击编辑工具栏下的粘贴符号→屏幕打印出现→打印。

学习领域

5

客户报修：发动机不起动

工作卡

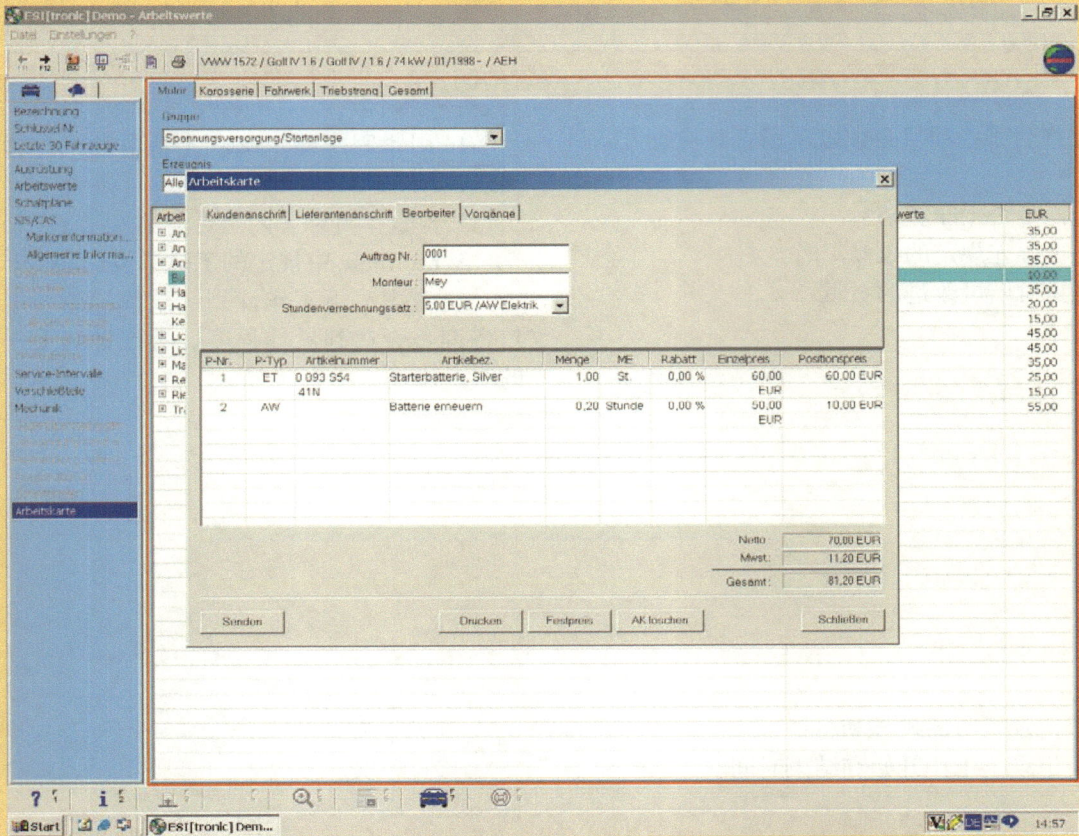

开具结算单：点击"打印"，打印出结算单

BOSCH

ESI [tronic]
电子服务信息

结算单

委托编号：	0001
日期：	2004年6月15日
电话：	
传真：	
技工：	Mey

John Hilton
408 Essex
伦敦

项目号	物品编号	物品名称	数量	数量单位	单价	项目价
1	0 093 S54 41N	银合金起动蓄电池	1.00	件	60.00欧元	60.00欧元
2	工时单位	更换蓄电池	0.20	小时	50.00欧元	10.00欧元

总净价：70.00欧元

增值税：11.20欧元

总价：81.20欧元

签名：

1.5.3　进行客户咨询

产品优点论据准备

由于此车主来自英国且不会讲德语，因此必须使用英文进行咨询。建议客户安装一个绝对免维护蓄电池。为此用英文设计一份产品优点论据。可以利用bosch.com和varta-automotive.com的英文网页查找相关资料。

产品优点论据

产品	产品特性	客户异议	产品优点论据
高级银蓄电池	银合金： ·电流消耗低 ·使用寿命较长 ·耗水量很小 ·改善了耐腐蚀性 ·完全免维护 改进了极板网栅的几何结构： ·极板网栅坚固 ·改善了短半径特性 ·起动功率提高30% ·充电更快 ·防止过度放电	客户异议这种蓄电池比常规起动蓄电池的价格高许多	·100%免维护：安装后无需维护，因此无维护费用 ·功率提高30%，可保证有效起动 ·使用寿命比常规起动蓄电池长20% ·电源控制系统：充电和电能存储状态一目了然
备选			
银蓄电池	其产品特性与高级银蓄电池相同		除了不带电源的控制系统外，其优点与高级银蓄电池相同

辅助起动咨询

车辆主要在"停停走走"的城市路况下使用且接通照明装置、座椅加热装置、风扇、可加热后窗和风窗玻璃加热装置等用电器，则即使发动机运行，起动蓄电池也会放电。冬季时可能会导致起动困难。所以有必要预先向客户提供有关辅助起动方面的咨询。向这位英国客户提供英文宣传单。

如果蓄电池电量耗尽，您将如何起动汽车？

需要两样东西：另一辆车和两根用于正极和负极接线柱的跨接电缆（DIN 72553标准）。用跨接电缆将正在通过发动机运转进行充电的蓄电池与不能起动的蓄电池连接起来，通常这是最简单的方法。起动过程分为七个步骤完成：

您需要按以下步骤进行：

1. 只能使用额定电压相同的蓄电池。

2. 关闭两车的发动机和所有用电器（输出电能车辆的危险警告灯除外）。

3. 首先将红色跨接电缆连接在已放完电的蓄电池的正极接线柱上，然后将这根电缆的另一端接线夹固定在供电蓄电池上。

4. 然后将黑色跨接电缆连接在供电蓄电池的负极接线柱上，最后将该电缆的另一端接到已放电蓄电池车身的金属部件上。最理想区域是发动机缸体（参见车辆使用说明书）。

5. 确认跨接电缆未处于尾气排放或传动带运转的区域内。

6. 起动供电车辆的发动机，然后起动蓄电池已放电车辆的发动机（最多让起动机运转15s）。

7. 按相反的顺序拆卸这两根跨接电缆。

注意：跨接电缆使用过程中不得接触两车车身。

只要蓄电池已放电的车辆起动，就可以将其开至最近的可充电地点进行充电。

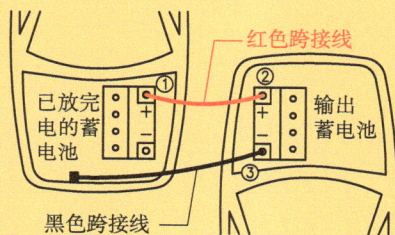

→⊙有关高级银蓄电池产品特性和优点说明的德语版本请查阅CD-ROM光盘

2 交流发电机

2.1 通过以客户为本实现质量保证要求

2.1.1 客户委托1

客户地址：

Martin Esser 先生 Auguststr.16 45891 Gelsenkirchen	

委托编号：	0002
客户编号：	1509
委托日期：	2004年6月24日

车型	牌照号	车辆识别号	里程数/km
BMW	325 i	× × × × × × × ×	121250

注册登记日期	发动机代码	接待人	电话号码
1995年8月25日	25 6 S1/S2	A. Meyer	0209/4444444

项目	工作单位	时间	工作描述	价格
01			打开点火开关后充电指示灯不亮	

交车时间：2004年6月28日，16:00点

此委托是在明确确认"车辆、总成以及零部件工作和费用估算条件"之后签发并交给本人的。

车辆终检

日期	时间	验收人	里程数/km

Martin Esser

客户签名

2.1.2　客户委托 2

客户地址：

Heinz Wenge 先生 Bahnhofstr.11 65189 Wiesbaden

委托编号：　　0003

客户编号：　　1510

委托日期：　　2004年6月21日

车型	牌照号	车辆识别号	里程数/km
Seat	WI–RD 324	代码，区域2：7593； 区域3：363	88650

注册登记日期	发动机代码	接待人	电话号码
2000年8月25日		A. Meyer	0611/4444444

项目	工作单位	时间	工作描述	价格
01			充电指示灯在点火开关关闭后亮起	

交车时间：2004年6月24日：16:00点

此委托是在明确确认"车辆、总成以及零部件工作和费用估算条件"之后签发并交给本人的。

车辆终检

日期	时间	验收人	里程数/km

Heinz Wenge
_____
客户签名

客户报修：关闭点火开关后充电指示灯亮起

学习领域

5

2.2 通过系统知识实现质量保证要求：交流发电机

2.2.1 交流发电机系统

2.2.1.1 电工学基础：发电机原理

导体在磁场中运动时，就会切割磁力线，此时导体上产生一个电压。人们把这个过程称为运动的电磁感应。感应电压的方向取决于导体运动方向和磁场方向。可以根据右手定则确定电流方向。

感应电压的大小取决于，
- 导体在磁场中的运动速度，
- 导体有效长度，
- 磁场强度（磁力线密度）。

电压的产生

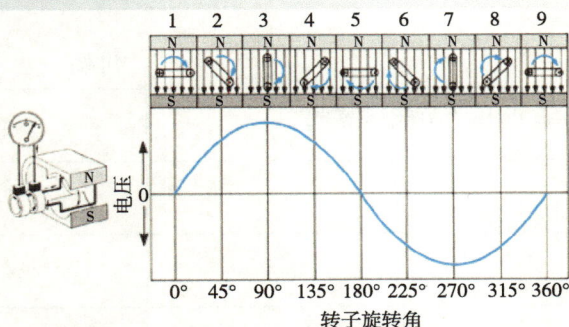

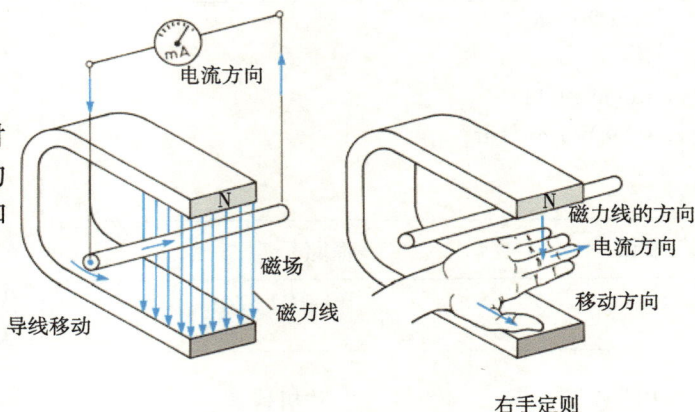

交流电压的产生	三相交流电压的产生
如果两端与集电环连接的环形导线在磁场中旋转，就会产生一个电压。因为环形导线的两个半匝在持续旋转时切割数量不等的磁力线，其产生的电压大小也就不停地变化。不仅感应电压的大小在变化，其方向也在不停变化。这种不停变化的电压称为交流电压。相应的电流称为交流电流。	三个相互错开 120° 的线圈旋转都产生正弦波形交流电压。由于这些线圈在空间上错开布置，因此其产生的交流电压也相互错开120°（相位差）。将各相电压连接起来就产生一个三相交流电压。这种三相交流电流称为三相电流。

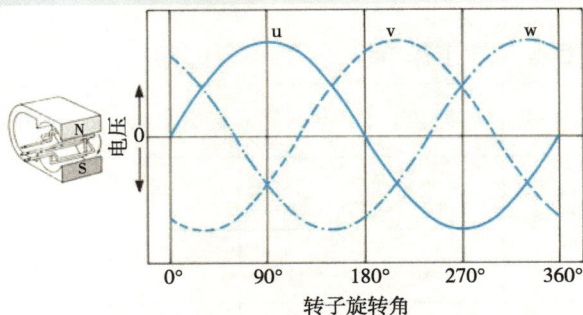

整流

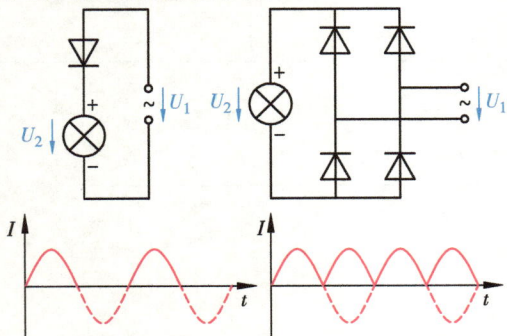

交流电流整流	三相电流整流
半波整流：只利用所施加电压的正半波。电路中流动的是一种脉动直流电流。 全波整流：将两个二极管交替向流通方向和阻隔方向接通。在所施加交流电压的正负半波上都有电流流过用电器。	三相电流桥接电路：把6个二极管连接在一个桥接电路之中。由V1、V2和V3二极管对正半波进行整流，由V4、V5和V6二极管对负半波进行整流。

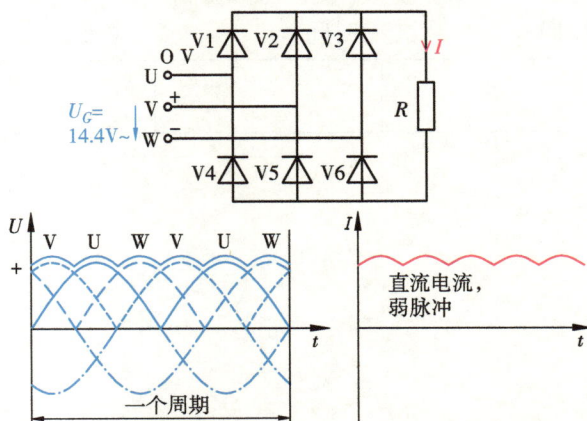

2.2.1.2　交流发电机结构

交流发电机由以下功能单元组成：
- 带有定子绕组的定子，
- 带有励磁线圈的转子，
- 整流二极管支架，
- 电子磁场调节器。

为了散热（自发热量、发动机热量和排气管热量），由一台吸入冷却空气的风扇从内部对发电机进行冷却。内燃机通过V带或多楔带驱动发电机。发电机正面的插口：

B+：蓄电池正极

D+：发电机正极

D–：发电机负极

DF：发电机

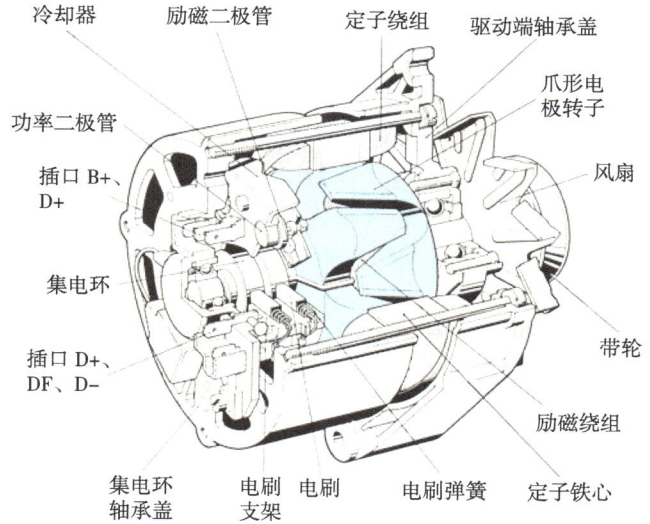

定子、转子、二极管支架、电子磁场调节器结构图，标注：冷却器、励磁二极管、定子绕组、驱动端轴承盖、爪形电极转子、功率二极管、插口 B+、D+、集电环、风扇、插口 D+、DF、D–、带轮、励磁绕组、集电环轴承盖、电刷支架、电刷、电刷弹簧、定子铁心

定子

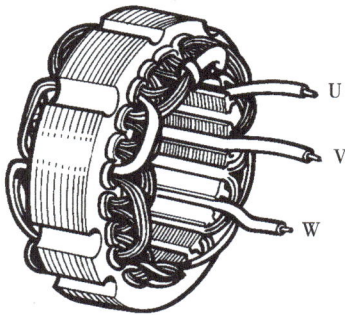

定子有三个通过星形线路连接在一起且互相独立的相绕组。

励磁绕组中产生的磁场在这些定子相绕组中产生发电机感应电压。

转子

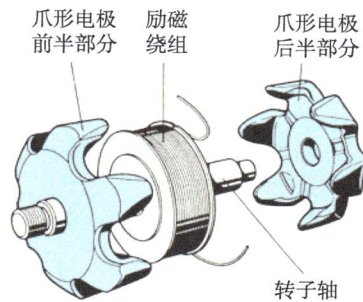

标注：爪形电极前半部分、励磁绕组、爪形电极后半部分、转子轴

转子由两爪形半极组成，在它们之前装有环线圈形励磁绕组。该励磁绕组与装在转子轴上的集电环连接。励磁电流经过电刷流向产生磁场的励磁绕组。

二极管支架

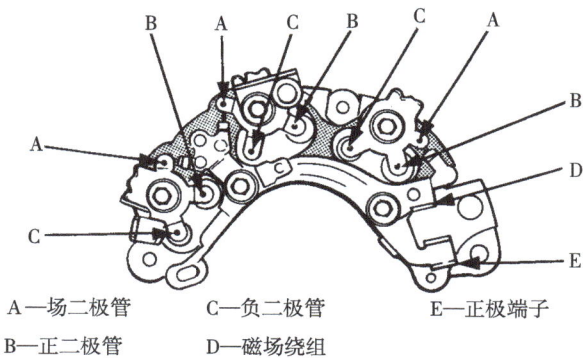

标注：B、A、C、B、C、A、A、B、C、D、E

A—场二极管　　C—负二极管　　E—正极端子

B—正二极管　　D—磁场绕组

这些二极管都安装在一个冷却器上，因为过高的温度会影响其正常功能。在此冷却器中装有6个用于充电电流整流的功率二极管和3个用于励磁电流整流的励磁二极管。

电子磁场调节器

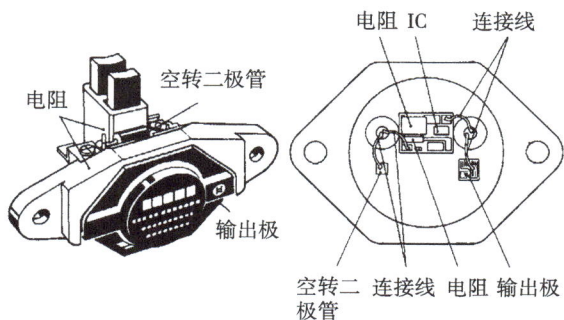

标注：电阻 IC、连接线、电阻、空转二极管、输出极、空转二极管、连接线、电阻、输出极

发电机电压超过某一规定值时，电子磁场调节器将励磁电流切断。电子磁场调节器与电刷架是一个单元。

2.2.1.3 充电电流的产生

励磁电流经过电刷和集电环流向励磁绕组。定子绕组将励磁电流分流并通过三个励磁二极管对励磁电流整流。

在励磁绕组中产生一个以发电机旋转的磁场。磁力线切割定子绕组并在每一相位中产生一个交流感应电压。通过星形线路连接产生一个三相交流电压。功率二极管对三相电流整流。

因为励磁电流是由发电机本身产生的，所以也称之为自励磁。

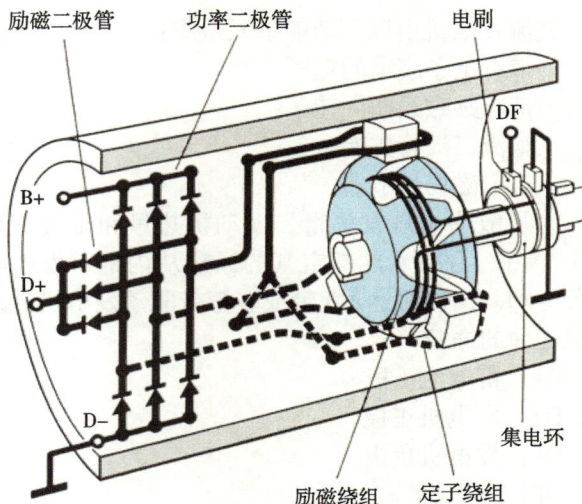

三相电流的产生	直流电流的产生

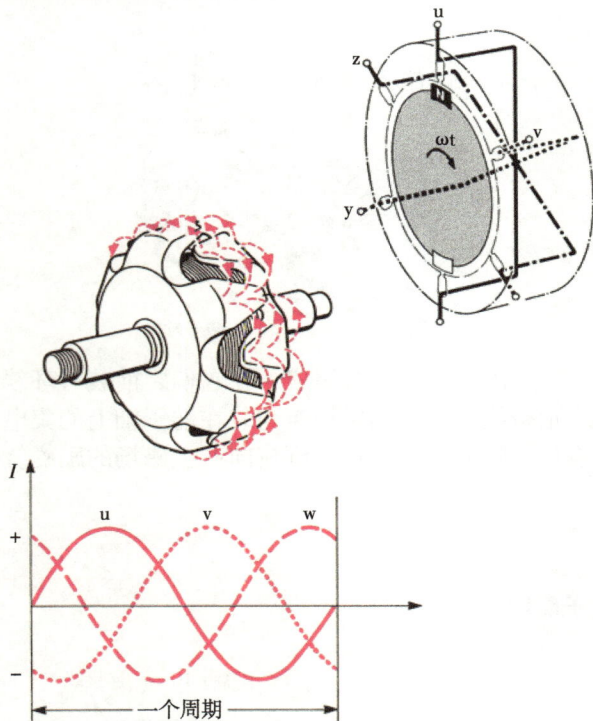

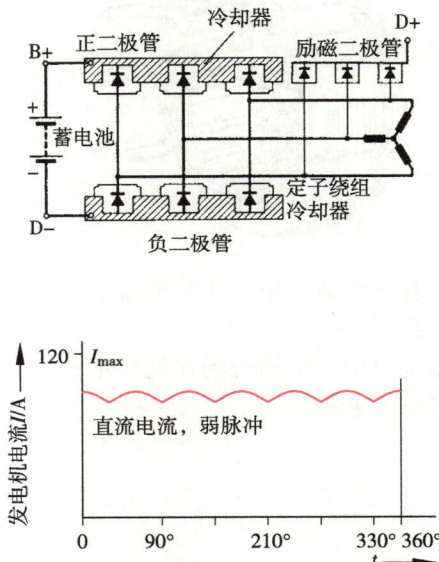

转子有6个北极和6个南极。转子每旋转一圈都要经过这12个磁极。每次经过一个极就会产生一个交替出现在正、负极方向中的电压半波。转子每转一圈，就会产生12×3=36个感应电压半波。这相当于每个定子绕组的6个完整正弦波。三个绕组相中的相电压连接就可以产生三相交流电压。这种电流称为三相电流。

桥接电路中的二极管对交流电压进行整流。针对每个相位在正极和负极侧都安装了一个二极管。这些相位中产生的正电压半波由正二极管传导，负电压半波则由负二极管传导。

将这些电压半波的正和负包络曲线叠加就会产生一种经过整流且轻度脉动的发电机电压。

2.2.1.4　电路

电路图

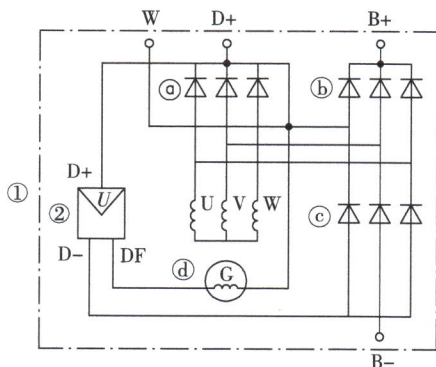

该电路图表示发电机内部电路
- 发电机①，由以下元件组成：
- 励磁绕组ⓓ
- 励磁二极管ⓐ
- 功率二极管ⓑ，ⓒ
- 和调节器②。

这些插口表示：
- B+：蓄电池正极
- D+：发电机正极
- B–：发电机负极
- 端子W提供一种脉动直流电压。利用这个电压可以确定例如柴油发动机的转速。

连接式和分散式接线图

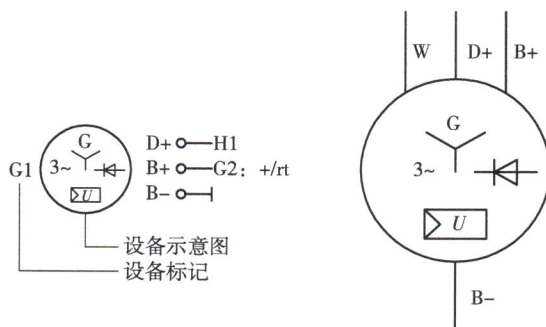

发电机电路符号包括以下内容：
- 设备示意图：G1
- 目标说明：
  目标设备、接口标记和导线颜色的符号
  D+到H1：充电指示灯，黑色导线
  B+到G2：蓄电池正级，红色导线
  B–到接地
  用电路符号表示：
  3～：三个绕组
  Ｙ：星形连接
  ⊣◁：二极管
  ▷▭：调节器

交流发电机电路

预励磁电路

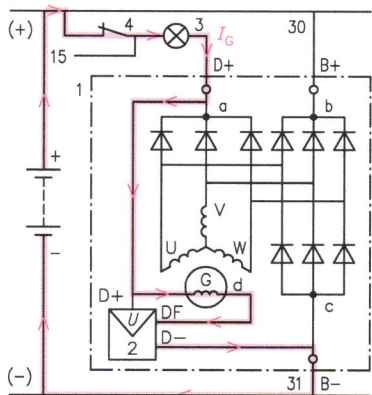

因为交流发电机起动时尚无励磁电流流动，所以必须对发电机进行预励磁。关闭点火起动开关（4）后充电指示灯（3）由蓄电池供电。预励磁电流的作用是，起动时产生足以触发自励磁的磁场强度。

只要达到能产生最大发电电压且发电机能为车载网络供电的转速，充电指示灯就会熄灭。

励磁电路

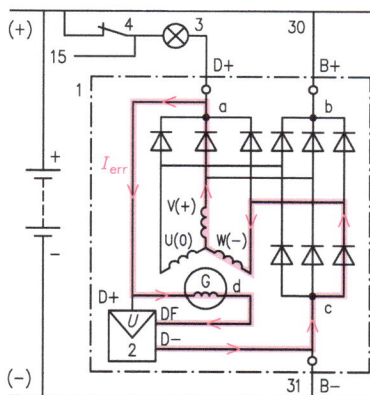

励磁电流由定子绕组分流后通过三个励磁二极管整流，之后作为励磁电流经过电刷和集电环送往励磁绕组和调节器。该电流经过端子D–和功率二极管（负二极管）流回到定子绕组。

充电电路

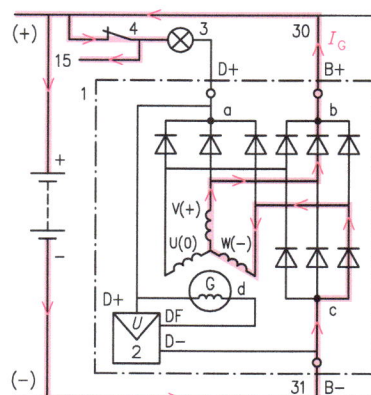

三个相位中产生的感应交流电流经过功率二极管整流后送往蓄电池和用电器。为使电流能够从发电机流向蓄电池，发电机电压必须高于蓄电池电压。

2.2.1.5 调节器结构类型

电子调压器

励磁电流恒定时发电机电压很大程度上取决于转速和负荷。转速为10～000r/min时，不计负载和蓄电池的情况下发电机可提供大约140V的电压。尽管发动机的运转条件在不断变化，但必须使电压维持在一个恒定值上，以防止用电器因电压过高而损坏和蓄电池过度充电。

调压器的任务是将发电机电压限制在某些水平上。

调节电压是通过接通和切断励磁电流实现的。因此转子中磁场的大小受所产生的发电机电压影响。

只有发电机电压随着发动机转速的升高而超过规定的额定值，调节器就会切断励磁电流。如果发电机电压随着发动机转速下降且接通用电器的数量增加（例如前照灯）而低于规定电压时，调节器就会再次接通励磁电流。

电子电压调节器由以下元件组成

·功率输出极（1），

·控制极（2），

·分压器（3），

·温度补偿二极管（4），

这些功能元件执行以下任务：

·带有电阻R1、R2和R3的分压器负责检测端子D+和D−之间的发电机实际电压值。

·与电阻R3并联的齐纳二极管的作用是发送规定值。

·二极管（4）起温度补偿作用。

·晶体管 V2 和 V3 采用达林顿级结构并构成了调节器的功率输出极。终极晶体管 V3 负责接通和断开励磁电路。

·晶体管V1作为控制晶体管使用。

·与励磁绕组并联的空转二极管可防止切断励磁电流时由于励磁绕组中的自感应而产生电压峰值。

·电容器C负责对发电机脉动直流电压进行滤波。

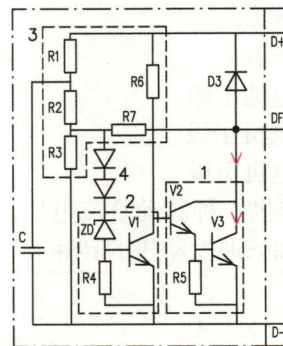

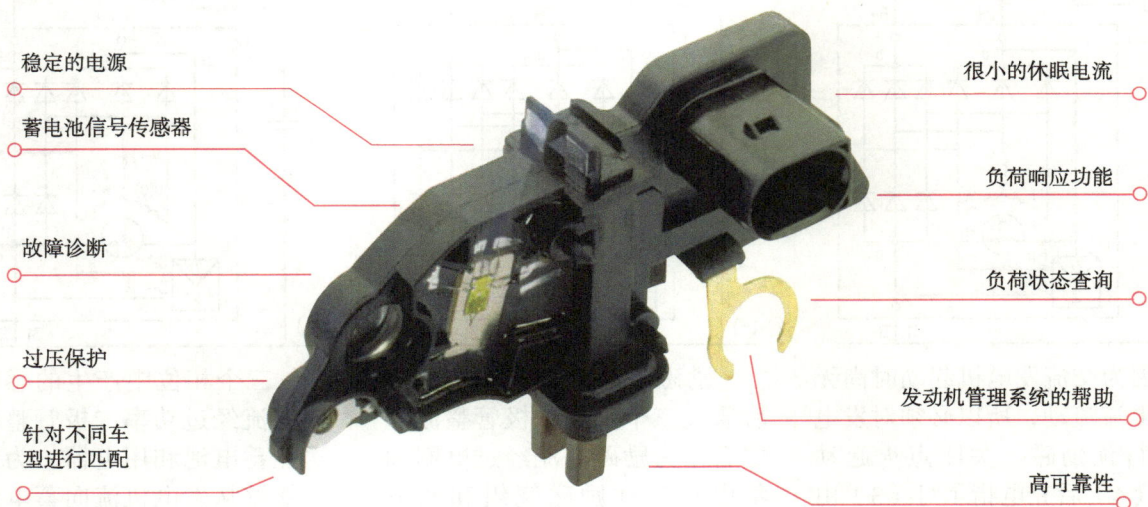

发电机电压下降到低于规定的调节电压

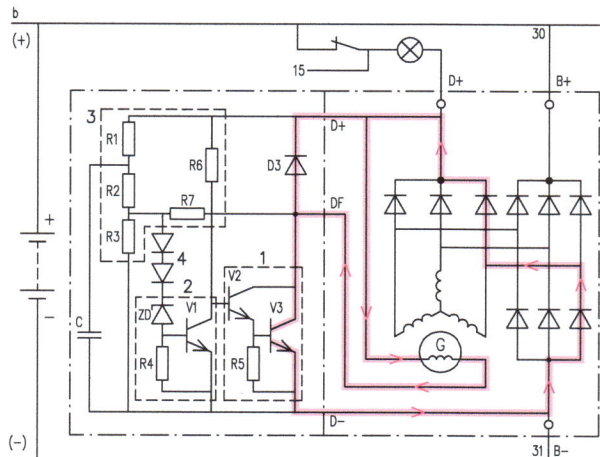

- 未达到齐纳二极管的击穿电压，齐纳二极管阻隔。
- 无电流流向晶体管V1的基极，晶体管V2阻隔。
- 若晶体管V1阻隔，则电流从励磁二极管经过端子D+和电阻R6流向晶体管V2的基极。
- V2导通并将端子DF与V3的基极连接起来。V3导通。
- 励磁电流流过V3和励磁绕组。发电机电压上升。

发电机电压升高到超过规定的调节电压上限值

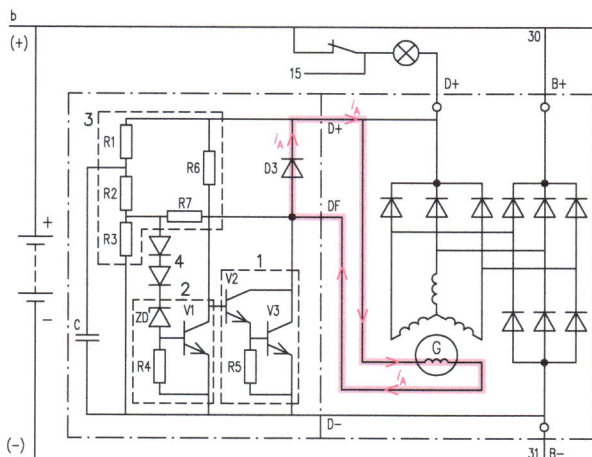

- 超过齐纳二极管的击穿电压，齐纳二极管导通。
- 电流从D+经过电阻R1和R2流向晶体管V1的基极。V1导通。
- 发射极基极电压下降到低于0.7V。晶体管V2阻隔。
- 晶体管V3同样阻隔。
- 励磁电流切断，发电机电压下降到接近调节电压下限。

多功能调节器

现代发电机（例如新式紧凑型发电机）配备了一个多功能调节器。发电机直接从端子B+获取其励磁电流。这样省去了励磁二极管。调节器从接口L获得发动机处于运转状态的信息。调节器IC接通预励磁电流。发电机转动时，调节器IC通过相位接口V得到一个电压信号，通过该电压信号可以计算出发电机转速。只要达到调节器中设定的接通转速，就会将输出极接通。发电机可以向车载网络提供电流。

2.2.1.6　过压保护装置／抗干扰措施

在正常运转状态下和蓄电池连接良好时不需要过压保护装置，因为较低的蓄电池内电阻能够抑制所有电压峰值。

车载网络中出现故障时能够防止电压峰值的保护装置就很有必要了。车载网络中出现过压可能有各种原因：

- 调节器失灵，
- 接触不良，
- 电缆断裂，
- 大功率用电器关闭，
- 发动机运转时发电机与蓄电池之间的导线断路。

通过在发电机上装备作为功率二极管的齐纳二

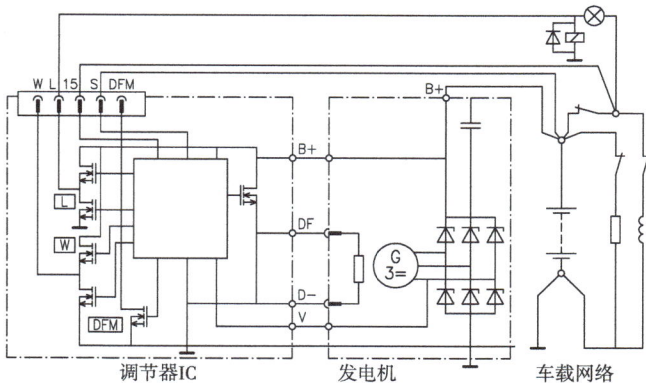

调节器IC　　　　发电机　　　　车载网络

极管实现过压保护。齐纳二极管能限制电压峰值并为发电机、调节器和车载网络中其他对电压敏感的用电器提供过压保护。

装备有无线电设备、车载电话或车载收音机的车辆需防止发电机的近距离干扰。因此发电机配备了抗干扰电容器。

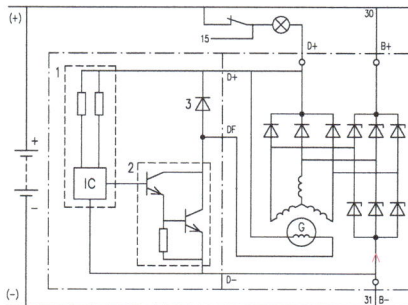

2.2.1.7　发电机结构类型

风冷发电机

为了散热（自身热量、发动机热量和排气管的热量）发电机必须使用冷却装置。

罐形爪极式发电机

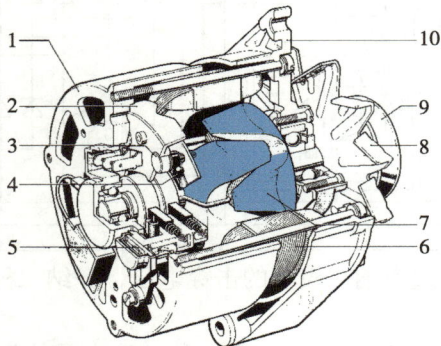

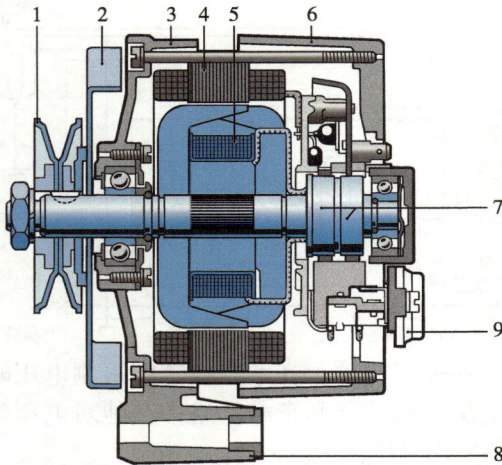

1—集电环轴承盖　　　　　6—定子
2—整流器　　　　　　　　7—转子
3—功率二极管　　　　　　8—风扇
4—能量二极管　　　　　　9—带轮
5—调节器、电刷支架和电刷　10—驱动端轴承盖

紧凑型发电机

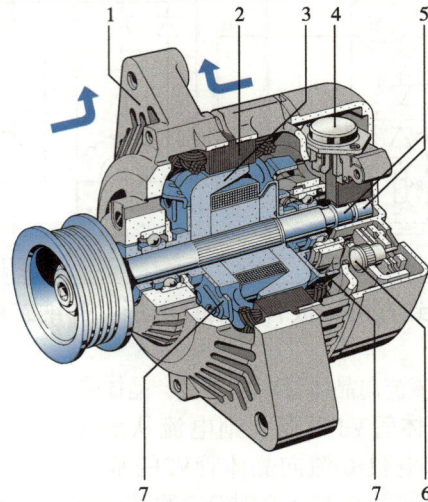

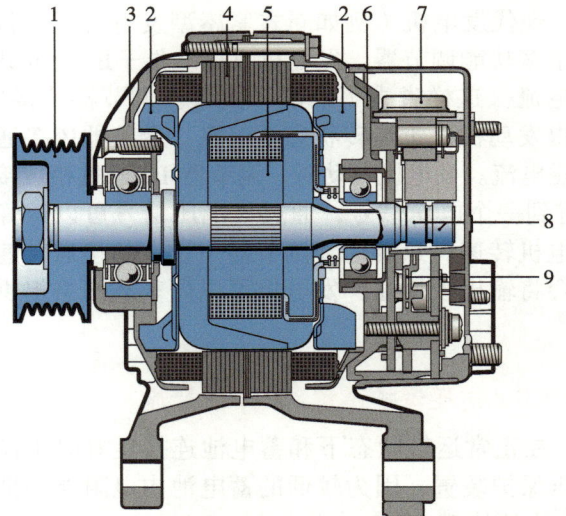

1—壳体　　　　　　　　　　　　5—集电环
2—定子　　　　　　　　　　　　6—整流器
3—转子　　　　　　　　　　　　7—风扇
4—带有电刷架的电子磁场调节器

罐形爪极式发电机

1—带轮　　　　5—励磁绕组　　　7—集电环
2—风扇　　　　6—集电环轴承盖　8—旋转臂
3—驱动端轴承盖　　　　　　　　9—调节器
4—定子套件

发电机风扇位于二极管旁，它将冷空气抽过发电机。内燃机通过V带或多楔带驱动发电机。最高转速在15000~18000r/min之间。

紧凑型发电机

1—带轮　　　　5—励磁绕组　　　7—集电环
2—风扇　　　　6—集电环轴承盖　8—旋转臂
3—驱动端轴承盖　　　　　　　　9—调节器
4—定子套件

紧凑型发电机配有两个内置风扇，它们将冷空气吸入后再以放射状通过壳体上的开孔向外吹出。紧凑型发电机噪声较低，其转速可达18000~22000r/min。由于曲轴和发电机之间传动比较大，因此在结构尺寸和发动机转速相同的情况下，紧凑型发电机可多输出近25%功率。

水冷发电机

用电器功率消耗量增加到 150 A 以上时，会提高传统结构风冷发电机的噪声。由于取消了风扇而实现全封闭，因此水冷发电机工作时完全没有噪声。发电机壳体与卡式壳体之间的空腔内有一个冷却液套。它连接在发动机的冷却循环回路上。水冷却可防止停车时和"走走停停"的城市路况下发电机中出现的温度峰值。

它特别适合于柴油涡轮增压直喷发动机，由于其卓越的效率和较低的燃油消耗量，它所产生的低损耗热量仅可使冷却液缓慢升温，所以车载暖风系统的加热功能就会出现滞后。因此汽车制造商安装了辅助加热装置，它可以电气加热方式使温度很快提高到150℃以上。

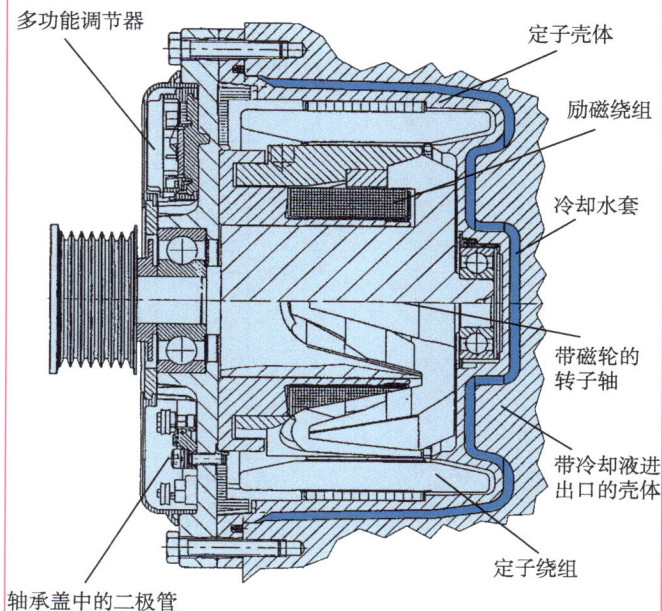

多功能调节器
定子壳体
励磁绕组
冷却水套
带磁轮的转子轴
带冷却液进出口的壳体
定子绕组
轴承盖中的二极管

2.2.1.8　发电机的驱动

发电机由曲轴通过一个传动带传动装置驱动：

多楔带

驱动通过多楔带实现。发电机以固定方式安装。所需传动带张力通过带张紧轮的传动带张紧器实现。

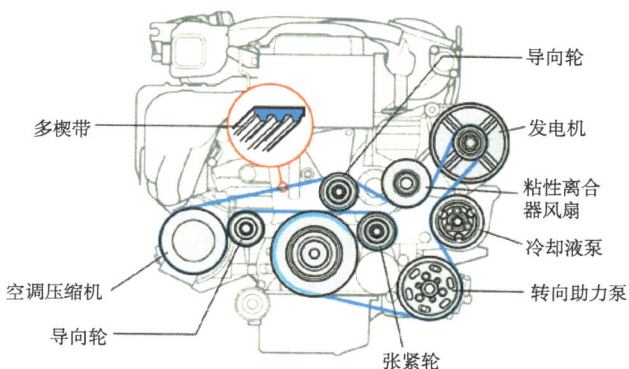

导向轮
发电机
粘性离合器风扇
冷却液泵
转向助力泵
多楔带
空调压缩机
导向轮
张紧轮

标准V带

在比较老的车型中通过标准V带驱动。发电机通过一个旋转臂固定。通过旋转对V带张紧力进行调节。

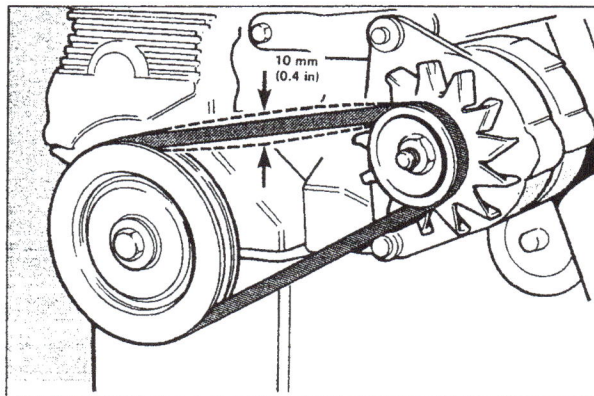

10 mm
(0.4 in)

2.2.1.9　发电机标识

特性曲线

发电机在不同转速下的特性通过特性曲线来表示。

发动机从静止状态到最高转速运行时，发电机会经过几个对其特性具有重要意义的转速点：

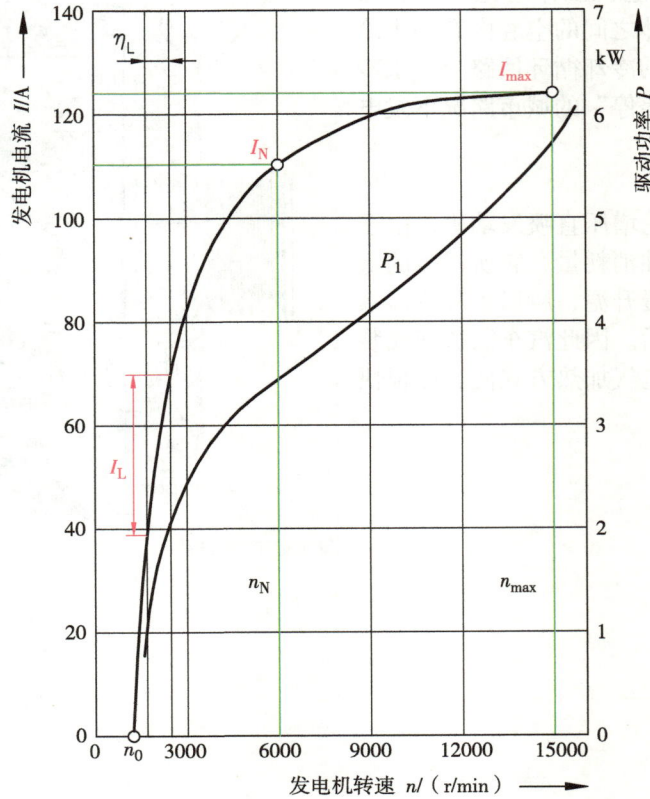

· **零安培转速 n_0**

在该转速（约为1000r/min）下发电机达到额定电压而不输出电流。

· **发动机怠速时的转速 n_L 和电流 I_L**

该转速下发电机必须至少向长时间接通的电器输出电流 I_L：

– 罐形发电机：$n_L = 1500$r/min，

– 紧凑型发电机：$n_L = 1800$r/min。

· **接通转速 n_E**

到达接通转速时发电机才开始输出电流。接通转速略高于怠速转速。

型号代码

可从发电机的型号代码中获知其最重要的数据。

例如博世公司的一个型号代码：

K：发电机结构尺寸

C：紧凑型发电机

（→）：旋转方向，顺时针

14V：发电机电压

40A：$n = 1800$r/min 时的电流

70A：$n = 6000$r/min 时的电流

· **额定转速 n_N，额定电流 I_N**

在 $n_N = 6000$r/min 的额定转速下发电机输出其额定电流。

这个数值高于用电器功率之和。

· **最大转速 n_{max}，最大电流 I_{max}**

在最大转速下发电机输出其最大电流。各类型发电机的最大转速为

– 罐形发电机：$n_{max} = 15000 \sim 18000$r/min，

– 紧凑型发电机：$n_{max} = 18000 \sim 20000$r/min。

2.3　通过检查和测量实现质量保证要求

2.3.1　故障诊断

故障	故障部位	原因
蓄电池不能充电或不能充足电	充电电路	充电电路断路或有接触电阻
	蓄电池 发电机 调节器 V带	蓄电池损坏 发电机损坏 调节器损坏 V带过松
打开点火开关后交流发电机指示灯不亮	指示灯 蓄电池 导线 调节器 正极板 电刷 集电环 励磁绕组	指示灯烧坏 蓄电池放电 导线破损 调节器损坏 正二极管短路 电刷磨损 集电环氧化 励磁绕组断路
转速提高时指示灯不熄灭	导线D+/61 调节器 过压保护装置 导线连接 发电机	导线对地短路 调节器故障 过压保护装置损坏 整流器故障 整流器故障 集电环污蚀 导线DF短路 转子绕组短路
发动机静止时指示灯较亮，但在发动机运转时亮度变弱或微亮	充电电路、连接指示灯的导线 调节器 发电机	接触电阻 调节器损坏 发电机故障
蓄电池过量充电	调节器	调节器损坏
发动机正常运转时充电指示灯闪烁	V带	V带松弛

2.3.2　操作规程

过高的感应电压或电流可能导致二极管毁坏。因此进行供电设备方面的工作时必须遵守以下操作规程：

·发动机运转时不得断开蓄电池与车载网络的连接电缆，否则会产生很高的感应电压。

·不得接反蓄电池的电极接线，否则它们会通过二极管造成短路。强放电电流会毁坏发电机中的二极管。

·在未连接蓄电池的情况下交流发电机不得运行，因为蓄电池的内电阻可以承受电压峰值。

·进行电弧焊接工作时，应将焊机的接地线夹固定在尽量接近焊接位置的地方，这样可以防止大焊接电流流过二极管。

2.3.3   交流发电机检查

现场直观检查

- 传动带张紧力正常
- 发电机上的导线和发动机与蓄电池之间的接地带连接牢固且未发生氧化
- 蓄电池充电状态良好

充电指示灯的功能检测

检测	检测步骤	结果	原因
检查连接充电指示灯的导线D+是否断路	1. 拔下发电机的多线脚插头 2. 将检测导线连接在D+与接地之间 3. 打开点火开关	灯亮起 灯不亮	发电机故障（电刷磨损或励磁绕组断路，正二极管短路） 灯泡烧坏或导线断路
检查从发电机至充电指示灯的导线D+是否对地短路	1. 拔下发电机的多线脚插头 2. 打开点火开关	灯亮起 灯不亮	导线D+接地对H1短路 检查交流发电机和电压调节

检测电路

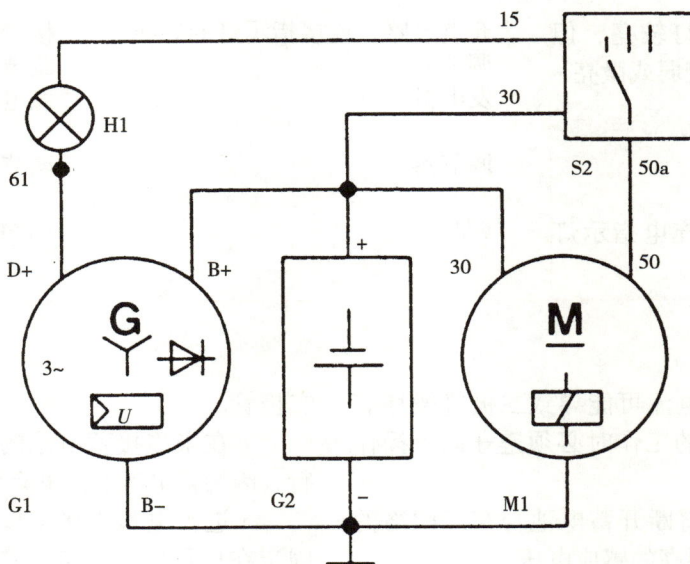

利用万用表检测发电机

检查	检查步骤	规定值	未达到规定值的原因
检查发电机电压	将电压表连接到B＋和D−之间	$U=13.7\sim14.8V$	调节器损坏
测量正极导线的电压降	将电压表连接在发电机/B+与蓄电池正极之间	$U>0.4V$	导线损坏
测量负极导线的电压降	将电压表连接在发电机/B与蓄电池负极之间	$U>0.4V$	导线损坏

测量电路

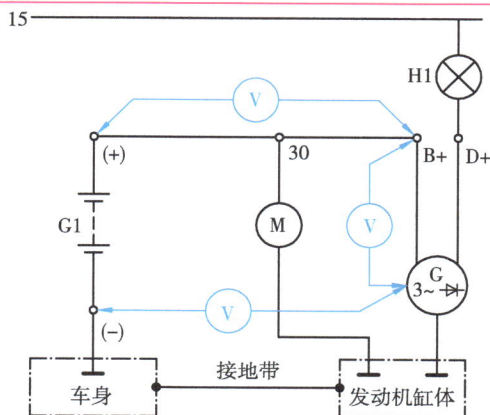

检查二极管

二极管只有一个接口，其壳体压入二极管支架中以便冷却，二极管支架则与车载网路的正极或负极连接。在正二极管中壳体作为阴极安装在与蓄电池正极连接的冷却板中。在负二极管中壳体作为阳极安装在与接地连接的冷却板中。因此它们的作用方向不同。对二极管进行检测时必须注意它们的作用方向。

只能使用最大40V的直流电压来检测二极管。万用表有一个二极管检测装置，其工作电流为恒定测量电流，例如1mA。

在导通方向上硅二极管的电压降为0.7V，在

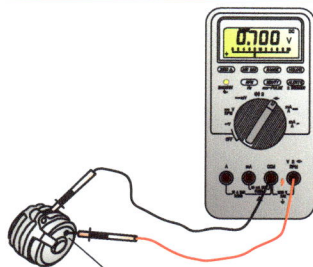

蓄电池导线插口（事先断开蓄电池）

阻隔方向上为13.7~14.8V。

如果这两个值都为零，则说明二极管发生了短路。

正二极管	二极管支架（冷却器）	负二极管
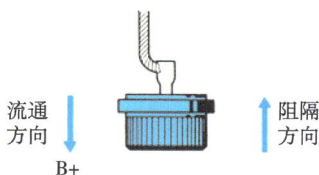	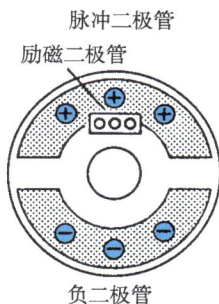	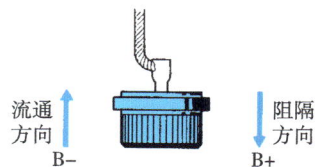

利用电气测试仪进行发电机检测

检测调节电压

故障	检测	检测步骤／测量电路	规定值	结果
调节器故障	利用电气测试仪检测调节器电压故障	1. 按使用说明书将测试仪连接在发电机上： 　B+接到 ≥凸 　D−接到 2. 起动发动机 3. 发动机转速为3500~4000r/min 4. 在1min之内读取检测值	14V发电机且带有10A发电机负荷时的调节电压：13.7~14.9V	如果达到检测值，则调节器正常；如果未达到，则必须更换调节器

功率检测

故障	检测	检测步骤／测量电路	规定值	结果
发电机故障	利用电气测试仪进行功率检测	1. 按使用说明书连接测试仪： 　B+接到 ≥凸 　D−接到 　将电流夹钳接到B+附近 2. 起动发动机 3. 发动机转速为2000r/min 4. 打开所有用电器 5. 读取检测值	14V发电机且带负荷时的调节电压：13.7~14.9V 转子绕组电流消耗量： 　14V/55A：1.5~3.0A 　14V/55~70A：4~5A 　14V/90A：4.1~49A	如果在带有负荷的功率检测中未达到检测值，则发电机已损坏

测量电路

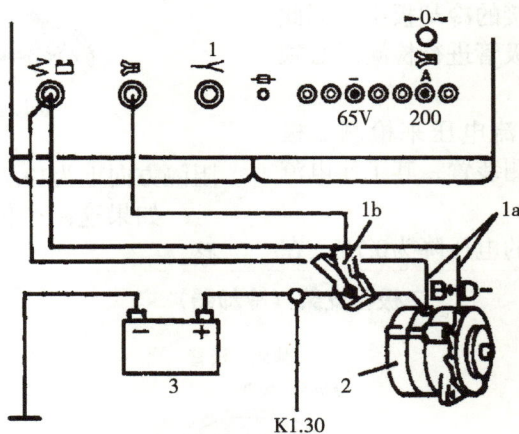

1—电气测试仪
1a—电压表接口
1b—电流夹钳
2—带调节器的发电机
3—车辆蓄电池

利用示波器进行检测

高次谐波

　　利用示波器可以在安装状态下确定功率二极管和励磁二极管范围内的故障。

　　在用6个功率二极管进行交流电压整流时，会剩余很小的交流电压分量，高次谐波。其大小约为0.56V。如果一个二极管断路或短路，则此电压会变大。

　　高次谐波用于故障查询。

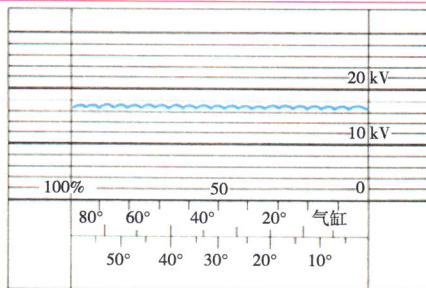

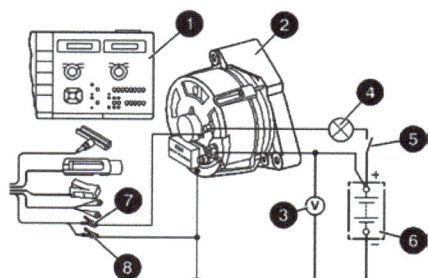

故障	检测	检测步骤	测量电路
二极管短路或断路	利用示波器进行检测	1. 将测试仪的红色接线夹连接到D+上 2. 将黑色接线夹连接到B−上 3. 起动发动机并以2500r/min的转速运行 4. 接通用电器，例如车灯、可加热后窗玻璃 5. 分析示波图	1—示波器 2—发电机 3—电气测试仪 4—充电指示灯 5—点火起动开关 6—蓄电池 7—红色接线夹 8—黑色接线夹

故障示波图

励磁二极管断路

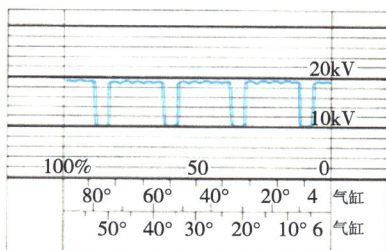

正二极管断路

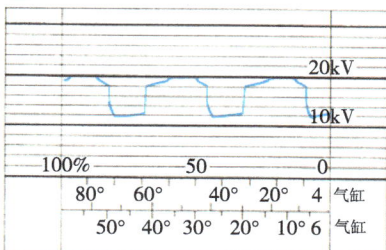

负二极管断路

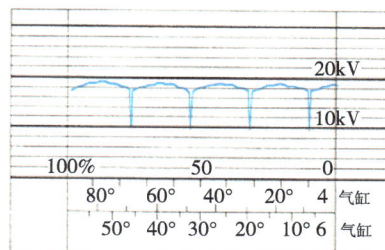

励磁二极管短路

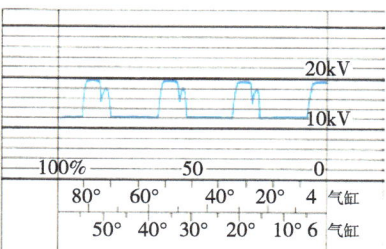

正二极管短路

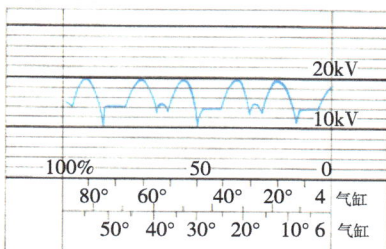

负二极管短路

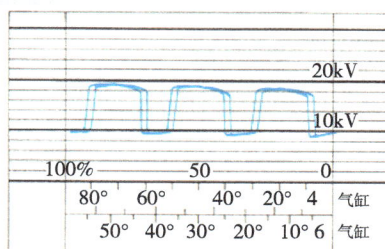

相位误差

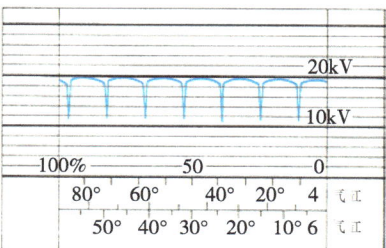

相位误差和负二极管短路

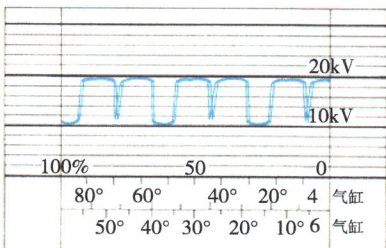

存在故障，但尚未失灵的二极管

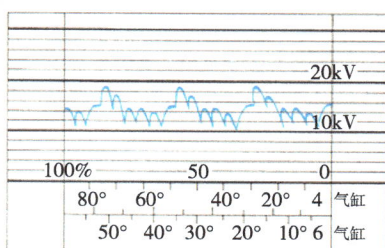

学习领域 **5**

2.3.4　车辆中的能量平衡

发电机功率、蓄电池容量和功率需求必须互相匹配，从而即使在不利条件下除了向所有用电器供电外，还能为蓄电池充满电。

加装前雾灯等附加用电器时，过高的能量需求可能导致发电机过载并使蓄电池不能充足电。

必须尽量使能量输入与输出的比率能够达到平衡。通过下图可以检查发电机是否还能为附加用电器供电，或者是否必须用一台功率更大的发电机来代替。

适用于一般情况：

发电机电流 I_G=用电器电流 I_V+蓄电池电流 I_B

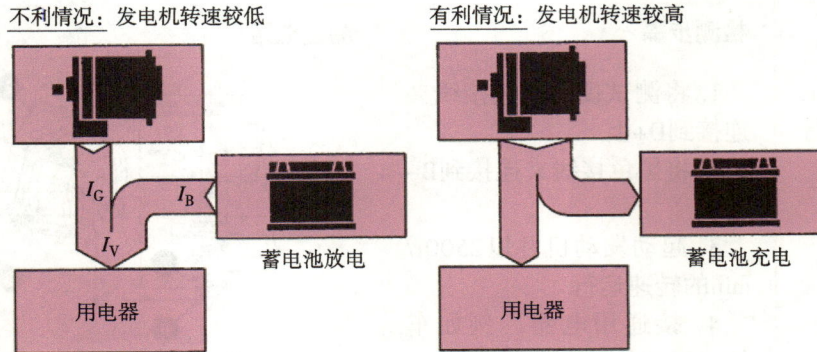

不利情况：发电机转速较低　　　有利情况：发电机转速较高

I_G　　I_B

I_V

蓄电池放电

用电器

蓄电池充电

用电器

1.所有持续或长时间接通型用电器的功率需求（电压为14V时）

用电器（系数为1.0）	用电器功率/W
点火系统	20
电动燃油泵	70
电子汽油喷射装置	100
车载收音机	12
近光灯	110
示廓灯	8
尾灯	10
牌照灯	10
仪表照明灯	10
用电器功率 1	P_{V1}=350W

2.所有短时间接通型用电器的功率需求（电压为14V时）

*用电器实际值×系数=预计用电器功率

用电器	实际值/W	系数*)	预计用电器功率/W
暖风鼓风机和/或风扇	80	0.5	40
后窗玻璃加热装置	120	0.5	60
车窗玻璃刮水器	60	0.25	15
电子散热器风扇		0.1	
附加远光灯		0.1	
制动信号灯	42	0.1	4.2
转向信号灯	42	0.1	4.2
前雾灯	70	0.1	7
后雾灯	35	0.1	3.5
用电器功率2			P_{V2}=134W

用电器总功率
$P_V=P_{V1}+P_{V2}$　　　P_V=484W

3.

P_V（14V时）/W	<250	250~350	350~450	450~550	550~675	675~800	800~950
I_n　/A	28	35	45	55	65	75	90

交流发电机特性曲线（K1–14V55A20）

计算需求量：33A

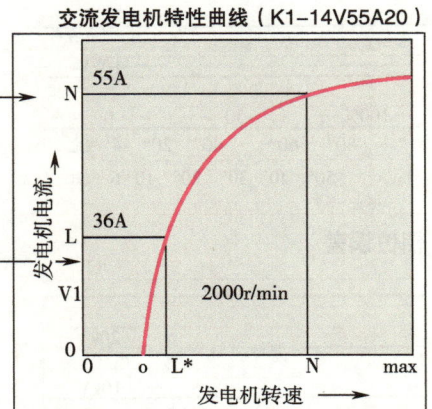

所有持续或长时间接通的用电器电流
$I_{V1}=\dfrac{P_{V1}}{14V}$　　　I_{V1}=25A

4.　$I_L \geqslant 1.3 I_{V1}$（近似公式）

N　55A

L　36A

V1

2000r/min

0　o　L*　N　max

发电机电流

发电机转速

2.4 企业经济核算

修理供电设备（更换交流发电机）之前客户希望通过电话了解具体费用。为此需进行核算。通过核算可以计算出在完成客户委托过程中发生的全部费用。包括：

生产工资成本	材料成本
生产工资成本是指车辆维修时产生的人工成本。工资成本可以直接归入客户委托。	材料成本包括备件成本（例如交流发电机、制动摩擦片）和辅助材料成本（例如发动机油、制动液），这些成本需直接归入客户委托。

间接成本	
间接成本是不能直接归入客户委托的成本。包括： 　·技师、职员等的工资 　·营业性辅助工作工资 　·索赔和优惠索赔要求的成本 　·社会保险、职业联合会、手工业同业公会的成本	·水、电、电话和取暖成本 ·辅助材料（例如各种油液，清洁剂）的成本 ·营业税 ·办公耗材、报纸、杂志 ·广告成本 ·贷款利息和投资 ·房屋、维修站装备和车辆的折旧费

维修成本的简易核算

工资核算

绩效工资

　　车辆机电维修工工作按绩效工资支付。汽车制造商为保养和修理工作规定了表示最低工作量的标准工时。标准工时用时间单位（ZE）或工时单位（AW）来表示。维修站系数（每小时额定工作量）表示每小时的工时单位数。该系数通常为12AW/h。

> 1h=100ZE=12AW
> 1AW=5min
> 维修站系数：12AW/h

　　确定一位技工绩效工资的基础是以时间单位或工时单位形式结算的工作时间。实际耗费的工作时间不予计算。绩效工资按下式计算：

绩效工资（欧元）=小时工资费率（欧元/小时）× $\dfrac{\text{工时单位总和}}{12}$

维修站平均工资

　　维修站技工的小时工资费率有所不同。确定维修站成本时应通过维修站平均工资进行计算。

维修站平均工资= $\dfrac{\text{小时工资费率总和}}{\text{小时工资费率数量}}$

示例

工作委托

　　一辆BMW 325i的交流发电机需要更换。
　　车辆经销商：1名技师、1名汽车销售员、3名技工

绩效工资

　　ESitronic中规定交流发电机的拆卸和安装需要8个工时单位。技工的小时工资费率为11.00欧元，维修站系数为12个工时单位/小时

更换一台交流发电机的绩效工资为：

绩效工资=11.00欧元/小时× $\dfrac{8\text{个工时单位}}{12\text{工时单位/小时}}$ =7.33欧元

维修站平均工资

　　在一家车辆维修站中三位技工的小时工资费率分别为11.00欧元、11.00欧元和13.00欧元，技师的小时工资费率为16.00欧元。

维修站平均工资=

$$\dfrac{11.00\text{欧元}+11.00\text{欧元}+13.00\text{欧元}+16.00\text{欧元}}{4}$$

维修站平均工资=12.75欧元

学习领域
5

生产工资成本

利用维修站平均工资和工资小时的数量可以计算出工资成本：

> 生产工资成本=维修站平均工资×工资小时数

间接成本

间接成本是由会计在较长一段时间内统计计算并用成本指数来予以考虑的。

利润：

利润额是按利润率百分比叠加到工资成本和间接成本上计算出来的。只有利润高于银行利息时，企业家才值得把他的钱投资到公司里。计算公式：

> 附加利润=
> $$\frac{（生产工资成本+间接费用）×利润率（\%）}{100\%}$$

成本指数

成本指数是一个根据工资成本、间接核算成本和利润计算得出的维修站指数。

> 成本指数=
> $$\frac{生产工资成本（欧元）+间接成本（欧元）+利润（欧元）}{生产工资成本（欧元）}$$

生产工资成本

假设：

1年=260个工作日；1个工作日=8个小时

生产工作日=260−休假−节日

生产工作日=260−30−12=218天

生产工资成本=12.75欧元/小时×(218×8)小时
=22236.00欧元

间接成本

车辆经销商的间接成本包括以下各项：

·工资（汽车销售员）	20000欧元
·工资（非生产性）	13000欧元
·优惠索赔	8000欧元
·社交开销	50000欧元
·保险	20000欧元
·办公费用	5000欧元
·输助材料，工作油液	5000欧元
·税金，手续费	15000欧元
·水、电、废水处理	20000欧元
·折旧费	120000欧元
·广告费	20000欧元
·备件库存	10000欧元
·利息	25000欧元
·其他费用	15000欧元
间接成本总和	346000欧元

利润：附加利润10%

$$附加利润=\frac{（22236欧元+346000欧元）×10\%}{100\%}$$

附加利润=36823.6欧元

成本指数

$$成本指数=\frac{22236欧元+346000欧元+36823.6欧元}{22236欧元}$$

成本指数=18.216

工时费率

工时费率表示结算单中一个工时单位客户所付的欧元价格。它取决于：

- 维修站平均工资，
- 成本指数，
- 维修站系数。

工时费率
$= \dfrac{\text{维修站平均工资（欧元/小时）} \times \text{成本指数}}{\text{维修站系数（工时单位/小时）}}$

工时费用

通过工时费率可以计算出工时费用：

工时费用
=工时费率（欧元/工时单位）× 规定工时单位数

材料成本

材料成本包括用于备件、辅助耗材、工作油液和小部件的成本。

维修费用

维修费用由工时费用和材料成本组成。

维修费用=工时费用+材料成本

结算单金额

客户除了支付维修费用外，还必须支付当前为19%的法定增值税：

结算单金额=维修费用+增值税

工时费率

工时费率= $\dfrac{12.75\text{欧元/小时} \times 18.216}{12\text{工时单位/小时}}$

工时费率=19.355欧元/工时单位

工时费用

工时费用=19.355欧元/工时单位 × 8个工时单位
=154.84欧元

材料成本

更换一台交流发电机的费用是150欧元，另外还需要价值为10欧元的小部件。

维修费用

修理费用=154.84欧元+160欧元=314.84欧元

结算单金额

结算单金额=314.84欧元+59.82欧元=374.66欧元

学习领域
5

3 起动机

3.1 通过以客户为本实现质量保证要求

3.1.1 客户委托1

客户地址：

Dieter Boos 先生 Klosterstr.3 10179 Berlin	

委托编号： 0004

客户编号： 1512

委托日期： 2004年6月15日

车型	牌照号	车辆识别号	里程数/km
Volvo	850 2.5 GLE	××××××××	69650

注册登记日期	发动机代码	接待人	电话号码
1994年8月25日	B 5252 S Kat	A. Meyer	030/4444444

项目	工作单位	时间	工作描述	价格
01			起动机不转动	

交车时间：2004年6月19日，16：00点

此委托是在明确确认"车辆、总成以及零部件工作和费用估算条件"之后签发并交给本人的。

车辆终检

日期	时间	验收人	里程数/km

Dieter Boos

客户签名

3.1.2　客户委托 2

客户地址：

| Horst Eichel |
| 先生 |
| Jakobstr.3 |
| 50678 Koeln |

委托编号：　　0001

客户编号：　　1511

委托日期：　　2004年6月21日

车型	牌照号	车辆识别号	里程数/km
VW Passat	D–UW 543	××××××××	185400

注册登记日期	发动机代码	接待人	电话号码
2000年6月13日	AJM	A. Meyer	0221/4444444

项目	工作单位	时间	工作描述	价格
01			起动机转速慢且不能带动发动机	

交车时间：2004年6月24日，16：00点

此委托是在明确确认"车辆、总成以及零部件工作和费用估算条件"之后签发并交给本人的。

车辆终检

日期	时间	验收人	里程数/km

Horst Eichel
_____
客户签名

3 .2　通过系统知识实现质量保证要求：起动机

3.2.1　起动机系统

3.2.1.1　电工学基础：电机原理

通电导线周围产生磁场。通电导线位于马蹄形磁铁的磁场中时，两个磁场构成一个总磁场（参见插图）：

- 导线左侧两个磁场的磁力线方向相反，部分磁力线相互抵消。由此造成磁场减弱。
- 导线右侧两个磁场的磁力线方向相同。由此造成磁场加强。

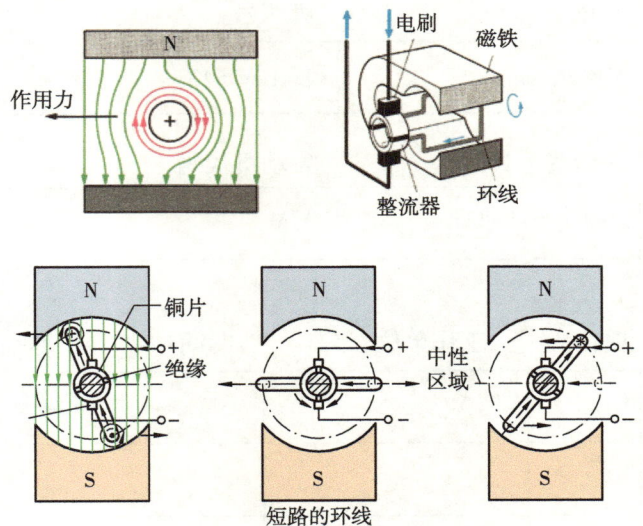

如果将线制成可旋转的环线，则作用在通电环线上的磁力使环线向水平位置转动。在惯性力的作用下环线转过水平位置。整流器在环线旋转 180°后使电流方向相反。

通过这种方式在两个曲柄上产生圆周方向始终相同的作用力，从而实现持续转动。

3.2.1.2　直流电动机

为了获得均匀的转矩，直流电动机中安装了许多与整流器铜片连接的环线。这些环线缠绕在电枢上（电枢绕组）。除永久磁铁外，直流电动机通常还带有用于产生磁场的励磁绕组。直流电动机类型通过电枢绕组和励磁绕组的不同电路来区分。

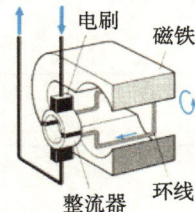

3.2.1.3　起动机的结构

起动机由三个功能部件组成：

- 电动机，
- 啮合继电器，
- 啮合传动机构。

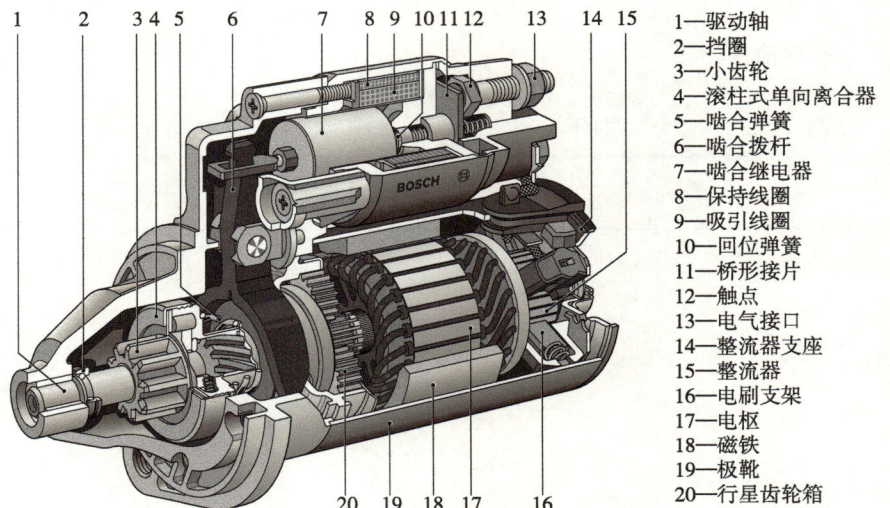

1—驱动轴
2—挡圈
3—小齿轮
4—滚柱式单向离合器
5—啮合弹簧
6—啮合拨杆
7—啮合继电器
8—保持线圈
9—吸引线圈
10—回位弹簧
11—桥形接片
12—触点
13—电气接口
14—整流器支座
15—整流器
16—电刷支架
17—电枢
18—磁铁
19—极靴
20—行星齿轮箱

电动机

带串励式电动机的起动机

励磁绕组（串励绕组）与电枢绕组串联。
⊕ 起动转矩大
⊖ 负荷对转速的影响大

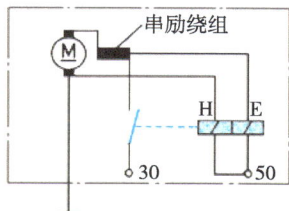

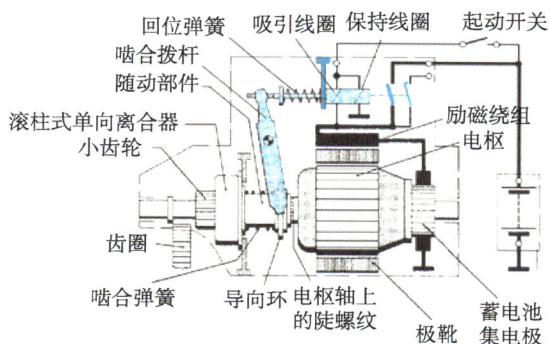

应用：轿车，主要用于商用车

带永磁式电动机的起动机

励磁磁场由一个永久磁铁提供。
·起动转矩较大
·承受负荷时转速波动小

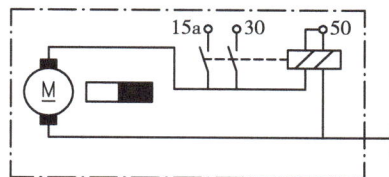

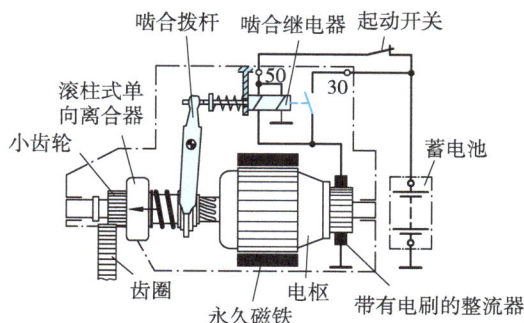

应用：轿车

起动时电动机直接驱动起动机的小齿轮，小齿轮通过继电器和啮合传动机构与发动机齿圈啮合（手动变速器）或与变矩器壳上的齿圈啮合（自动变速器）。为克服摩擦阻力并使发动机部分质量加速，起动机需要较大的转矩。通过10齿小齿轮与130齿齿圈的大传动比可以提供较大的转矩。发动机需

要最低起动转速：

汽油发动机：60~90r/min，

柴油发动机：60~2000r/min。

发动机开始运转时，啮合传动机构内的单向离合器使小齿轮脱开。

起动机功能部件

啮合传动机构

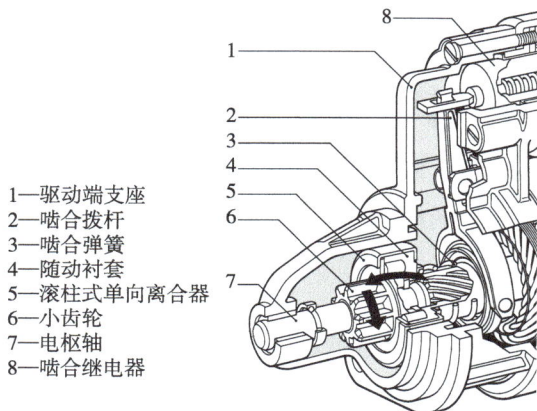

1—驱动端支座
2—啮合拨杆
3—啮合弹簧
4—随动衬套
5—滚柱式单向离合器
6—小齿轮
7—电枢轴
8—啮合继电器

啮合继电器

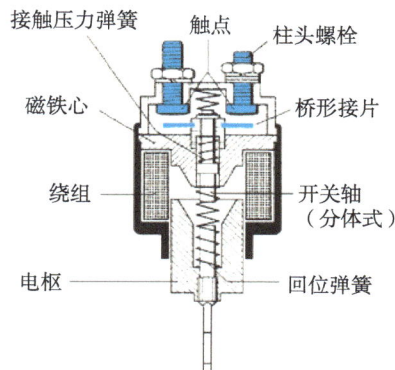

学习领域
5

啮合传动机构	啮合继电器

啮合传动机构

电枢轴一端带有与随动衬套啮合的陡螺纹，随动衬套通过滚柱式单向离合器与小齿轮连接。小齿轮和随动衬套由一个通过啮合电磁开关（啮合继电器）操纵的啮合拨杆移动。啮合弹簧起弹性元件的作用。

齿圈与小齿轮的传动比很大（1:8至1:20），以便产生所需转矩。

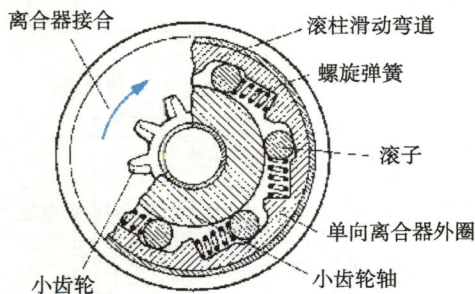

滚柱式单向离合器的滚柱在一条逐渐变窄的滚柱滑动弯道上运动。弹簧将滚柱压入窄小的空腔中。发动机旋转时，滚柱牢固卡紧在单向离合器外圈与小齿轮圆柱形部分之间的狭窄空腔中。只要发动机转动比起动机快，就会克服弹簧力将滚柱推入较宽的空腔中。从而使动力传递脱开。

啮合继电器

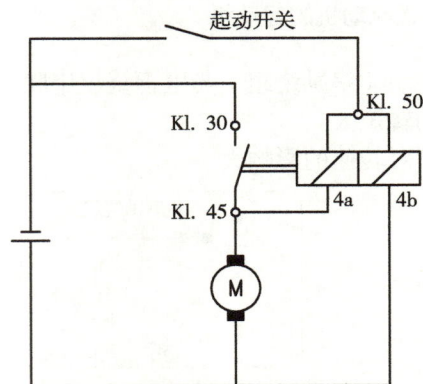

啮合继电器是一个通过较低控制电流接通较高电流（例如起动机电流）的电磁控制开关。

啮合继电器有两个任务：
· 接通起动机电流，
· 通过拨杆移动小齿轮。

啮合继电器有两个线圈：
· 产生较大磁力的吸引线圈。触点闭合后线圈短接。
· 使电枢保持在吸入位置的保持线圈。

各部件之间的回位弹簧能够在断电后使触点打开并使继电器电枢返回其初始位置。

继电器上有起动机的电气接口：
总线端50 →起动机控制
总线端30 →蓄电池正极
总线端45 →起动继电器输出端

3.2.1.4　螺旋驱动移动式起动机（直接驱动式起动机）

螺旋驱动移动式起动机的啮合过程由推移过程和螺旋移动过程组成。起动机使用直流串励式电动机。励磁绕组与电枢绕组串联。串励式电动机的特点是起动转矩大且空载转速高。电动机转速不经过变速直接传递到啮合传动机构上。

只要未操纵起动开关，继电器上就无电流。回位弹簧将小齿轮推入其静止位置。

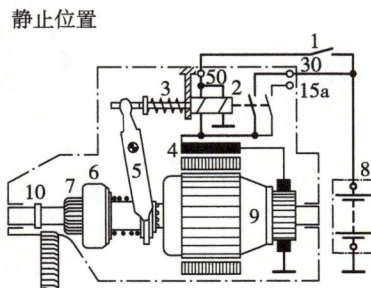

1—点火起动开关或行驶开关
2—啮合继电器
3—回位弹簧
4—励磁绕组，串励绕组
5—啮合拨杆
6—滚柱式单向离合器
7—小齿轮
8—蓄电池
9—电枢
10—挡圈
总线端15a用于点火系统中提高起动能力

起动机工作阶段

啮合

操纵点火起动开关时，吸引线圈和保持线圈同时接通。啮合继电器克服回位弹簧力吸引啮合拨杆。啮合拨杆通过导向环和啮合弹簧将带有小齿轮的随动衬套推向发动机飞轮的齿圈。在陡螺纹螺旋的作用下所有部件开始转动。

轮齿嵌入齿槽

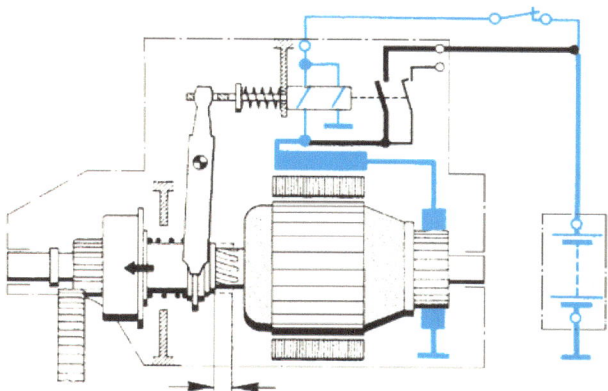

小齿轮嵌入齿槽时，齿轮与飞轮齿圈啮合。小齿轮保持啮合状态，直至桥形接片靠在继电器内的触点上。吸引线圈和保持线圈接通。起动机通电且开始转动。

轮齿碰到轮齿上

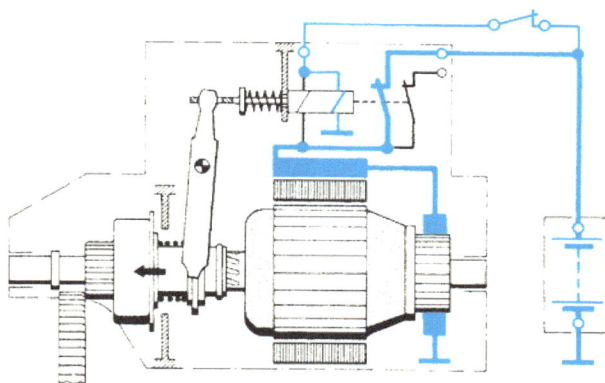

小齿轮碰到齿圈的轮齿上时，啮合拨杆通过导向环使啮合弹簧压缩并使接触开关闭合。吸引线圈断电，主电路电流流动。起动机开始转动。小齿轮开始寻找齿槽并通过啮合弹簧压力啮合在下一个齿槽内。

发动机转动

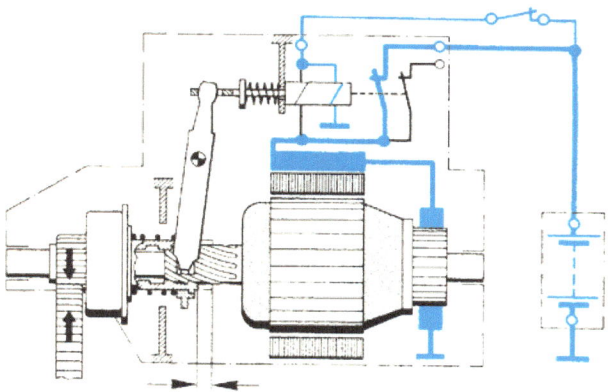

旋转的起动机使嵌入在齿圈内的小齿轮在陡螺纹上螺旋运动，直至其靠在电枢轴处的挡圈上。小齿轮经历了螺旋移动过程，小齿轮通过滚柱式单向离合器和随动衬套与电枢轴建立动力传递连接。起动机此时才带动发动机转动。吸引线圈断电。

脱开

如果正在起动的发动机转速大于起动机转速，滚柱式单向离合器就会脱开小齿轮与电枢轴之间的动力传递连接。如果关闭起动开关，则啮合拨杆、随动衬套和小齿轮在回位弹簧力的作用下返回初始位置。为确保关闭后起动机尽快进入静止状态，在此安装了一个电枢轴制动器。

学习领域

5

3.2.1.5 带中间减速机构的螺旋驱动移动式起动机

现代轿车中通常使用带有永磁励磁磁场的螺旋驱动移动式起动机。直接驱动式起动机用于1.6L以下排量的发动机。带中间减速机构的起动机通常用于大排量汽油发动机和柴油发动机。

这种起动机带有行星齿轮箱，行星齿轮箱由固定式玻璃纤维增强聚酰胺齿圈和烧结钢行星齿轮组成。这些行星齿轮与太阳轮和齿圈啮合。

驱动通过太阳轮实现，输出通过行星齿轮的轴颈实现。它们驱动带有陡螺纹的驱动轴和单向离合器。通过使用行星齿轮箱可以利用尺寸更小且转速更高的电动机产生相同的转矩。

1—带有陡螺纹的行星齿轮架轴
2—齿圈（齿环），同时作为中间支座
3—行星齿轮
4—电枢轴上的太阳轮
5—电枢
6—整流器

带有永磁式电动机的中间减速起动机剖面图

1—驱动端支座
2—小齿轮
3—啮合继电器
4—电气接口
5—整流器支座
6—带有电刷的电刷支架板
7—整流器
8—电枢
9—永久磁铁
10—极靴
11—行星齿轮箱
12—啮合拨杆
13—啮合传动机构

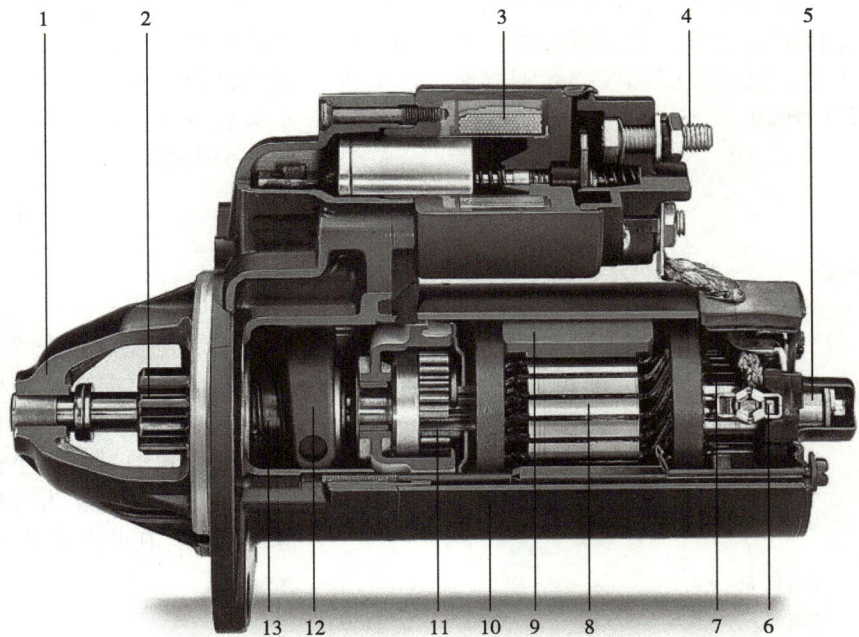

中间减速起动机的结构和电路原理图

1—小齿轮
2—齿圈
3—滚柱式单向离合器
4—啮合拨杆
5—行星齿轮箱
6—永久磁铁
7—电枢
8—带有电刷的整流器
9—带有吸引线圈和保持线圈的啮合继电器
10—起动开关
11—蓄电池

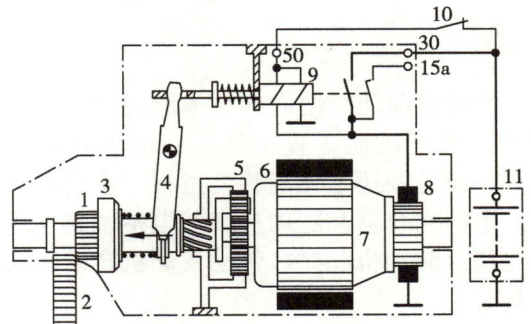

3.3　通过检查和测量实现质量保证要求

3.3.1　故障诊断

故障	原因	被救措施
起动机不转动	蓄电池放电 正极导线或接地导线断路 接口松动或严重氧化造成的接触电阻 连接点火起动开关的导线50断路，起动开关损坏 总线端50上无电压	蓄电池充电 检查和维修导线 拧紧接口，进行清洁 排除断路故障 导线断路，点火起动开关损坏
起动机转速过低，起动机不能带动发动机转动	蓄电池放电 接口松动或严重氧化造成的接触电阻 电刷与集电极不完全接触 集电极上出现沟槽、烧伤或污物 总线端50上电压过低或无电压 电磁开关（继电器）损坏	蓄电池充电 清洁蓄电池极柱、起动机上的接口，拧紧接口 更换电刷，清洁电刷导轨 更换转子或起动机 检查点火起动开关和继电器 更换继电器
起动机啮合且转动，发动机不转动或短时转动	小齿轮传动装置损坏 飞轮齿圈损坏	更换起动机 更换飞轮
小齿轮不脱开	小齿轮传动装置损坏 电磁开关损坏 复位弹簧断裂	更换起动机 更换电磁开关 更换复位弹簧
松开点火钥匙后起动机继续转动	电磁开关卡住且不能关闭（立即关闭点火开关） 点火开关不能关闭	更换电磁开关 立即断开蓄电池导线，更换点火开关

学习领域 5

3.3.2　起动机检测

检测起动机前，必须首先确认蓄电池功能是否正常：
- 电解液液位，
- 电解液密度
- 蓄电池负荷试验。

听音检查／现场直观检查

- 异常的起动噪声，
- 起动机啮合，但发动机不转动，
- 没有啮合噪声，
- 起动机不啮合。

用一根辅助电缆跨接总线端30和50。发出咔嚓声时，起动机小齿轮必须快速向前移动且起动机开始转动。注意：摘挡，将变速杆挂入空挡位置。

用万用表进行电气检测

故障	检测	检测步骤	结果	未达到规定值的原因
起动机不转动	检测起动控制系统	将电压表连接在总线端50与接地之间①	$U>9.5V$	点火开关、总线端和导线内的接触电阻
	电压降	起动机正极导线：将电压表连接在总线端30与接地之间②	$U_V<0.5V$	导线和总线端内的接触电阻和断路
	检查起动电机	起动机负极导线：将电压表连接在起动机壳体与接地之间③	$U_V<0.5V$	接触电阻

测量电路

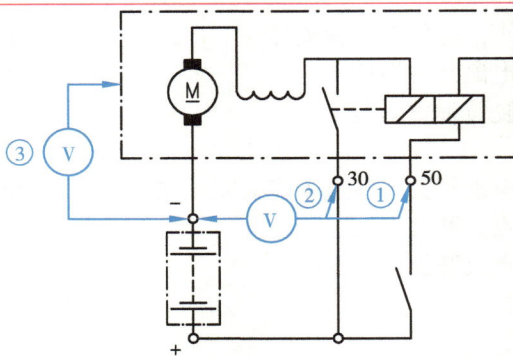

短路检测

进行短路检测时，起动机电枢锁止。此时它要承受最大电流，即所谓的短路电流。短路电流数值是衡量起动力矩（电机开始转动时的力矩）的标准之一。短路电流的大小取决于
- 蓄电池的电容和充电状态，
- 起动机功率消耗的大小。

检测过程：
- 按照测量电路连接电流表和电压表（将电流夹钳夹在起动机主导线上），
- 挂入直接挡，
- 操纵驻车制动器和行车制动器，
- 操纵起动机约5s，
- 读取电流和电压数值。

测量电路：

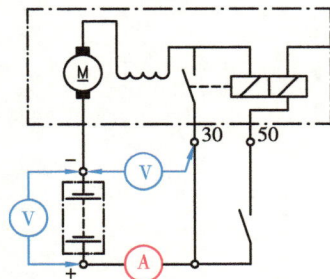

起动机主导线上的允许电压降
$U_V=0.5V$
蓄电池接线柱电压：$>9.5V$
短路电流：$300{\sim}380A$

4 新型车载网络——备用蓄能器

4.1 通过系统知识实现质量保证要求

4.2 双蓄电池车载网络

当今车辆的12V蓄电池是一种折衷方案。

· 必须针对起动过程确定蓄电池尺寸。

起动过程中蓄电池承受较高的电流负荷（300~500A）。由此产生的电压降会对一些带有微处理器的用电器产生不利影响。

· 行驶过程中只流动较小的电流。

仅通过一个蓄电池很难满足这两项要求。在未来的车载网络中将通过一个起动蓄电池和一个供电蓄电池分别执行上述功能。这样可以避免车载网络中的电压降而且在蓄电池充电量较低的状态下也能进行可靠冷起动。可按照特殊要求设计起动蓄电池和供电蓄电池：

· 用于限定时间的高电流，

· 低电流，高电容储备量。

1—照明装置（车载网络）
2—起动机
3—发动机管理系统（车载网络）
4—起动蓄电池
5—其他车载网络用电器（例如滑动天窗操纵机构）
6—供电蓄电池
7—发电机
8—充电模块/分离模块

1—起动机
2—起动存储器
3—车载网络控制单元
4—发电机
5—用电器
6—发动机控制单元
7—供电蓄电池

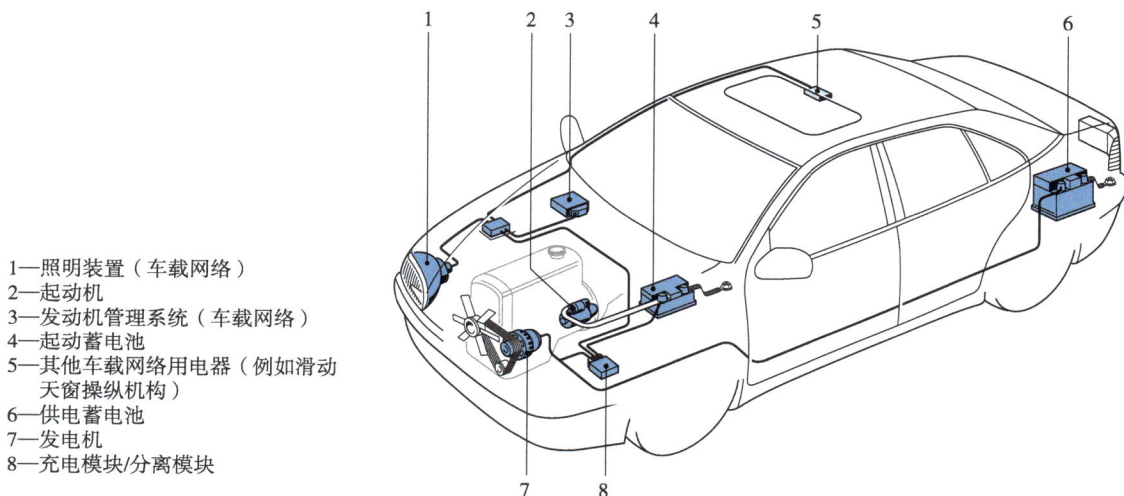

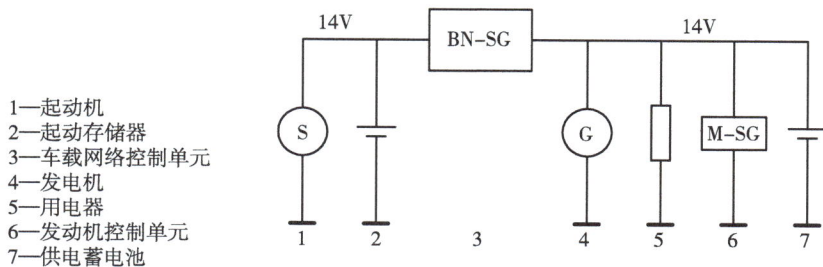

车载网络控制单元将起动蓄电池和起动机与其他车载网络分离开来并避免起动时的电压降对车载网络产生影响。处于静止状态时，它可防止起动蓄电池通过车载网络向用电器放电。供电蓄电池电量过低时，控制单元会暂时将这两部分车载网络接通，因此由起动蓄电池供电。

例如敞篷跑车SL 500（八缸，225kW）拥有一个双蓄电池车载网络。在发动机室内的蓄电池仅负责起动发动机，在行李箱内的另一个蓄电池为电气和电子部件供电。一个控制单元负责车载网络的管理并按需组织充电管理，从而使起动蓄电池始终以最大功率备用。出现紧急情况时，控制单元可将两个电路接通，从而使两个蓄电池互相支持。

这两个蓄电池根据相应要求进行调节：

· 起动蓄电池电容量为35A·h，尺寸紧凑、重量较轻且功率密度较大。此外还能承受较高充电电流，因此即使在大量放电后也能重新使用。

· 车载网络蓄电池的电容量为70A·h。该蓄电池完全免维护、耐腐蚀且酸密封。通过采用玻璃纤维毡技术（电解液吸附在玻璃纤维毡内）可提高铅酸蓄电池的循环强度。

4.3 双电压车载网络

4.3.1 未来的能量需求

现在一辆装备良好的轿车平均需要2000W功率。在未来几年内，随着电气和电子装置的增加，功率需求将会不断提高。为了满足所有行驶条件，许多车内组件都采用超尺寸设计。例如水泵针对较低发动机转速和较高车外温度而设计。在快速行驶或温度较低时可减小水泵功率。一个电动驱动装置可节省最多1kW发动机功率。液压助力转向系统在高速行驶时所需能量最少，消耗最多。

在未来几年内，全新车辆组件和系统将会越来越多地应用于车辆当中：

用电器	峰值功率／W	好处
电动空调压缩机	4000	更舒适
电磁气门控制机构	4000	节省10%的燃油，紧凑型发动机
电加热式催化转换器	3000	排放量更少
电动底盘控制系统	2000	更安全、更舒适
电动机械式制动器	2000	更安全，更环保，安装优势
电气辅助加热装置	2000	更舒适
风窗玻璃加热装置	1500	除冰，除水雾，更安全，更舒适
电子助力转向系统	1500	节省3%~6%的燃油，行驶动力性更好，安装优势
散热器电风扇	1200	节省燃油，安装优势
电液制动器	1000	更安全、更舒适
带有热量管理系统的电动水泵	600	节省5%的燃油，更舒适

电动驱动装置的优点：
- 只有在实际需要使用时才会消耗能量。
- 易于编程、控制和调节。
- 通过取消机械连接节省空间，例如车辆带有电动水泵、汽油泵、空调压缩机和电磁气门控制机构时不需要多楔带传动装置和凸轮轴。通过电动转向系统取消了转向柱。
- 取消了各种液压油和这些液压油的回收利用。

无法通过一个14V车载网络对该系统供电。

电加热式催化转换器   电动水泵   电动机械式制动器

电动转向系统   导航系统

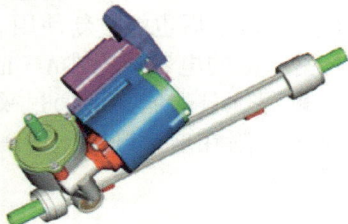 

4.3.2　14V和42V车载网络

车载网络向更高电压的继续发展是具有14V和42V电压的双电压车载网络。

·起动发电机为大功率用电器如起动机、催化转换器加热装置、助力转向系统、燃油泵、水泵以及蓄电池以42V电压供电。42V 车载网络通过一个直流变压器为14V车载网络供电。

·14V车载网络负责为发动机管理系统、照明装置、电动车窗升降器、车窗玻璃刮水器、鼓风机、后窗玻璃加热装置和蓄电池供电。

可对42V大功率用电器和 14V 用电器蓄电池根据它们的任务分别设计尺寸。

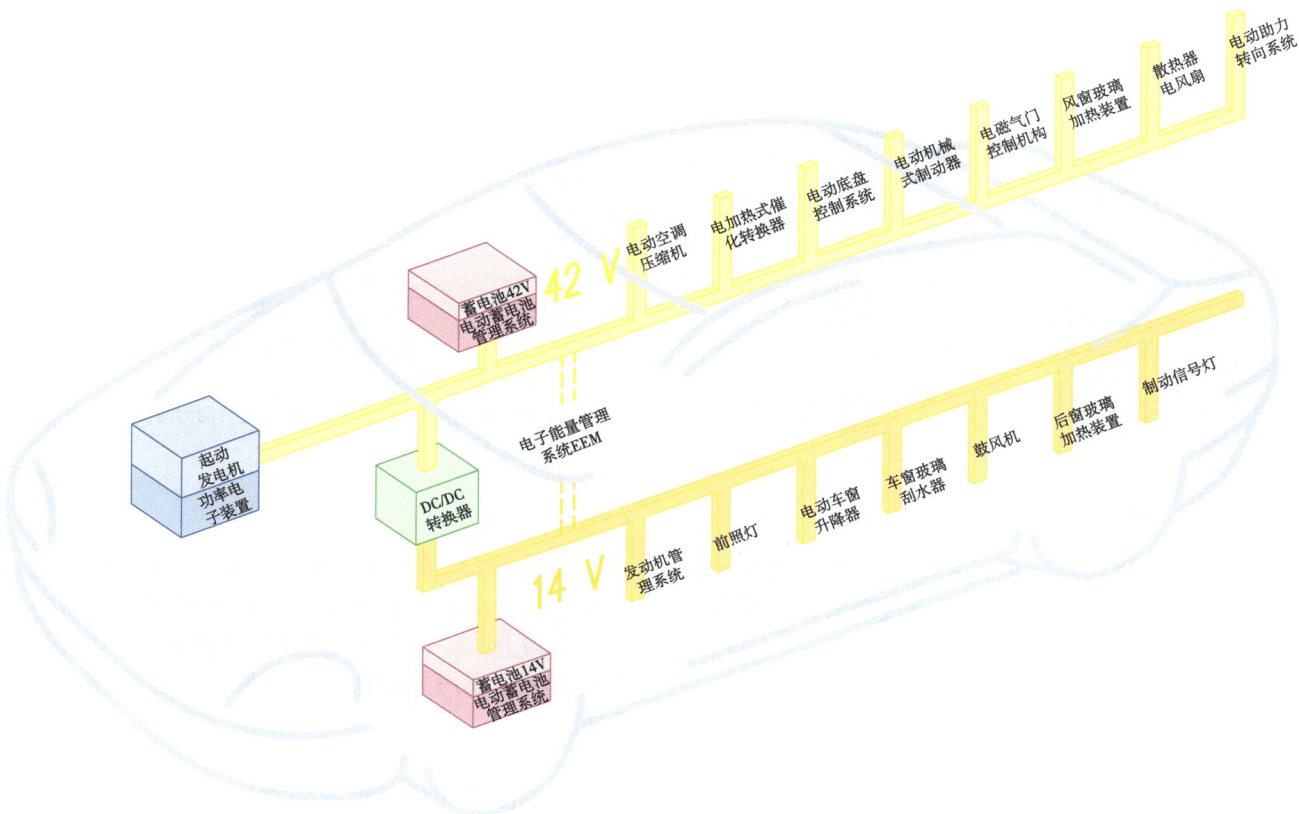

4.3.3　电子能量管理系统EEM

电子能量管理系统通过以下方面管理整个电能分配。

·在行驶过程中协调起动发电机、变压器、用电器和蓄电池的相互配合，

·在车辆静止时监控蓄电池的充电状态，

·一旦达到特定限值就会关闭停车状态用电器。

·能量管理系统EEM负责管理以下功能：

EEM-能量管理协调员			
蓄电池管理	发电机管理	用电器管理	驱动与车载网络管理
测量蓄电池当前的实际功率并对用电器的供电优先排序。通过对充电及蓄电池状态的预测诊断保证可靠地进行供电。	确定制造电能的潜力并调节规定的额定电压。	它可预先识别由于同时打开的各用电器而可能出现的用电高峰并通过分级临时供电而避免出现用电高峰。	协调驱动装置和车载网络，例如像Start-Stop之类取决于蓄电池充电状态的驱动装置功能。

4.3.4　起动发电机

起动发电机用于带有很高耗电量的 42V 车载网络。起动发电机既是能量制造者同时又是能量消耗者。目前有两种系统正处于研发阶段：

带传动的起动发电机RSG 适用于现代发动机	一体式起动发电机ISG 适用于42V车载网络
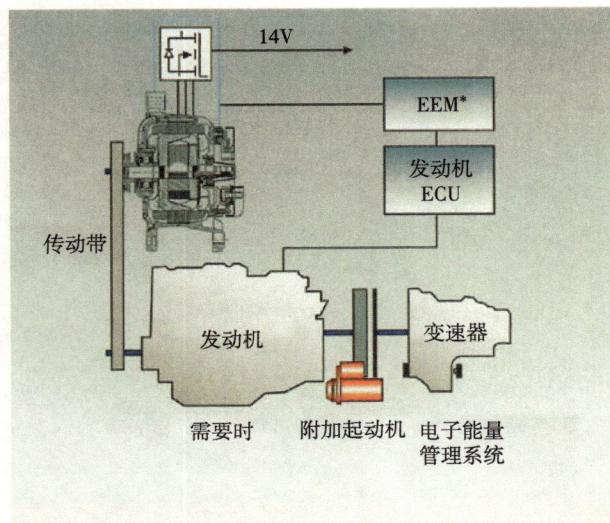 带传动的起动发电机RSG由一台常规的齿形电极发电机组成，由内燃机通过现有的曲轴带动装置驱动。	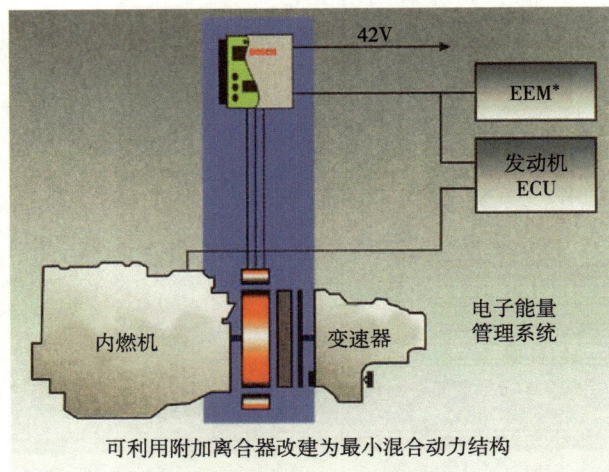 可利用附加离合器改建为最小混合动力结构 一体式起动发电机（ISG）同时提供了起动机和发电机的功能。直接安装在发动机和变速器中间的曲轴上。一体式起动发电机能降低发动机起动时的啮合噪声并能在行驶中发电。它可提供以下功能： ·Start-Stop运行模式能在停车时（交通信号灯）自动关闭发动机。踩下离合器踏板后又将发动机起动。 ·它从发电机运行模式转换为发动机运行模式并在加速时对发动机提供辅助（助力器）。 ·在制动时将汽车的动能转换成电能并提供给车载网络（能量回收）。 由此可节省将近30%的燃油。

一体式起动发电机

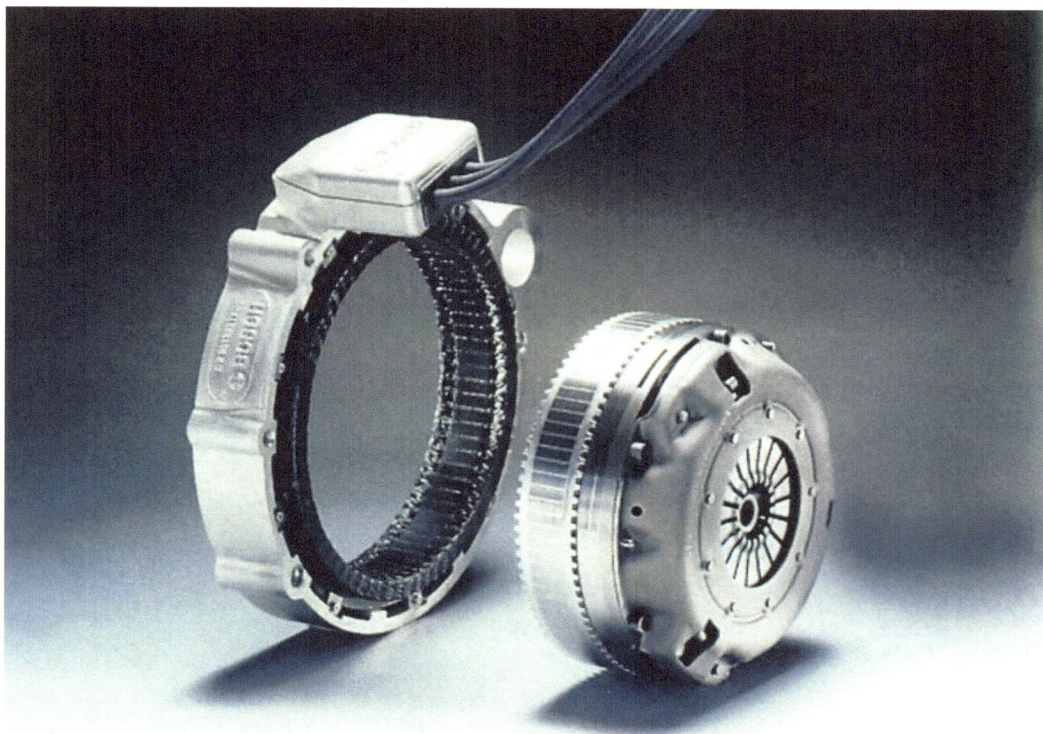

一体式起动发电机（ISG）能使起动更舒适。并能在行驶过程中发电。

带传动的起动发电机

带传动的起动发电机（RSG）能通过Start-Stop功能来帮助节省燃油。

4.4 燃料电池

电解过程中水在电能的作用下分解成气态成分氢气和氧气。燃料电池的原理则与电解原理相反。它将氢气和空气中的氧气再生成水且同时输出电能。因为燃料电池利用空气工作，所以不需要储存氧气。

电解质可以是液态也可以是固态并具有薄膜结构。

因为单个电池槽只能产生很低的电压，所以将各个电池槽叠放在一起并进行串联。这样的电池组称为"电池堆"。

目前有结构和功能互不相同的各种燃料电池。其中聚合物电解质膜燃料电池（PEM）是专为车辆开发的。

4.4.1   PEM（聚合物电解质膜）燃料电池

一个燃料电池由三层叠放在一起的材料所构成：

第1层：阴极

第2层：电解质：PEM 燃料电池中使用一种由聚合物制成且能传导质子的聚合物电解质燃料膜。

第3层：阳极

阳极和阴极作为催化剂。

在燃料电池中氢和氧在受控条件下发生化学反应并释放出电能。氢和氧在互相化合时通常会发出爆鸣声（氧氢爆鸣气）。燃料电池中的电池膜可以只让质子（H^+ →参考下文）替代基本的氢气（H_2）与氧进行化合，以此来防止氧氢爆鸣气反应。

4.4.2   PEM（聚合物电解质膜）燃料电池的功能

为了理解在燃料电池中所发生的各个过程，首先需要掌握一些关于原子结构的信息。所有材料都是由原子构成的。每个原子都是由原子核和原子壳构成的。

原子核的基本粒子包括：

·质子

它们是原子核中带有正电荷的原子基本粒子。

·中子

它们的质量与质子相等，但是电荷性质为中性。

电子存在于原子壳中。它们按照一定的轨道围绕原子核旋转。电子带有负电荷。质子和电子的数量相等，因此正负电荷平衡。原子向外呈电中性。各种物质是通过质子的数量来区别的：

氧原子：   8个质子

氢原子：   1个质子

碳原子：   6个质子（参见示意图）

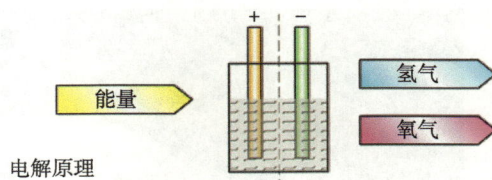

电解原理

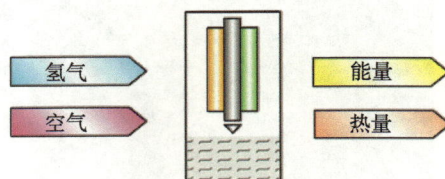

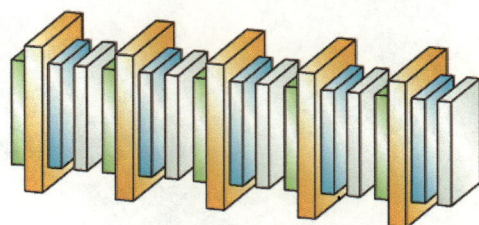

燃料电池堆的原理图。双极板（深蓝色）通过电气方式将各个电池槽隔离。一个燃料电池堆就是多个电池槽的串联。

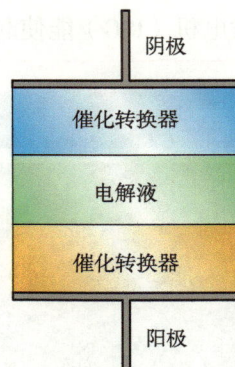

阴极
催化转换器
电解液
催化转换器
阳极

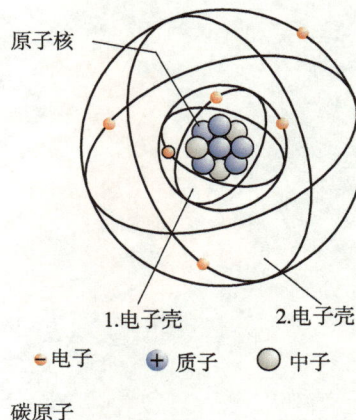

原子核
1.电子壳   2.电子壳
电子   质子   中子
碳原子

PEM燃料电池的工作原理

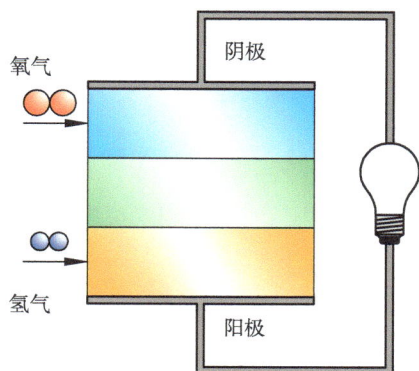

把氢气（H₂）和氧气输入到催化剂中。

氢分子由催化剂（阳极）分裂成质子（H+）。每个氢原子都释放出它的电子。

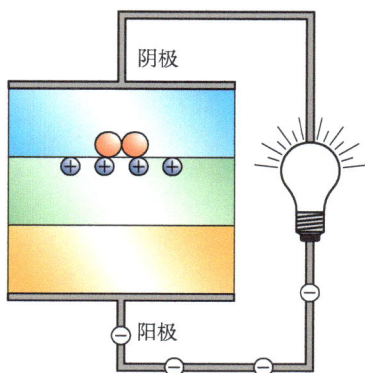

质子穿过电解质膜移动到阴极侧，电子则进入阳极并生成电流。

各有 4 个电子与氧分子再次结合。

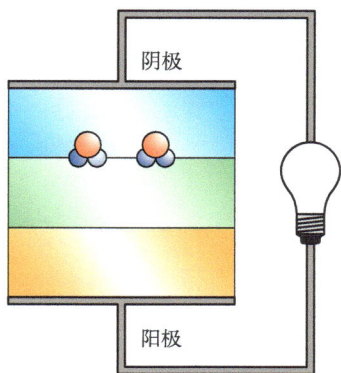

所产生的氧离子带有负电荷并向带有正电荷的质子移动。

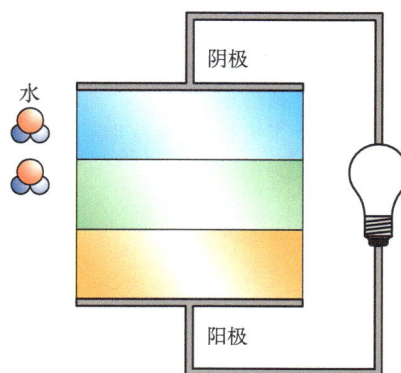

氧离子将其两个负电荷释放给质子并与水发生氧化。

➡ ☺关于燃料电池的其他信息请查阅CD-ROM光盘

学习领域

5

客户委托解决方案说明

客户委托：起动蓄电池
　　与小组同事一起完成客户委托以进行练习，并将所示内容用自己的话写入工作表中。

客户委托：交流发电机和起动机

1 通过以客户为本实现质量保证要求
1）说明如何接待客户（工作表1）。
2）要向客户询问哪些数据？
3）修理工作结束后要向客户提供哪些信息？
4）进行车辆识别和设备识别（工作表2）。
5）接受客户委托：为客户提供一张工作卡（ESItronic）。

2 通过系统知识实现质量保证要求
1）执行前期计划（工作表3）。
2）完成一份有关系统、工具、设备和检测方法的问题目录（工作表4）。
3）按照DIN标准并根据ESItronic绘制电路图（工作表5）。
4）说明电流特性曲线图。
5）该电路由哪些部件组成？用德语和英语说出这些部件名称。
6）导线是什么颜色？
7）回答工作表4的问题目录（工作表6）。

3 通过检查、测量和故障诊断实现质量保证要求
1）交流发电机：针对可能的故障原因（参见ESItronic）进行引导型故障查询（工作表7）。
起动机：针对可能的故障原因（参见故障诊断）进行故障诊断（工作表7）。
2）设计一个测量电路（工作表8）。
3）制定检测计划（工作表9）。
4）确定规定值（工作表9）。
5）确定与规定值出现偏差的原因（工作表9）。

4 通过按计划修理实现质量保证要求
1）设计程序流程图（工作表10）。
2）使用关键词（工作表11）。
　a) 交流发电机：预防人身伤害的危险须知（参见ESItronic）。
　b) 起动机：车辆、总成注意事项（参见ESItronic）。

5 通过检查和记录实现质量保证要求
1）将车辆交付客户前必须检查哪些项目？与同事一起讨论你设计的工作流程并记录改进措施（工作表12）。
2）为修理工作"更换交流发电机"编制工作卡。
3）开具结算单。

➡ ☺客户委托解决方案工作表及其他信息请参见辅助材料CD-ROM。

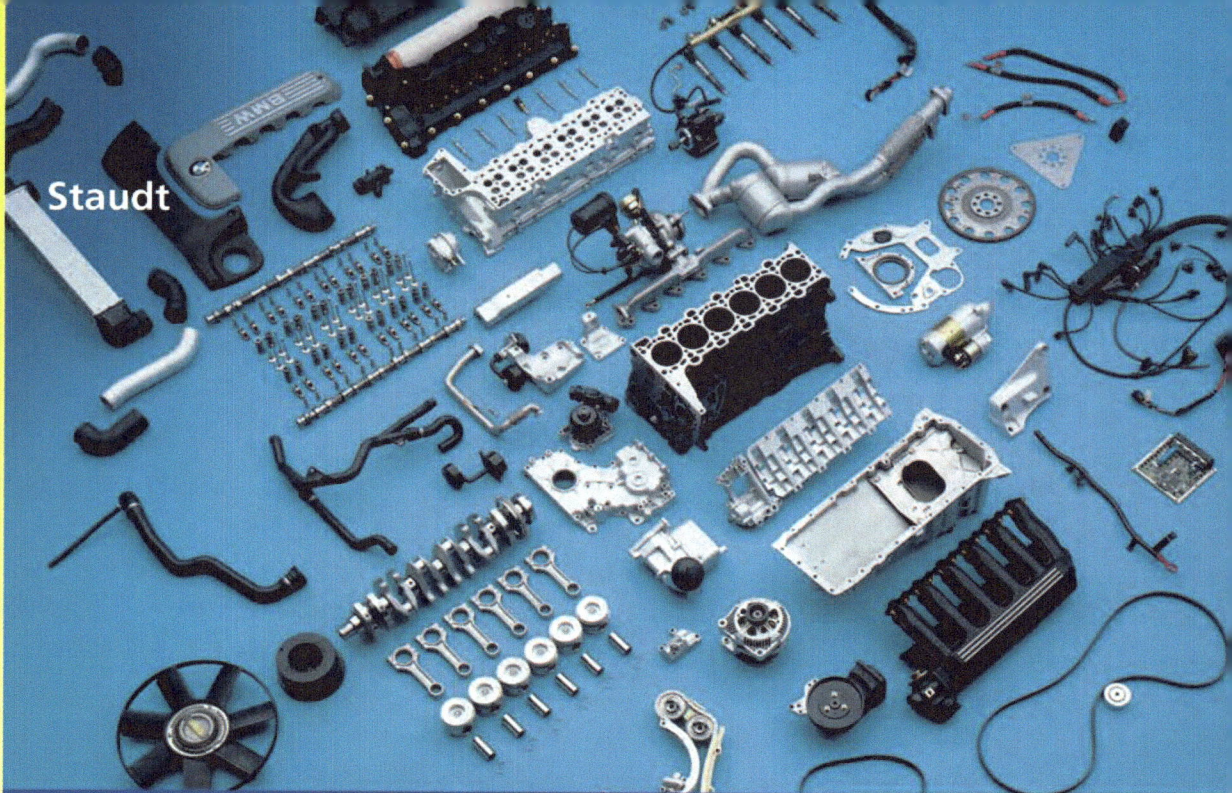

Staudt

学习领域 6

发动机机械机构
的检查和修理

1 发动机机械机构

1.1 通过以客户为本实现质量保证要求

● 客户报修：冷却液损耗

客户谈话／委托书处理	直接接车
客户报修：冷却液缓慢损耗 **向客户询问**： 　　如何发现冷却液损耗的？ 　　多长时间添加一次冷却液？ 　　发动机处于运行温度时废气是什么颜色？ 　　拔出后的机油尺上机油是什么颜色？ **委托书处理**： 　·客户姓名、地址、电话号码 　·牌照号、里程数 　·车辆识别： 　　车型：奥迪A4 　　车辆识别号×××× 　　发动机号：ASN	客户在场时根据故障诊断现场直观检查发动机（参见第97页）。 　·检查发动机上的水迹 　·打开补液罐评价冷却液的表面颜色 　·评价机油尺上机油的颜色 　·起动发动机 　·评价排气情况 　·打开补液罐观察冷却液情况。 　客户希望通过电话了解有关损坏的信息。

客户地址：

Horst Beutel
先生
Bahnhofstrabe 15

65189 Wiesbaden

委托书编号：0012
客户编号：　1512
委托日期：　2004年7月23日

车型	牌照号	车辆识别号	里程数/km
Audi A 4	F-RE 765	×××××	21250

注册登记日期	发动机代码	接车人	电话号码
1998年8月25日	×××××	A. Meyer	0611/45722

项目	工时单位	时间	工作内容	价格
01			冷却液损耗量增大	

日期：2004年7月24日，16:00点

此委托是在明确确认"车辆、总成以及零部件工作和费用估算条件"之后签发并交给本人的。

车辆终检

日期	时间	验收人	里程数/km

Horst Beutel

客户签名

1.2　通过系统知识实现质量保证要求：发动机参数

1.2.1　发动机识别

技术数据

发动机纵剖面图和横剖面图

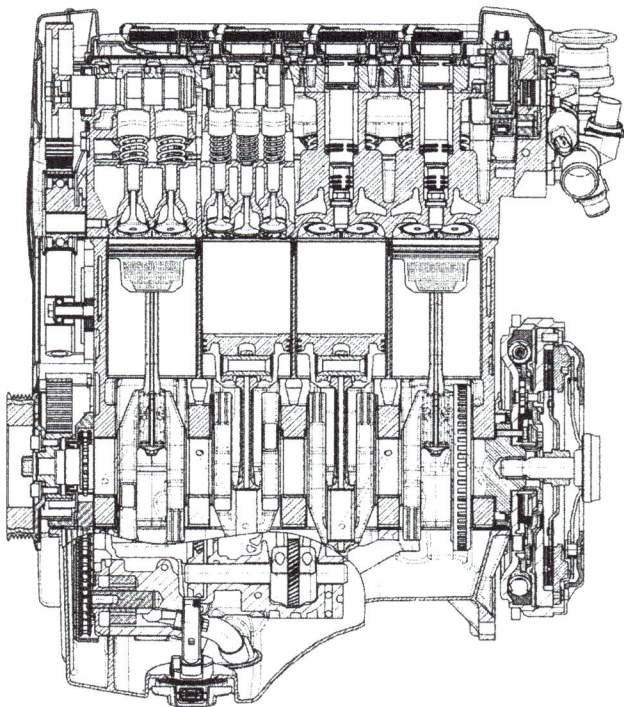

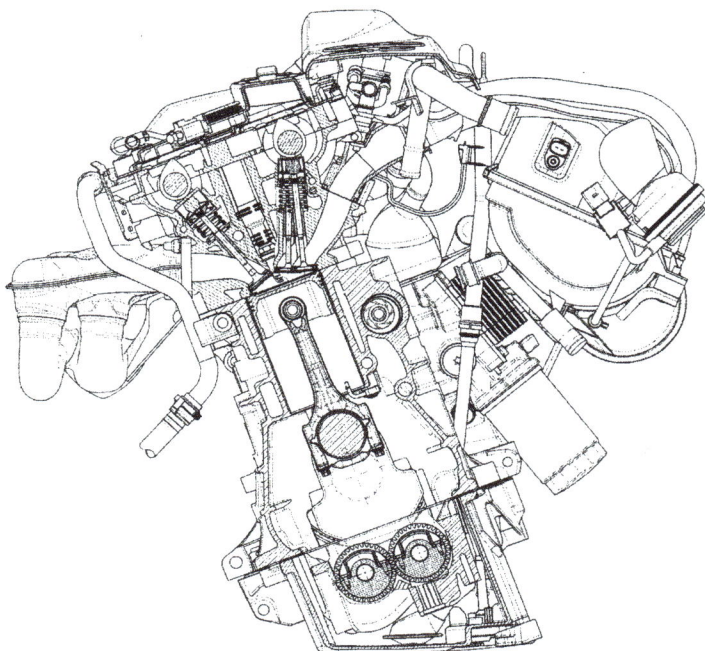

技术数据

结构形式	4缸直列发动机
排量	1984cm³
行程	92.8mm
缸径	82.5mm
压缩比	10.3
功率	96 kW
－对应转速	5700r/min
升功率	48.4kW/L
转矩	195N·m
－对应转速	3300r/min
平均工作压力	12.35bar ⊖
发动机重量	129kg
点火顺序	1-3-4-2

配气相位
- Eö（迟）　上止点后26° KW（曲轴转角）
- Es（早）　下止点后48° KW（曲轴转角）
- Aö　下止点前32° KW（曲轴转角）
- As　上止点前8° KW（曲轴转角）

进气凸轮轴调节范围42° KW（曲轴转角）

结构说明：
DOHC双顶置凸轮轴，五气门技术，带有叶片调节器的凸轮轴调节装置，带有铸入式铸铁缸套的铝合金发动机，平衡轴

满负荷曲线（外特性曲线）

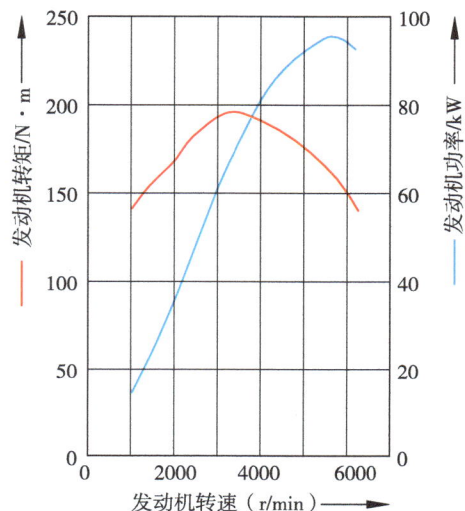

发动机转速（r/min）

⊖1bar=10⁵Pa

1.2.2   技术参数解释

1.2.2.1   发动机结构形式

直列发动机

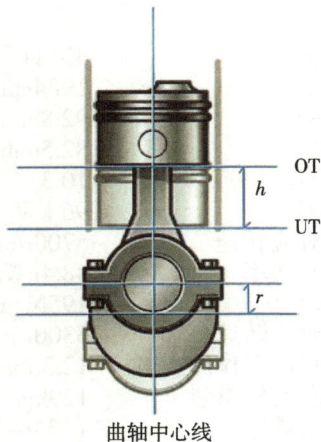

在直列发动机中活塞直列布置。活塞位于曲轴中心线正上方。曲柄半径r的两倍相当于活塞行程h（或s）。上止点与下止点之间为180°。

V形发动机，V形角90°

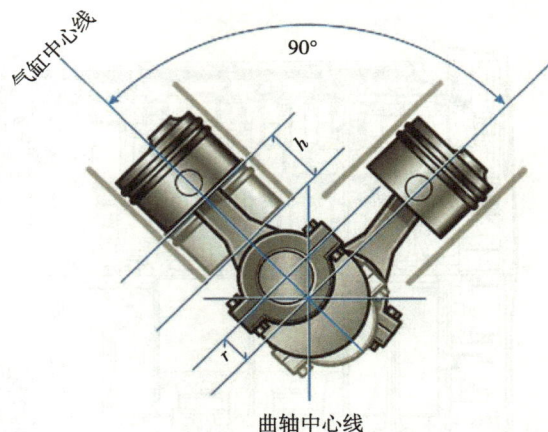

两个气缸列的活塞彼此之间夹角为90°或60°，气缸中心线经过曲轴中心线。曲柄半径r的两倍相当于活塞行程h（或s）。由于V形角较大，因此发动机的结构宽度较大。

V5发动机，V形角15°

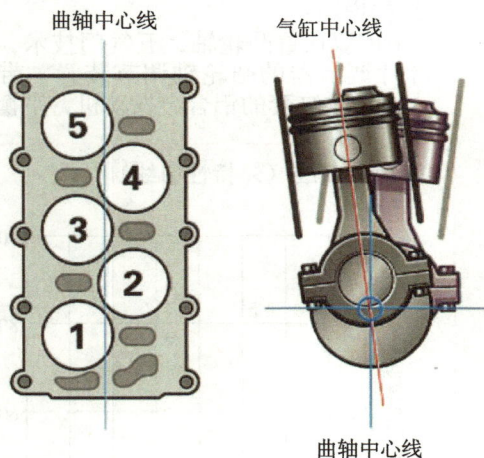

由于V形角为15°，因此发动机的结构宽度很小。V5发动机比直列发动机短且比60°或90°V形发动机窄。这种发动机可以纵置或横置安装。

V5发动机，V形角15° 水平移置

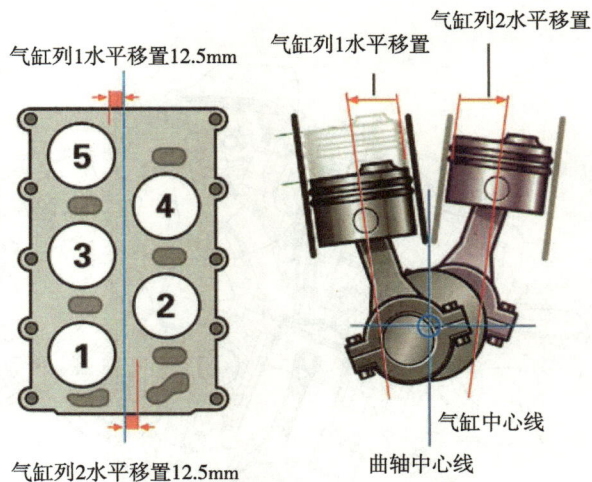

为确保气缸之间有足够的间隙，为此气缸略微外移。这种情况称为水平移置。气缸中心线不再经过曲线中心线。活塞从上止点到下止点和从下止点到上止点的行程不同。为确保所有气缸的点火时刻都相同，设计曲轴的曲柄时考虑了这种情况。

1.2.2.2　气缸编号、点火顺序和工作循环顺序

气缸标记是标准化的。编号是从动力输出端相对的一侧开始。在水平对置发动机和V形发动机上从左侧气缸列开始并逐列编号。

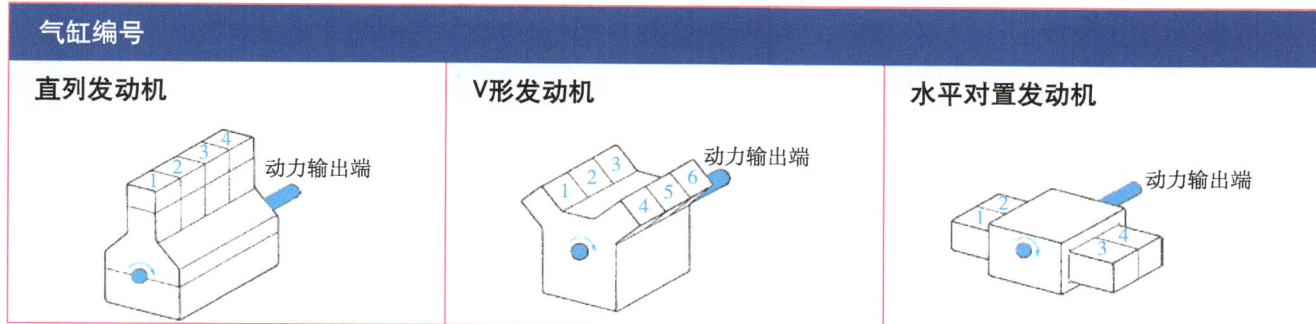

气缸编号		
直列发动机	**V形发动机**	**水平对置发动机**

工作循环通过条形图表示。

气缸点火顺序称为点火顺序。点火间隔是指曲轴在两次连续点火之间经过的曲轴转角1° KW。该数据等于720° 与发动机气缸数之比：

$$点火间隔= \frac{720° \ KW}{气缸数}$$

示例：点火间隔 180°
点火顺序1–3–4–2

点火间隔由气缸布置和曲轴曲柄决定。

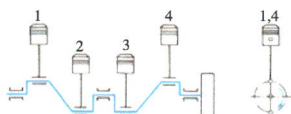

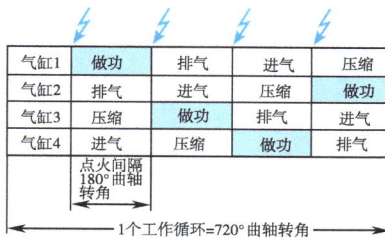

	做功	排气	进气	压缩
气缸1	做功	排气	进气	压缩
气缸2	排气	进气	压缩	做功
气缸3	压缩	做功	排气	进气
气缸4	进气	压缩	做功	排气

点火间隔180°曲轴转角

1个工作循环=720°曲轴转角

1.2.2.3　发动机特性数据

制造商用特定技术特性数据表示发动机特性：
- 排量cm^3
- 行程mm
- 缸径mm
- 压缩比
- 行程缸径比
- 某一转速时的有效功率 kW
- 某一转速时的转矩
- 气门开启和关闭时间。KW （曲轴转角）

- 功率曲线和转矩曲线
- 点火顺序
- 发动机重量kg或升功率kW/L

下面将介绍这些数值的含义。

压缩比

气缸排量是由气缸、活塞和气缸盖包围的容积。压缩室是上止点之上的容积。

活塞位于下止点时的计算公式为：

气缸排量= 排量+压缩室

$$V= V_h+V_c$$

总排量=排量×气缸数

$$V_h= V_h i$$

压缩比 ε 表示气缸排量（$V_h+ V_c$）与压缩室V_c之比。适用情况

$$\varepsilon = \frac{V_h+V_c}{V_c}$$

压缩比标准值：
- 汽油发动机：$\varepsilon =9:1～11:1$
- 柴油发动机：$\varepsilon =20:1～24:1$

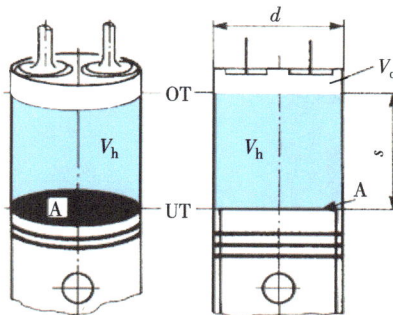

变换公式：

$$\varepsilon = \frac{V_h+V_c}{V_c} \qquad V_c（\varepsilon -1）=V_h$$

$$\varepsilon V_c-V_c=V_h \qquad V_c= \frac{V_h}{\varepsilon -1}$$

➜Ⓜ压缩比变化请查阅CD–ROM光盘

例如：
已知：缸径d=86mm
　　　行程s=86mm
　　　压缩比ε=10.5
求：一个气缸的排量V_h（dm^3）
　　压缩室V_c（dm^3）

解：

$$V_h = \frac{d^2\pi}{4} \cdot s \qquad\qquad V_c = \frac{V_h}{\varepsilon - 1}$$

$$V_h = \frac{0.86^2 dm^2 \times 3.14}{4} \times 0.86dm \qquad V_c = \frac{0.499dm^3}{10.5-1}$$

$$\underline{V_h = 0.499dm^3} \qquad\qquad \underline{V_c = 0.053dm^3}$$

行程缸径比

行程缸径比是发动机的特征值。往复式活塞内燃机按行程缸径比来划分。

长行程发动机	等比行程发动机	短行程发动机
s大于d $\dfrac{s}{d} > d$	s等于d $\dfrac{s}{d} = 1$	s小于d $\dfrac{s}{d} < 1$

行程缸径比	$k = \dfrac{s}{d}$	参数	公式符号	公式符号
		行程缸径比	k	–
		行程	s	mm
		缸径	d	mm

活塞速度

往复式活塞发动机的活塞进行不均匀的往复运动。在活塞的每一个行程中，活塞从零速度（在上止点处）加速到最大值并再次减速到零（在另一个上止点处）。

平均活塞速度是假定活塞均匀运动的速度。因此它是一个平均速度。

这个活塞平均速度取决于
· 转动一圈时活塞的行程，
· 发动机转速n。

根据公式$v=s/t$得出活塞速度

$$v_m = 2sn$$

如果代入转速n（r/min）和行程s（mm），则得出平均活塞速度为

$$v_m = \frac{2sn}{1000 \times 60}$$

$$v_m = \frac{sn}{30000}$$

平均活塞速度标准值：
· 汽油发动机：7 ~ 21m/s

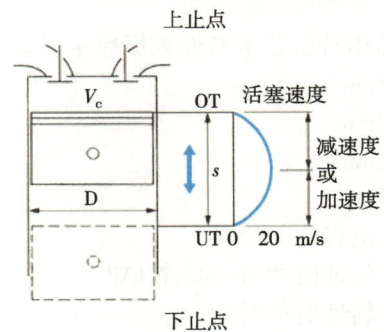

参数	公式符号	单位
活塞速度	v_m	m/s
行程	s	mm
发动机转速	n	r/min

· 柴油发动机：6 ~ 16m/s

例如：
已知：行程s=86mm
　　　额定功率时转速n=6000r/min
求：　活塞速度v_m

解：

$$v_m = \frac{2sn}{1000 \times 60}$$

$$v_m = \frac{2 \times 86mm \times 6000r/min}{1000 \times 60}$$

$$v_m = 17.2m/s$$

平均工作压力、发动机功率和效率

平均工作压力

因为工作压力在一个循环中持续变化，所以计算时需确定平均指示活塞压力p_{mi}。

该压力根据p-V曲线图求得，方法是
- 用压缩曲线与膨胀曲线之间的面积减去
- 进气曲线与排气曲线之间的面积并将得出的面积转换为一个面积相等的长方形。该长方形的高相当于平均指示活塞压力p_{mi}。平均指示活塞压力作为纯计算参数使用，例如用于计算指示功率。

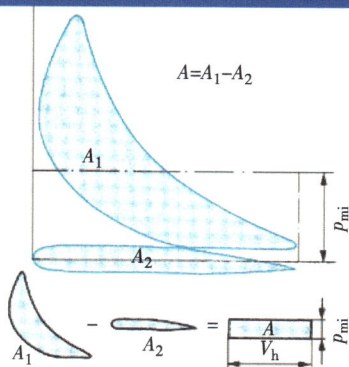

$$A=A_1-A_2$$

指示功率

指示功率通过气体压力作用在气缸活塞上得出。

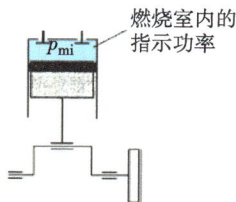

燃烧室内的指示功率

四冲程发动机

$$P_i = \frac{A_k p_{mi} z s n}{1200000}$$

参数	公式符号	单位
指示功率	P_i	kW
活塞面积	A_K	cm^2
平均内部活塞压力	p_{mi}	bar
行程	s	cm
发动机转速	n	r/min
气缸数量	z	–

有效功率

有效功率是指减去损失（摩擦、附属总成传动）后输出到飞轮上的功率。

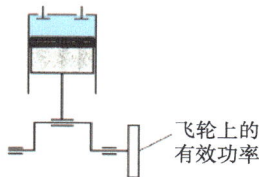

飞轮上的有效功率

$$P_{eff} = \frac{Mn}{9500}$$

参数	公式符号	单位
有效功率	P_{eff}	kW
转矩	M	N·M
发动机转速	n	r/min
1200000		四冲程发动机换算系数

例如：

已知：
缸径	d	=86mm
行程	s	=86mm
平均活塞压力	p_{mi}	=13.7bar
转速	n	=4800r/min
转矩	M	=196N·m

求：　指示功率P_i
　　　有效功率P_{eff}

解：

$$P_i = \frac{A_k p_{mi} z s n}{1200000}$$

$$P_i = \frac{58.1\text{cm}^2 \times 13.7\text{bar} \times 4 \times 8.6\text{cm} \times 4800\text{r/min}}{1200000}$$

$$P_i = \underline{109.5\text{kW}}$$

$$P_{eff} = \frac{Mn}{9500}$$

$$P_i = \frac{196\text{N·m} \times 4800\text{r/min}}{9550}$$

$$P_i = \underline{98.51\text{kW}}$$

学习领域

6

机械效率

飞轮上只能输出部分指示功率。摩擦造成的功率损失和用于机油泵、冷却液泵和发动机配气机构等附属总成的功率输出使指示功率减小。

机械效率 η_m 等于有效功率与指示功率之比。

$$\eta_m = \frac{P_{eff}}{P_i}$$

标准值：
- 汽油发动机 $\eta_m = 0.8 \sim 0.92$
- 柴油发动机 $\eta_m = 0.75 \sim 0.86$

例如：

已知：$P_{eff} = 110kW$

$\eta_m = 0.91$

求：P_i

解：

$$P_i = \frac{P_{eff}}{\eta_m}$$

$$P_i = \frac{110kW}{0.91}$$

$$P_i = \underline{120.88kW}$$

升功率

升功率 P_H 是一个用于不同排量发动机对比的特征值。它表示发动机每升排量可提供的最大有效功率。因此将其称为升功率。

$$P_H = \frac{P_{eff}}{V_H}$$

参数	公式符号	单位
升功率	P_H	kW/L
有效功率	P_{eff}	kW
总排量	V_H	L

标准值：
- 轿车汽油发动机：30~70kW/L
- 轿车柴油发动机：20~50kW/L

- 货车柴油发动机：18~40kW/L
- 摩托车汽油发动机：30~100kW/L

例如：

已知：最大有效功率

$P_{eff} = 110kW$

总排量

$V_H = 1.998L$

求：升功率 P_H

解：

$$P_H = \frac{P_{eff}}{V_H}$$

$$P_H = \frac{110kW}{1.998L}$$

$$P_H = \underline{55kW/L}$$

1.3　通过系统知识实现质量保证要求：发动机机械机构

1.3.1　发动机机体和附件

1.3.1.1　气缸盖

气缸盖以气密方式使气缸上方保持密闭。它包括：

- 新鲜气体和废气通道，包括气门座，
- 气门和凸轮轴部件的支撑和导向部分，
- 火花塞螺纹，
- 冷却液通道，
- 燃烧室。

发动机的燃烧质量、运行和工作性能取决于燃烧室造型是否最佳。

对燃烧室的要求如下：

- 紧凑且光滑：燃烧室应该是一个面积很小的紧凑空间。紧凑型燃烧室要求与行程相比缸径较小（长行程发动机）。

- 中央火花塞装置：采用中央火花塞装置时火焰扩散不受阻挡且火焰距离短。

- 新鲜气体流入损失低：采用较大进气门时充气效果好。

- 较好的混合气涡流：混合气涡流通过挤压面得到改善。在上止点时挤压面的间距减少至只有几厘米的间隙。从而以极高的速度将混合气从挤压区中挤压出去并有助于在燃烧室内形成湍流。混合气涡流使燃烧融合且在压缩比较高时也不会导致爆燃现象。

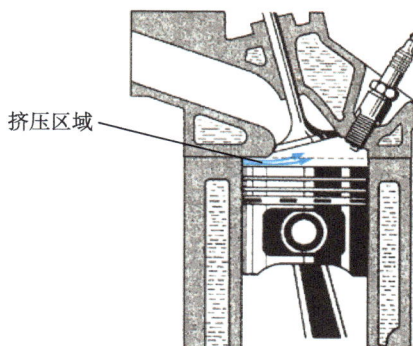

挤压区域

功能元件和功能模块

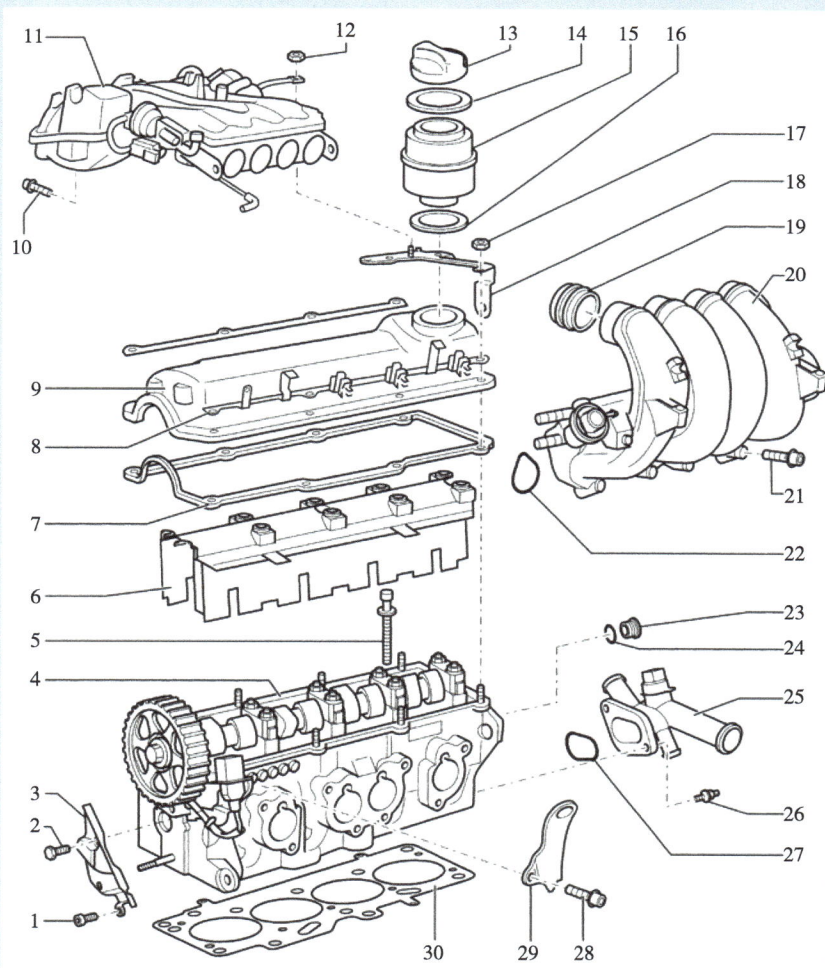

1—螺栓，15N·m
2—螺栓，20N·m
3—后部齿形传送带护罩
4—气缸盖
5—气缸盖螺栓
　　每次均需更换
6—挡油板
7—气缸盖罩密封垫
　　损坏时更换
8—加强肋条
9—气缸盖罩
10—螺栓，10N·m
11—集气管上部件
12—螺母，10N·m
13—机油加注口盖
14—密封环
15—排气壳体
16—密封垫
　　损坏时更换
17—螺母，10N·m
18—支架
19—密封件
20—进气管下部件
21—螺栓，20N·m
22—进气管密封垫
　　每次均需更换
23—螺塞，15N·M
24—密封环
　　每次均需更换
25—法兰
26—螺栓，10N·m
27—密封垫
28—螺栓，20N·m
29—吊耳
30—气缸盖密封垫
　　每次均需更换，注意安装位置。
　　安装气缸盖后加注新冷却液。
说明：拧紧力矩（N·m）仅为示例。
车型不同拧紧力矩不同。

学习领域
6

盆形燃烧室	楔形燃烧室	活塞顶盆形燃烧室
气缸盖中的盆形燃烧室，2气门，环形挤压面。	气缸盖中的楔形燃烧室，2气门，大挤压面。	活塞顶中的凹坑，2气门，环形挤压面。
篷形燃烧室	半球形燃烧室	篷形燃烧室
气缸盖中的篷形燃烧室，2气门，环形挤压面。	气缸盖中的半球形燃烧室，2气门或3气门，环形挤压面。	气缸盖中的篷形燃烧室，4和5气门，挤压面，中央火花塞装置。

压力	运行条件	后果
作用力和热量	运行时气缸盖首先受以下因素的影响： ·气缸盖螺栓受拉产生较高的夹紧力。 ·在40~60bar燃烧压力的作用下气缸盖底部承受很大的负荷。 ·由于温度很高且热负荷相差很大（参见插图）而产生热应力。	拧紧气缸盖螺栓时必须要遵守制造商的规定。未按规定拧紧时会造成气缸盖变形并导致运行时泄漏。

1.3.1.2　气缸盖密封垫

气缸盖密封垫应将气缸盖和气缸体的金属表面完全密封，以便

- 在进气行程期间不吸入渗入空气，
- 在压缩行程和做功行程期间不出现压力损失，
- 无冷却液或机油外流和／或进入气缸内。

此密封垫还必须能承受很高的压力和温度负荷以及燃油、废气、机油和冷却液的化学作用。除此之外，此密封垫还要在持续保持弹性的状态下与密封面匹配。这种匹配能力可以补偿因机械加工而产生的密封面不均匀性以及分等级设计的密封部分，例如，嵌入式气缸套。为确保密封住随燃烧压力改变而变化的密封间隙，此密封垫必须具有相应弹性，即复位能力。现代发动机中使用多层钢板式气缸盖密封垫（MLS）。多层钢板式气缸盖密封垫由以下功能元件组成：

- 盖板

位于外侧的压槽盖板由弹簧钢制成并涂敷有弹性体涂层。在气体、机油通道和螺栓孔处以及外边缘处这些盖板都有压槽。这些盖板对部件和密封垫中间层都有密封作用。压槽起宏观密封作用。它们能适应部件不平度，在一定压紧力作用下可以补偿凹凸不平。压槽使密封垫具有很高的回弹能力。

弹性体涂层起微观密封作用。它能完全密封表面上受加工所限产生的粗糙之处。

- 折叠板

折叠薄板由不锈钢制成，厚度约为0.08~0.15mm。在燃烧室通道处将薄板折叠。通过增加厚度可提高压紧在燃烧室上的压紧力。薄板带有薄弹性体涂层。涂层具有内部密封作用。

- 隔板

隔板由碳钢制成并涂有一层能产生必要安装厚度的防腐金属涂层。安装厚度为0.4~5 mm。

通过控制压紧力实现宏观密封

通过弹性体填充凹槽实现微观密封

发动机缸体表面 $R_{max} \approx 20 \mu m$

盖板
隔板
折叠板
盖板

结构示例

学习领域 6

气缸盖密封垫（ZKD）的负荷

燃烧压力：

气缸盖密封垫承受剧烈变化的燃烧压力负荷：汽油发动机可达95 bar，柴油发动机90~120 bar，增压柴油发动机130~180bar。

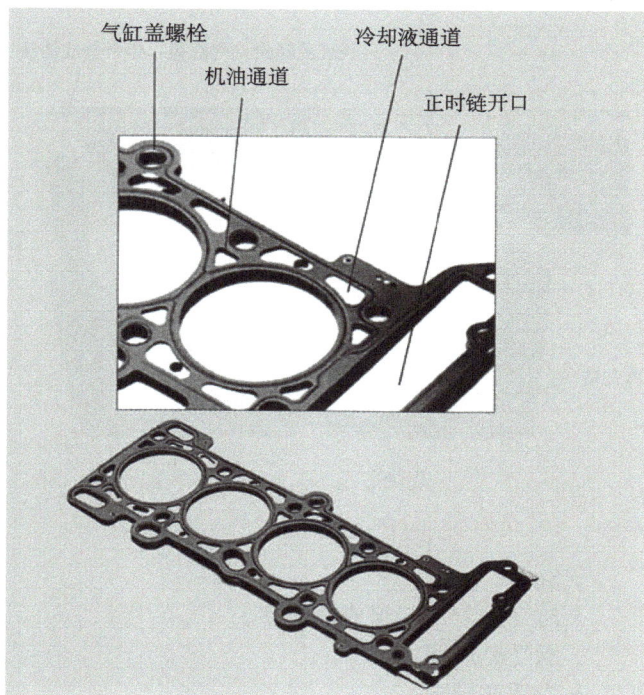

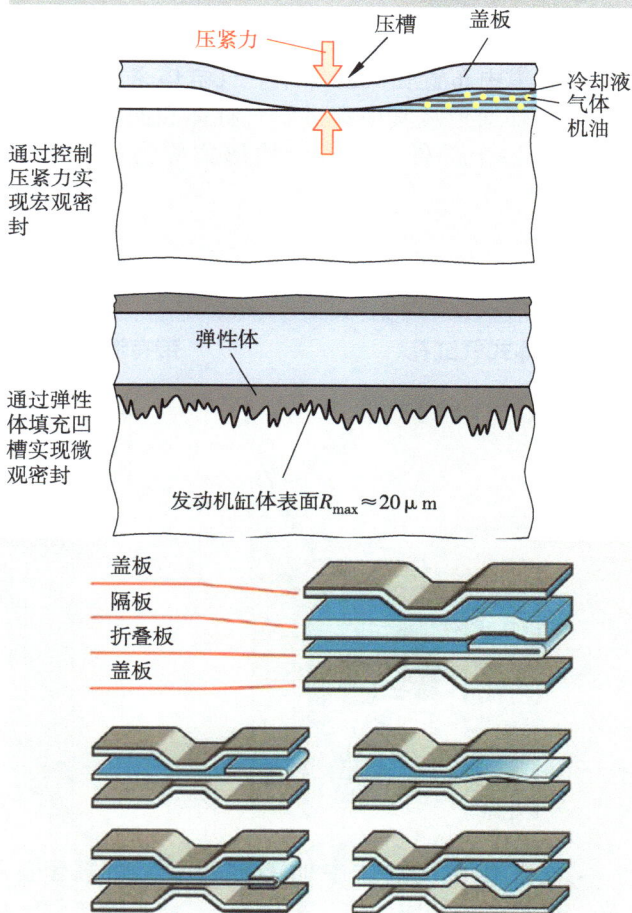

温度：

燃烧室温度达到2600℃时，燃烧室密封垫边缘温度升高到180~240℃。气缸盖中未经过冷却的凸缘区域以及发动机缸体区域温度可能达到300℃。

气缸盖螺栓　气缸盖：铝合金或铸铁
气缸
冷却液
燃烧室
发动机缸体：铝合金或铸铁

化学负荷：
气缸盖密封垫承受由机油、冷却液、燃烧气体以及燃油和润滑剂燃烧反应产物产生的化学负荷。
热膨胀：
铝合金气缸盖通过钢制气缸盖螺栓安装在铸铁气缸曲轴箱上。所有这些材料都有不同的热膨胀特性。

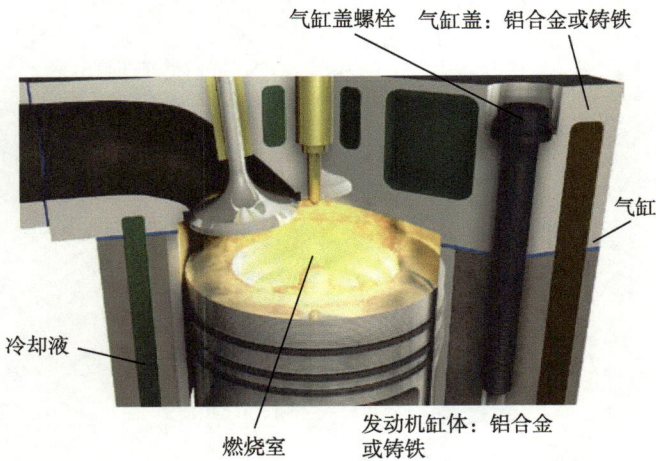

1.3.1.3 气缸曲轴箱

气缸
· 与气缸盖一起组成燃烧室，
· 承受燃烧压力，
· 为活塞导向，
· 用于传导燃烧热量。

气缸集中布置在气缸体中。气缸体采用双壁结构，有冷却通道从其中穿过。气缸体和曲轴箱上部件通常为一个部件。这种结构形式称为气缸曲轴箱。

1.3.1.4 气缸结构形式

在大多数四冲程汽油发动机中只有气缸体由铸铁制成。因为铸铁含有石墨，具有良好的滑动特性，所以也特别适合作为气缸套的材料。在现代发动机结构中气缸体用普通铸铁制造，气缸套则由特殊铸铁制成。

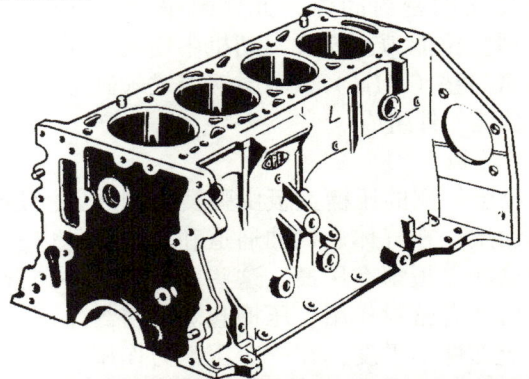

气缸体		
带有一体式气缸孔	带有湿式气缸套	带有干式气缸套
气缸孔在气缸体中加工出来。气缸体浇铸成一体。采用带片状石墨的铸铁或合金铸铁作为气缸体材料。	气缸套嵌入气缸体内。冷却液直接接触气缸套并从其周围流过。气缸套端部带有凸缘。上端由气缸盖密封垫密封。下端通过密封环将水套与曲轴箱隔开。气缸套采用高级离心铸造工艺制成。	气缸套压入气缸孔中。冷却液不直接接触气缸套。气缸套壁厚为1~2mm。气缸套嵌入轻金属合金气缸和铸铁气缸中，多次镗缸后会造成气缸壁厚不足（维修用气缸套）。

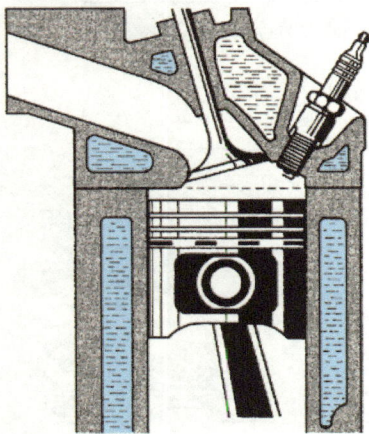

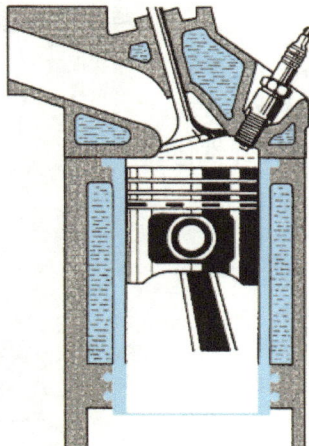

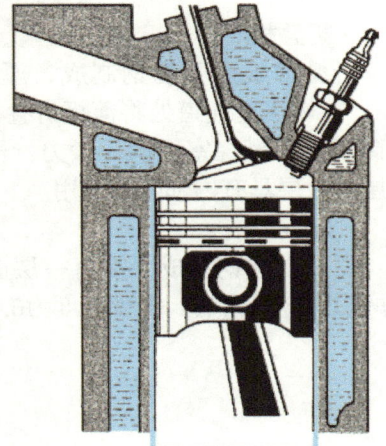

运行条件

负荷	运行条件	后果
温度	气缸空间内的温度波动范围为100~2500℃	气缸壁 ·在水冷发动机中温度为80～120℃， ·在风冷发动机中温度为100～200℃
压力	压力在0.8 bar负压与40~60bar最大燃烧压力之间波动	高燃烧压力将活塞环压向气缸壁，尤其是在上止点区域时
摩擦	摩擦主要出现在侧向力F_N的方向。斜置状态的连杆将活塞压向气缸壁，尤其是处于中间位置时 由于活塞处于上止点区域时燃烧压力很高，因此摩擦较大（参见压力一栏） 因为到达气缸上部区域的机油较少且部分机油参与燃烧，因此这个部位的润滑较差 冷起动时沉积下来的燃油会冲掉机油油膜，尤其是在温度较低时 燃烧时产生的二氧化硫与水蒸气反应形成亚硫酸	垂直于活塞销轴线的直径随运行时间增加而变大，也就是说气缸内径变得不圆了 气缸内径在上止点区域变大，也就是说气缸内径呈锥形

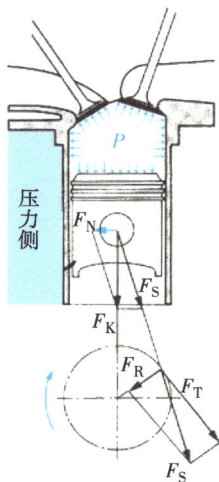

1.3.2　活塞和附件

1.3.2.1　活塞

活塞的任务是，
·承受燃烧时产生的气体压力并通过活塞销传递到连杆上，
·将燃烧热量通过活塞环传到气缸壁上，
·将燃烧室气密密封并使其在运动中相对曲轴箱密封。

活塞由以下部件组成：
·**活塞顶**
活塞顶厚度取决于燃烧压力。在汽油发动机中活塞顶平坦或稍微凸起。但是也有的活塞带有用于改善混合气涡流的凸起和凹坑。

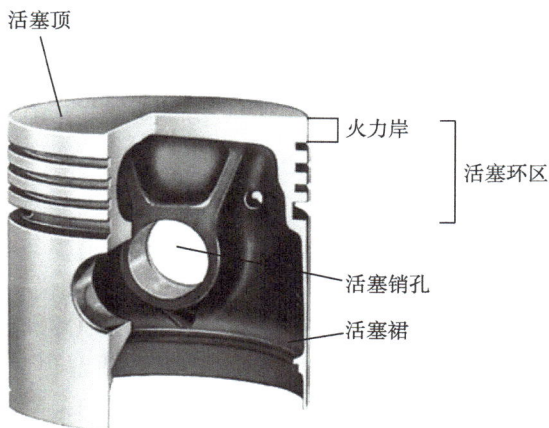

·**火力岸和活塞环区**
火力岸是活塞顶与第一个活塞环之间的部分。其作用是保护第一个活塞环。活塞环区用于实现运动密封。其高度视活塞环数量和高度而定。

学习领域 **6**

·活塞裙

活塞裙为气缸中的活塞导向并在连杆处于倾斜位置时将侧向力传递到气缸壁上。

·活塞销孔

活塞销孔将作用力从活塞传递到活塞销上。因此相对活塞顶和活塞裙来说支撑牢固。

由于纵向膨胀系数不同，因此受热时铝合金活塞的膨胀量比铸铁气缸大。为了在所有运行温度下都能获得尽可能小的运行间隙，需在活塞上采取一些结构措施。

燃烧室内温度最高可达2500℃。对汽油发动机活塞来说，满负荷时活塞裙温度约为120℃，火力岸

区域温度约为240℃，活塞顶中心温度约为280℃。由于温度较高且材料较厚，因此活塞顶处的热膨胀量比活塞裙处大。

材料	长度变化	纵向膨胀系数 α
铸铁		$0.000009 \frac{1}{K}$
铝		$0.000024 \frac{1}{K}$
铝硅合金		$0.000017 \frac{1}{K}$

活塞尺寸

活塞直径：在活塞裙下端处垂直于活塞销轴线测量。

压缩高度：压缩高度决定压缩比大小。

装配间隙：装配间隙是指20℃时最大活塞直径与最小气缸直径之差。间隙数值打印在活塞顶上。

运行间隙：运行间隙是指工作温度状态下的间隙。在不造成活塞卡住的情况下，此间隙应尽可能小。

间隙 = 气缸直径 − 活塞直径

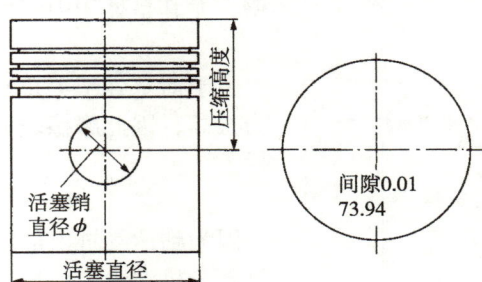

运行条件

负荷	运行条件	后果
压力	在最大燃烧压力下活塞顶承受较大的负荷，在汽油发动机中此压力为40~60bar，在柴油发动机中可达100bar 	作用在活塞上的力使活塞变形
热量	燃烧室内温度最高可达2500℃。对汽油发动机活塞来说，满负荷时活塞裙温度约为120℃，火力岸区域温度约为240℃，活塞顶中心温度约为280℃ 	由于温度较高且材料较厚，因此活塞顶处的热膨胀量比活塞裙处大。因此需要足够的活塞装配间隙。如果此间隙过小，则活塞膨胀可能导致活塞卡住。这会导致活塞和气缸壁上产生划痕并磨掉材料

负荷	运行条件	后果
惯性力和力矩	在每个活塞行程中，活塞都从零加速到一个最高速度，然后再减速至零 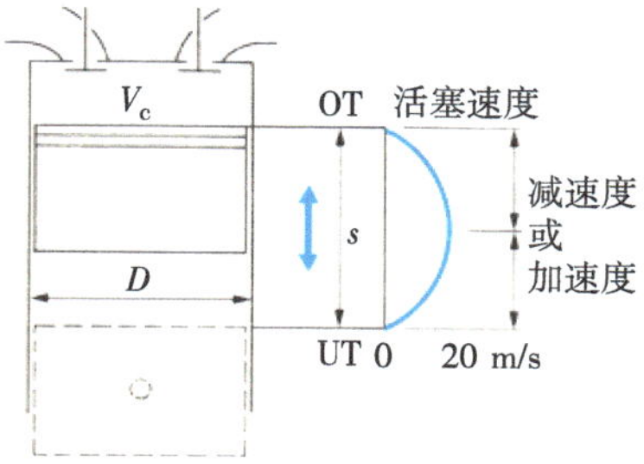	由于活塞加速和减速，因此在上止点和下止点时出现使发动机沿垂直方向振动的惯性力和使发动机围绕重心转动或翻转的力矩。如果不采取质量平衡措施，惯性力就会导致振动并发出轰鸣声。活塞质量越大，惯性力和力矩越大 　　不平衡力矩使发动机摇摆。用平衡轴可以阻止发动机摇摆（参见第92页） 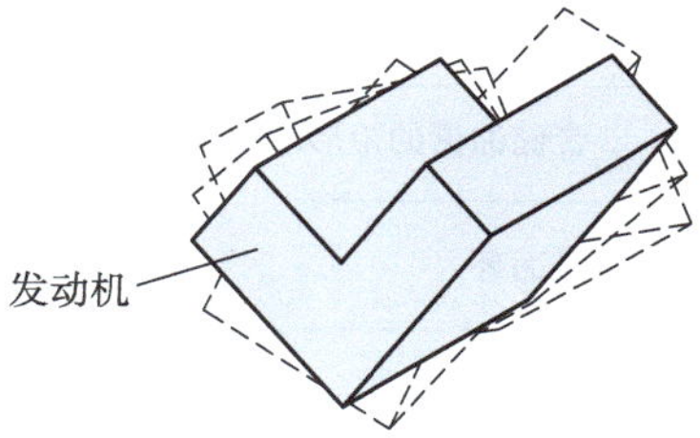
摩擦	活塞裙和活塞环槽承受摩擦负荷。连杆位置倾斜时作用在活塞裙上的侧向力F_N造成磨损	在润滑不良的情况下（冷起动或过载），有发生金属接触的危险且可能造成活塞环槽咬死和严重磨损

活塞结构形式

单金属活塞

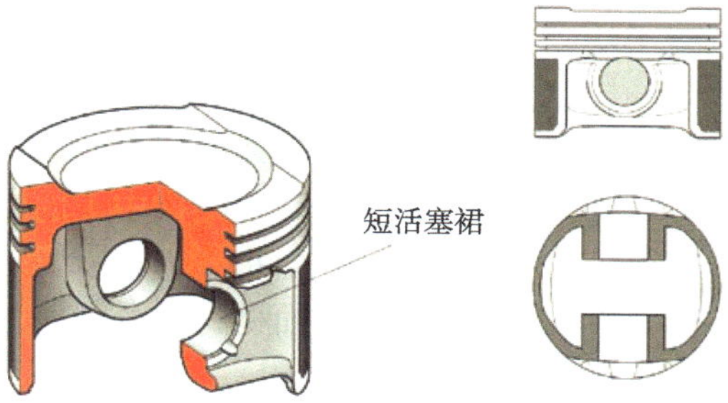

短活塞裙

活塞顶和活塞裙的不同热膨胀通过一种特殊的活塞形状来补偿：
- 活塞顶成锥形。
- 活塞裙缩短且活塞销座内移。

热调节活塞（双金属活塞）

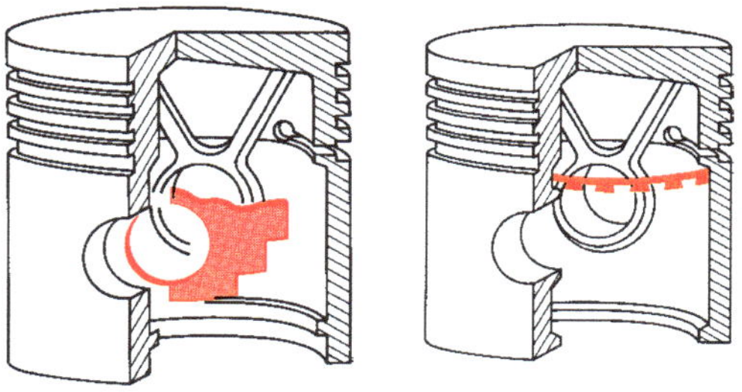

在热调节活塞中
- 通过浇铸在活塞裙内下部的钢环，
- 通过活塞销孔区域内的钢板条来影响活塞裙的膨胀，从而促使运行方向上的热膨胀与铸铁气缸基本相同。

学习领域

6

活塞轴线偏移

　　在侧向力的作用下活塞交替压向气缸壁。这会造成活塞倾斜并发出噪声。

　　通过采用活塞销轴线偏移的活塞可以避免产生噪声。在此将活塞销中心线向活塞压力侧移动约1~2mm使活塞在接近上止点之前切换活塞支撑面。这种倾斜运动发出的噪声较小。

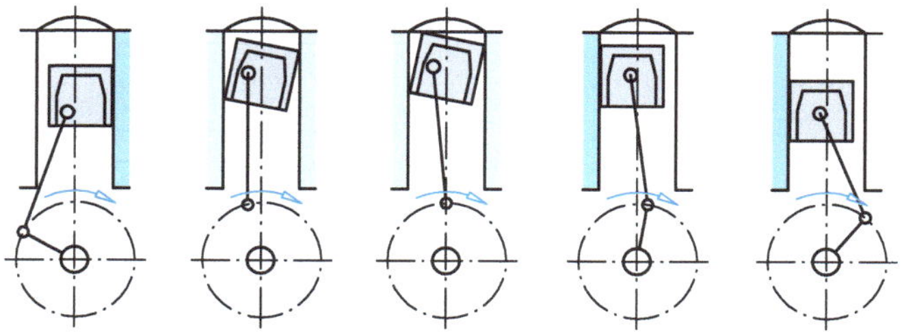

1.3.2.2　活塞环

活塞环应

· 向下将燃烧室与曲轴箱隔离密封，以阻止空气和燃烧气体窜气，

· 应将活塞的一部分热量传递到冷却的气缸上，

· 应刮除多余的机油，并将机油送回油底壳

中。根据其工作任务活塞环分为

· 气环，
· 刮油环。

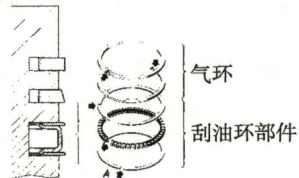

气环

刮油环部件

活塞环类型	
气环	**刮油环**
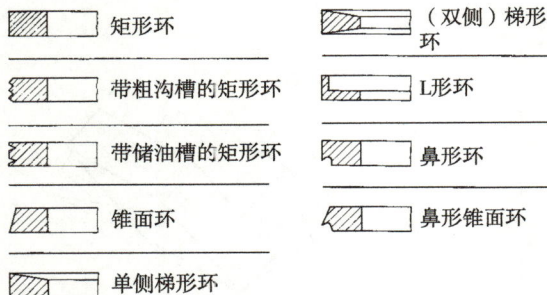	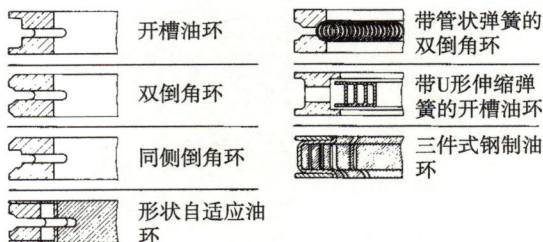

矩形环　（双侧）梯形环
带粗沟槽的矩形环　L形环
带储油槽的矩形环　鼻形环
锥面环　鼻形锥面环
单侧梯形环

开槽油环　带管状弹簧的双倒角环
双倒角环　带U形伸缩弹簧的开槽油环
同侧倒角环　三件式钢制油环
形状自适应油环

气环工作面形状为圆柱形和圆锥形。活塞环呈敞开式环形弹簧的形状，以预紧方式紧贴在气缸壁上。拆卸活塞时活塞环会弹开。处于安装状态时必须有切口间隙，以便活塞环能够膨胀。此间隙为0.3~0.6mm。高度间隙也不得超过规定值，否则活塞环会将机油推入燃烧室内。

刮油环的圆柱形滑动面中心处有一个环形槽，该槽将多余的机油通过铣削槽或孔导向凹槽底部并从该处通过回流孔导入活塞内部。

通过支撑在活塞环槽底部的张紧弹簧元件可以提高压紧力。在其他结构形式中张紧弹簧元件嵌入在开槽油环中。

为降低磨损危险、加速起动过程、防止产生烧伤斑点，活塞环表面必须进行处理。运行表面或整个活塞环要

· 镀锡、磷化处理、镀铜或
· 铁氧化物处理或
· 镀铬或
· 镀钼。

由于最上面一个活塞槽内的活塞环承受特

别高的机械负荷、热负荷和化学负荷，因此在大多数情况下需要加强活塞环在气缸上滑动的运行表面。采用火焰喷涂法喷涂的金属涂层或用等离子法喷涂的陶瓷涂层越来越多地代替以前常用的镀铬层。这些涂层的优点是熔点较高且带有孔隙。

上面两个环（在三个气环的结构中）的侧面带有"顶（Top）"或"h（Oben）"标记。装入这些活塞环后必须能从上面见到这个侧面。

运行条件

负荷	运行条件	结果
摩擦力	活塞环通过气体压力实现密封作用。此外机械预应力将活塞环压紧在气缸壁上。由于存在高度间隙，因此在工作循环中活塞环从活塞环槽下端面移向上端面，然后反向移动 活塞 活塞环槽　活塞环 活塞　高度间隙	由于活塞环反复交替接触活塞环槽上下端面，因此活塞环槽底部的腐蚀物、灰尘和机油积炭会造成磨损。高度间隙增加。高度间隙（大于0.025mm）过大时会导致： · 活塞环出现泵油作用 活塞环向上运动时，机油通过因磨损而扩大的活塞环槽输送到燃烧室内并在那里燃烧。燃烧后的机油以机油积炭形式沉积在燃烧室内 · 活塞环歪斜和气缸壁磨损

负荷	运行条件	后果
	为了在发动机处于运行温度时不影响活塞环的弹性作用，活塞环必须有切口间隙。 	活塞环磨损时切口间隙会越来越大。其结果是： · 功率损失， · 机油消耗提高， · 燃烧室中形成机油积炭沉积物， · 废气值差。 切口间隙过小时会导致发动机处于运行温度时活塞环断裂
热量	最上面的活塞环由于炽热气体而承受很大的热负荷。此外上止点区域内润滑也较差	活塞环局部过热或润滑不足时，会出现导致活塞环卡死的烧伤斑点

1.3.2.3 活塞销

活塞销
· 将活塞与连杆连接，
· 将活塞力传递到连杆上。

活塞销与连杆和活塞销孔中的轴承铰接。

为确保活塞正常工作，活塞销在活塞销孔中的精确配合非常重要。在汽油发动机中，活塞销与活塞销孔之间的间隙约为0.003 mm。为了达到这么小的间隙，制造商按照相应的配合公差选择活塞销，同时为避免错误配对而用相同的色标标记出配对的活塞销和活塞。

活塞销必须无法侧向移动，以免造成气缸壁损坏。

活塞销支撑

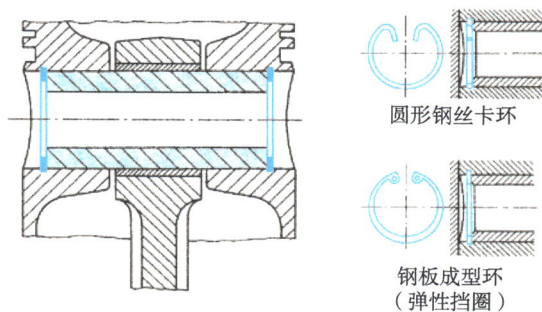

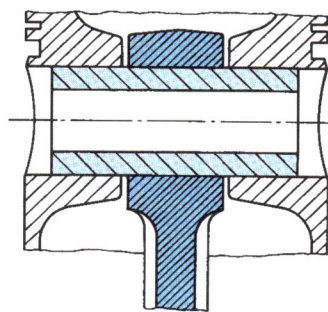

浮动支撑	卡紧式连杆
活塞销可以在活塞销孔中或在连杆轴套中转动。活塞销两侧通过卡环（弹性挡圈）或钢丝卡环固定。活塞销通过来自活塞顶的滴油经过连杆小头内的孔来润滑。	活塞销以热压配合方式固定在连杆小头内，在活塞销孔中则为间隙配合。因此取消了卡环和连杆轴套。

学习领域
6

运行条件

负荷	运行条件	后果
气体压力和惯性力	作用在活塞上的气体压力和惯性力使活塞销变形。活塞销弯曲，其横截面变成椭圆形	活塞销的椭圆形变形和弯曲过大时，在不利的情况下可能导致活塞销孔区域出现裂纹
摩擦	活塞销支撑面上承受方向不断变化的冲击负荷。通过连杆进行的润滑只能是有限的。活塞销在连杆轴承中的滑动很小且很慢	由于润滑不良且在表面压力很高时滑动，因此导致磨损

1.3.3 连杆

连杆
· 将活塞和曲轴连接，
· 将活塞力传递到曲轴上，
· 在曲轴上产生转矩，
· 将活塞的直线运动转化为曲轴的旋转运动。
连杆由以下部件组成：
· **连杆小头**
活塞销支撑在连杆小头内。
· **连杆体**
· **连杆大头和连杆盖**
连杆大头和连杆盖包围着连杆轴承。连杆盖是用膨胀螺栓固定。这种螺栓作为定位螺栓可使连杆盖居中。

连杆承受很高的交变应力负荷。在连杆小头处连杆执行活塞的直线运动，在连杆大头处执行曲轴的旋转运动。

部分连杆大头和连杆盖采用不同的接合面：
· **带有加工接合面的连杆**
连杆大头与连杆盖之间的接合面以切削加工方式制造。
· **带有断裂面的连杆**
连杆大头与连杆盖之间的接合面通过断裂方式产生，不需要继续进行加工。因此可防止安装时发生混淆。

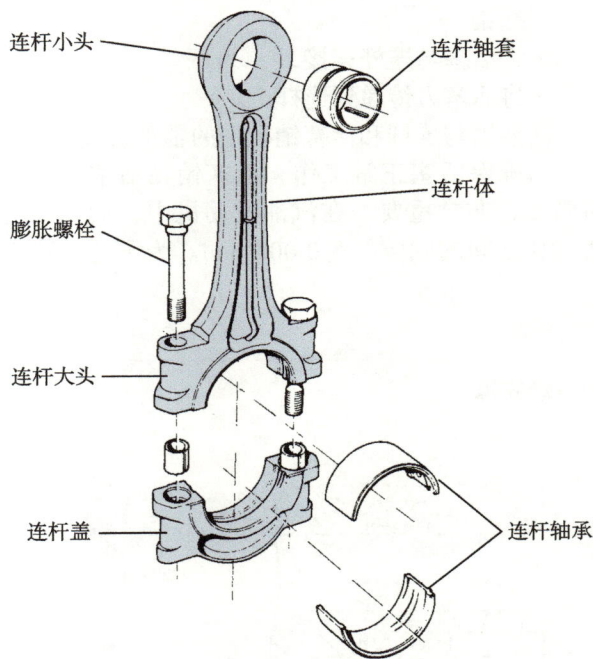

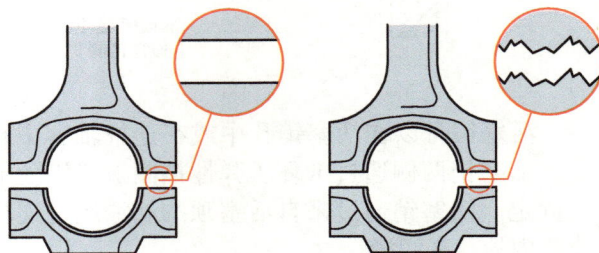

负荷	运行条件	后果
压力和拉力	很高的活塞力F_k在连杆纵向方向上产生很大的压力。很高的活塞惯性力F_m产生拉力	这些作用力使连杆扭曲或弯曲，因此无法保证连杆轴套和连杆轴承孔的平行度。如果连杆轴套孔钻歪，也会出现这种情况。活塞不再平行于气缸壁移动。活塞、活塞环、气缸壁和连杆轴承上出现磨损。这种负荷可能会破坏轴承上的润滑油膜并造成轴承损坏

1.3.4 曲轴和附件

曲轴
- 将活塞直线运动转化为旋转运动，
- 将连杆产生的扭转力转换为转矩，
- 将转矩传递到离合器上，
- 驱动气门控制机构、点火分电器、机油泵、冷却液泵、风扇和其他附属总成。

曲轴由以下部件组成：
- 用于曲轴支撑在曲轴箱内的主轴颈，
- 用于安装连杆轴承的连杆轴颈，
- 连接连杆轴颈和主轴颈的曲柄臂。

飞轮固定在曲轴的输出端，在对侧主轴颈上安装有用于凸轮轴传动装置的齿轮或齿形带轮、用于分配泵和机油泵传动装置的斜齿轮和用于风扇、水泵传动装置和其他附属总成传动装置的带轮。

曲轴的形状取决于
- 气缸数量，
- 气缸布置，
- 曲轴轴承数量，
- 行程，
- 点火顺序。

曲轴必须在每个行程中将活塞和连杆加速和减速。

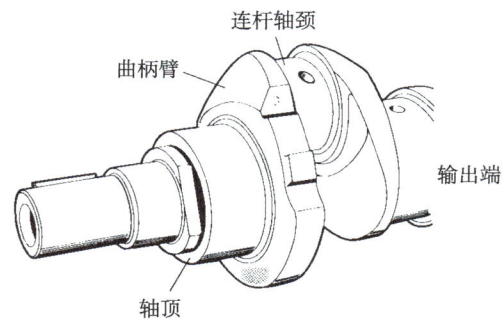

学习领域 6

运行条件

负荷	运行条件	后果
弯曲	活塞上下运动时，活塞力和惯性力通过连杆作用在曲轴上并使其弯曲	
扭转	曲轴因材料的弹性在活塞力作用下扭转	

负荷	运行条件	后果
扭转振动	弯曲应力和扭转应力叠加在一起，以冲击形式作用的活塞力使曲轴扭转。这个力在空行程中停止作用时，曲轴反向振动。由此产生扭转振动	在某一转速下活塞力引起的扭转振动与曲轴的固有振动叠加在一起。这个转速使发动机运行极不平稳。在不利的情况下这些振动可能严重到使曲轴断裂 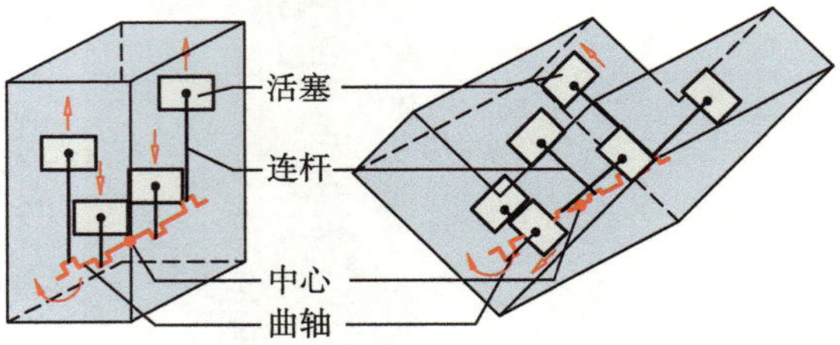
力矩	因为这些活塞力和惯性力作用在相对曲轴中心的不同力臂上，所以会产生力矩。这种力矩促使曲轴围绕其中心旋转 在4缸发动机中，每两个活塞同时产生向上和向下的作用力，因此力矩互相抵消 在6缸V形发动机中，这些力作用在V形角方向，因此作用力无法平衡。这会使发动机摇摆	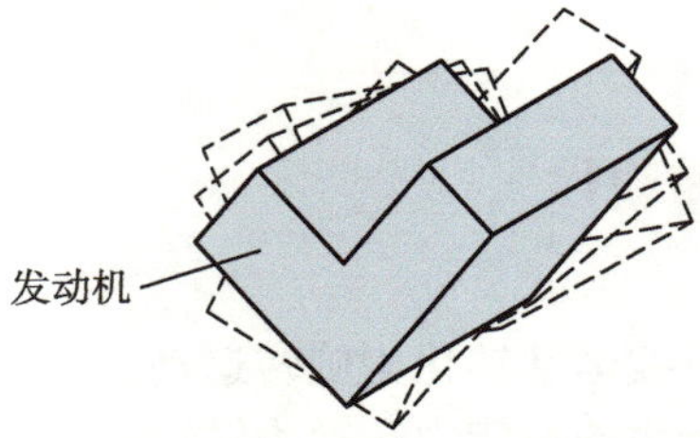 轴承间隙变大，从而可能造成轴承严重损坏。从敲击声可知轴承已损坏
摩擦力	**磨损** 所有曲轴的轴承部位都有摩擦现象 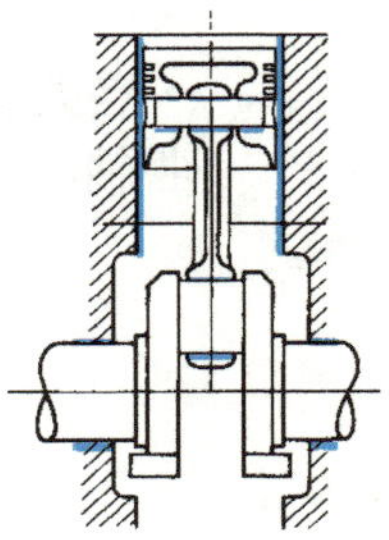	

防止发动机扭转振动和摇摆的措施

减振器

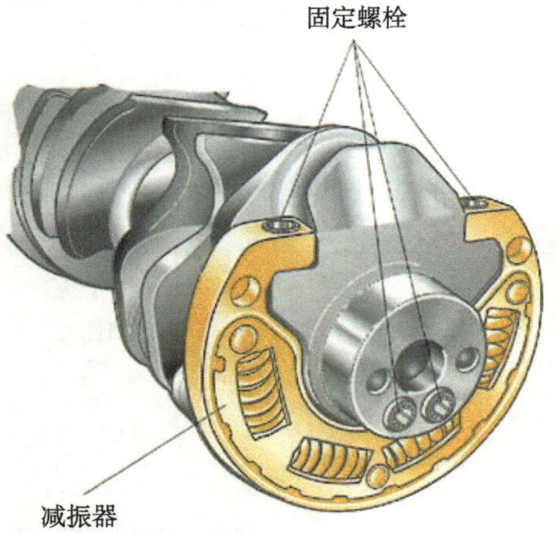

减振器能抑制扭转振动。

减振器代替第一个配重通过四个螺栓拧在曲轴上。

减振通过塑料摩擦元件在整个负荷和转矩范围内实现。

平衡轴

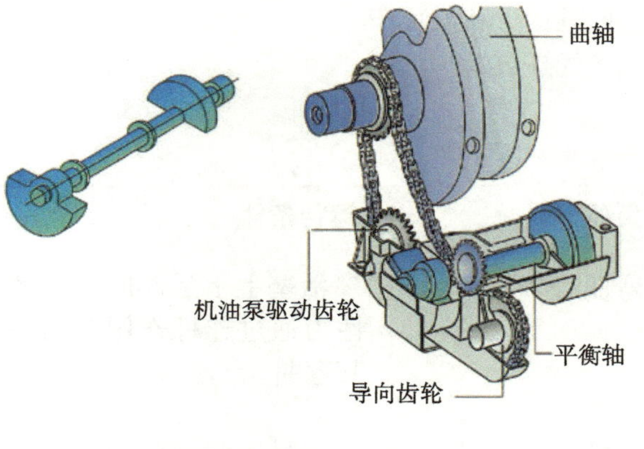

平衡轴用于平衡活塞和连杆惯性力产生的力矩。平衡轴有两个彼此错开180°布置的平衡重块。它由曲轴通过一个链条驱动，转动方向与曲轴相反。发动机力矩通过相反的转动方向和平衡重块来平衡。运行时不发生摇摆。

1.3.4.1　曲轴轴承

曲轴轴承的任务是，
- 为曲轴导向，
- 承受径向力和轴向力。

连杆或曲轴轴承采用由三层或三个材料组成的分体式轴承。轴承由以下部分组成：
- 钢背
- 铅青铜支撑层（0.5 mm）（75% Cu，23.5% Pb，1.5% Sn）
- 白合金摩擦层（0.02 mm）

支撑层与摩擦层之间是镍阻层（0.001 mm），它能阻止锡从白合金摩擦层向位于下面的铅青铜支撑层迁移。摩擦层磨损时支撑层具有自润滑性能。

曲轴带有止推轴承（也称为导向轴承），这种轴承能承受操纵离合器时出现的纵向力并能阻止曲轴纵向移动。

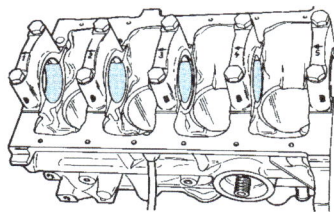

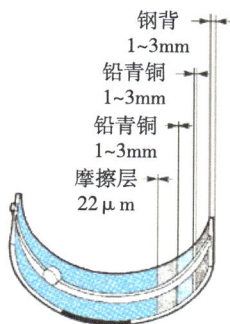

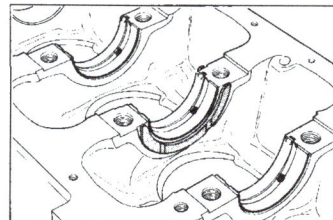

钢背
1~3mm
铅青铜
1~3mm
铅青铜
1~3mm
摩擦层
22 μm

止推轴承

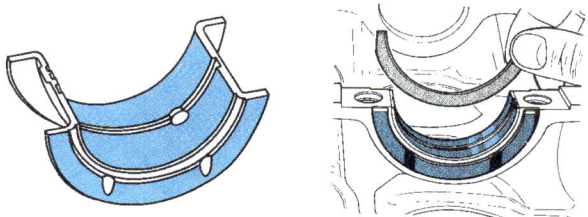

止推轴承有两种结构形式：
- 滑动轴承两端各有一个镀层与摩擦面相同的凸肩。
- 气缸体凹槽中有半止推环。

每根曲轴只有一个止推轴承。该轴承安装在动力输出或曲轴中部。

径向轴承

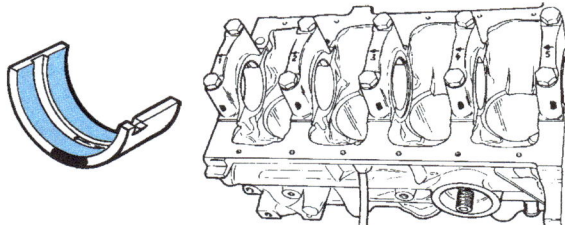

无凸肩的轴瓦只承受径向力。这种轴承是分开式轴承。曲轴箱中的轴承座和轴承盖构成座孔，轴瓦嵌入在座孔内。轴承带有用于储存机油的环形槽。固定凸台阻止轴承扭转和移动。轴承有侧向间隙，以便曲轴受热时能无阻挡地纵向膨胀。

运行条件

起动

$n=0$

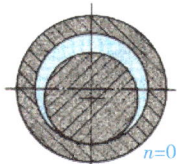

静止状态下轴由于自重而停留在轴瓦的最低点。起动时由于向转动方向摩擦而导致轴向侧面位置移动。滑动面之间还未形成润滑油膜。

后果：此时是干摩擦。因此发生磨损。

转速不断提高

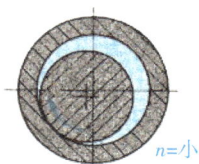

$n=小$

转速不断提高时，吸附在轴上的机油一起被带走并拉入楔形区域中。摩擦面还未完全分开。干摩擦和流体摩擦同时存在。

后果：轴在混合摩擦区域内转动。

完全转动

$n=大$

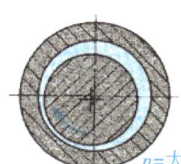

转速较高时楔形区域内产生一个将轴从轴瓦上反起的高机油压力。轴悬浮在机油油膜上。

后果：此时产生流体摩擦。摩擦力很小。

1.3.4.2　轴密封环

凸轮轴、曲轴和变速器轴等转动功能部件用径向轴密封环进行密封。这种密封环由聚四氟乙烯（PTFE，也称为特氟龙）制成。这种塑料耐热且耐磨。外径处带有密封唇的密封环以压配合方式安装在壳体内。由此通过螺旋形弹簧将密封唇紧压在轴表面上。轴运动时密封唇上产生一个1μm的密封间隙，机油渗入此间隙并润滑密封唇。密封唇带有与方向有关的螺旋形回流槽，从而防止润滑油溢出。在带有弹簧的径向轴密封环中，弹簧将密封唇紧压在轴表面上。

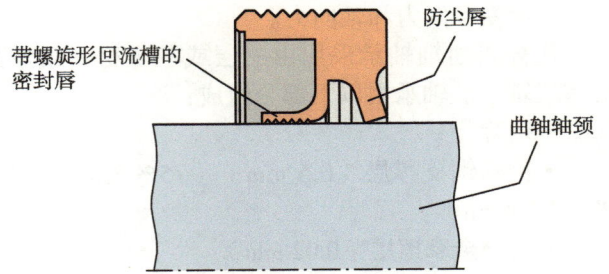

带螺旋形回流槽的密封唇

防尘唇

曲轴轴颈

采用聚四氟乙烯密封环的曲轴密封

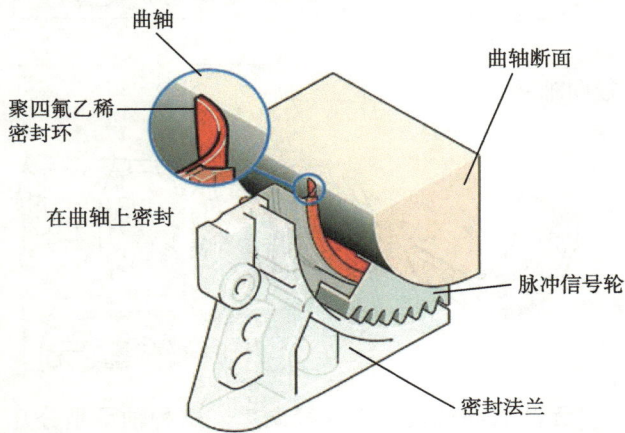

曲轴
聚四氟乙稀密封环
在曲轴上密封
曲轴断面
脉冲信号轮
密封法兰

采用弹簧环的曲轴密封

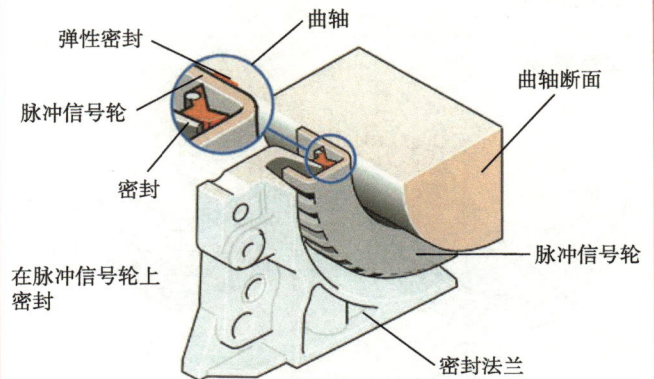

弹性密封
曲轴
脉冲信号轮
密封
在脉冲信号轮上密封
曲轴断面
脉冲信号轮
密封法兰

1.3.4.3　发动机支撑

发动机支撑的任务是

· 承受重力和力矩并将其传递到车身或车架上。

· 缓冲发动机的振动和道路的颠簸。

通常情况下采用在车身或车架上的橡胶金属元件来支撑发动机。

（关于发动机支撑的其他信息请查阅学习领域7，第222页）。

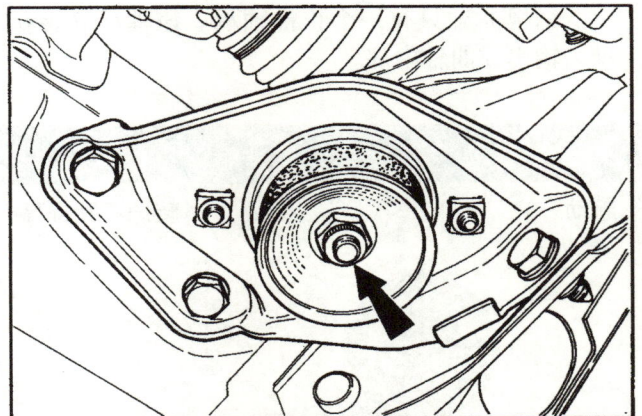

1.4　通过检查、测量和故障诊断实现质量保证要求

燃烧室检查

压缩压力测试

用压缩压力记录仪进行压缩压力检查。此记录仪能对各燃烧室的压缩压力进行比较。

在发动机处于运行温度时进行检查。在此拆卸所有火花塞并将喷射装置与串联电阻的接线拆开以防止喷射燃油。在蓄电池电量最大时操纵起动机约4 s。在网格图表上记录压缩压力。

偏离标准值时说明存在机械故障。为了确定故障部位，在此通过相关气缸的火花塞孔（拆下火花塞后露出的孔）注入发动机油。随后转动发动机几圈，以便机油均匀分布。机油在活塞和气缸壁之间形成密封。如果第二次测量时压缩压力上升，则说明气缸壁、活塞环或活塞损坏。

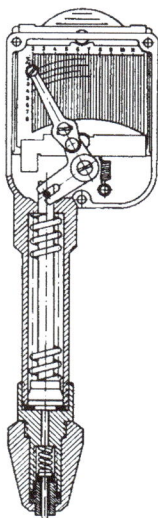
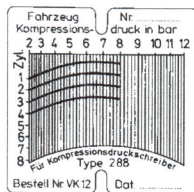

好

差

压力损失测试

压缩压力检查只能大概了解燃烧室的机械状态。它不能进行故障定位。例如，如果通过压缩压力测试确定燃烧室泄漏，那么就要进行压力损失检查。

进行压力损失测试时将压缩空气充入到需要检查的气缸中。工作压力通常为5~15 bar。检查前将指针调节到使用说明书中规定的初始值。在发动机处于运行温度时进行检查。此外还必须拧出所有火花塞，拆卸空气滤清器，拔出机油表尺并拧下散热器盖。

测试仪以百分数形式表示泄漏造成的压力损失。压力损失通常不超过40 %。气缸之间20%以下的压力差无关紧要。通过流出空气的声音可以确定泄漏部位：

标准压缩压力	参数
9~14bar	7~8bar
各气缸之间的最大压力差：	1bar

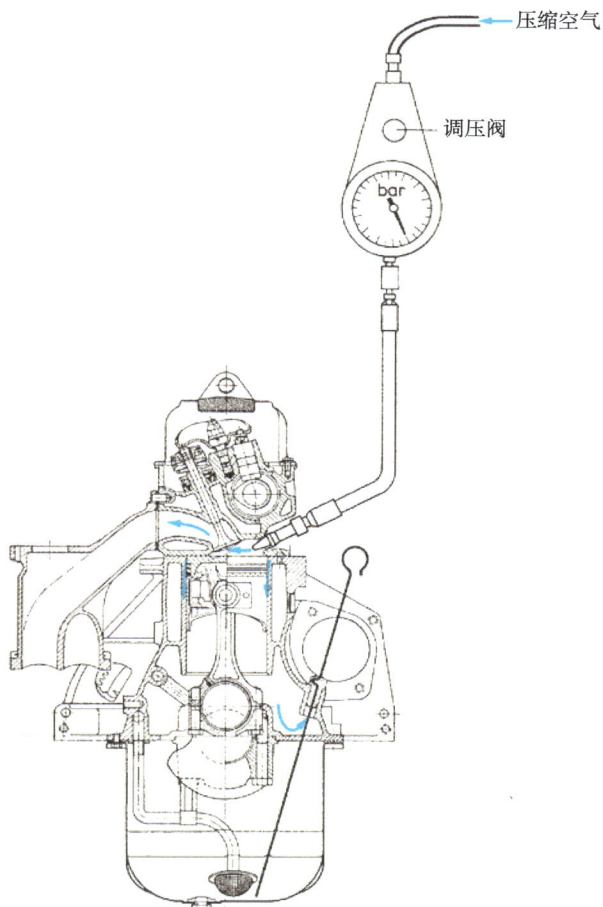

压缩空气

调压阀

声音位置	可能的故障部位
进气歧管	进气门
排气歧管	排气门
机油加油口	活塞，活塞环
冷却液加注口	气缸盖密封垫

压力损失较大时，向气缸内喷入一些机油后重复进行测量。如果压力损失比第一次测量时小，则可能是活塞或活塞环泄漏。

学习领域

6

用发动机测试仪进行气缸单缸分析

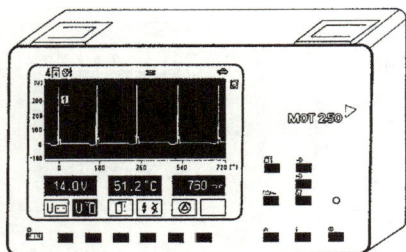

借助气缸比较或动态压缩测试可以推断气缸的机械状态。

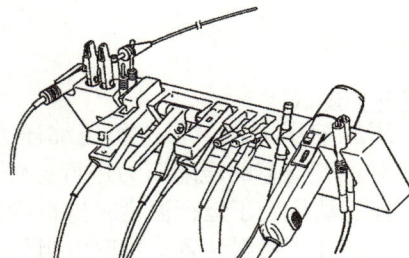

气缸比较

进行测量时，以电子方式使相关气缸的点火装置功能失效。通过断开点火电压使该气缸燃烧室内压缩的空气燃油混合气不燃烧。

因为要从发动机总功率中扣除这个缺火气缸的功率，所以发动机转速下降。

分析：

· 气缸做功小——转速下降少
· 气缸做功大——转速下降快

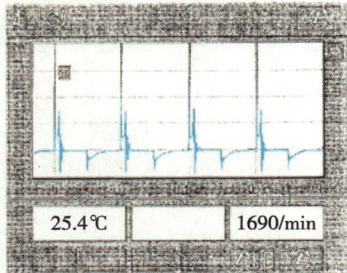

进入气缸比较显示：
· 发动机温度：25.4℃
· 转速：1690r/min

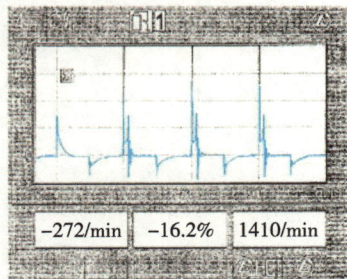

气缸比较：
切断气缸1的点火脉冲
· 转速下降272r/min
· 转速下降（%）：16
· 转速：1410r/min

测量结果：
气缸1、2、3、4都正常

运态压缩测试

为了压缩气缸中的空气，在此需要一定的能量。通过测量起动机电流消耗，可以比较各气缸的能量消耗并由此推断出各气缸的压缩状态。起动过程中切断点火脉冲。

在每个压缩阶段起动机的电流消耗增加。在上止点时达到最大值。在减压阶段压缩空气产生的作用力辅助起动机运动。减压阶段为分析提供最好的结果。

分析：

· 高压缩——起动机需要高能量——起动机电流消耗大

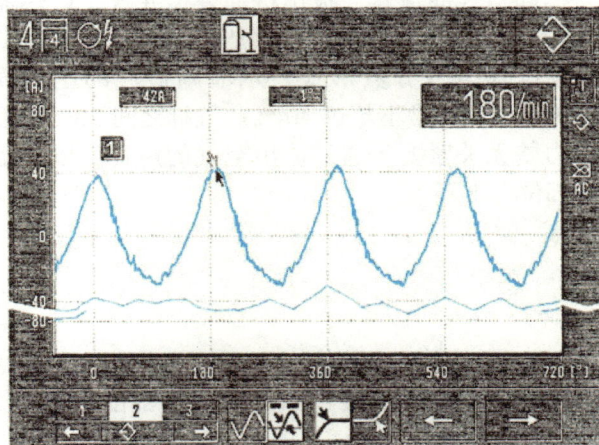

发动机机械机构故障诊断

发动机噪声有时很难分辨。发动机噪声通常源于部件磨损。例如液压挺杆、活塞、轴承、离合器、减振器等。可以用听诊器辅助确定故障部位。

发动机室发出的敲击声通常在发动机冷态时出现，不必为此担心。与此相反，发动机处于运行温度时的噪声通常表明轴承损坏。

故障	原因	补救措施
怠速时发出尖锐的敲击声故障	·活塞中的活塞销间隙过大 ·因磨损或安装间隙过大而造成活塞倾斜	必要时修理发动机
怠速时或行驶期间发出较大的低沉敲击声（取决于转速）	·踩下加速踏板后再松开时能够清楚听到：一个活塞的连杆轴承损坏	更换轴承
取决于转速的低沉敲击声	·在低速范围内加速、从静止状态起步、踩下加速踏板后再松开时可听到：曲轴轴承损坏 ·迅速改变转速时不规则地出现：离合器压盘偏心运转，减振器损坏 ·飞轮松动	必要时修理发动机 修理 修理
不规则的尖响声	·加速时：V带松动或磨损	更换V带
啪嗒声	·摇臂、压杆、气门杆、凸轮、凸轮轴轴承等气门操纵部件磨损过大	修理气门控制系统

学习领域

6

气缸盖密封垫故障诊断

气缸盖密封垫损坏时必须立即维修，以避免造成发动机损坏范围扩大。但是必须事先准确确定故障原因。

故障	原因
冷却液缓慢损耗	由于气缸盖密封垫损坏冷却液进入燃烧室。
冷却液大量损耗，从排气管中排出白色废气烟雾	大量冷却液进入燃烧室、蒸发并以白色蒸汽形式从排气中排出。
补液罐打开时有气泡从冷却液中冒出	燃烧气体受压进入冷却系统内。系统内有废气气味。
冷却液表面呈彩色	机油从润滑循环系统进入了冷却系统。
拔出的机油标尺上附有一层浅灰色乳液，机油中混进了水泡	冷却液进入机油循环系统。

气缸盖密封垫故障分析

气缸盖密封垫泄漏有七种不同的泄漏途径。拆卸气缸盖密封垫前必须首先确定泄漏部位，更换气缸盖密封垫前必须确定泄漏原因。

1—燃烧室之间漏气
2—燃烧室与冷却循环系统之间漏气
3—向外漏气
4—向外泄漏机油
5—泄漏机油流入燃烧室
6—向外漏水
7—泄漏水流入燃烧室

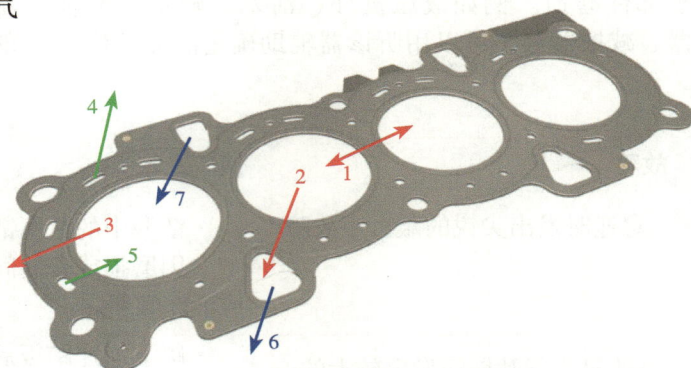

故障	原因
漏气	客户表示冷起动性能越来越差，同时出现排气冒白烟和功率损失现象，这种情况是气缸盖密封垫损坏的征兆。 通过看不见外流的冷却液但却缓慢损耗，在早期就能够发现漏气。此外，通过冷却液软管硬化和取下散热器盖后从补液罐中冒出气泡也能发现漏气。 最好能在卸下来的气缸盖密封垫上找出泄漏的原因。从燃烧室边缘染黑的程度上可以识别泄漏。局部染黑是存在着漏气的迹象，这种漏气会通过过度吹扫炽热燃烧气体而造成燃烧室边缘毁坏。密封材料在这些部位失去其弹性特性。燃烧室边缘均匀的轻度染黑是正常的。其原因可能是螺栓未正确拧紧或以前发生了过热。
过热	如果局部过热的同时还产生水蒸气，则在炽热蒸汽的作用下会导致硅填充物膨胀，从而可能造成支撑板软材料完全分解。过热的可能原因是：散热器堵塞、冷却系统沉积（钙、铁锈、油泥）、电风扇的节温器或节温开关损坏、在山路上带负载短途行驶。
敲缸	爆燃燃烧是通过混合气瞬间自燃而导致燃烧室压力急剧上升，这个压力远远超过正常燃烧压力。 此时燃烧室金属边缘"正常凹陷"，但不发生漏气。气缸盖密封垫无法长期承受这些应力。在两气门发动机中通常在火花塞对面可以看到凹陷；在四气门发动机中通常在活塞挤压边缘对面可以看到凹陷。敲缸的原因是：燃油辛烷值过低、点火时间调整错误、火花塞热值错误、涡轮增压发动机中增压压力过高、燃烧室中有沉积物。
机油和冷却液泄漏	机油和冷却液的外流损失在分界面上用眼睛就能清楚地识别。 为此，彻底清洗发动机后将滑石粉撒在怀疑发生泄漏的密封部位并让发动机以不同转速运行。此时可清楚地看到外流的微量机油或冷却液。
未遵守安装规定	未按照规定拧紧螺栓会导致气缸盖或曲轴箱扭曲变形。补充加入到冷却液中的化学添加剂、劣质防冻剂和安装时涂敷的密封剂都可能侵蚀气缸盖密封垫的材料。铜或二硫化钼喷剂也可能改变气缸曲轴箱、气缸盖密封垫与气缸盖之间的摩擦系数。密封垫"悬浮"在其中。

重复使用

　　进行发动机机械机构方面的维修工作时，某些部件不许重复使用，而是必须更换：

- 气缸盖螺栓。
- 气缸盖密封垫。

　　发动机机械机构损坏时，车辆机电维修工必须权衡修理或更换哪一种方法对客户来说更便宜。

　　气缸曲轴箱包括曲柄连杆机构，通常由发动机修理厂用合适的设备进行修理，车辆维修站不进行这些修理工作。

　　修理气缸盖时需要一份产品优点论据。

　　用一氧化碳泄漏测试仪可以探测气缸盖中的细微裂纹，这种裂纹通常只在受热且同时承受负荷时才出现。在测试仪中蓝色液体通过冷却系统中的一氧化碳成分而变成黄色。检查时将测试仪装到散热器盖上，测试仪吸入来自冷却系统的气体。如果液体变成黄色，则表明气缸盖有裂纹或气缸盖密封垫泄漏。

　　用气缸盖螺栓将一块专用盖板固定在拆下来的气缸盖上，即可确定气缸盖上是否有裂纹。随后用压缩空气（大约 4.5bar）对经过这样密封的气缸盖进行加压密封试验。出现压力损失时将该气缸盖放入水池中并检查裂纹。

　　在以下条件下可以重复使用气缸盖：

- 裂纹，尤其是气门座上的裂纹、气门座之间或气门座与火花塞孔第一圈螺纹之间的裂纹不得大于 0.3 mm。
- 100mm 长度的变形量不得超过0.03mm。在整个气缸盖长度上允许偏差为 <0.05mm。

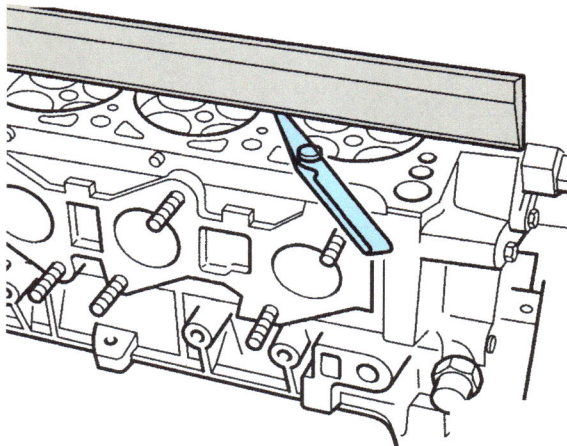

　　平面磨削密封面时，气缸盖的最小高度不得低于制造商规定。在密封面之间测量最小高度。

用一氧化碳泄漏测试仪测试

2 气门控制机构

2.1 通过以客户为本实现质量保证要求

· 客户委托：正时带

用户谈话／委托书处理	电话通知客户
委托书处理：保养工单 · 客户姓名、地址和电话号码 · 牌照号、里程数 · 车辆识别： 车型：大众高尔夫 代码，区域2：0603；区域3：421 发动机号：AEH	在保养工单范围内确定正时带出现严重磨损。 **通知客户：** 必须电话通知客户并针对维修征得客户同意。应向客户解释正时带断裂的后果。

客户地址：

Gunther Muller 先生 Bahnhofstrabe 15 69 Frankfurt/Main	委托书编号：0013 客户编号：　　1514 委托日期：　2004年7月25日

车型	牌照号	车辆识别号	里程数/km
VW Golf IV	F-UV 389	××××××	65350

注册登记日期	发动机代码	接车人	电话号码
1998年8月25日	AEH	A. Meyer	0611/654387

项目	工时单位	时间	工作内容	价格
01			更换正时带	

日期：2004年7月24日，16：00点

此委托是在明确确认"车辆、总成以及零部件工作和费用估算条件"之后签发并交给本人的。

车辆终检

日期	时间	验收人	里程数/km

Gunther Muller
客户签名

2.2　通过系统知识实现质量保证要求：气门控制机构

2.2.1　正时带传动装置

动力通过正时带轮和正时带来传递。正时带能传递较大的力矩且能阻止带齿跳跃。正时带传动声音比链条传动小。不必对正时带传动装置进行润滑，因此可以将其布置在发动机机体外。正时带侧面必须有导向装置，以防止其跑偏，例如正时带轮侧面的导向板、张紧轮或导向轮。因为正时带以较小的预紧力安装，所以需要一个张紧装置。

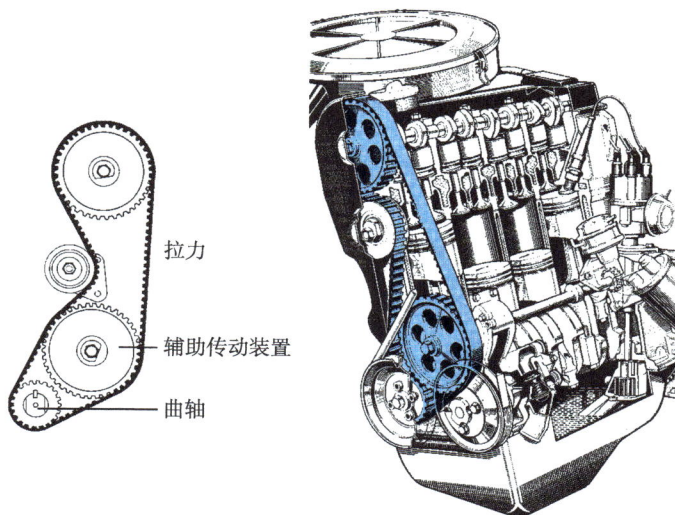

拉力
辅助传动装置
曲轴

功能元件和功能模块

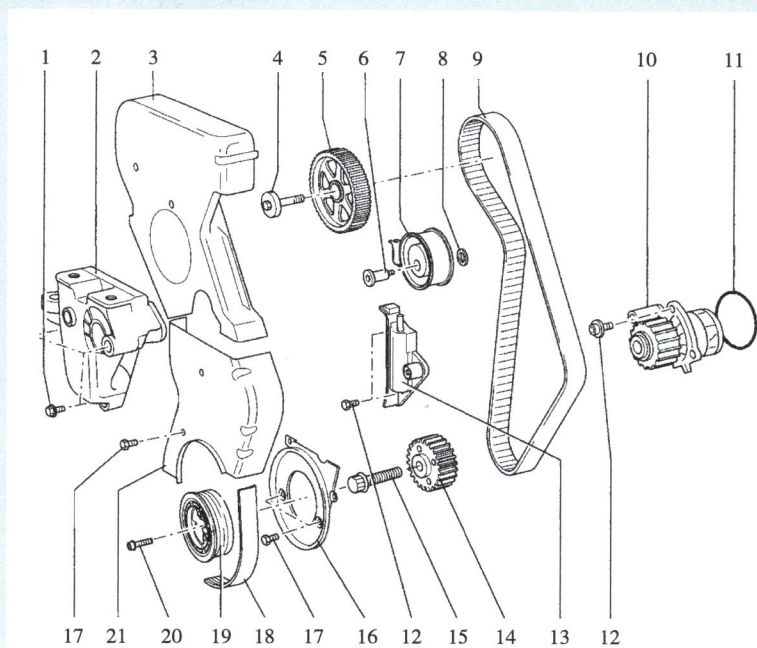

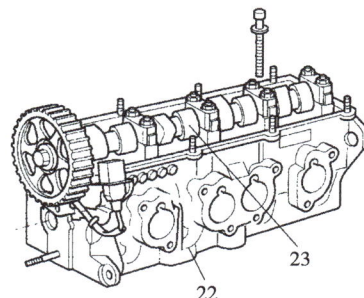

学习领域 6

22　23

14—曲轴正时带轮
　　只能在一个位置处安装，几个孔相应错开。
15—螺栓，90N·m+1/4圈
　　每次均需更换。在螺纹和凸肩上涂润滑油。
　　用90N·m的力矩拧紧螺栓，随后用呆板手继续转动1/4圈（90°）
　　注意：继续转动可分多步进行。
16—正时带中段罩盖
17—螺栓，10N·m
18—多楔带
19—曲轴带轮/减振器
　　只能在一个位置处安装，几个孔相应错开。
20—螺栓，25N·m
21—正时带下段罩盖
22—气缸盖
23—凸轮轴

1—螺栓，45N·m
2—发动机支撑
3—正时带上段罩盖
4—螺栓，100N·m
5—凸轮轴齿轮
　　安装位置：能看见上止点标记。
6—螺栓，45N·m
7—张紧轮

8—垫圈
9—正时带
　　检查磨损情况。拆卸前标记出运行方向。正时带不得折弯。
10—冷却液泵
11—O形圈
12—螺栓，15N·m
13—正时带张紧装置

说明：拧紧力矩（N·m）仅为示例。车型不同拧紧力矩不同。

运行条件

负荷	后果
正时带承受最苛刻的负荷： · 高转速， · 剧烈振动， · 较大温差。 · 正时带承受拉应力。此外还必须能以很小的弯曲度围绕正时带轮运行。弯曲力作用在正时带齿上。正时带齿与正时带轮之间的形状配合使正时带齿磨损。 正时带的优点： · 质量轻，　　· 制造成本低， · 运行噪声小，　· 无需润滑。 缺点： · 正时带不得弯折且 · 必须保持无机油。 因磨损需定期更换正时带。 正时带由纤维增强复合材料制成。	在应力作用下产生： · 裂纹， · 散线， · 侧面鼓起， · 磨损。 正时带的这些变化导致凸轮轴与曲轴的上止点位置不再相配。正时带断裂可能造成发动机严重损坏。 N02-0692

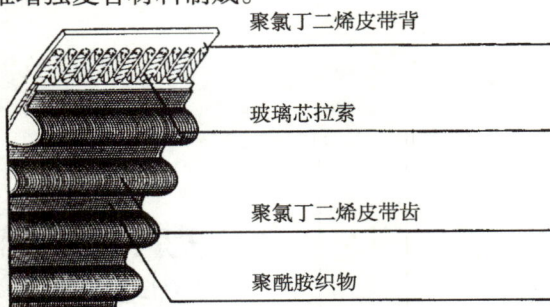

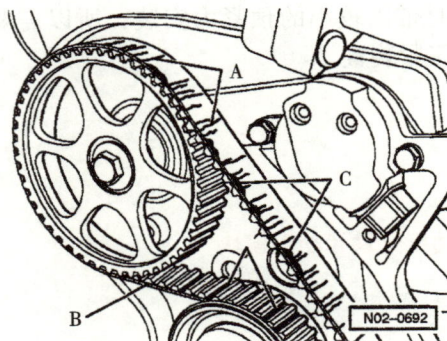

聚氯丁二烯皮带背
玻璃芯拉索
聚氯丁二烯皮带齿
聚酰胺织物

2.2.2 凸轮轴

凸轮轴的任务是将气门
· 在正确的时刻打开或关闭，
· 按正确数值升起，
· 在一定时间内保持打开。
每个气门都配有一个凸轮轴凸轮。
凸轮轴形状决定气门的运动过程。

凸顶长尖的凸轮	凸顶短宽的凸轮
这种凸轮开启气门的速度较慢并保持气门打开的时间较短。 应用：通用发动机	这种凸轮开启气门的速度快且保持气门打开的时间较长。气缸充气得到改善。 应用：大功率发动机，跑车发动机

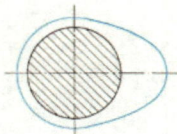

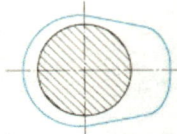

凸轮轴凸轮的任务是将气门
· 尽快，
· 开度尽量大，
· 尽可能无冲击地
开启和关闭。
气门弹簧施加气门关闭力，这些弹簧还负责凸

轮与摇臂之间的动力传递。一个凸轮对的相应位置取决于点火顺序。凸轮轴由曲轴驱动。传动比为2:1，就是说在四冲程发动机中曲轴每转两圈时气门开启或关闭一次。因此凸轮轴的转速仅为曲轴转速的一半：

$$n_{NW}=1/2n_{kW}$$

运动过程	负荷

运动过程

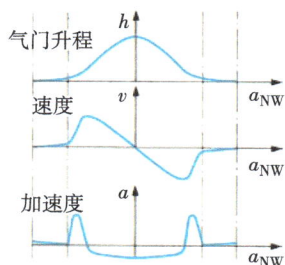

气门升程
速度
加速度

负荷

气门升程曲线表示气门通过凸轮轴从开启到关闭过程中的气门升起高度。

开始阶段开启速度逐渐增大，气门完全打开时最大，关闭过程开始前降低至零。

开启和关闭时出现很高的加速力。这些力在凸轮与摇臂/压杆/桶状挺杆之间产生一种很高的表面压力。由此而出现的摩擦力导致磨损。

凸轮轴由对开式滑动轴承支撑。拆卸后必须将这些轴承安装在原来的位置，因为凸轮轴轴承与凸轮轴已经彼此磨合。

1—轴承盖螺母，20N·m
2—半圆键
3—机油密封环
4—凸轮轴正时齿轮
5—正时齿轮螺栓，100N·m
6—凸轮轴轴承盖

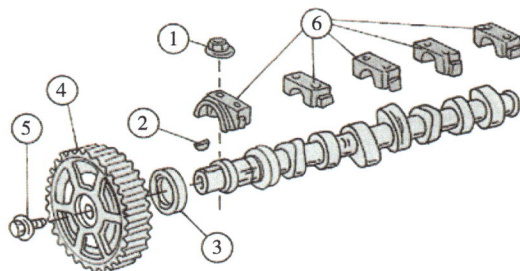

凸轮轴位置

OHV发动机	OHC发动机	CIH发动机

OHV发动机

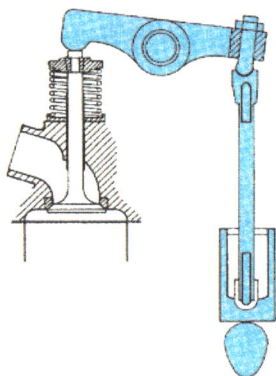

OHV表示：
顶置气门
凸轮轴位于曲轴箱内。气门由挺杆、推杆和摇臂驱动。
⊖惯性力大，因为运动部件的质量大
⊖转速受限

OHC发动机

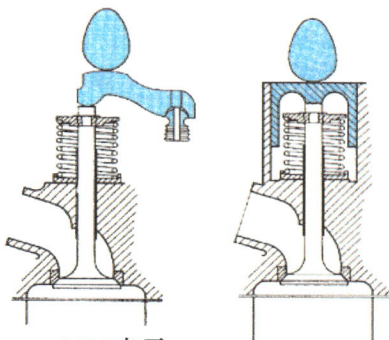

OHC表示：
顶置凸轮轴
凸轮轴位于气门之上或气门之间。气门由
・摇臂或
・桶状挺杆
驱动。
⊕可以使用液压挺杆
⊕惯性力小
⊕可以采用有利的燃烧室形状

CIH发动机

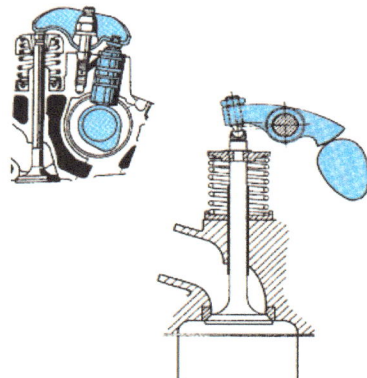

CIH表示：
中置凸轮轴
凸轮轴位于气缸盖内。气门由短挺杆和摇臂或只由摇臂驱动。
⊕惯性力较小
⊕可以使用液压挺杆

DOHC发动机

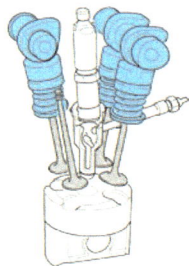

DOHC表示：
双顶置凸轮轴
两个凸轮轴位于气门之上。气门由桶状挺杆驱动。
采用两个顶置凸轮轴时，每个气缸可配置四个或五个气门。

学习领域
6

2.2.3 气门系统

2.2.3.1 气门驱动装置

气门开启运动由摇臂、桶状挺杆或滚子式气门摇臂来完成。气门关闭运动由气门弹簧来完成。气门弹簧负责在上述驱动元件之间的动力传递。气门驱动有不同形式：

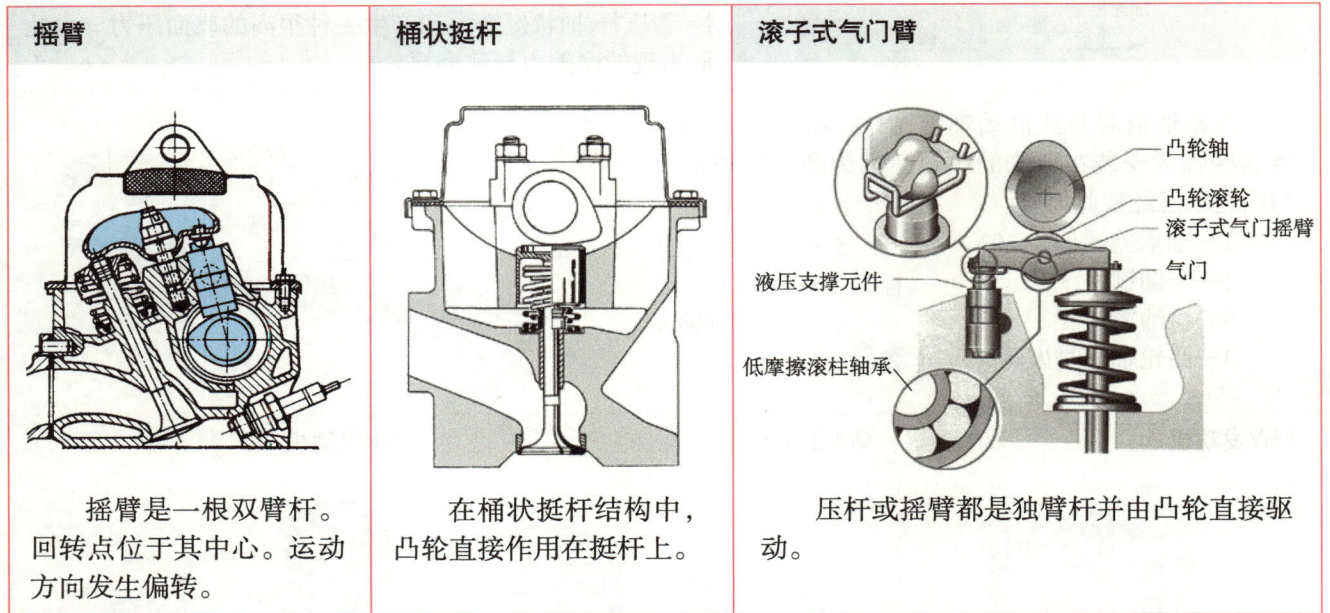

摇臂	桶状挺杆	滚子式气门臂
摇臂是一根双臂杆。回转点位于其中心。运动方向发生偏转。	在桶状挺杆结构中，凸轮直接作用在挺杆上。	压杆或摇臂都是独臂杆并由凸轮直接驱动。

滚子式气门臂图标注：凸轮轴、凸轮滚轮、滚子式气门摇臂、气门、液压支撑元件、低摩擦滚柱轴承

2.2.3.2 气门

气门由气门头和气门杆组成。气门杆端部有一个用于安装气门锁块的凹槽，气门锁块则用于固定弹簧座。弹簧座将气门弹簧的关闭力通过气门锁块传递到气门上。气门弹簧的任务是快速关闭气门。通常情况下使用双气门弹簧，以防外弹簧断裂时气门掉到气缸内，并防止气门抖动提前发生。气门导管为气门导向并将热量传递到气缸盖上。在铸铁气缸结构中气门直接在气缸内导向。在铝合金气缸盖结构中，将可更换的特种铸铁或铜锡合金气门导管压入气缸盖中。气门杆密封件可防止机油消耗过高。

气门座在铸铁气缸结构中直接铣削出来。在轻金属气缸盖中，特种铸铁或铜锡钢气门座圈以压入或热压方式安装。

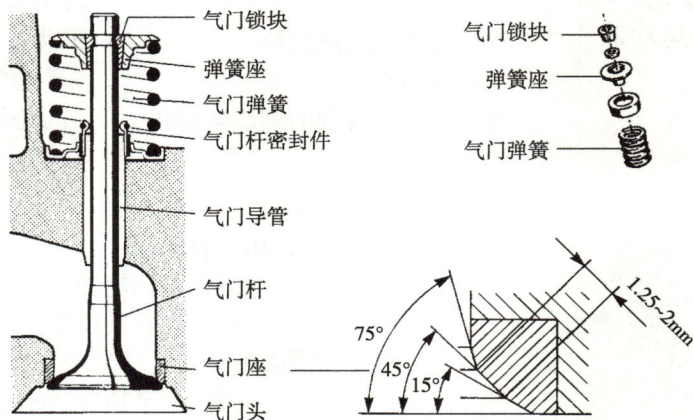

左图标注：气门锁块、弹簧座、气门弹簧、气门杆密封件、气门导管、气门杆、气门座、气门头
右图标注：气门锁块、弹簧座、气门弹簧
右下角：75°、45°、15°、1.25~2mm

运行条件

负荷

气门承受很高的机械、温度和化学负荷。进气门运行温度高达550℃，排气门受热升温到800℃以上。这些热量通过气门杆或气门座传递到气缸盖上。气门在高温作用下膨胀。为确保炽热状态下气门也能正常关闭，必须按规定留出足够的气门间隙。

排气门在炽热燃烧气体的作用下还承受很高的化学腐蚀。

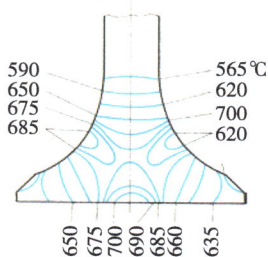

持续冲击式机械应力产生热负荷。转速6000r/min时，气门头以每分钟3000次的频率撞击气门座。

后果

如果气门未正确贴紧或密封不良，则会造成气门受热升温并烧坏。气缸盖中的气门座也会发生这种情况。

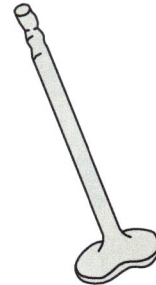

在气门杆端部、气门杆以及气门与气缸盖的气门座上发生磨损。

气门类型

单金属气门

进气门通常采用铬硅钢单金属气门。这种气门的使用寿命通过气门座和气门端部的镀层和淬硬得到改善。

双金属气门

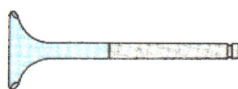

排气门采用双金属气门。气门头部分由铬锰钢（高耐热性）制成，气门杆部分由铬硅钢（滑动性能好）制成。

中空气门

气门空腔中部分充填有大约在100℃时熔化的金属钠。气门运动使金属钠在气门杆内甩来甩去并带走气门头的热量。

气门旋转装置

气门旋转装置通过转动气门避免气门头受热不均匀，避免炽热部位扭曲变形、泄漏和高温腐蚀以及燃烧残留物脱落。

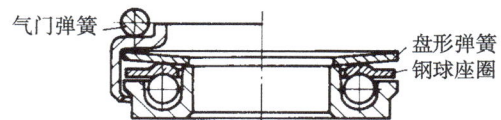

气门打开

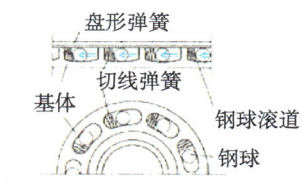

气门打开时，盘形弹簧挤压钢球并迫使钢球滚到倾斜的滚道上。在盘形弹簧的作用下整个气门旋转。

气门关闭

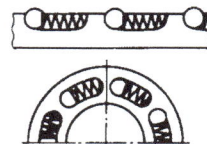

关闭气门时弹簧卸载，因此不再挤压钢球。切向弹簧将钢球推回其初始位置。

气门间隙控制

发动机配气机构的所有部件在运行中随着温度升高都会膨胀并改变它们的长度。磨损导致另一种长度变化。这些长度变化由

- 气门间隙或
- 液压间隙补偿元件补偿。因此在任何运行状态下气门都能可靠关闭。

为确保高温状态下气门也能正常关闭，传动部件之间留有规定间隙。因为气缸盖和气缸体受热时也会膨胀，所以这种长度变化使气门间隙缩小或扩大（取决于气门结构）。因此气门间隙大小取决于产品和型号，由制造商规定。

气门间隙：进气门 0.1 ~ 0.25 mm
　　　　　排气门 0.1 ~ 0.4 mm

气门间隙

气门杆与摇臂之间的气门间隙
　　通过摇臂上的调节螺钉进行调整。

凸轮与桶状挺杆之间的气门间隙
　　通过凸轮和桶状挺杆之间的调整垫片进行调整。

凸轮与摇臂之间的气门间隙
　　通过摇臂支座上的气门调节螺钉进行调整。

气门间隙过小	气门间隙过大
气门开启较早且关闭较晚。气门未紧靠在气门座上，两者之间通过较小的间隙隔开。 　　⊖热量传递中断，气门头过热，尤其是排气门过热，有产生裂纹的危险 　　⊖气体损失，功率损失 　　⊖热态废气通过打开的进气门返回	气门开启晚且关闭过早。气门没有完全打开进气横截面。 　　⊖开启时间较短，开启横截面较小 　　⊖气缸充气差，功率损失 　　⊖气门噪声 　　⊖加剧气门传动装置磨损

无间隙气门控制机构

采用间隙补偿元件可以实现无间隙气门控制。补偿元件可确保气门控制机构在所有运行条件下无间隙地工作且能补偿因磨损所造成的长度变化。

一种常用的间隙补偿元件是液压支撑元件。这种元件主要由液压缸、活塞和带有压缩弹簧的球阀组成。发动机运转时，机油从发动机机油循环系统经过环形集油槽和油孔流入活塞内部和液压缸中。

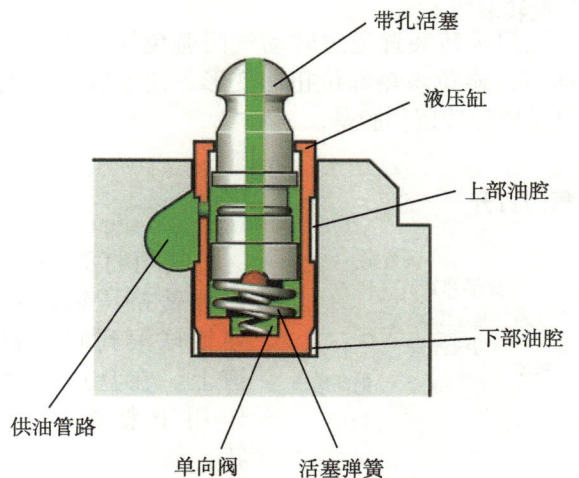

带孔活塞
液压缸
上部油腔
下部油腔
供油管路
单向阀
活塞弹簧

气门间隙补偿

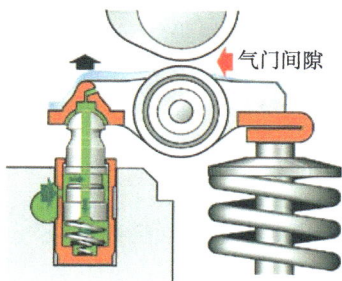

出现气门间隙时，活塞弹簧将活塞从间隙补偿元件液压缸中压出，直至压杆的凸轮滚轮靠在凸轮上。因此活塞下的压力腔扩大，压力下降。球阀（单向阀）打开，机油流入下部油腔中。上部和下部油腔之间的压力平衡时，阀门关闭。

气门驱动装置

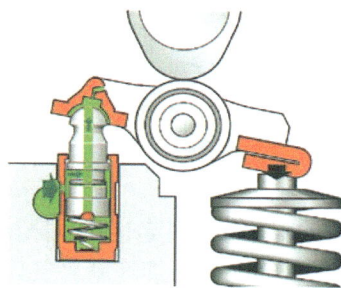

只要凸轮在摇臂的滚柱轴承上运行，活塞就有负载，下部压力腔内开始增压。增压促使球阀立即关闭。因为压力腔内的机油无法压缩，所以该支撑元件起"液压刚性连接"作用。

摇臂和压杆传动装置中使用支撑元件。在桶状挺杆结构中，液压挺杆位于桶状挺杆元件内。其作用与支撑元件相同。

2.2.4　配气相位图

为了能在发动机中实现最佳换气（新鲜气体输入和废气排出），必须在某一时刻开启或关闭进气门和排气门。换气过程对功率、转矩和有害物质排放影响非常大。配气相位以曲轴转角为基准。上止点前 Eö 5° 表示：进气门在上止点前5° 时开启。进

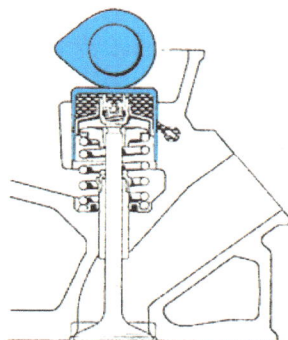

气门和排气门的开启和关闭时间在配气相位图中以曲轴转角形式表示。

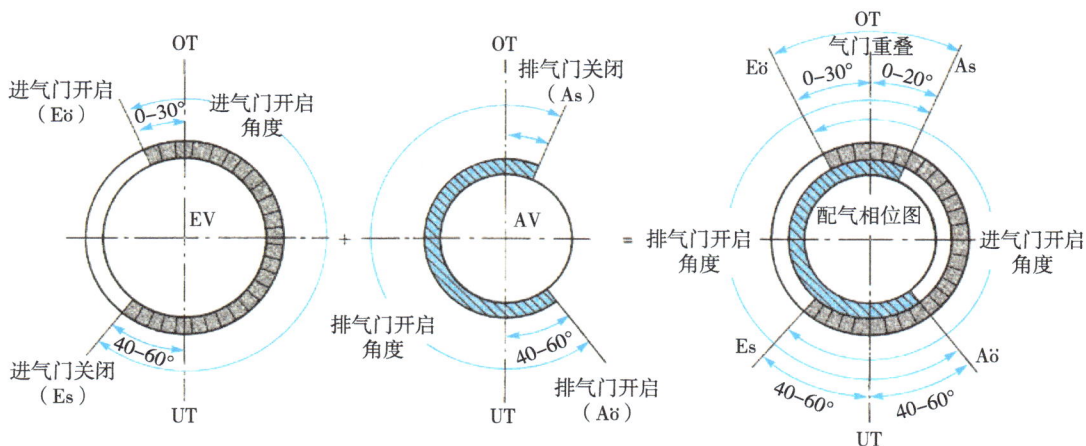

进气门和排气门的开启和关闭时间

进气门提前开启：进气门在上止点前开启：
　　为确保充足的新鲜气体充入气缸中，需要在整个进气行程中提供尽可能大的进气横截面。因为持续一段时间后气门横截面才能达到最大，所以进气门必须在上止点前开启。

排气门提前开启：排气门在下止点前开启：
　　如果排气门在下止点时才开启，则排出废气时会产生背压。因此排气门在下止点前开启，从而使废气减压到大气压力并在排出废气时没有额外阻力。

学习领域
6

进气门和排气门的开启和关闭时间	
进气门延迟关闭：进气门在下止点后关闭： 　　吸气时使原本静止的新鲜气体柱开始运动。活塞到达下止点时，这种运动由于气柱惯性而停止。因此进气门在一定时间内仍保持打开状态，从而改善气缸的充气。	**排气门延迟关闭**：排气门在上止点后关闭。 　　废气流出后产生的吸力通过同时打开的进气门吸入新鲜气体。通过这种方式可以充分扫除燃烧室内的剩余气体。此时没有新鲜气体损失，因为两股气柱的流向相反。

气门重叠

　　进气门和排气门在一定时间内保持同时开启。通过气门重叠可以充分排空气缸内的废气，改善气缸扫气效果且通过排气吸力加速新鲜气体柱。

2.2.5　气门配气相位

　　在配气相位图中给出了以止点为基准用曲轴转角度数表示的进排气门开启和关闭点：

- 进气门在上止点前曲轴转角20° 时开启
- 进气门在下止点后曲轴转角72° 时关闭
- 排气门在下止点前曲轴转角60° 时开启
- 排气门在上止点后曲轴转角32° 时关闭

　　为调整配气相位，可以在飞轮圆周上标记出气门的开启和关闭点。

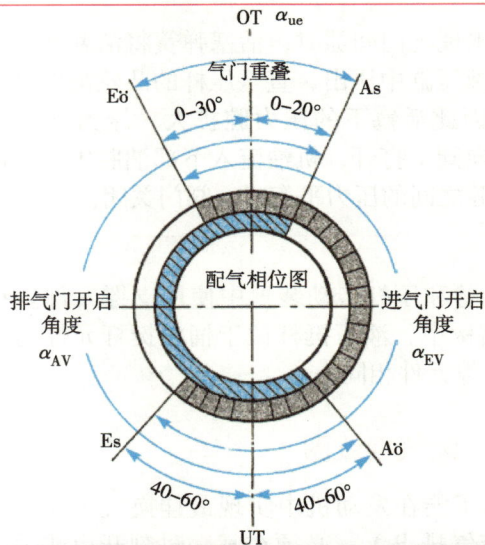

气门开启角	
气门开启角 α_{EV} 或 α_{AV} 表示进气门和排气门开启时的曲轴转角度数。	α_{ue} 表示气门重叠。 $\alpha_{EV} = \alpha_{Eö} + 180° + \alpha_{Es}$　　$\alpha_{AV} = \alpha_{Aö} + 180° + \alpha_{As}$ $\alpha_{ue} = \alpha_{Eö} + \alpha_{As}$

气门配气相位	气门开始时间
气门配气相位表示进气门或排气门的开启和关闭时间。借助例如飞轮上的标记来调整配气相位。如果这些标记不存在，则通过进气门开启角度Eö计算出在飞轮上的弧度并做一个标记。计算公式 ・周长 $U = d\pi = 360°$ ・1° 曲轴转角的弧长 $$I_B = \frac{U}{360°} = \frac{d\pi}{360°}$$ α 曲轴转角的弧长 $$I_B = \frac{d\pi\,\alpha}{360°}$$	气门开启时间表示为气体流入或流出进气门或排气门保持开启的时间。气门开启时间取决于开启角度 α 和发动机转速 n。计算公式 ・曲轴转一圈的时间（s）： $$t = \frac{60\,(\text{s/min})}{n\,(\text{r/min})} = \frac{60}{n}$$ ・曲轴转1° 的时间（s）： $$t = \frac{60}{n \times 360}$$ ・曲轴转 α 角度的时间（s）： $$t = \frac{60\,\alpha}{n \times 360} = \frac{\alpha}{6 \times n}$$
参数　　**公式符号**　　**单位**	**参数**　　**公式符号**　　**单位**

参数	公式符号	单位	参数	公式符号	单位
弧长	I_B	mm	气门开启时间	t	s
飞轮直径	d	mm	转速	n	r/min
曲轴转角	α	弧度	曲轴转角	α	弧度

示例：

已知：进气门在上止点前曲轴转角20°时开启　　排气门在下止点前曲轴转角60°　求：气门开启角度
　　　进气门在下止点后曲轴转角72°时关闭　　时开启　　　　　　　　　　　　　　气门配气相位
　　　飞轮直径$d=320mm$　　　　　　　　　　排气门在上止点后曲轴转角32°　　气门开启时间
　　　在额定功率时的转速$n=6000r/min$　　　时关闭

解：

气门开启角　　　　　　　　　气门开启角度的弧长　　　　　　　　　　　　　　气门开启时间

$\alpha_{EV}=20°+180°+72°=272°$　　$l_B=\dfrac{d\pi\alpha}{360°}$　　　　　　　　　　　　　　$t=\dfrac{\alpha}{n\times6}$

$\alpha_{AV}=60°+180°+32°=272°$　　　　　　　　　　　　弧长 Eö–OT

气门重叠　　　　　　　　　　$l_B=\dfrac{320mm\times3.14\times272}{360°}$　　$l_B=\dfrac{320mm\times3.14\times20}{360°}$　　$t=\dfrac{272}{6000\times6}$

$\alpha_{ue}=\alpha_{Eö}+\alpha_{As}$

$\alpha_{ue}=20°+32°$　　　　　　$\underline{l_B=759.2mm}$　　　　　　　　$\underline{l_B=55.8mm}$　　　　　　$\underline{t=0.0075s}$

$\underline{\alpha_{ue}=52°}$

2.2.6　链条传动机构

　　链条传动机构适用于曲轴与凸轮之间的距离较大时以及同时驱动两个凸轮轴时。为了减少链条噪声，链条必须在塑料导轨中导向。链条通过链条张紧器（弹簧机械式或液压式）张紧。链条不适用于很高的转速。长时间运行后链条长度发生变化，这会导致配气相位改变。

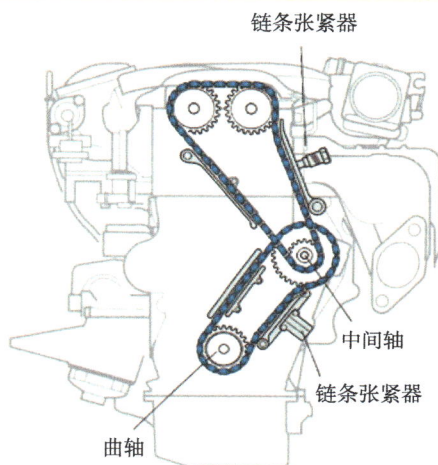

链条张紧器
中间轴
链条张紧器
曲轴

功能元件和功能模块

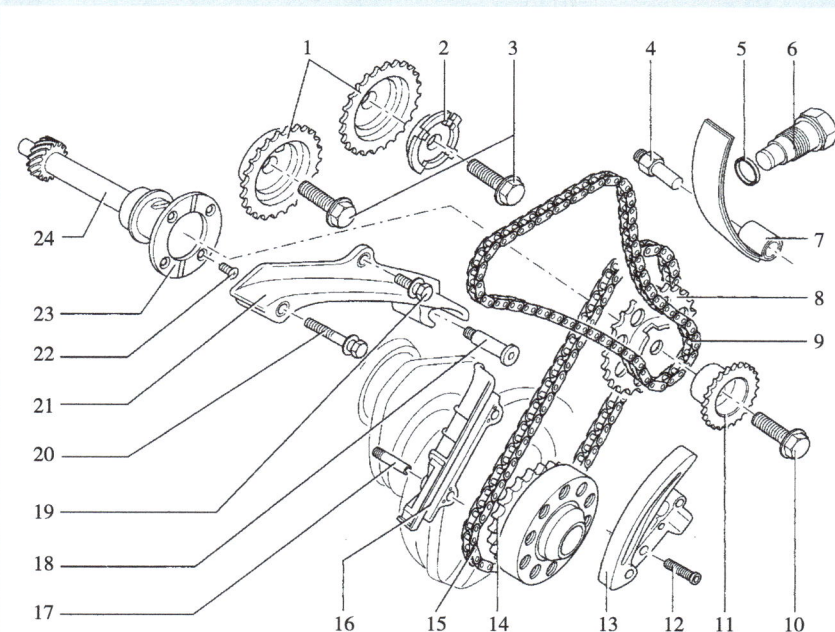

8—链轮
9—滚子链
　　拆卸前标记出运行方向（安装位置）
10—螺栓，100N·m
11—链轮
12—螺栓，10N·m
13—带有张紧导轨的链条张紧器
　　安装前用螺钉旋具松开链条张紧器内的锁止啮合齿并将张紧导轨压向链条张紧器。只能通过已安装的链条张紧器来转动发动机。
14—驱动齿轮
　　气缸1上止点=经过磨削的轮齿指向轴承接合缝。
15—单排滚子链
　　不得改变运行方向（安装位置）
16—导轨
17—无凸肩螺栓，10N·m
　　用于导轨16。
18—带凸肩螺栓，10N·m
　　用于导轨21。
19—螺栓，20N·m
　　使用螺栓防松剂。
20—螺栓，20N·m
21—导轨
22—螺栓，10N·m
　　使用螺栓防松剂。
23—止推垫圈
24—中间轴

1—凸轮轴链条
2—脉冲信号轮
　　用于霍尔传感器。
3—螺栓，100N·m
　　安装前在螺栓头的接触面上涂润滑油。用开口度为SW24的开口扳手顶住凸轮轴。

4—支撑销，18N·m
5—密封环
　　损坏时更换。
6—链条张紧器，40N·m
7—张紧导轨

说明：拧紧力矩（N·m）仅为示例。车型不同拧紧力矩不同。

学习领域
6

2.2.7　可变气门控制机构

传统气门机构

　　气缸充气程度取决于转速。只有在某一转速时，发动机才能获得最佳充气并因此能输出最高转矩和最大牵引力。如果转速继续升高，虽然功率能提高至最大值，但是转矩会下降，因为气缸充气变差。

　　通过气门重叠可以改善气缸充气。

　　高转速时通过进气门延迟关闭来改善气缸充气并因此提高发动机功率；但是低转速时扫气损失较大并因此使发动机功率变小，因为活塞将部分充气排出气缸。同时还导致有害物质排放量增加。

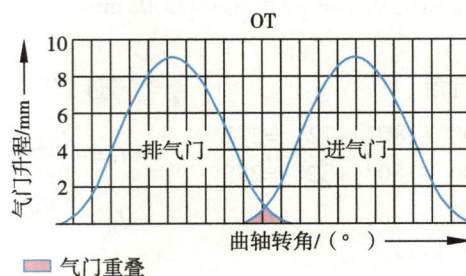

气门重叠

通过调节凸轮轴改变气门配气相位

　　通过调节凸轮轴可以使气门重叠适应不同转速并在整个转速范围内改善气缸充气（另见学习领域7，第177和188页）。

进气凸轮轴调节	进气和排气凸轮轴调节
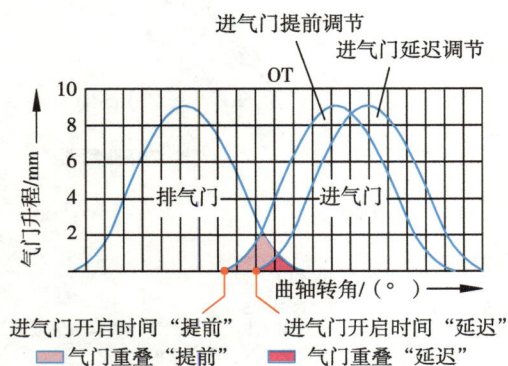	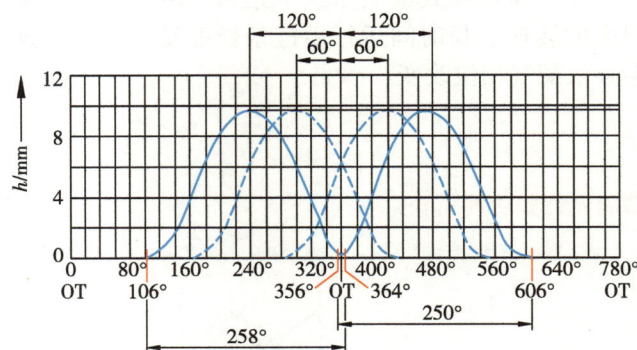

　　凸轮轴调节装置根据转速改变气门开启和关闭时间：

　　·低转速（<2000r/min）时将进气凸轮轴向"延迟"方向调节。延迟调节使进气门延迟开启。气门重叠度变小或接近零。进入进气管的燃烧废气回流量下降。进气混合气中剩余气体含量变小，因此有助于改善燃烧过程并使怠速转速更平稳。因此改善了怠速转矩。

　　·高转速（>5000r/min）时也将进气凸轮轴向"延迟"方向调节。进气门延迟到下止点后很远之处才关闭，由于新鲜气体流速很高，因此能进行后续充气并借此改善气缸充气和提高转矩。

　　·中等转速时，由于新鲜气体流速较低，因此不存在后续充气效应。调节装置向"提前"方向调节进气凸轮轴。通过提前调节扩大了气门重叠角度。进气门在下止点后很快关闭，因此活塞无法将新鲜气体推入进气管中。未排出的废气通过进气门进入进气管内。此后这些废气又被吸入并提高气缸充气中的剩余气体含量。发动机转矩得到改善。内部废气再循环可降低燃烧时的温度并减少废气中氮氧化物的含量。

　　·如果使用排气凸轮轴调节装置，则可以进一步改善换气过程。

凸轮轴调节系统

可调链条张紧器 Variocam（Audi、VW、Daimler Chrysler）

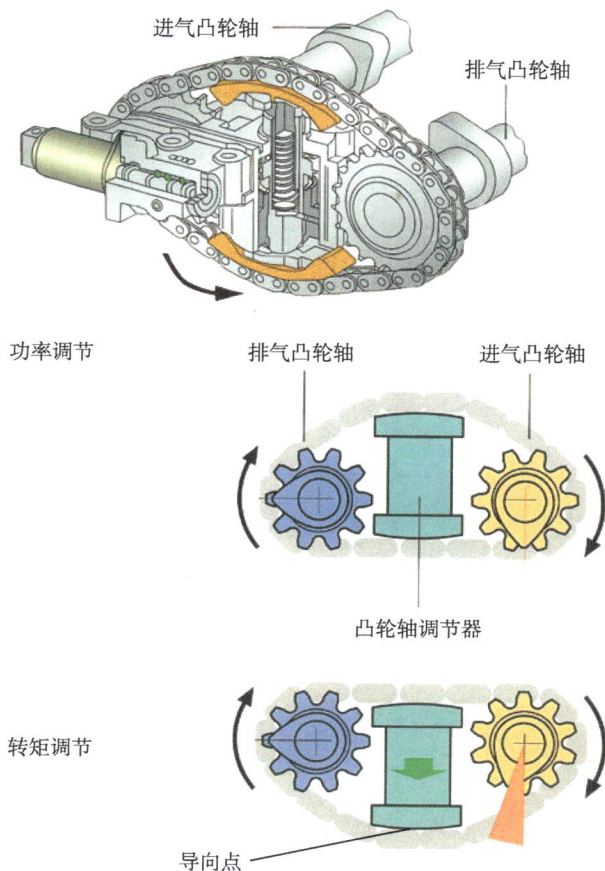

进气凸轮轴　排气凸轮轴

功率调节　排气凸轮轴　进气凸轮轴

凸轮轴调节器

转矩调节

导向点

可变凸轮轴控制装置 Vanos（BMW）

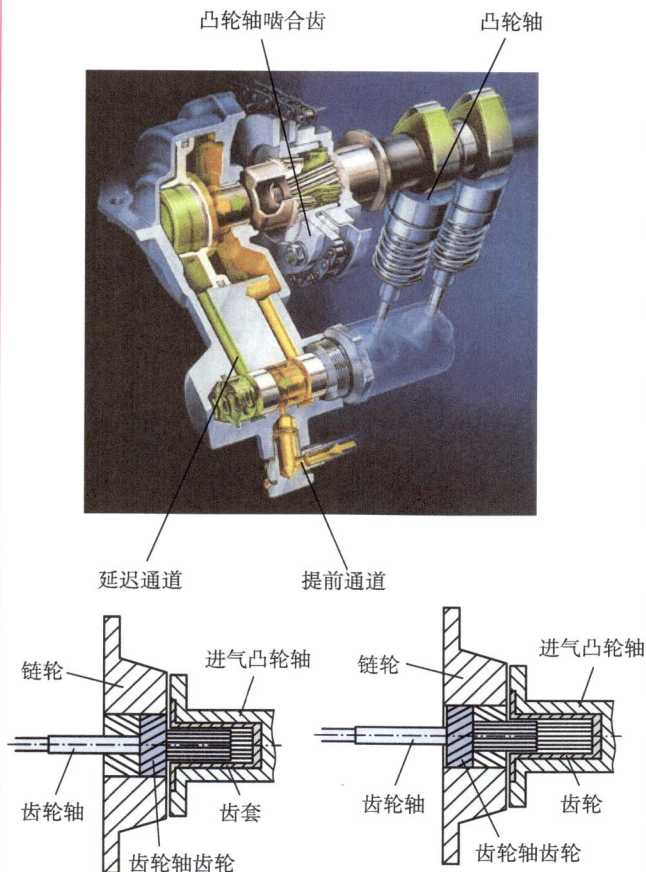

凸轮轴啮合齿　凸轮轴

延迟通道　提前通道

链轮　进气凸轮轴　链轮　进气凸轮轴

齿轮轴　齿套　齿轮轴　齿轮

齿轮轴齿轮　齿轮轴齿轮

学习领域 6

在这种凸轮轴调节装置中只调节进气凸轮轴。调节装置由排气凸轮轴通过滚子链驱动，排气凸轮轴则由曲轴通过正时带或滚子链驱动。

凸轮轴之间有一个可以抬起或降下链条元件的链条张紧器。调节通过一个电控液压缸实现。发动机控制单元负责控制凸轮轴调节装置。

排气凸轮轴无法扭转，因为正时带或滚子链固定住了凸轮轴。

功率调节：

机油压力将凸轮轴调节器压到基本位置。此时不进行调节。正时链的导向点位于进气凸轮轴前。

转矩调节：

机油压力将链条张紧器向下压。推移时上半段链条缩短，下半段链条伸长。此时导向点位于进气凸轮轴后。因为进气凸轮轴可以相对排气凸轮轴扭转，所以下半段链条只能伸长，上半段链条只能缩短。调节装置向"提前"方向调节凸轮轴，进气门提前关闭。

在"Vanos"系统中通过一个液压活塞调节进气凸轮轴，液压活塞则与一个带斜齿和直齿的齿轮轴连接。斜齿与链轮内齿啮合，直齿则与凸轮轴齿套啮合。发动机控制单元根据节气门电位器和发动机转速传感器的信号计算出凸轮轴的最佳位置。同时确定凸轮轴的实际位置并将其与固定值比较。控制单元将调节信号发送给控制液压缸机油流量的电磁阀。（液压系统示意图请查阅专业书籍，学习领域 4，CD-ROM 光盘）。

向"提前"方向调节时液压活塞在齿套内沿轴向移动。齿轮轴齿轮通过斜齿将凸轮轴向"提前"方向调节。

向"延迟"方向调节时，液压缸内的活塞向左移动并将进气凸轮轴向"延迟"方向转动。

低转速时可将进气凸轮转动到气门重叠为零，高转速时可将其转到气门重叠度达 30°。

在双 Vanos 系统中可以无级调节进气和排气凸轮轴相对链轮的位置。

用叶片调节器调节凸轮轴

新式发动机使用进气和排气凸轮轴叶片调节器。叶片调节器在带有齿环的壳体中有一个内转子。壳体与传动装置连接，内转子与凸轮轴连接。内转子向"提前"或"延迟"方向转动，取决于液压油从哪一侧作用在油腔内。例如，进气凸轮轴的调节角为 52° 曲轴转角，排气凸轮轴的调节角为 22° 曲轴转角。

发动机控制单元根据凸轮轴传感器的信号计算出进气凸轮轴的当前位置。然后根据储存在控制单元内的特性曲线族调节凸轮。

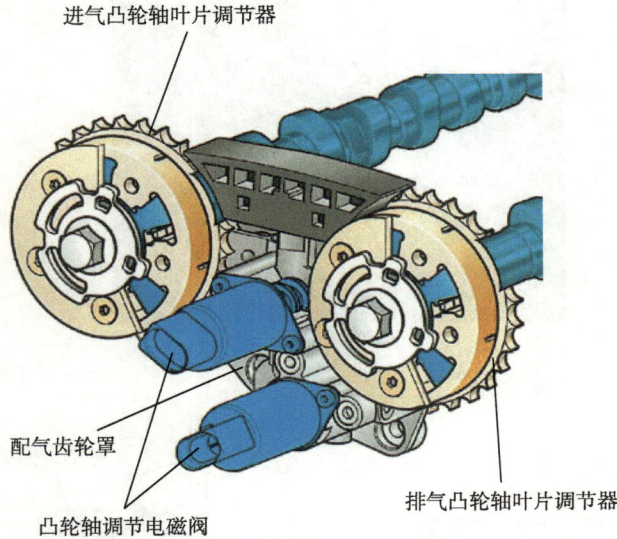

进气凸轮轴叶片调节器
配气齿轮罩
凸轮轴调节电磁阀
排气凸轮轴叶片调节器

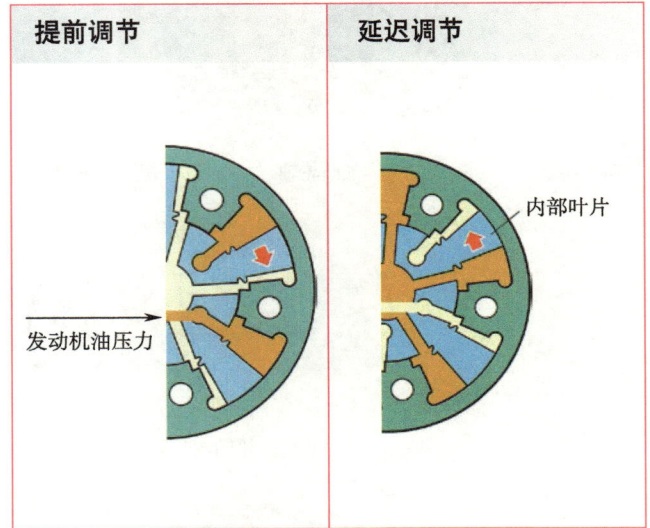

提前调节　　延迟调节
内部叶片
发动机油压力

带有气门配气相位和气门升程改变装置的可变气门机构

在可变气门机构中，可以根据发动机运行条件调节气门升程、气门开启横截面、气门开启时间和气门重叠角度。

气门升程变化范围为从0或3mm至大约10 mm。

急速运转时，小气门升程与小气门重叠角度（延迟调节）配合可提高进气流速、优化燃油雾化并使燃烧均匀稳定。由于开启时间极短，因此只有少量剩余气体进入燃烧室内。大气门升程扩大气门开启横截面并改善高转速时的气缸充气。

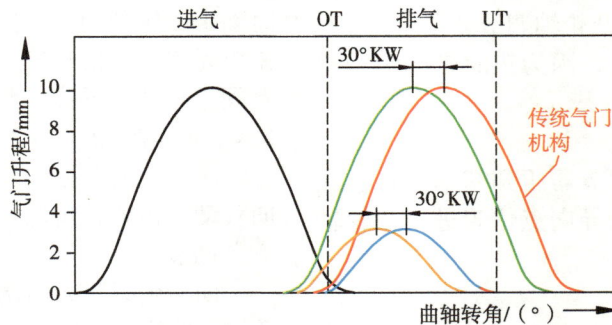

进气　　OT　排气　UT
30°KW
传统气门机构
30°KW
气门升程/mm
曲轴转角/(°)

Valvetronic （BMW）

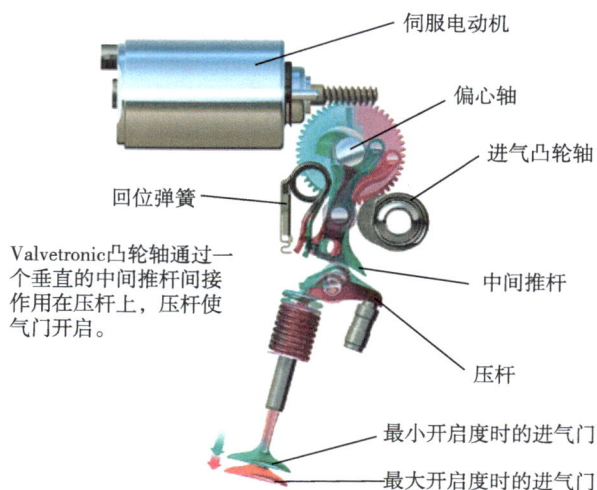

伺服电动机
偏心轴
进气凸轮轴
回位弹簧
中间推杆
压杆
最小开启度时的进气门
最大开启度时的进气门

Valvetronic凸轮轴通过一个垂直的中间推杆间接作用在压杆上，压杆使气门开启。

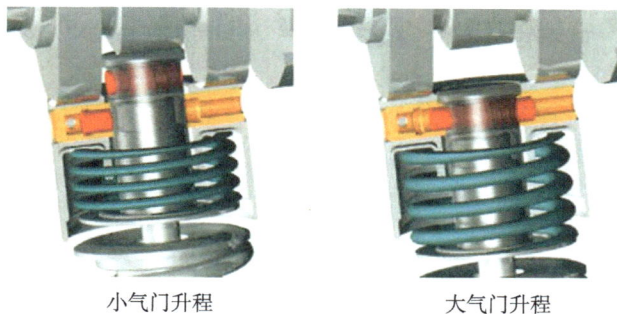

升程
9.7mm

Valvetronic （BMW）

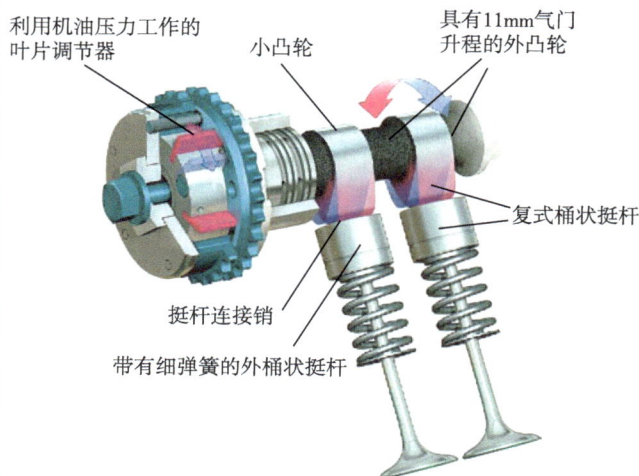

利用机油压力工作的叶片调节器
小凸轮
具有11mm气门升程的外凸轮
复式桶状挺杆
挺杆连接销
带有细弹簧的外桶状挺杆

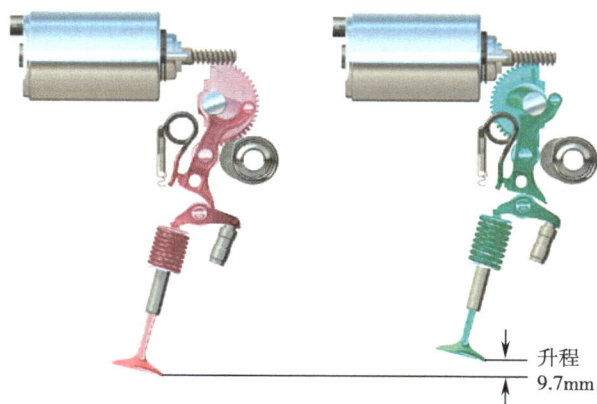

小气门升程　　　　大气门升程

学习领域 **6**

在Valvetronic系统中可变气门升程承担节气门的任务。凸轮轴通过一根中间推杆作用在滚子式气门压杆上。中间推杆下端位于压杆的滚轮上，上端靠在偏心轴的第二个滚轮上。中间推杆下侧有一条线，这条线的一半与压杆平行，另一半以一定角度向外延伸。只有这条线的拐弯部分作用在压杆滚轮上且将压杆向下压时，气门才能开启。

电动机驱动的偏心轴作用在中间推杆的上部滚轮上。向凸轮轴方向压时，杠杆回转中心改变，中间推杆的有效下轮廓随之改变。

可在0~9.7mm范围内无级改变气门升程。从最小到最大气门升程的调节时间为300ms（0.3s）。此外还有通过Vanos系统对气门配气相位的调节，在这个系统中进气和排气凸轮相对凸轮轴位置的转动角度分别达到60°。

Variocam plus 系统由一个利用机油压力工作的凸轮轴叶片调节器和可切换气门挺杆组成。中心部件是可切换桶状挺杆。凸轮轴上有一个用于例如3mm气门升程的内侧小凸轮和两个用于例如10mm气门升程的外侧大凸轮。

气门升程大时，外挺杆通过一个承受弹簧负载的锁销以形状配合和动力传递方式与内挺杆联锁在一起。

气门升程小时，内外活塞解除联锁，内侧小凸轮轴作用在内挺杆上。外挺杆根据两个凸轮的升程差移动。升程弹簧负责与凸轮接触。

保时捷911 Turbo 有四个切换位置：
· 进气门升程3mm，凸轮轴延迟调节
· 进气门升程3mm，凸轮轴提前调节
· 进气门升程10 mm，凸轮轴延迟调节
· 进气门升程10 mm，凸轮轴提前调节

2.3 通过检查、测量和故障诊断实现质量保证要求

用正时带检测仪测量正时带张紧力

将正时带夹在一个传感器内进行测量。如果制造商未给出其他规定，则将传感器置于正时带最长自由段的中心。借助随附的表格将测量值换算为以"牛顿"为单位，然后与制造商规定值进行比较。

气门控制机构故障诊断

如果听到气缸盖区域发出啪嗒声，问题通常出在液压挺杆上。液压挺杆无法修理。必须更换。

故障	原因	排除／措施
咔嚓声，有时候出现	气门座中的污物颗粒干扰了液压挺杆的功能，气门座间隙过大	如果无法通过换油排除故障，则更换液压挺杆
快速行驶后息速运转时发出敲击声	油位过低 液压油污染和老化	添加液压油 更换液压油和液压油滤清器
较大的敲击声	润滑油凝固、碳化和污染造成液压挺杆卡住	更换液压油和液压油滤清器
中等程度的敲击声	液压挺杆中的阀座泄漏	更换液压挺杆
机油泄漏	凸轮轴轴承附近的泄漏部位表示机油密封环磨损	更换机油密封环
从满负荷切换到滑行模式时出现蓝色机油烟雾	蓝烟表示气门杆密封件损坏。机油通过气门导管吸入气缸内并在气缸中燃烧。催化器功能减弱	更新气门杆密封件
气缸盖中噪声较大	弹簧断裂	修理气缸盖
加速时出现功率损失	泄漏、气门损坏、气门导管间隙过大	修理气缸盖
不带气门间隙补偿装置的气门控制机构： ·功率损失 ·气门噪声	气门间隙过大	调整气门间隙
·功率损失 ·废气回流 ·气门头或气门座烧坏	气门间隙过小	调整气门间隙，必要时更换气门，加工气门座

废弃处理：充钠中空气门必须单独进行废物处理。

➜ ⊙正时带故障诊断请查阅CD-ROM光盘

3 发动机冷却系统

3.1 通过以客户为本实现质量保证要求
·客户报修：温度显示

客户谈话／委托书处理	直接接车
客户报修：温度显示处于警告区域 **委托书处理**： ·客户姓名、地址和电话号码 ·牌照号、里程数 ·车辆识别	客户在场时现场直观检查发动机。 ·冷却液液位是否正常？ ·散热器风扇是否开着？ ·散热器是否堵塞？ ·散热器片是否堵塞？

客户地址：

Klaus Gesinger
先生
Raabestr.14

64291 Darmstad

委托书编号：0014

客户编号：　1515

委托日期：　2004年6月27日

车型	牌照号	车辆识别号	里程数/km
VW Polo FSI	DA–XY 389	×××××	165350

注册登记日期	发动机代码	接车人	电话号码
2002年	AUX	A.. Weckhans	06151/654387

项目	工时单位	时间	工作内容	价格
01			温度显示处于警告区域	

日期：2004年6月29日，12：00点

此委托是在明确确认"车辆、总成以及零部件工作和费用估算条件"之后签发并交给本人的。

车辆终检

日期	时间	验收人	里程数/km

Klaus Gesinger
客户签名

3.2   通过系统知识实现质量保证要求：发动机冷却系统

3.2.1   冷却系统的任务

发动机冷却系统应使运行温度保持在规定的温度范围内，以便

- 使活塞和气缸等发动机部件的热负荷保持在限值范围内且不造成材料损坏；
- 润滑油不被炽热的发动机部件蒸发掉或烧毁

且不会因温度过高而丧失其润滑性能；

- 燃油不会因炽热的部件而自燃。

为了保持工作能力，必须将大约30%的燃烧热量散发出去。这些热量大部分通过外部冷却、小部分通过内部冷却散发出去。

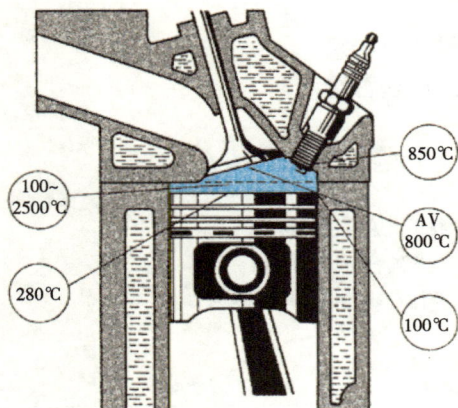

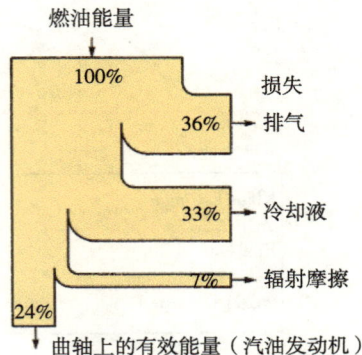

外部冷却	内部冷却
外部冷却时多余的热量散发到环境空气中。外部冷却通过空气冷却或水冷却实现。	燃油从液态转变成气态需要热量（蒸发热）。这些热量取自气缸壁。

3.2.2   循环冷却系统的原理

气缸和气缸盖采用双层结构。冷却液从空腔流过。因为热态冷却液密度低于冷态冷却液，所以发动机内的冷却液受热上升。冷却液流入散热器上部水箱内。在散热器中冷却液热量散发给冷空气。因为冷却下来的冷却液较重，所以冷却液

沉入散热器下部水箱中。冷却液泵从散热器下部水箱中抽吸冷却液并输送至发动机。

在发动机缸体与上部水箱之间的冷却液管路中安装了一个节温器阀。从该阀门处分接出一个直接连接水泵的短路管路。

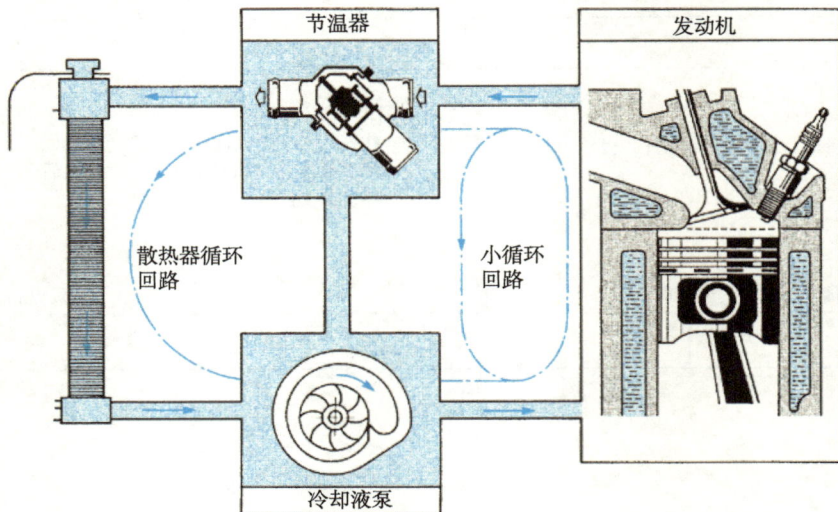

小循环回路：
发动机——水泵——发动机

只要发动机未达到其80℃的运行温度，受节温器控制的阀门就会堵住连接散热器的通道。冷却液从发动机直接流向水泵并从该处再流回发动机。冷却液未经过冷却，因此发动机很快达到其运行温度。

散热器循环回路：
发动机——散热器——发动机

温度超过80℃时，阀门缓慢打开散热器循环回路，并将小循环回路关闭。103℃时阀门完全打开。冷却液只从散热器中流过。

3.2.3　功能模块

3.2.3.1　散热器

散热器芯包括

·冷却液从其中流过的细金属管，

·用于扩大冷却面积的波形金属叶片，

·与金属管以机械方式连接或钎焊在一起的管底，

·通过密封圈和卷边对整个系统进行密封的两个水箱。

管／叶片系统和管底由铜锡合金或铝合金制成，水箱由玻璃纤维增强聚酰胺制成。

散热器通过橡胶金属元件以弹性方式固定在车身或底盘上。

纵流式散热器	横流式散热器	带有高温和低温区的横流式散热器

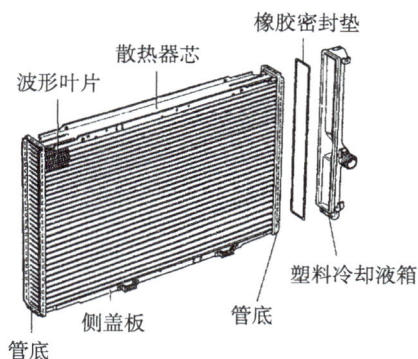

加注管接头　加注口盖
上部冷却液箱　上管底
加注管接头　溢流管
冷却网　侧盖板　下管底
排出管接头　至冷却液泵
水冷式机油冷却器
风冷式机油冷却器　下部冷却液箱

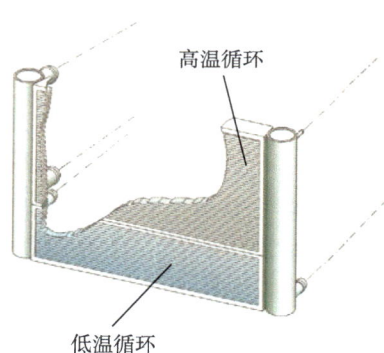

橡胶密封垫
散热器芯
波形叶片
塑料冷却液箱
侧盖板　管底
管底

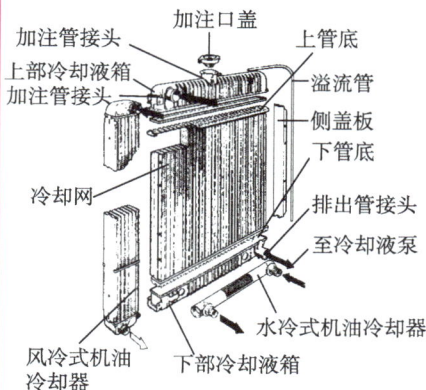

高温循环
低温循环

从发动机流出的冷却液经过水箱的上部管接头流入冷却管，然后从下部水箱中流出。上部水箱上安装了一个加注口盖和一个溢流管。这种散热器通常与空冷式或水冷式发动机或变速器油冷却器组合在一起。

将两个水箱安装在侧面。冷却液沿水平方向从一侧流向另一侧。如果进水口和出水口在同一侧，则在这一侧将水箱分成两个区域。在上部区域内冷却液向一侧流动，在下部区域内向另一侧流动。横流式散热器安装高度较小。

这种散热器通过不同流速来建立两个不同的温度区域。通过低温区域内经过节流的冷却液流可使降温幅度比在上部冷却区域中大得多。用较冷的冷却液可以冷却自动变速器油或增压空气冷却循环系统的增压空气等。

学习领域
6

3.2.3.2　冷却液泵

冷却液泵是一个与驱动轴、支座和叶轮预先组装在一起的单元。冷却液泵的一个重要部件是带有径向或切向布置式曲面或平面叶片的叶轮。驱动轴在输送侧支撑叶轮，在驱动侧支撑带有法兰的泵壳体和齿形带轮。用于壳体与支撑轴之间密封的轴密封件布置在输送侧与驱动侧之间。泵使用寿命主要取决于此密封件的功能。

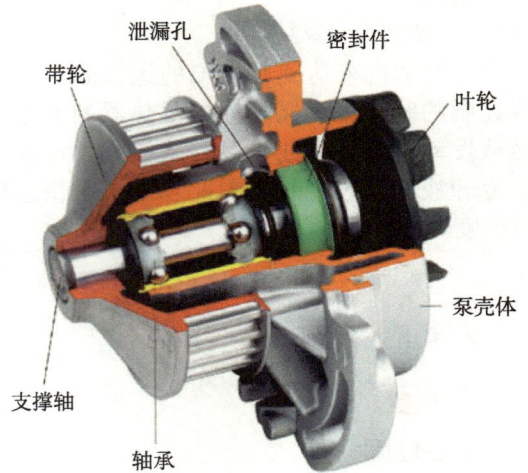

3.2.3.3　加注口盖

冷却系统内出现过压或真空时，加注口盖会关闭或打开冷却系统。加注口盖位于上部水箱上或作为密封盖位于补液罐上。加注口盖带有一个过压阀和真空阀。

过压阀	真空阀
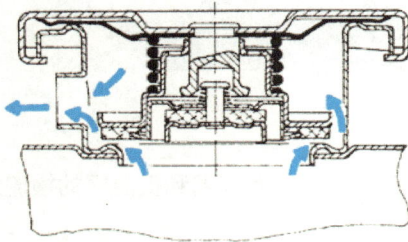	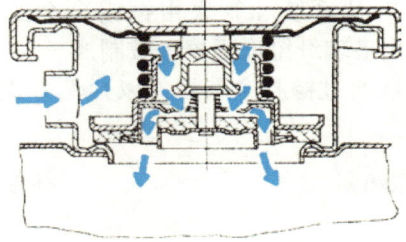
过压阀使冷却系统内保持0.8bar的过压。从而使冷却液的沸腾温度提高到104~108℃，因此改善了冷却效果。压力更高时该阀门打开并将过压释放到大气中。	冷却液冷却过程中冷却系统内出现真空。真空阀打开并让空气从外部流入。因此可以避免冷却液软管收缩。

3.2.3.4　作为短路调节器的节温器

冷却液节温器由膨胀材料元件和一个双阀门组成。膨胀材料元件由一个充填有蜡的金属罐和一个双阀门组成。在蜡充填物中有一个橡胶隔膜和一个工作活塞。

$t \geqslant 80℃$	$t \leqslant 80℃$
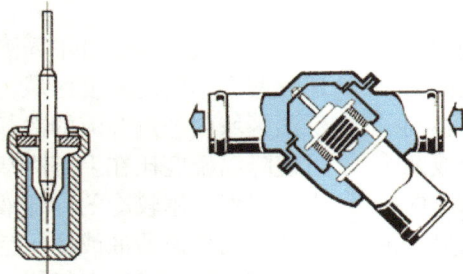	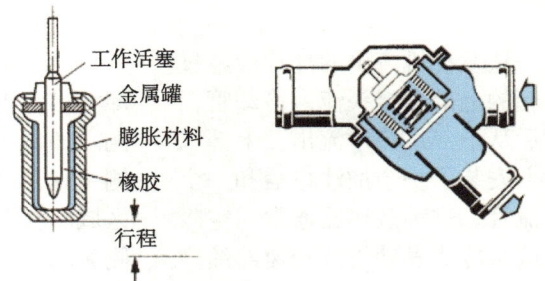
受热温度超过80℃时蜡充填物溶化。由于蜡体积增加，因此金属罐带动工作活塞移动。节温器打开散热器循环回路并同时关闭小循环回路。	温度低于80℃时蜡充填物凝固。回位弹簧将金属罐推回到初始位置。节温器关闭至散热器的入口。冷却液经过短路管路直接流回发动机。

温度显示，警告灯，冷却液液位

　　冷却液温度由温度显示器监控。冷却液温度用一个 NTC（负温度系数）电阻来测量，然后将信号继续传输给温度显示器。

　　冷却液液位由电阻传感器测定。在此测量两个金属销之间的电阻。冷却液液位正常时两金属销完全浸在冷却液中。两销之间的电阻很小。冷却液液位下降时，两销之间的电阻上升。组合仪表电子装置接通警告灯。

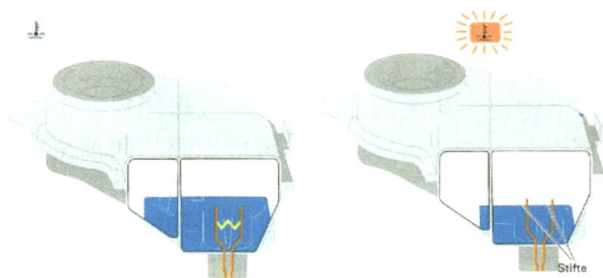

3.2.3.5　风扇

　　汽车停着且发动机运转时或车速很低时，风扇能提供足够的冷却空气量。

自动风扇

　　只有超过运行温度时，才会接通风扇。
　　⊕迅速达到运行温度
　　⊕增加功率或节省燃油

电动风扇

　　电动机直接驱动风扇。布置在冷却液中的节温开关控制电动机的接通和关闭。
　　⊕没有附加的V带传动装置
　　⊕散热器的安装不受发动机影响
　　⊖电动机功率有限

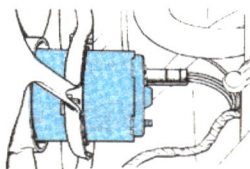

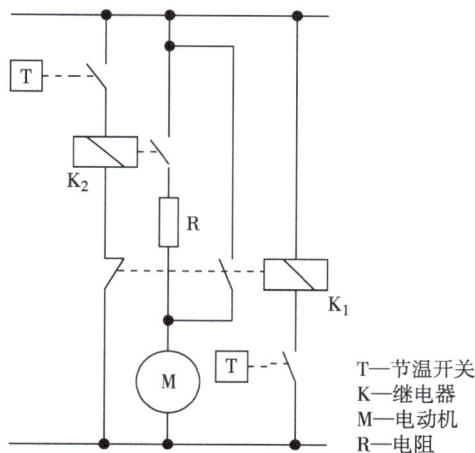

T—节温开关
K—继电器
M—电动机
R—电阻

转速受限的风扇传动装置

　　离合器传递转矩时在一定转速以下不打滑。发动机转速更高时风扇转速下降，从而确保风扇不超过某一最高转速。
　　⊕风扇噪声较小　　　　　　　　⊕在发动机转速上部区域增加功率

电磁离合器

　　风扇在驱动轴上自由运动，转子与驱动轴固定连接在一起。风扇法兰上装有一个永久磁铁。风扇通过风扇磁铁与转子之间的磁场与驱动轴连接。

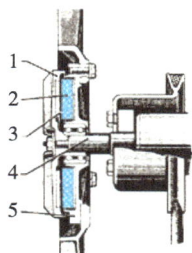

1—转子
2—磁铁
3—空气间隙
4—驱动轴
5—风扇法兰

液压风扇离合器

　　风扇离合器中充有数量恒定的液压油。与V带轮刚性连接的驱动轮在液压油中转动。风扇在液压油内摩擦力和侧壁附着力的作用下一起转动。

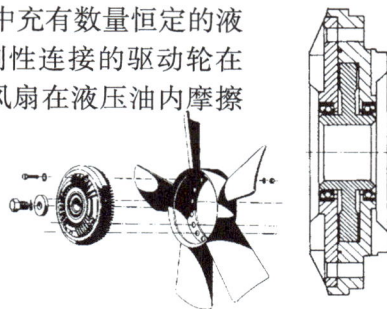

学习领域

6

节温控制的风扇离合器（粘性风扇离合器）

中间轮将充填有硅油的离合器内室分隔成储油室和工作室。与V带轮刚性连接的驱动轮在工作室中转动。从散热器流出的空气作用在一个双金属片上，该金属片则通过阀杆控制从储油室流入工作室内的硅油流量。安装在中间轮上的泵体使硅油从工作室流向储油室。从而根据双金属片温度和工作室内的硅油充填量自动调节风扇转速。

离合器分离时最低转速约为驱动转速的25%。

离合器完全接合	离合器分离

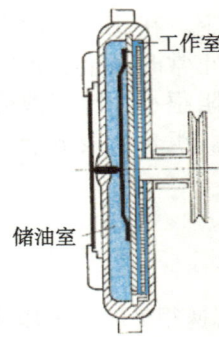

工作室
储油室

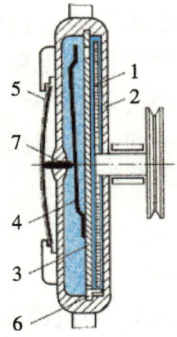

1—驱动轮
2—盖板
3—中间轮
4—阀杆
5—双金属片
6—泵体
7—开关销

3.2.3.6 多楔带传动装置

冷却液泵、交流发电机、助力转向泵、空调压缩机等附属总成由曲轴通过一个多楔带驱动。多楔带底部固定在一个多楔带成型件上。多楔带具有很高的弯曲弹性，因此在S形曲线传动中提供所需要的包容角。皮带可以通过固定式张紧装置张紧（例如通过调整发电机来张紧），或者通过自动张紧装置张紧（例如一个拉力弹簧和一个平行安装的缓冲器）。

振动、负荷变换、温度、汽油、机油等会影响多楔带使用寿命。因此必须检查皮带张紧情况以及多楔带是否磨损或断裂。

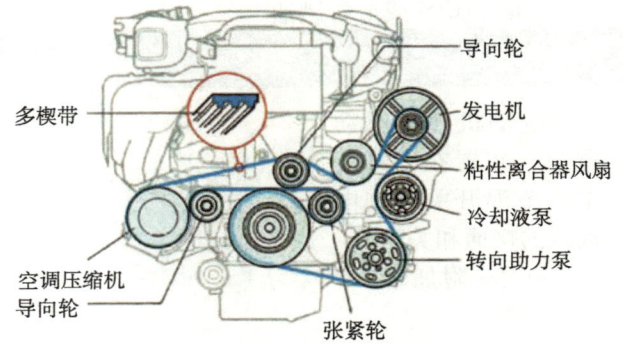

多楔带
空调压缩机导向轮

导向轮
发电机
粘性离合器风扇
冷却液泵
转向助力泵
张紧轮

3.2.3.7 链条或带传动装置

在链条或带传动装置中，转速从主动轮（指数1）通过V带、三角筋条带、齿形带、滚子链传递到从动轮（指数2）上。链条或带传动装置用于驱动凸轮轴、机油泵、冷却液泵、风扇、交流发电机和其他附属总成等。

单级传动装置

传动轮的圆周速度取决于
- 转速n_1，
- 传动轮直径d。

传动轮的圆周速度v是圆周上的一个点在1min内所经过的行程$s=d\pi$。因此圆周速度公式为

$$v = d\pi n$$

链条或带以同样的速度经过两个传动轮。链条或带速度与两个传动轮的圆周速度大小相等，即

$$v_1 = v_2 = v$$

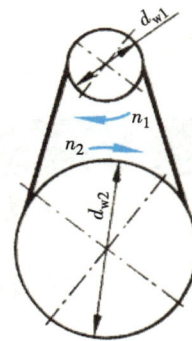

V带或多楔带传动装置   齿形带传动装置   滚子链传动装置

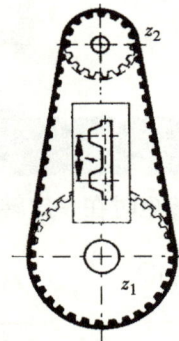

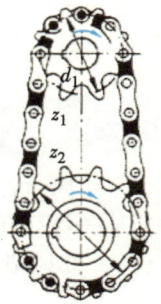

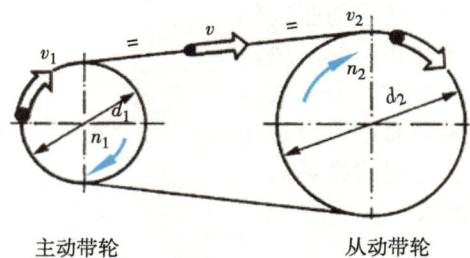

主动带轮   从动带轮

我们得出适用于链条或带传动的基本公式：

$$v_1 = d_1 \pi n_1 \qquad v_2 = d_2 \pi n_2$$
$$d_1 \pi n_1 = d_2 \pi n_2$$

$$d_1 n_1 = d_2 n_2$$

对链条或带传动需要分别代入有效直径。

双级传动装置

如果将两对带轮串联在一起，就产生了一个双级传动比。总传动比等于单个传动比的乘积

$$i_{ges} = i_1 i_2$$

$$i_{ges} = \frac{n_1}{n_2} \cdot \frac{n_3}{n_4}$$

直径为d_2和d_3的皮带轮位于同一根轴上，因此转速相同

$$n_2 = n_3$$

所以总传动比按以下公式计算

$$i_{ges} = \frac{n_1}{n_4}$$

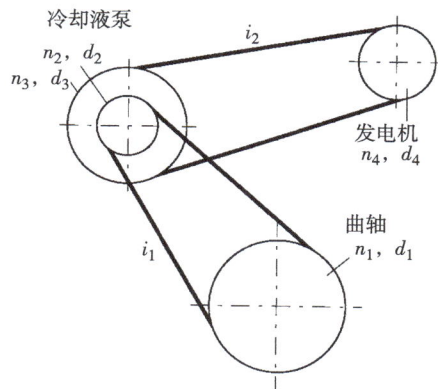

示例：
已知：　　$d_1 = 115mm$
　　　　　$n_1 = 4500r/min$
　　　　　$d_2 = 55mm$
求：　　　n_2
解：
$$n_1 d_1 = n_2 d_2 \qquad n_2 = \frac{4500r/min \times 115mm}{55mm}$$
$$n_2 = \frac{n_1 d_1}{d_2} \qquad \underline{n_2 = 9409r/min}$$

3.2.4　双回路冷却系统

在双回路冷却系统中冷却液分别在两个回路循环运行：

- 三分之一的冷却液流向气缸体内的气缸，
- 三分之二的冷却液流向气缸盖内的燃烧室。

为此需要两个在不同温度时打开的节温器。

冷却液循环回路中集成了废气再循环电磁阀。以此防止温度过高。

学习领域
6

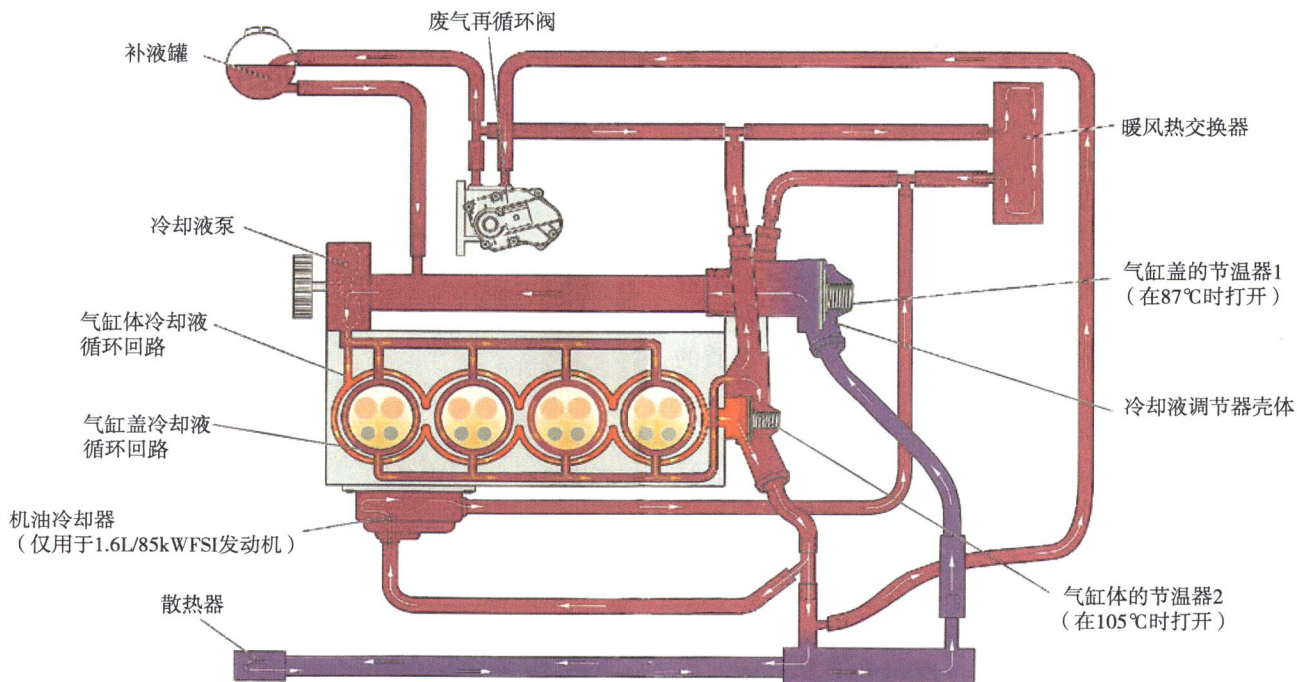

温度在87℃以下	温度在87～105℃	温度超过105℃
两个节温器处于关闭状态。发动机升温更快。 冷却液从冷却液泵流向气缸盖（燃烧室）再流向冷却液调节器壳体2： →暖风热交换器 →机油冷却器 →废气再循环阀+补液罐 →流向冷却液泵	节温器1打开，节温器2关闭。将气缸盖中的温度控制在87℃，气缸体内的温度继续上升。 冷却液从冷却液泵流向气缸盖（燃烧室）再流向冷却液调节器壳体2： →暖风热交换器 →机油冷却器 →废气再循环阀+补液罐 →散热器 →流向冷却液泵	两个节温器处于打开状态。将气缸中的温度控制在87℃，将气缸体中温度控制在105℃。 冷却液从冷却液泵流向气缸盖再流向冷却液调节器壳体2： →暖风热交换器 →机油冷却器 →废气再循环阀+补液罐 →气缸盖+散热器+冷却液调节器壳体1 →流向冷却液泵

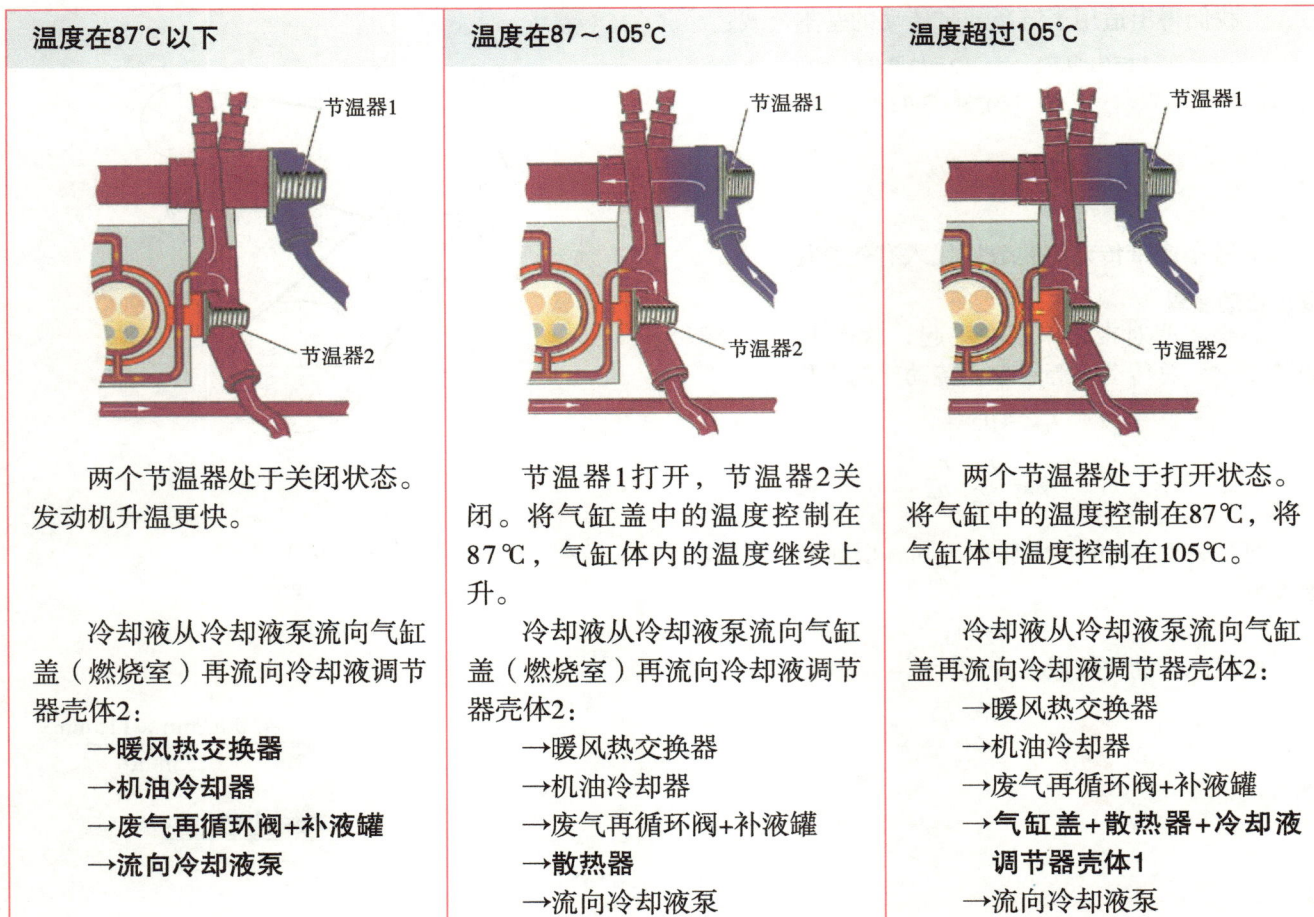

双回路冷却系统的优点：
- 气缸体升温更快。
- 通过气缸体中的较高温度可以减少曲轴运转的摩擦。
- 通过气缸盖中较低的温度可以更好地冷却燃烧室。
- 更好的气缸盖冷却可以在改善充气的同时降低爆燃的危险。

3.2.5　V8 TDI（柴油涡轮增压燃油直喷）发动机的冷却循环回路

冷却不再局限于只针对发动机。通过一台柴油发动机的三个冷却循环回路对冷却系统的复杂性进行说明：
- 主循环回路——高温循环回路
- 发动机冷却
- 废气再循环冷却：将部分废气从气缸与涡轮增压器之间的主废气流中分离出来，经过冷却液冷却后重新输入到送往增压空气冷却器的新鲜空气中。通过对废气进行冷却可以减少有害物质的排放量。
- 增压空气冷却循环——低温循环

增压空气冷却循环在主散热器中有一个低温区。通过对增压空气进行冷却可以降低发动机增压后的热负荷及废气温度，也因此而降低了氮氧化物的排放量。同时还降低了耗油量。
- 燃油冷却循环——低温循环

在柴油喷射系统增压（在高压共轨燃油直喷系统中压力高达1350 bar，在泵喷嘴系统中压力高达2050bar）过程中燃油油温会剧烈升高。必须对回流的燃油进行冷却。为此在回流管中安装了一个热交换器。

每个循环回路都有其独自的冷却液泵。

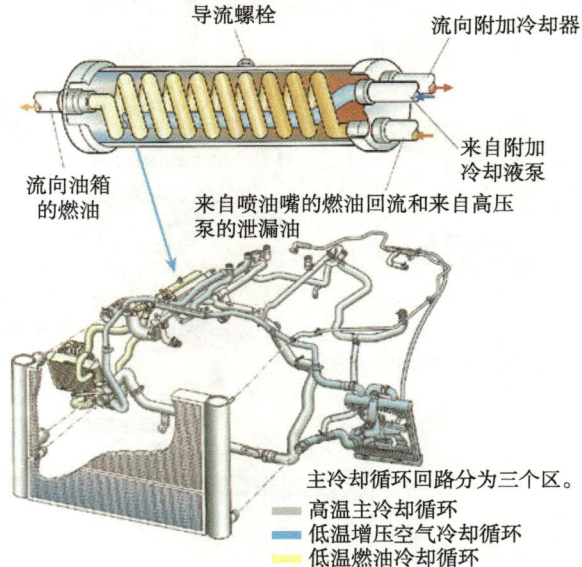

导流螺栓　　　流向附加冷却器

流向油箱的燃油　　　来自附加冷却液泵

来自喷油嘴的燃油回流和来自高压泵的泄漏油

主冷却循环回路分为三个区。
- ▬ 高温主冷却循环
- ▬ 低温增压空气冷却循环
- ▬ 低温燃油冷却循环

3.2.6　电子控制冷却系统

　　常规冷却系统都是按照发动机最恶劣的工况条件设计的，也就是在携带挂车负荷时上山行驶或者在盛夏城市工况中不得超过允许的最高温度。

　　这些工况条件出现的机会很少。多数情况下发动机会在正常的环境温度以及部分负荷条件下运行。另一方面，由于冷却液温度的升高和由此发生的零部件温度的上升也可以降低耗油量和有害物质的排放量。

　　电子控制冷却系统的任务是根据负荷状态将发动机的工作温度控制在一个额定值上。因此这种冷却系统的冷却液分配器壳体中集成了一个由特性曲线控制的节温器。发电机控制单元中还存储了附加特性曲线，按照这些特性曲线对电加热节温器和风扇的运转级别进行调整，以实现最佳工作温度。

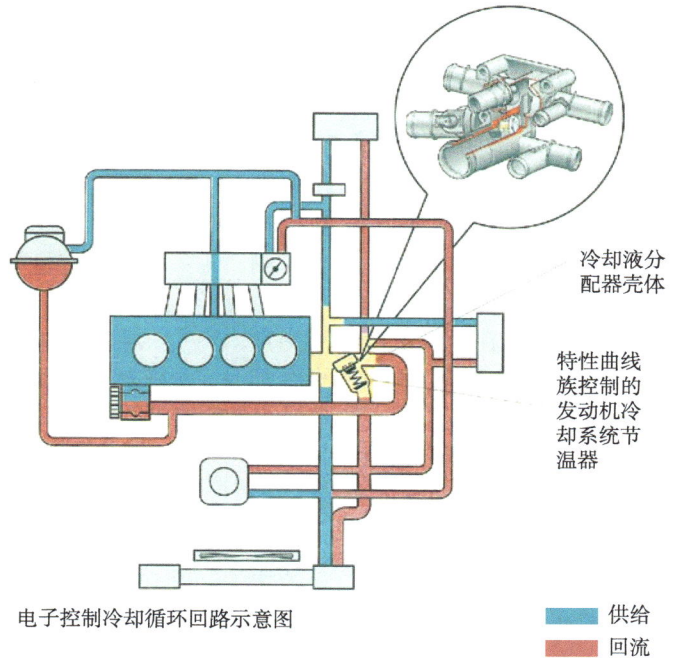

冷却液分配器壳体

特性曲线族控制的发动机冷却系统节温器

电子控制冷却循环回路示意图

■ 供给
■ 回流

系统概览

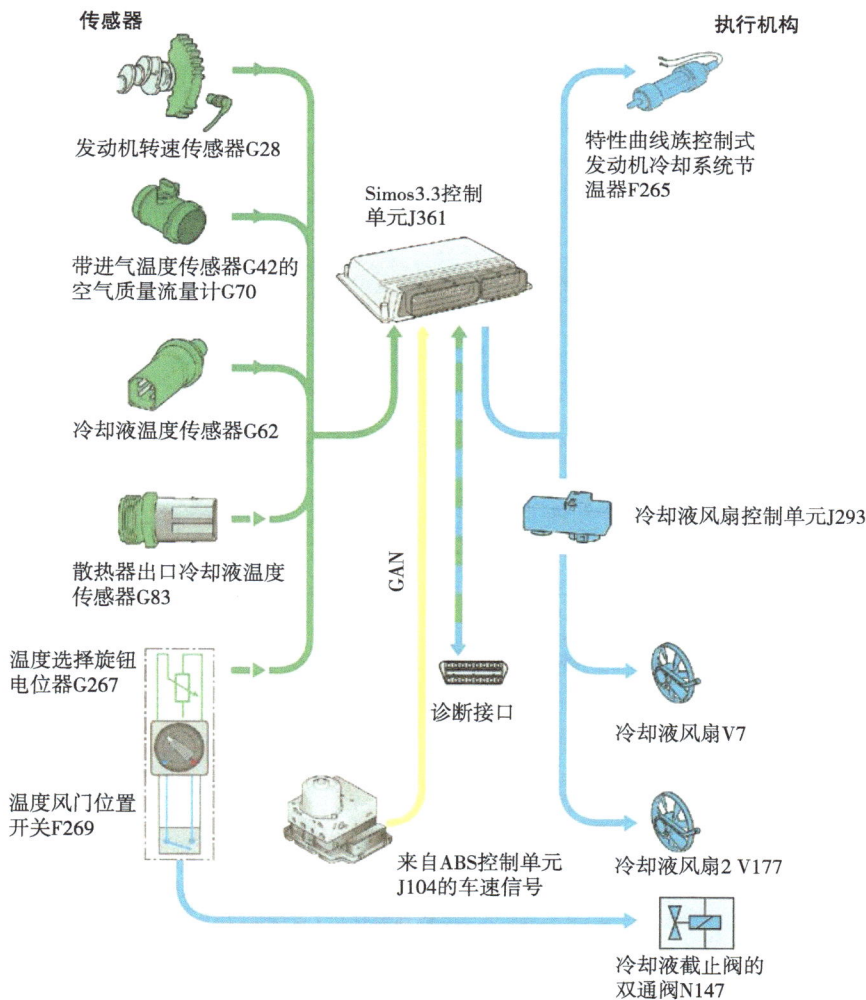

传感器

执行机构

发动机转速传感器G28

带进气温度传感器G42的空气质量流量计G70

冷却液温度传感器G62

散热器出口冷却液温度传感器G83

温度选择旋钮电位器G267

温度风门位置开关F269

Simos3.3控制单元J361

CAN

诊断接口

来自ABS控制单元J104的车速信号

特性曲线族控制式发动机冷却系统节温器F265

冷却液风扇控制单元J293

冷却液风扇V7

冷却液风扇2 V177

冷却液截止阀的双通阀N147

学习领域

6

传感器	信号处理	执行机构
为了控制冷却液的温度，需要得到发动机转速、发动机负荷和冷却液温度信息。 通过转速传感器测定转速，通过空气质量流量计测定负荷。冷却液的实际温度是在冷却循环回路中的两个不同测量位置测得的： ·直接在发动机冷却液出口处冷却液分配器中测取的冷却液实际温度值1， ·在散热器冷却液出口内测取的散热器冷却液实际温度值2。	发动机控制单元中存储了以下特性曲线： 通过对存储在特性曲线中的额定温度与冷却液实际温度值1进行比较得出供给节温器加热电阻的电能输出值。 起决定性作用的是发动机负荷。 对冷却液实际温度值1和2进行对比，用于电子风扇的控制。	从各种计算的结果中得出对系统的控制： ·对节温器加热电阻进行加热以便打开散热器大循环回路，以此对冷却液温度进行调节， ·起动散热器风扇以辅助冷却液温度的迅速下降。

特性曲线控制的节温器

由特性曲线控制的节温器在原理上相当于无控制的节温器。蜡由于冷却液的温度而熔化形成液态并且膨胀。蜡的膨胀推动反推杆。此外还在膨胀材料元件中埋入了一个加热电阻。当发动机控制单元对该电阻输送电能时，蜡元件就会额外升温。不仅会通过冷却液的温度，还会通过相应的特性曲线对该反推杆进行调节。

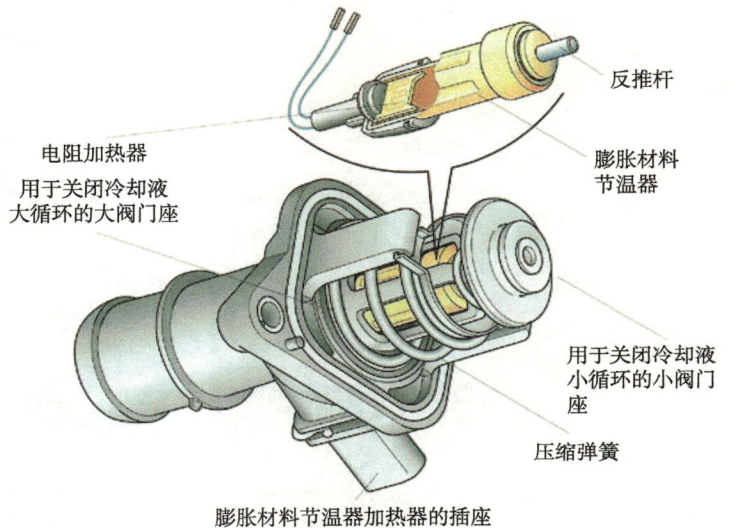

小循环回路

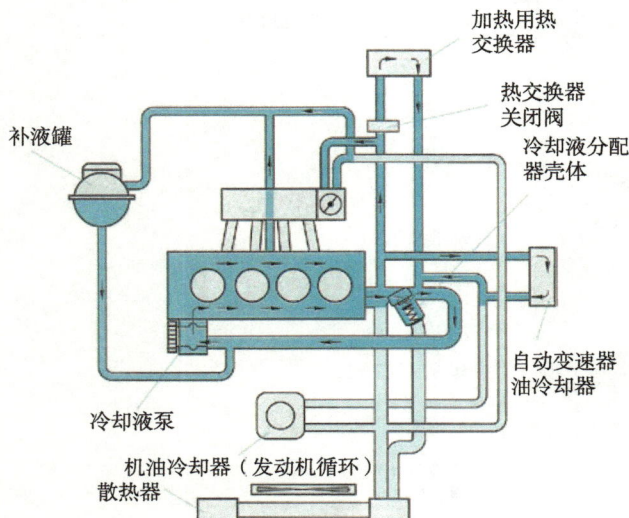

大冷却液循环回路

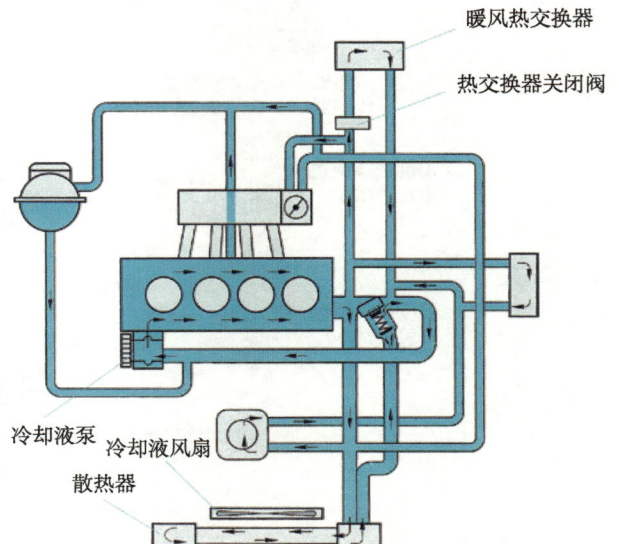

小循环回路

在进行小循环时节温器作出下述调节：

· 关闭大阀门座：

关闭散热器回流管路。

· 打开小阀门座：

冷却液经过冷却液分配器单元流向冷却液泵。

由特性曲线控制的发动机冷却系统尚未开始工作。大约110℃时在未进行调节干预的情况下打开特性曲线节温器。小循环回路用于加热以及95～110℃的上、下部分负荷范围。

大冷却液循环回路

大冷却液循环既可在达到大约110℃时通过冷却液调节器中的节温器打开，也可根据负荷情况通过特性曲线打开。

· 打开大阀门座：

打开通向冷却液泵的散热器回流管路。

· 关闭小阀门座：

关闭从发动机到冷却液泵的直接通道。

通过对膨胀材料元件进行加热，在 85～95℃的冷却液低温区出现满负荷时节温器已经打开。

为了辅助冷却，必要时将电子风扇开启。

工作原理图

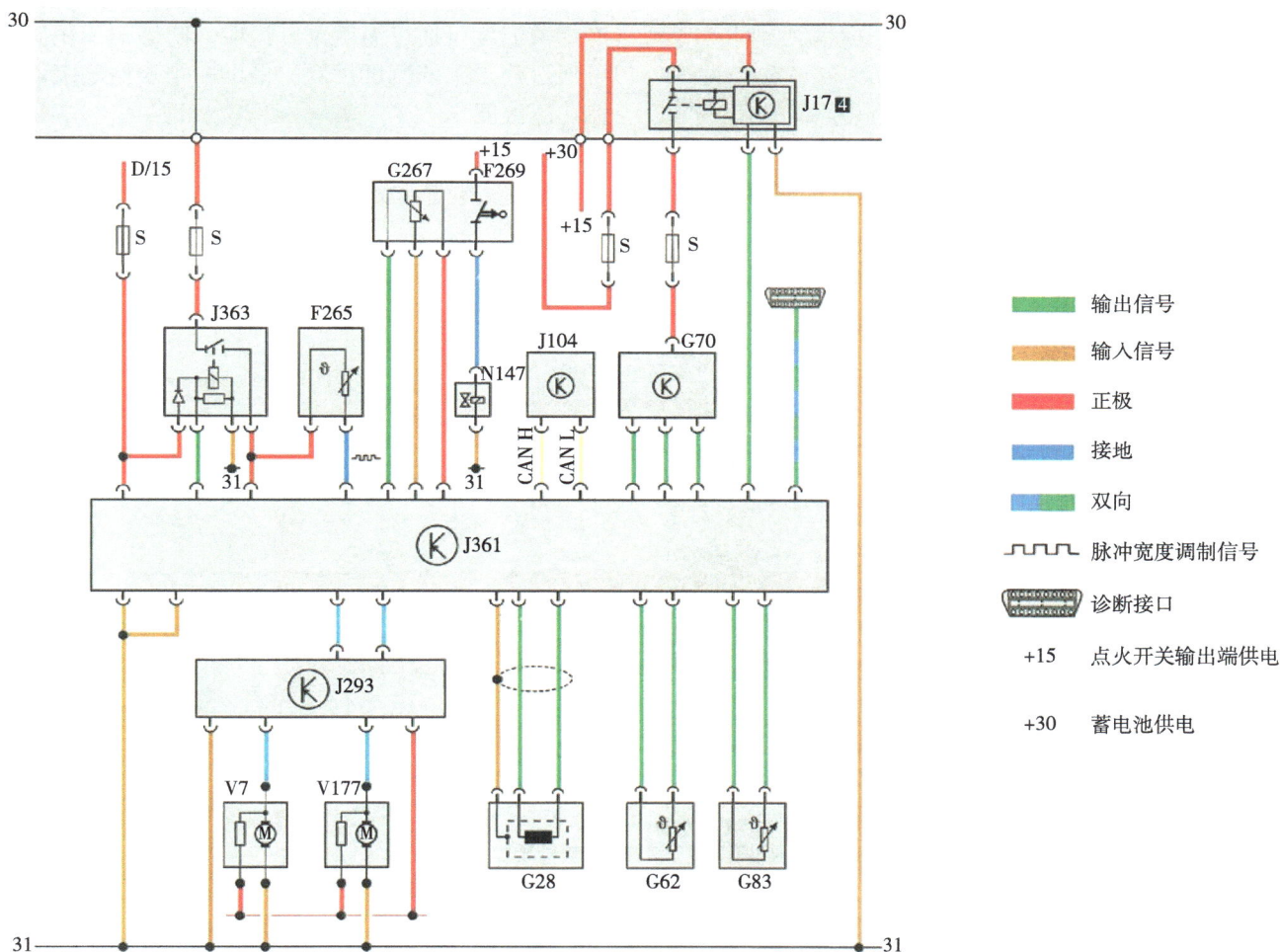

图例	
绿	输出信号
橙	输入信号
红	正极
蓝	接地
蓝绿	双向
脉冲	脉冲宽度调制信号
接口	诊断接口
+15	点火开关输出端供电
+30	蓄电池供电

学习领域

6

D/15—点火起动开关，总线端15
F265—特性曲线族控制式发动机冷却系统节温器
F269—温度风门调节开关（不适用于Climatronic自动空调）
G28—发动机转速传感器
G62—冷却液温度传感器
G70—空气质量流量计
G83—散热器出口冷却液温度传感器

G267—温度设定旋钮电位器（不适用于Climatronic自动空调）
J17—燃油泵继电器
J104—ABS控制单元
J293—冷却液风扇控制单元
J361—Simos控制单元
J363—Simos控制单元的电源继电器
N147—冷却液截止阀的双通阀

S—熔丝
V7—冷却液风扇
V177—冷却液风扇2

3.3 通过检查、测量和故障诊断实现质量保证要求

压力测试仪，防冻剂测量表

压力测试仪	检查防冻能力
借助压力测试仪在冷却系统内产生1bar压力。让这个压力保持10s。如果压力在此期间出现下降，则表明该系统存在泄漏。	利用吸球吸取冷却液，使浮子能自由浮动。冷却液温度可通过温度刻度读取，防冻剂体积比可通过浮子上的刻度读取。借助一个表格确定最低防冻温度。

BTA 编号：10 2001-12-06	工作指导 按照危险物品法规第20条 适用范围和活动 学校名称：维修站等	签名
危险物品名称		
散热器防冻液		
发动机冷却系统防冻液。		
对人和环境的危害		
R21/22与皮肤接触时和误食时对健康有害。		
保护措施和行为准则		
S24/25避免与眼睛和皮肤接触。		
出现危险时的行为守则		
用通用吸附剂清除溢出的材料。		
急救	急救中心电话	120
每次采取急救措施时：注意自我保护并立即到医院治疗！ • S27立即脱下溅湿的衣物。 • 用大量清水和肥皂彻底清洗皮肤接触部位。 • 撑开眼皮并用流水彻底冲洗眼睛（保护好未受伤的眼睛！取下隐形眼镜！到眼科医生处治疗） • 误食后立即漱口并喝下大量清水。 • 到医院治疗。		
按规定废弃处理		
A	• 按分类规定收集防冻液并回收利用。	

故障	原因	排除／措施
温度显示处于警告区域	多楔带过于松弛或断裂 冷却系统中冷却液过少 节温器未打开，冷却液只能通过小循环流动 散热器片堵塞	检查皮带的张力 向补液罐添加冷却液至标记处，检查系统的密封性 检查冷却液上软管是否很热，必要时更换节温器 从发动机侧用压缩空气吹扫散热器
	散热器被沉淀的钙、铁锈堵塞 补液罐的密封盖损坏 电子风扇不能起动 温度传感器短路 温度传感器电缆接地	更换散热器 进行压力检查，必要时更换 检查节温开关插头和风扇插头是否牢固连接 检查节温开关的功能 检查电子风扇电源 进行检查，必要时更换 检查电缆的敷设情况，拔掉温度传感器上的电缆：如果显示不正常，则是接地故障，必要时更换
发动机只能缓慢达到运行温度，加热功率很小	由于在打开位置受到沉淀物的阻碍，节温器不能完全关闭。散热器大循环始终保持开启状态	更换节温器
虽然冷却液液位正常但温度显示仍然亮起，散热器和下软管保持冷态	节温器卡在关闭位置	如节温器损坏，有严重烧坏发动机的危险
冷却液损耗	散热器泄漏 软管有细孔 软管接头泄漏 冷却液泵泄漏 气缸盖密封垫损坏	必要时更换散热器 更换软管 拧紧软管接头 更换冷却液泵 更换气缸盖密封垫
噪声	冷却液泵	更换冷却液泵

学习领域

6

4 发动机润滑系统

4.1 通过以客户为本实现质量保证要求
·客户报修：机油指示灯

客户谈话	委托书处理
客户打来电话：机油指示灯在踩下加速踏板时不熄灭且行驶期间亮起 **通过电话为客户提供咨询**： ·不要继续行驶 ·检查机油油位 ·机油过少，在最近的加油站补充机油 ·不缺机油，将车辆拖至维修站	**委托书处理**： ·客户姓名、通信地址和电话号码 ·牌照号码，公里数 ·车辆识别

客户地址：

Helga Nickel 女士 Daimlerstr.14 89079 Ulm	委托书编号：0015 客户编号： 1516 委托日期： 2004年7月3日

车型	牌照号	车辆识别号	里程数/km
VW Lupo 3L 1.2 TDI	UL–XY 389	×××××	195350

注册登记日期	发动机代码	接车人	电话号码
1998年	ANY	Muller	0731/654384

项目	工时单位	时间	工作内容	价格
01			行车过程中机油指示灯不熄灭	

日期：2004年7月5日，17：00点

此委托是在明确确认"车辆、总成以及零部件工作和费用估算条件"之后签发并交给本人的。

车辆终检

日期	时间	验收人	里程数/km

Helga Nickel
客户签名

4.2 通过系统知识实现质量保证要求：发动机润滑系统

4.2.1 压力循环润滑系统

真空泵

活塞冷却机油喷嘴

短路阀

机油压力开关

涡轮增压器

机油压力调节阀

液压链条张紧器

平衡轴

机油泵

安全阀

机油回流锁止器

机油冷却器

学习领域

6

在压力循环润滑系统中机油泵通过钟形吸油集滤器将油底壳中的机油吸出，经过机油通道和机油冷却器将其压入到机油滤清器中。机油泵过压阀是一个安全阀门。它可以防止机油压力过高而损坏发动机部件。由机油滤清器壳体内的机油压力调节阀对机油压力进行调节。一旦机油压力达到最大允许的压力值，通往油底壳的阀门就会打开。

端盖中的旁通阀负责在即使机油滤清器堵塞的情况下也可以可靠地供油。

机油回流锁止器可以在发动机静止时防止机油滤清器空转。机油压力开关通过机油压力显示信号告知驾驶员机油压力是否已建立（机油指示灯熄灭）及是否低于最小机油压力（机油指示灯亮起）。

机油滤清器将过滤后的机油输送至主油道中。

通过压力油或喷射油对各个运动部件进行润滑：

·压力油

气缸盖中的主油道通过油孔进行分流：机油主油道通过油孔通向曲轴的主轴承。曲轴中的油孔将机油导向连杆轴承。

机油通过一条垂直油道通向液压挺杆和凸轮轴轴承。机油经过一条纵向内嵌于凸轮轴中的油孔流向所有凸轮轴轴承并由此回流到油底壳中。机油通过一个油孔输送至正时条、链条张紧器和涡轮增压器。

·喷射机油

从机油喷嘴喷出且甩到活塞顶上的机油向下滴落并通过连杆头中的油孔流向活塞销。这些机油同时对活塞进行冷却。除此之外，从曲轴抛上来的喷射油还润滑气缸工作面。

4.2.2 功能模块和功能元件

4.2.2.1 机油泵

齿轮泵	新月形齿轮泵	内啮合齿轮泵
两个互相啮合的齿轮高速旋转。齿轮外侧与泵壳壁构成油腔，机油通过油腔从吸油室输送到高压油室中。在高压油室中配对齿轮的啮合齿将机油从齿隙中挤出。轮齿啮合可以阻止机油从高压油室返回到吸油室中。这种泵属于自吸式泵。将其安装在最低的位置可以提高它的工作效率。	新月形齿轮泵有一个内齿轮和一个偏心安装的外齿轮。一个新月形隔板将吸油室和高压油室隔开。由曲轴驱动其内齿轮。机油通过沿新月形隔板的上、下边的齿隙进行输送。内、外轮的啮合阻止机油从高压油室流入到吸油室中。 ⊕当发动机低转速运转时可以高效输送机油 ⊕噪声低	内齿轮泵有一个内转子和一个外转子。从动内转子以偏心方式安装在泵壳体，内转子比外转子少一个齿。内外转子转动时，吸入侧泵室变大，泵开始吸入机油。高压侧泵室变小时，机油输送到需要润滑的位置。 ⊕噪声很低 ⊕压力很高

4.2.2.2 机油滤清器

可更换式滤清器	滤清器滤芯
具有耐腐蚀金属部件和松脱辅助结构的壳体 不锈钢孔板支撑罩 旁通阀在极端的工况下也可以保证可靠地供油 机油回流锁止器可以在发动机静止时防止机油滤清器空转 滤纸 专用橡胶密封垫保证绝对的密封性 	 机油滤清器滤芯 A02-0004
可更换滤清器中的壳体和滤芯是一个整体。进行保养时将它们整体更换。这种滤清器有一个星形折纹的纸质滤芯。其中集成了两个阀门： 　·旁通阀：在滤清器堵塞、冷起动和外界温度很低时，通过该旁通阀打开直接流向各润滑点的油道。 　·机油回流锁止阀：它可以在发动机静止时防止机油滤清器空转。	机油滤芯可以位于其独立的壳体中或者直接集成在发动机机油油路中。保养时只对滤芯进行更换。壳体和阀门仍保留在发动机缸体中。

4.2.2.3　机油滤清器的连接

机油滤清器将机油流中的机械杂质（金属细屑、灰尘、炭黑）和燃烧残渣滤除。此外还能改善对机油的冷却。根据机油滤清器在机油回路中的安装位置将其分为：

全流过滤

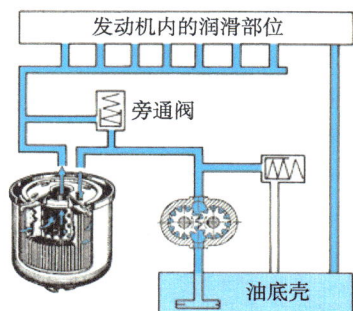

所有由机油泵泵出的机油首先经过滤清器的过滤，然后再到达各个润滑点。滤清器中的旁通阀保证滤清器堵塞时机油仍能流向各个润滑点。

⊕可以立即从机油中滤除掉各种杂质
⊖大机油流量需要使用孔径较大的滤芯
应用：当今小轿车通常使用这种润滑油滤清器

分流过滤

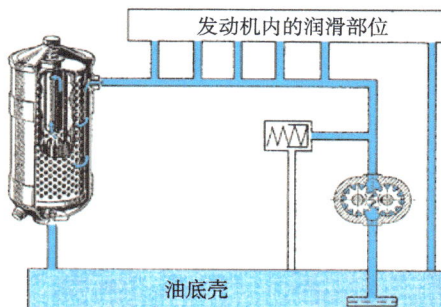

大约总油量的5%至10%的机油经过滤清器过滤后流回到油底壳中。而多数机油直接输送到各润滑点。全部机油在一个小时内由机油泵多次泵入到滤清器中。

机油滤清器位于辅助油道之中，即它与主油道并联。为避免全部机油通过滤清器中阻力最小的通路流出，在分流滤清器的出口设计了一个节流油孔。这样可以取消旁通阀。

⊕由于过滤精度较高所以滤清效果很好
⊖脏油能够到达各润滑点

全、分流滤清

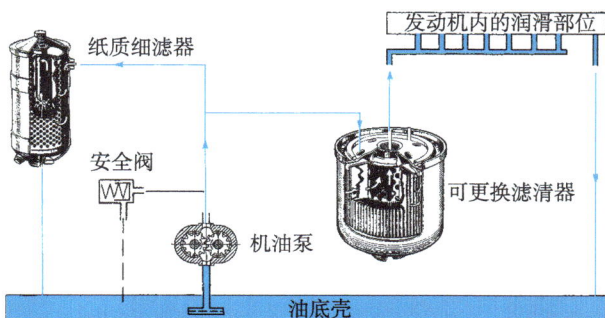

通过组合应用全流和分流滤清器可以达到迅速且精细的滤清效果。

4.2.2.4　油压显示

通过一个油压压力指示灯告知驾驶员油压状态。该指示灯从位于机油循环高压管路中的机油压力开关（F1）获取它所需要的信息。发动机运转时一旦达到（3～6bar）机油压力，机油压力开关就会断开电路，机油压力指示灯熄灭。机油压力开关仅在低于最小油压（怠速运转时最小油压为2bar）时发出信号。

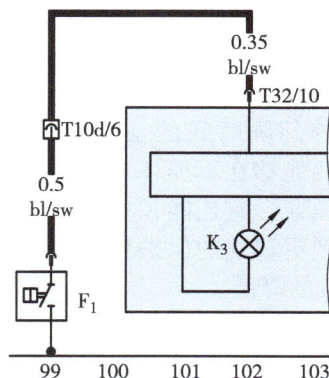

4.2.3 延长保养周期

在延长保养间隔时间时需针对每辆车单独评价其更换机油的时间。组合仪表中有一台计算机，它根据各种输入信息计算出到下一次到期的检查保养所剩余的行驶距离：

汽油发动机

·根据耗油量、单次驾驶里程和机油温度计算出由热负荷造成的发动机磨损程度。

柴油发动机通过

·机油温度和发动机转速的输入参数与"机油热负荷"特性曲线的比较产生一个以米为单位的"热负荷"行驶距离比较值。

·发动机转速和发动机负荷输入参数与"炭烟负荷"特性曲线的比较产生一个以米为单位的"炭烟负荷"行驶距离比较值。

一旦满足了进行保养预提示或保养提示的条件，就会在显示屏中进行提示。

汽油发动机保养间隔时间延长的系统概览

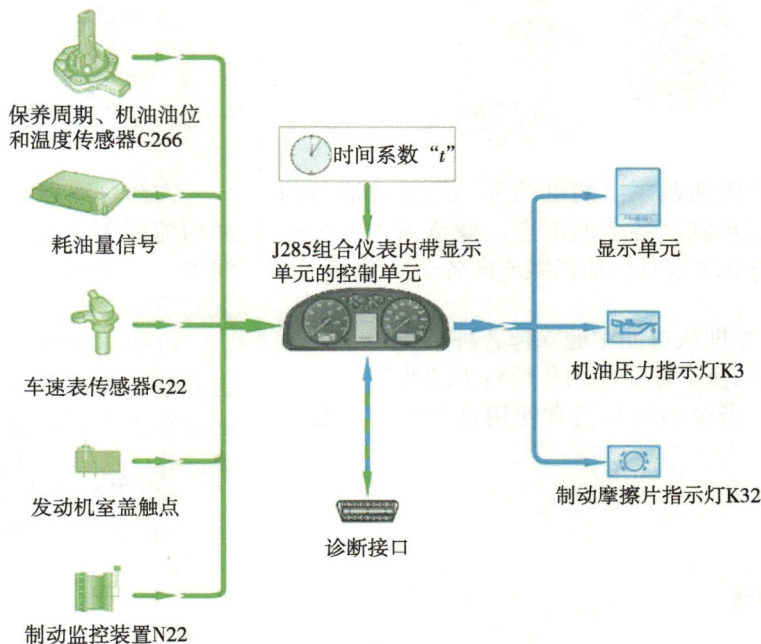

保养周期、机油油位和温度传感器G266

耗油量信号

车速表传感器G22

发动机室盖触点

制动监控装置N22

时间系数"t"

J285组合仪表内带显示单元的控制单元

诊断接口

显示单元

机油压力指示灯K3

制动摩擦片指示灯K32

机油油位和机油温度的测量

通过一个用于测量机油油位和机油温度的传感器测得计算机油油位和机油质量所需的信息。

通过一个温度传感器测量机油温度。用于测量机油油位的传感器与温度测量协同工作。由电子装置将该传感器短时间加热至超过实际的机油温度。在切断加热电源后该传感器由机油冷却至与机油相同的温度。通过其冷却时间的长度计算出其机油油位。油底壳中的机油越多，此传感器冷却的就会越快。适用情况

·冷却时间长→油位过低，

·冷却时间短→正常。

延长保养间隔时间的条件之一是使用长效机油，这种机油能够在不损坏发动机机械部件的前提下延长保养周期。它还能在更长的持续使用时间中对发动机起到更稳定的保护作用。其易流动特性还促进了耗油量的降低。

➡️🕐润滑油液，"润滑油和润滑脂"工作指导参见CD-ROM光盘

长效机油属于一种合成发动机机油，适合在全年中的任何季节使用。它比传统的发动机机油具有更高的品质。

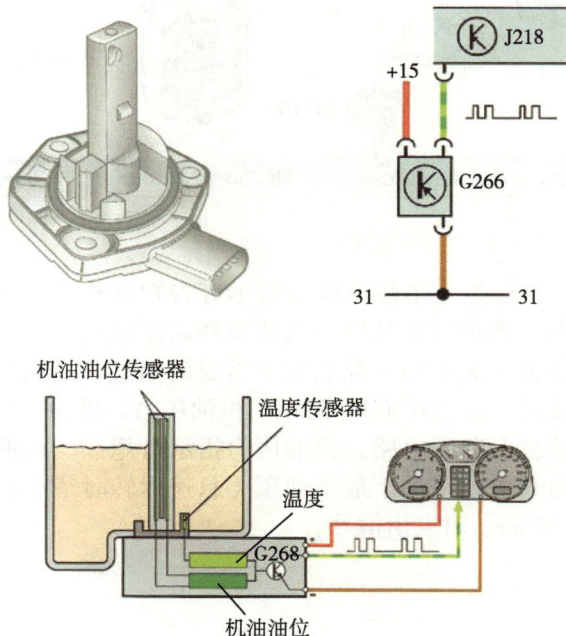

机油油位传感器

温度传感器

温度

机油油位

4.3　通过检查、测量和故障诊断实现质量保证要求

机油压力表

　　将压力表用螺钉固定在发动机缸体上以取代机油压力开关。把检测灯连接在油压开关和蓄电池正极上。检测灯必须亮起。

　　起动发动机并提高转速后，在0.3~0.6bar时检测灯必须熄灭。在2000r/min且机油温度为80℃时，机油压力至少达到2bar。

　　也可以利用一个能用螺钉固定到机油压力开关位置上的压力表进行机油压力检测。同样将压力表用螺钉固定到气缸盖中机油压力开关的位置并将导线接地。把二极管检测灯连接在蓄电池正极和机油压力开关上。发光二极管不应亮起。

　　在发动机起动并缓慢提升转速后，发光二极管必须在达到制造商规定的压力（例如 1.2 ~ 1.6 bar）时亮起。若发光二极管不亮，则说明机油压力开关损坏。

　　在2000r/min且机油温度为80℃时，机油压力至少达到2bar。低于此压力则表示机油压力调节阀、机油泵损坏，或者凸轮轴轴承磨损。

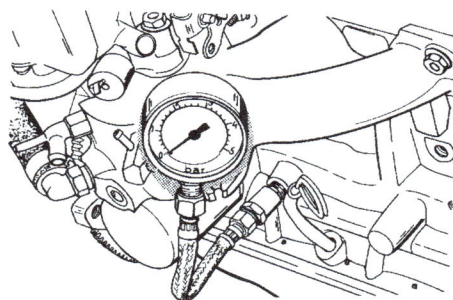

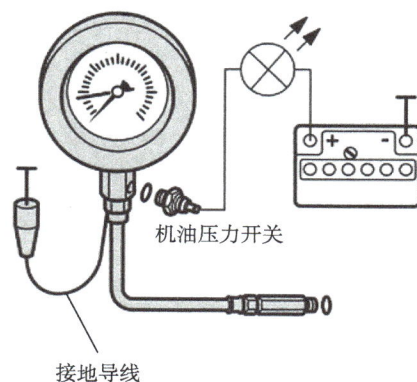

机油压力开关

接地导线

发动机润滑系统故障诊断

故障	原因	排除／措施
打开点火开关后机油指示灯不亮起	指示灯损坏 机油压力开关损坏 电缆连接中断 插接连接件腐蚀	更换指示灯 更换开关 检查导线
热态发动机起动后指示灯不熄灭	机油温度高	如果踩下加速踏板时指示灯熄灭，则不必担心
发动机达到更高转速时机油指示灯不熄灭	机油主油道中的旁通阀卡住	检查机油压力，必要时更换阀门
机油指示灯在踩下加速踏板时不熄灭且行驶期间亮起	发动机中机油量过低 油底壳中的机油吸入滤网堵塞 机油压力过低 连接机油压力开关的导线接地 机油压力开关损坏	添加机油 拆卸油底壳，清洁吸入滤网 检查机油油位和机油压力 检查导线 更换开关
机油消耗量过高	气缸、活塞、活塞环磨损 气门导管、气门导管密封圈 曲轴密封圈、凸轮轴密封圈不密封	查找机油泄漏位置，进行维修
低转速范围内机油压力过低	过压阀由于异物而在打开状态下卡住	拆卸过压阀并进行检查，必要时更换
转速超过2000r/min时机油压力过高	过压阀由于异物而不能打开	拆卸过压阀并进行检查，必要时更换

学习领域

6

客户委托解决方案说明

发动机机械机构，气门控制机构

1 通过以客户为本实现质量保证要求

1）请描述如何接待客户（也可扮演角色）。

2）请描述如何电话通知客户故障的原因（工作表 1）。

3）请填写工作单（表格请查阅 CD-ROM 光盘）。

4）借助 ESItronic 编制一个工作卡。

2 通过系统知识实现质量保证要求

1）进行车辆识别并确定发动机特征和发动机特性数据（参考 ESItronic 光盘 / 辅助材料光盘 –工作表2和3）。

2）请计算未给出的数据（例如最大功率时的 V_H、V_h、d、s、k、V_m）并从曲线图中获取数据（参考辅助材料光盘 –工作表 2 和 5）。

3）请计算出进、排气门的开启角度和气门的重叠角度（工作表 4 和 5）。

4）请确定气门控制机构数据及特性并画出气门配气相位图（工作表 4）。

5）请画出气门控制机构的方框图并描述该系统的功能（工作表 6）。

6）请说出主要功能元件的名称：a) 发动机机体，b) 曲柄连杆机构，c) 气门控制机构，并说明构造、结构类型、应力和材质（工作表 7）。

3 通过检查和测量实现质量保证要求

请进行故障分析并制定检测计划（工作表 8）。

4 通过按计划修理实现质量保证要求

1）制定工作计划（工作表 9）。

2）进行维修时必须采取哪些安全措施（工作表 10）。

5 通过检查和记录实现质量保证要求

1）将车辆交付客户前必须对哪些修理部位进行检查？

2）请比较各工作小组的不同结果，讨论工作流程并记录改进措施（工作表 11）。

3）请借助 ESItronic 填写工作卡。

4）请开具发票（请从汽修企业中获取需要更换零件的价格，工时价格请参考 ESItronic ）。

发动机冷却系统，发动机润滑系统

1 通过以客户为本实现质量保证要求

1）请描述如何接待客户（也可扮演角色）。

2）请描述如何通知客户故障可能导致的后果（工作表 1）。

3）请填写工作单（表格请查阅 CD-ROM 光盘）。

4）借助 ESItronic 编制一个工作卡。

2 通过系统知识实现质量保证要求

1）进行车辆识别并确定发动机特征和发动机特性数据（参考ESItronic光盘/辅助材料光盘–工作表2和3）。

2）请计算或从曲线图中获取未给出的数据（参考光盘补充教材 –工作表 2 和 5）。

3）请画出（发动机冷却系统和发动机润滑系统）方框图并描述该系统的功能（工作表 6）。

4）请说出最为主要的功能元件名称：a) 发动机冷却系统，b) 发动机润滑系统，并说明它们的结构（工作表 7）。

3 通过检查和测量实现质量保证要求

请进行故障分析并制定检测计划（工作表 8，必要时使用工作表 9 补充）。

4 通过按计划修理实现质量保证要求

进行维修时必须采取哪些安全措施（工作表 10）。

5 通过检查和记录实现质量保证要求

1）将车辆交付客户前必须对哪些修理部位进行检查？

2）比较各工作小组的不同结果，讨论工作流程并记录改进措施（工作表 11）。

3）请借助 ESItronic 填写工作卡。

4）请开具发票（请从汽修企业中获取需要更换零件的价格，工时价格请参考 ESItronic ）。

➔ ⊗ 客户委托解决方案工作表以及有关发动机或系统的信息请参见辅助材料光盘。

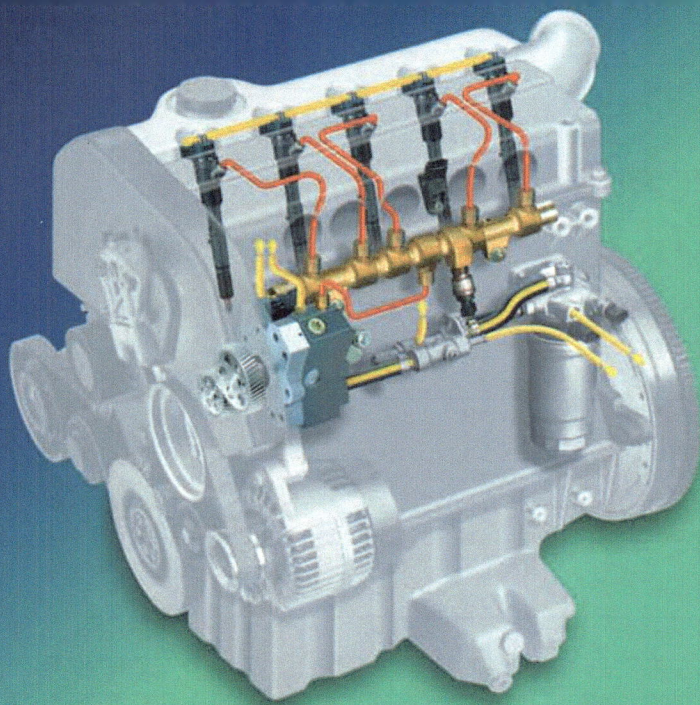

Staudt

学习领域　7

发动机管理系统
的诊断与维修

1 汽油发动机管理系统

1.1 通过以客户为本实现质量保证要求

·客户委托：加油不顺畅

客户地址：

Helga Siebert 女士 Laerchenstr.16 65207 Wiesbaden	

委托编号：　　00012

客户编号：　　1512

委托日期：　　2004年11月21日

车型	牌照号	车辆识别号	KBA代码	里程数/km
VW–Lupo	VV–HK 100		0603 450	35000

注册登记日期	发动机代码	接待人	电话号码
2003年4月	AUC	Schmidt	0611/44444

项目	工作单位	时间	工作描述	价格
01			加油不顺畅	

日期：2004年11月22日，16:00点

此委托是在明确确认"车辆、总成以及零部件工作和费用估算条件"之和签发并交给本人的。

车辆终检

日期	时间	验收人	里程数/km

Helga_Siebert
_____
客户签名

1.2　通过系统知识实现质量保证要求：汽油发动机

1.2.1　汽油发动机运行情况

第一行程：进气	第二行程：压缩	第三行程：做功	第四行程：排气

第一行程：进气

进气门：打开
排气门：关闭
活塞从上止点向下止点移动
进气压力：
$p= -0.1 \sim 0.2$ bar

第二行程：压缩

进气门：关闭
排气门：关闭
活塞从下止点向上止点移动
压缩结束压力：
$p=15 \sim 20$ bar
压缩温度：
$t= 400 \sim 500$ ℃
压缩比：$\varepsilon = 9:1 \sim 12:1$

第三行程：做功

进气门：关闭
排气门：关闭
点火火花在活塞接近上止点前点燃混合气，活塞从上止点向下止点移动
最大燃烧压力：
$p_{max}=40 \sim 60$ bar
最高燃烧温度：
$t_{max}=2000 \sim 2500$ ℃

第四行程：排气

进气门：关闭
排气门：打开
活塞从下止点向上止点移动
打开排气门时的剩余压力：
$p=4 \sim 7$ bar
$t= 700 \sim 1000$ ℃

示功图

　　示功图用于表示四冲程活塞整个行程中气缸内的压力。

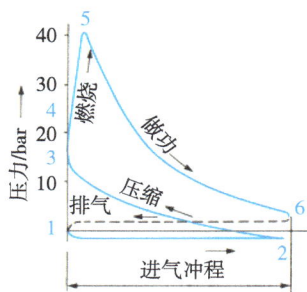

功率的转矩曲线图

　　这些曲线表示发动机转速与功率和转矩之间的关系。最大转矩与最大功率之间为发动机的弹性范围。

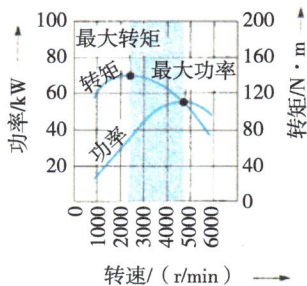

汽油发动机的功率平衡（能量分配图）

　　四冲程汽油发动机中燃油中的化学能转化为曲轴的机械能（有效能量）。部分化学能未转变成有效功率，而是以热能的形式进入到废气和冷却液中、通过炽热发动机部件的热辐射和摩擦而损失掉。因此输入能量中约24%～32%作为有效功率提供给曲轴。有效功率与输入热能之比称为有效效率。

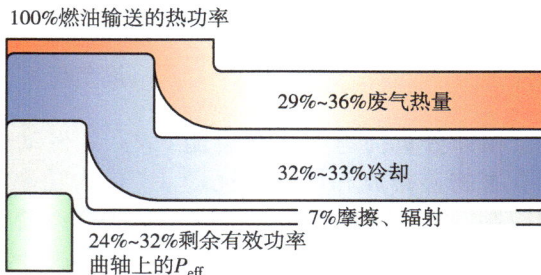

100%燃油输送的热功率
29%～36%废气热量
32%～33%冷却
7%摩擦、辐射
24%～32%剩余有效功率
曲轴上的P_{eff}

学习领域

7

混合气形成

汽油发动机的功率、耗油量和废气成分主要取决于燃油与空气的混合比。只有在某一混合比内空气燃油混合气才能顺利点燃和燃烧。完全燃烧1kg燃油需要14.7kg 空气，或者说1L 汽油需要11500L空气。

供给燃烧的实际空气量与理论空气需求量之比称为过量空气系数 λ 。

$$\lambda = \frac{空气供给量}{理论空气需求量}$$

适用情况

· λ = 1

实际空气量与理论空气需求量相当，也就是理想情况下14.7:1的理论燃油空气混合气（也称为空气与燃油的理想配比）。

· λ < 1

空气量不足时形成浓混合气。进气管喷射式汽油发动机（参见第 152 页）在 λ = 0.95 ~ 0.85时可以达到其最大功率。

· λ > 1

空气量过多时形成稀混合气。λ =1.05 ~ 1.1时耗油量最低，同时功率降低。

· λ > 1.2

混合气不易点燃。出现燃烧断火现象，发动机运转不平稳，耗油量增加，功率下降。

λ = 0.9~1.1时可以同时实现最佳功率和理想的耗油量。

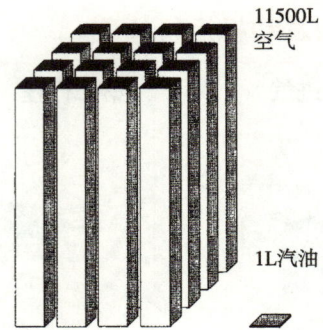

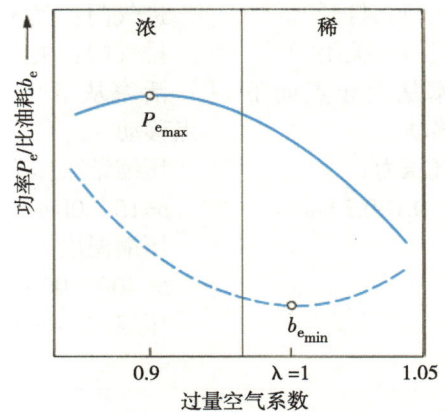

根据运行状态进行调整

在不同运行状态下，必须在混合气形成过程中采取修正措施。

冷起动	重复起动／暖机运行	急速运转
冷起动时，空气燃油混合气由于以下原因而较稀 ·不良的涡流， ·蒸发量少， ·低温时燃油附着在气缸壁上。 　为了消除这些不利因素并便于发动机起动，必须多供给燃油。	起动后在低温阶段内还需要短时多提供燃油，以便抵消混合不充分和冷凝的影响。暖机运行阶段仍有燃油冷凝到冷态气缸壁上，因此发动机需要加浓混合气。	达到运行温度后就会为发动机提供理想配比的混合气。
部分负荷	**满负荷**	**加速**
在部分负荷范围内要遵循低有害物质排放和低燃油耗量的原则。这两个目标通过理想配比的混合气实现。	发动机输出其最大转矩或最大功率。与部分负荷时相比则必须降低空燃比。空燃比降低取决于转速。	突然打开节气门时，混合气短时变稀，此时会出现加速停顿。因此加速时必须额外加浓混合气，以确保平稳过渡。

有害物质

　　燃油空气混合气完全燃烧时仅产生水蒸气和二氧化碳。不完全燃烧时，就会产生由氮气（N_2）、二氧化碳（CO_2）、水（H_2O）和有害物质（约 1%~2%）组成的废气。有害物质包括：

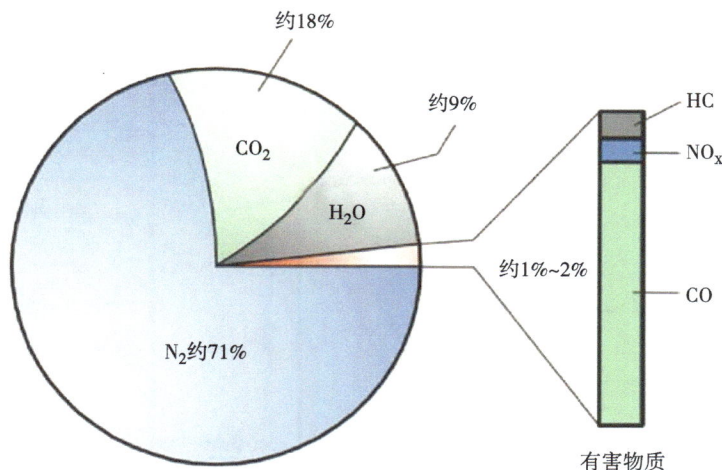

有害物质

· 一氧化碳 CO

　　空气不足（混合气浓）时一氧化碳的含量增加。$\lambda = 1$ 且混合气稀时其含量很小。

　　一氧化碳无色无味。它的毒性很大，在浓度大于 0.3 体积百分比时可致人死亡。

· 未燃烧的碳氢化合物HC

　　HC排放产生于空气不足（$\lambda < 1$）和空气过量（$\lambda > 1.2$）时。$\lambda = 1.1 \sim 1.2$ 时HC 排放量最小。

　　碳氢化合物能产生典型的尾气臭味并可致癌。

· 氮氧化物NO_x

　　氮氧化物与过量空气系数 λ 的关系正好和碳氢化合物排放相反。

　　空气不足时，氮氧化物增大至最大值，$\lambda = 1.05 \sim 1.1$ 时，则降到稀薄范围内。

　　氮氧化物是无色气体，会强烈刺激呼吸道并在浓度较高时导致麻痹现象。此外它也是形成臭氧的原因之一。燃烧室温度和压力较高时会产生氮氧化物。

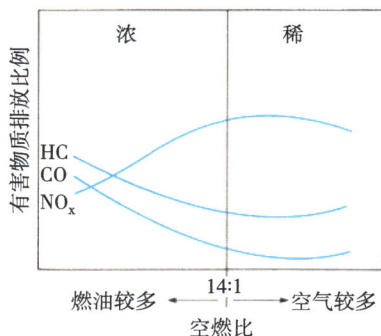

学习领域

7

1.2.2 以控制转矩为主的进气管喷射式发动机管理系统（ME–Motronic）

1.2.2.1 系统概览

发动机管理系统的基本结构完全相同。但是由于发动机型号和制造商的不同而产生了多种发动机管理系统。下文将介绍以控制转矩为主的发动机管理系统Motronic ME 7.5，它与安装在Lupo（参见第136页的委托书）中用于AUC型发动机的发动机管理系统Motronic ME 7.5 10有所不同。

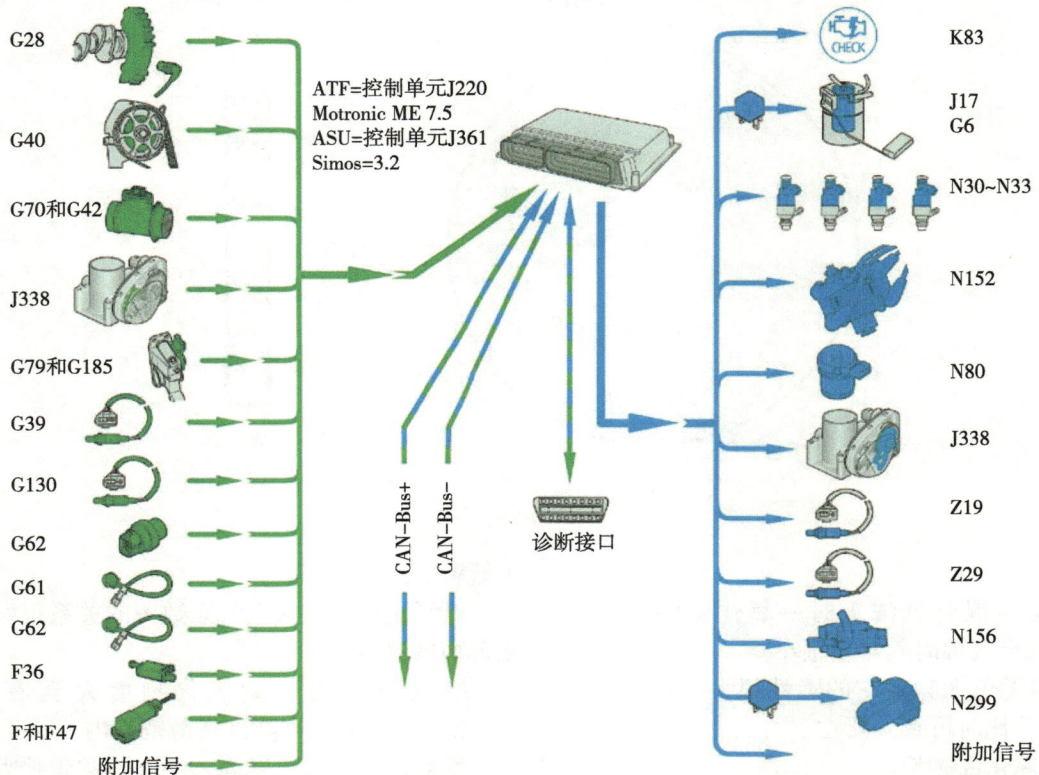

G28
G40
G70和G42
J338
G79和G185
G39
G130
G62
G61
G62
F36
F和F47
附加信号

ATF=控制单元J220
Motronic ME 7.5
ASU=控制单元J361
Simos=3.2

CAN–Bus+
CAN–Bus–
诊断接口

CHECK
K83
J17
G6
N30~N33
N152
N80
J338
Z19
Z29
N156
N299
附加信号

传感器		执行机构	
发动机转速传感器G28 霍尔传感器G40 热膜式空气质量流量计G70 进气温度传感器G42 节气门控制单元J338 （电子节气门调节器） 节气门传动装置角度传感器 G187和G188 加速踏板位置传感器G79 和G185 氧传感器G39	催化器后氧传感器 G130 冷却液温度传感器G62 爆燃传感器Ⅰ G61 爆燃传感器Ⅱ G62 离合器踏板开关F36 制动信号灯开关F和 F47 附加信号：空调压缩 机接通，空调准备就 绪，车速信号	废气警告灯K83 燃油泵继电器J17 燃油泵G6 喷射阀N30~N33 点火变压器N152 活性炭罐电磁阀N80 节气门控制单元 J338及节气门传动装置G186 氧传感器加热装置Z19 催化器后氧传感器加热装置 Z29	调节式进气管转换阀 N156 二次空气泵继电器J299 和二次空气泵电动机继 电器V101 附加信号： 空调压缩机关闭， 电子节气故障指示灯， 定速巡航控制系统， 耗油量信号

技术说明

- 发动机管理系统：Bosch Motronic ME 7.5
- 电子控制顺序喷射
- 带有气缸选择性爆燃调节的特性曲线族控制点火
- 双火花点火线圈（点火顺序1–3–4–2）
- 双氧传感器

- 二次空气系统
- 空气环流喷嘴
- 可变进气管
- 电子节气门控制系统
- 按照OBDⅡ标准的尾气监控

1.2.2.2　传统发动机管理系统（Motronic）——以控制转矩为主的发动机管理系统（ME-Motronic）

驾驶员通过加速踏板确定节气门位置以及通过选择变速器传动比确定所需发动机运行状态。在传统发动机管理系统中，发动机控制单元从传感器的信息中识别驾驶员所需的发动机运行状态并为不同运行状态计算出点火提前角、点火提前角调整、喷射时间、喷射顺序和混合气加浓。

例如，怠速运转或起动空调压缩机时需要较大的转矩，即需要较多的空气质量或较多的燃油时，这种发动机管理系统就不能调整节气门的位置。为改变发动机转矩，发动机控制单元必须调整点火和喷射等调节参数。在某些情况下会有以下可能性：

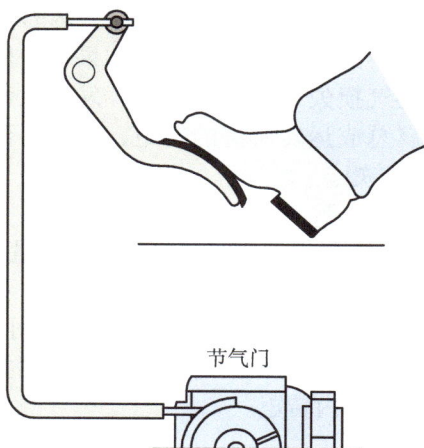

节气门

节气门控制单元

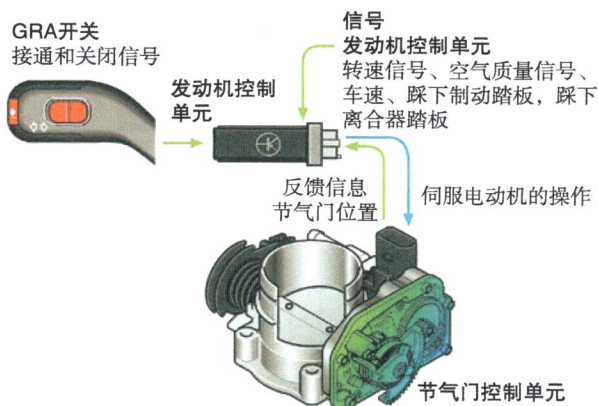

GRA开关
接通和关闭信号

发动机控制单元

信号
发动机控制单元
转速信号、空气质量信号、车速、踩下制动踏板，踩下离合器踏板

反馈信息
节气门位置

伺服电动机的操作

节气门控制单元

为了克服较大的摩擦阻力，冷态发动机怠速运转时将节气门打开直至发动机能获得较多的空气。因为在供给燃油时会考虑到由空气质量流量计测量到的较多空气，所以发动机可获得较好的混合气。

定速巡航控制系统开关、发动机转速、空气质量和车速信号发送给发动机控制单元，从而对节气门控制单元进行控制。此后根据设定车速打开节气门。

怠速转速调节器

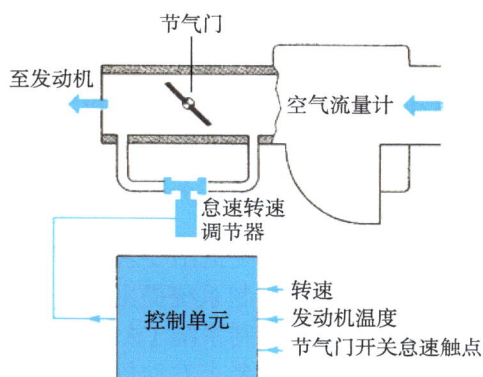

节气门

至发动机

空气流量计

怠速转速调节器

控制单元
转速
发动机温度
节气门开关怠速触点

为使怠速时冷态发动机运转稳定，在带有怠速调节器的燃油喷射系统中安装了一条与节气门并行的旁通管路。在这种结构中由于空气量增加混合气也得到了加浓。

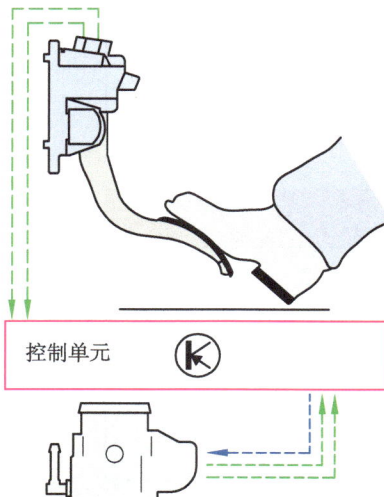

控制单元

在以控制转矩为主的发动机管理系统中利用一个电动机在整个调节范围内对节气门进行调节。为此由传感器识别驾驶员控制的加速踏板位置并将此信息发送给发动机控制单元。从而将驾驶员指令转换为节气门开启角。在此考虑到了转矩的附加要求。

学习领域

7

1.2.2.3 以控制转矩为主的发动机管理系统的结构

发动机转矩

发动机功率取决于转矩和转速。内转矩由压缩和做功行程中的气体压力产生。如果从内转矩中减去摩擦和换气损失以及用于水泵、发电机和空调压缩机等附属总成运转所需的转矩，则可得到发动机实际输出的转矩。

内转矩取决于
- 关闭进气门后提供给燃烧的空气质量，
- 向气缸内喷射的燃油质量，
- 点火火花点燃燃油空气混合气的时间点。

燃油空气混合气在正确的时间点点燃并完全燃烧就能获得最大内转矩。

ME—Motronic 的功能结构

驾驶员（内转矩需求）以及怠速调节系统、定速巡航控制系统、自动变速器（换挡时刻）、制动系统（驱动防滑控制系统）、转速和功率限制和空调系统（外部转矩要求）等各子系统互相独立地对发动机转矩提出需求。这些系统根据行驶情况要求提高或降低转矩。

因此发动机管理系统提出要求，例如起动空调压缩机前先满足空调控制系统提出的提高发动机转矩要求。在驱动防滑控制系统（ASR）中，ASR 控制单元在驱动轮打滑时要求发动机控制单元降低其输出转矩。所有功能都对转矩提出互相独立的要求。

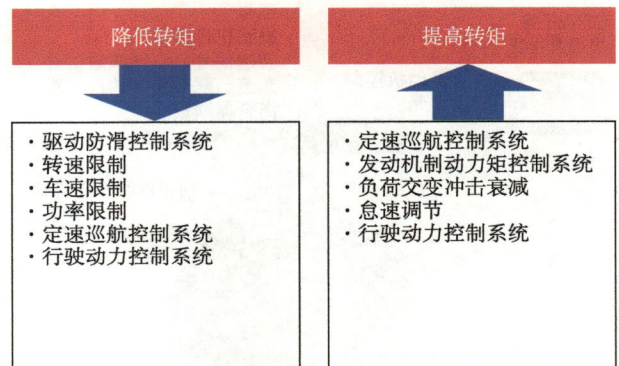

降低转矩	提高转矩
·驱动防滑控制系统 ·转速限制 ·车速限制 ·功率限制 ·定速巡航控制系统 ·行驶动力控制系统	·定速巡航控制系统 ·发动机制动力矩控制系统 ·负荷交变冲击衰减 ·怠速调节 ·行驶动力控制系统

这种以控制转矩为主的发动机管理系统在满足效率与废气排放标准要求的前提下收集、评估和协调所有对转矩的内、外要求。

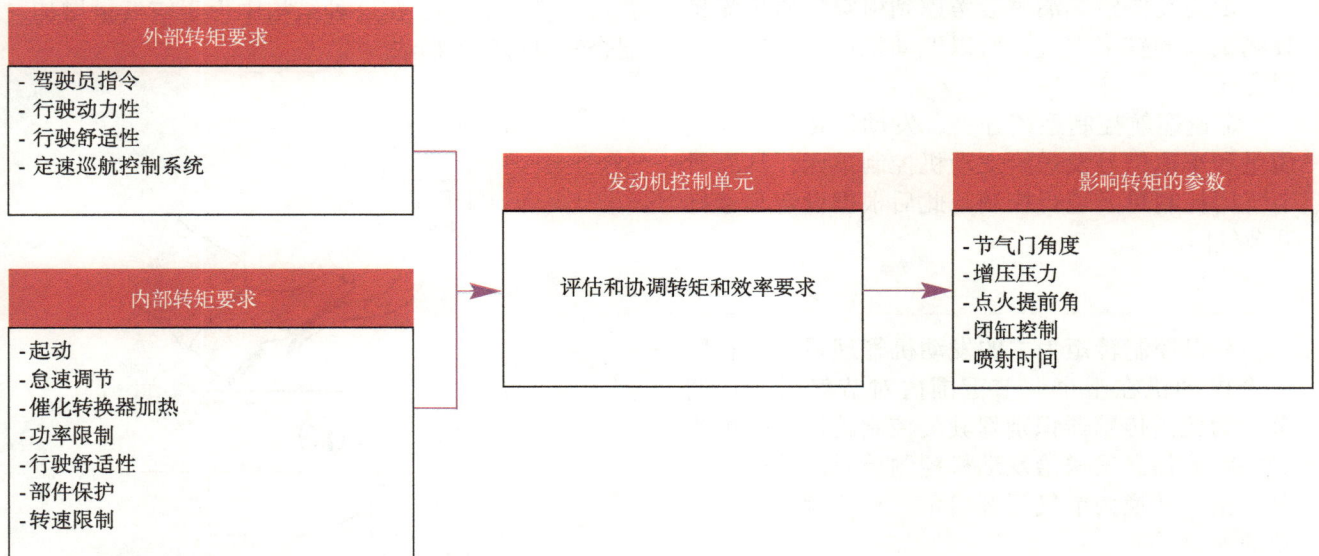

外部转矩要求
- 驾驶员指令 - 行驶动力性 - 行驶舒适性 - 定速巡航控制系统

内部转矩要求
-起动 -怠速调节 -催化转换器加热 -功率限制 -行驶舒适性 -部件保护 -转速限制

发动机控制单元
评估和协调转矩和效率要求

影响转矩的参数
-节气门角度 -增压压力 -点火提前角 -闭缸控制 -喷射时间

控制转矩的重要"工具"是独立于加速踏板控制节气门的电子加速踏板。

它在考虑发动机当前运行状态的情况下将驾驶员对功率的要求转换为一个节气门角度。为了优化耗油量或为达到废气排放标准而必须改变转矩时，发动机管理系统就会单独调节节气门，而无需驾驶员改变加速踏板位置。

节气门在整个调节范围内可电动调节。

调节过程

ME-Motronic的转矩结构基本参数是燃烧时产生的内转矩。转矩控制的任务是，通过选择合适的发动机调节参数将内转矩调节到满足驾驶员要求且弥补所有由额外需求造成的损失。

发动机管理系统根据内外转矩要求计算出一个额定转矩。实际转矩通过发动机转速、负荷信号和点火提前角等参数计算得出。调节过程中发动机控制单元首先将实际转矩与额定转矩进行比较。如果两个数值之间存在偏差，该系统就会进行计算并实施调节干预，直至这两个值一致为止。

计算出额定转矩后通过两个途径实施：

加速踏板模块

附加信号

发动机控制单元

节气门控制单元

EPC

故障指示灯

点火燃油喷射

控制路径1
长期

额定转矩

控制路径2
短期

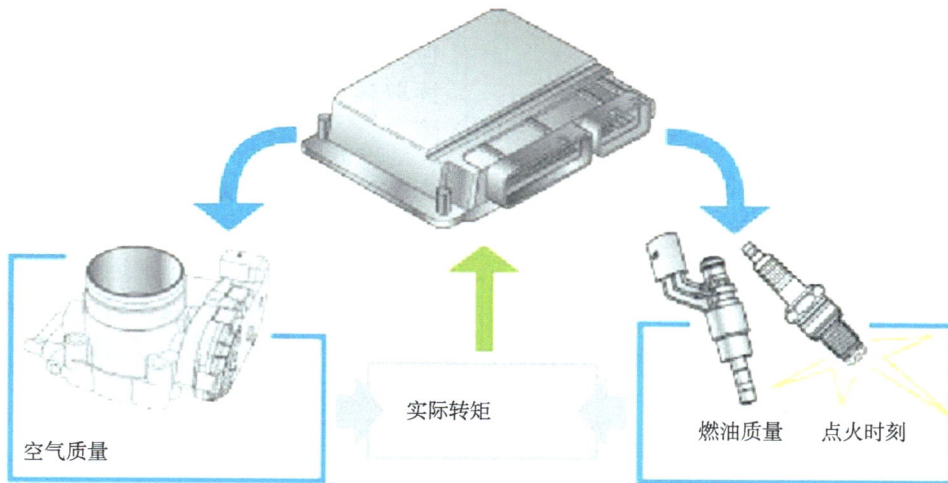

空气质量

实际转矩

燃油质量　　点火时刻

·在控制路径1中计算为实现目标转矩而需要的额定充气量。

·在控制路径 2 中根据实际充气量计算出对于该运行时刻最大可能的转矩。如果所需转矩较小，则可迅速降低转矩，例如，在换挡时降低转矩，将点火提前角朝延迟方向调节。

控制路径1	**控制路径2**
系统控制影响充气量的调节能数： ·节气门角度， ·增压发动机的增压压力。 这条路径主要在长期转矩要求时实施。	改变与充气时无关且短期影响转矩的调节参数： ·点火时刻， ·喷射时间， ·闭缸控制。

1.2.2.4 以控制转矩为主的发动机管理系统功能

第140页中所述的发动机管理系统具有下述功能：

基本功能

ME-Motronic的主要任务是计算出决定发动机转矩的调节参数：
- 气缸充气→充气控制
- 燃油喷射量→燃油系统
- 点火提前角→点火系统

ME-Motronic还具有其他附加功能：
- 怠速调节
- 过量空气系数调节
- 爆燃控制
- 燃油蒸发回收系统
- 废气再循环系统
- 二次空气系统
- 定速巡航控制系统

可以补充以下功能：
- 进气管转换
- 凸轮轴控制
- 增压调节（参见第 270、276 页）

通信

CAN接口

发动机管理系统可以通过CAN接口与自动变速器、制动防抱死系统和空调系统等其他电子系统进行数据交换。

废气警告灯

Motronic系统的故障情况通过集成在组合仪表内的废气警告灯显示给驾驶员。

耗油量信号

Motronic根据喷射时间计算出耗油量并将该信息发送给车载计算机。

诊断接口

通过该诊断接口可以在维修站内借助系统检测仪（例如KTS650）读取运行期间存储的故障。

在Motronic 系统中集成了OBD "车载诊断系统"。车载诊断系统（OBD）负责监控所有与废气相关的组件。检测在正常运行中持续进行。识别出故障时与运行条件一起存储在故障存储器内。驾驶员可通过一个废气警告灯到提示。

系统方框图

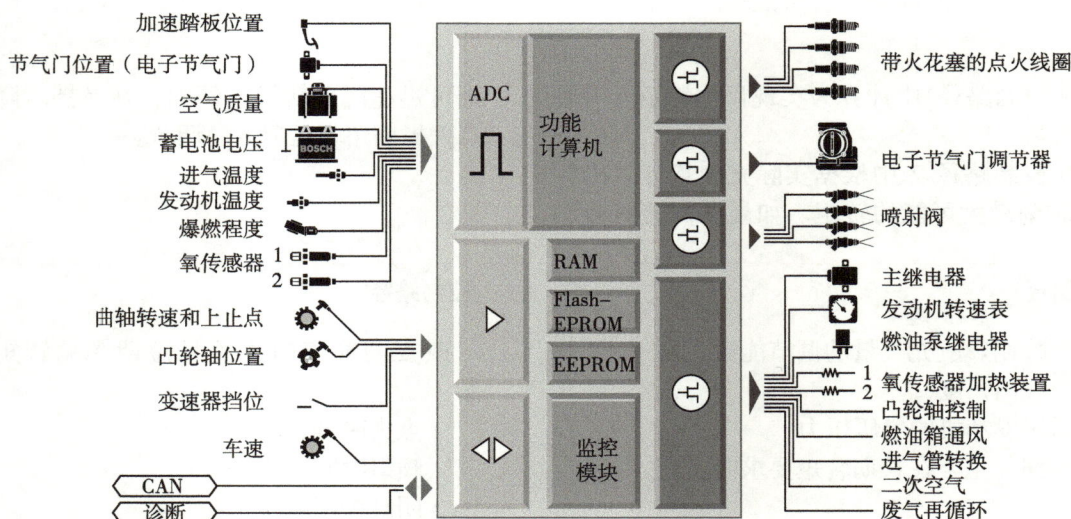

1.2.2.5　基本功能

充气控制

气缸充气

在进气行程中气缸通过节气门吸入新鲜空气。吸入新鲜空气对于以下方面具有重要意义

- 燃烧过程中在活塞上所做的功，
- 发动机输出的转矩。

气门重叠率、燃烧室形状、进气管结构和气门开启横截面对充气有决定性影响。气缸的最大充气量由其排量决定。

实际吸入的新鲜充气质量与理论上可能的新鲜充气质量之比称为充气系数 λ_L，也称为容积效率：

$$\lambda_L = \frac{\text{吸入新鲜气体质量}}{\text{理论新鲜气体质量}}$$

自然吸气式发动机的充气系数为0.6～0.9。

排气门关闭后，由废气组成的少量剩余气体残留在气缸内。这些剩余气体不参与燃烧。但是会影响燃烧过程。进气和排气门关闭后气缸中同时存有新鲜气体和剩余气体。这种混合气称为气缸充气。

系统概览

传感器

加速踏板模块，带有
传感器1用于
加速踏板位置G79和
传感器2用于
加速踏板位置G185

节气门控制单元J336
带有角度传感器1
用于节气门传动装置
G187和角度传感器2
用于节气门传动装置
G188

离合器踏板开关F36

制动信号灯开关F
和
制动踏板开关F47

附加信号，来自：
-自动变速器
-制动系统，
-空调系统，
-定速巡航控制系统以及其他

执行机构

发动机控制单元J…

节气门控制单元
J338

节气门传动装置
G186

EPC

故障警告灯
电子节气门控制系统K132
（电子节气门控制系统）

诊断接口

学习领域

7

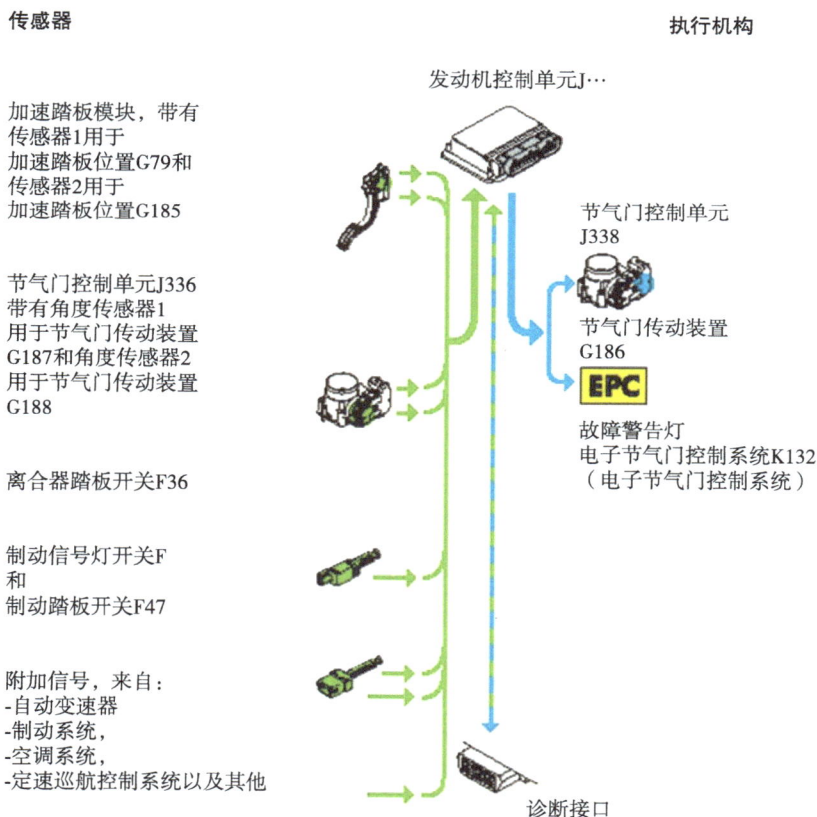

电子节气门控制系统（EPC）的故障警告灯提示驾驶员系统存在故障。

电控节气门（电子节门功能）

在配有电控节气门的车辆中，加速踏板与节气门之间没有机械式节气门拉索。取而代之的是一个电子控制装置（线控驱动）。该系统由以下组件构成：

- 踏板位置传感器，
- 发动机控制单元，
- 节气门控制单元。

利用电子加速踏板和节气门控制单元可以提高和降低转矩，同时不会对废气值产生消极影响。电子节气门功能集成在发动机控制单元内。系统中的故障由自诊断程序检测，通过故障指示灯（EPC）显示且同时存储在故障码存储器内。

由传感器和开关采集运行数据

以下传感器和执行机构参与电子节气门功能：

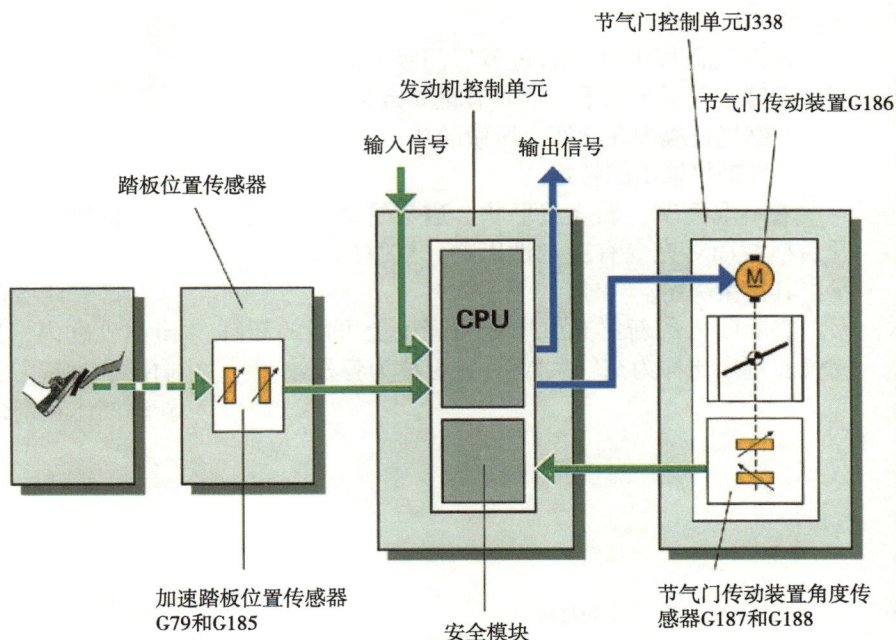

节气门控制单元J338
发动机控制单元
节气门传动装置G186
输入信号
输出信号
踏板位置传感器
CPU
加速踏板位置传感器G79和G185
安全模块
节气门传动装置角度传感器G187和G188

踏板位置传感器

原理图

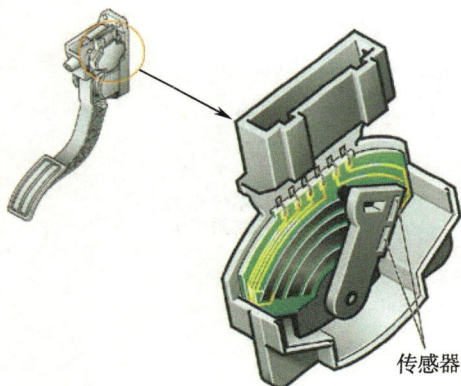

传感器

线路图

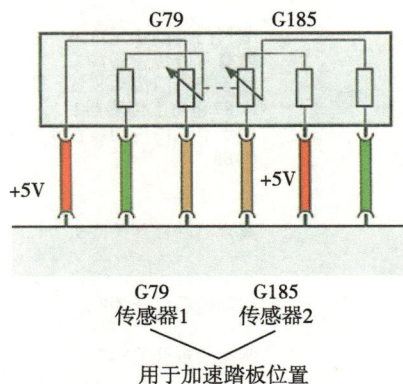

G79   G185

+5V   +5V

G79   G185
传感器1 传感器2

用于加速踏板位置

踏板位置传感器有两个互相独立的电位器。控制单元在发动机运行期间监控这两个传感器的功能和可信度。其中一个传感器失灵时，使用另一个作为代替。加速踏板位置传感器向发动机控单元传递驾驶员要求。在踏板位置传感器中为强

制降挡信息集成了一个"机械式压力点"。执行强制降挡功能时将超越加速踏板位置传感器的满负荷电压值，达到发动机控制单元中对应强制降挡功能的预设电压，然后通过CAN总线将该信息发送给自动变速器。

踏板位置传感器失灵

一个传感器失灵时

- 故障警告灯亮起，
- 踏板位置值限制在一个特定值上，
- 满负荷时只能缓慢提高功率，
- 两个传感器的信号均为不可信时采用其中较小的值。

两个传感器失灵时故障警告灯同样亮起且发动机只能在怠速下运转。

怠速运转时不能对加速踏板位置传感器进行诊断。

如果加速踏板传感器的一个插头脱落，则不会存储故障，故障警告灯不亮起。发动机怠速运转且操纵加速踏板时无反应。

离合器踏板开关

原理图	线路图
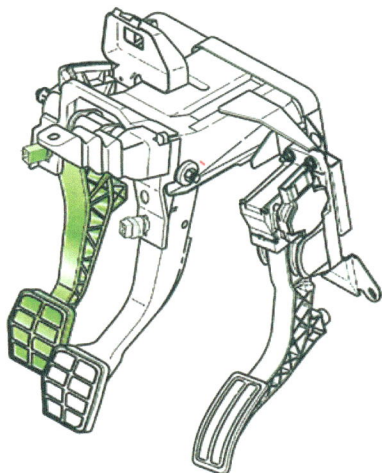	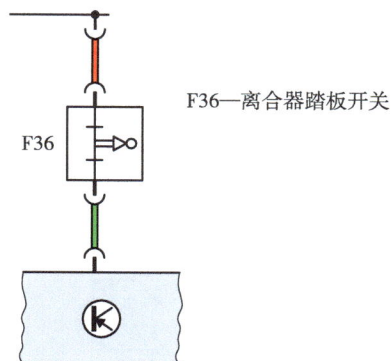

F36—离合器踏板开关

控制单元通过该信号识别离合器处于接合或分离状态。定速巡航控制系统关闭。操纵离合器时短时减小燃油喷射量，以免换挡时发动机提高转速并以此降低负荷冲击。

制动信号灯开关和制动踏板开关

原理图	线路图
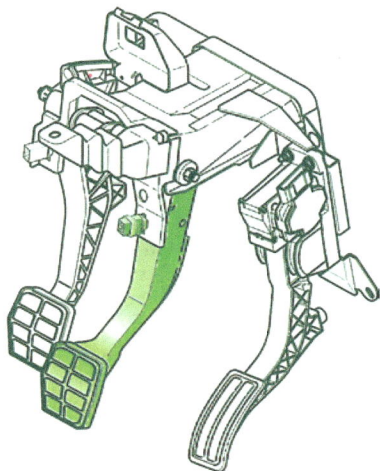	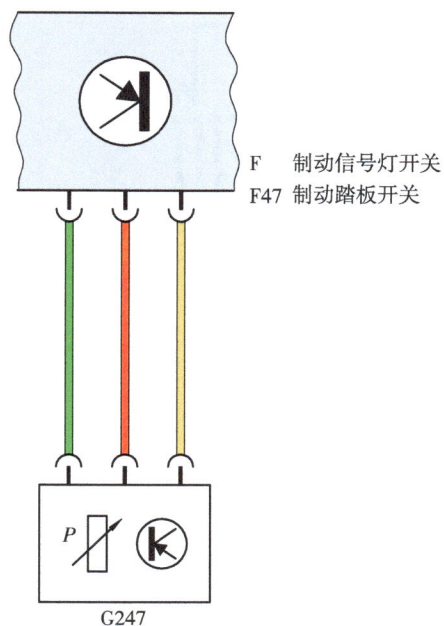

F   制动信号灯开关
F47 制动踏板开关

G247

两个开关都向发动机控制单元发送"踩下制动踏板"信号。控制单元将这两个信号用于比较检查（电子节气门功能的安全查询）。

踩下制动器踏板时关闭定速巡航控制系统。

制动信号灯开关在静止位置时常开并由总线端30供电，制动踏板开关在静止位置时常闭并由总线端15供电。

运行数据处理

输入信号包括：

- 加速踏板模块信号
- 离合器踏板开关信号
- 制动信号灯开关和制动踏板开关信号

附加信号：

- 定速巡航控制系统
- 空调系统
- 过量空气系数调节

- 自动变速器
- 发电机
- ABS
- 助力转向系统

发动机控制单元根据加速踏板模块信号和附加信号计算出转矩要求的最佳实施数据。控制单元控制节气门传动装置使节气门继续打开或关闭。后续实施通过点火和燃油喷射实现。

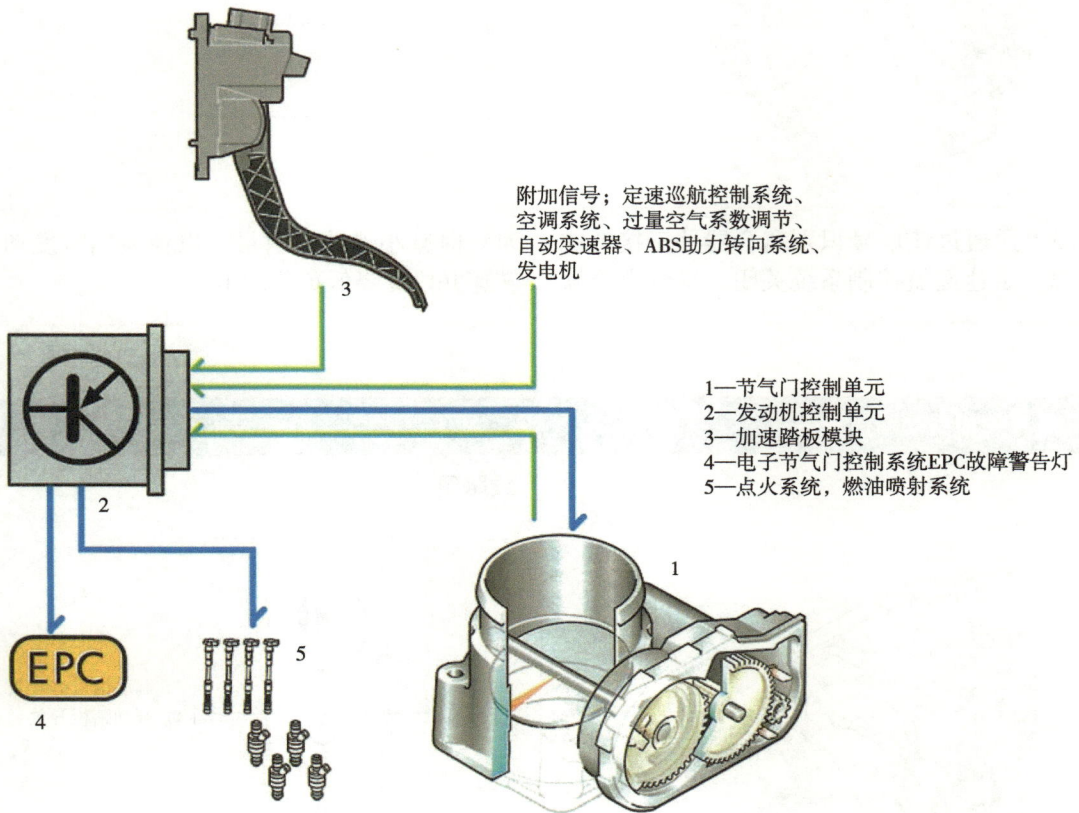

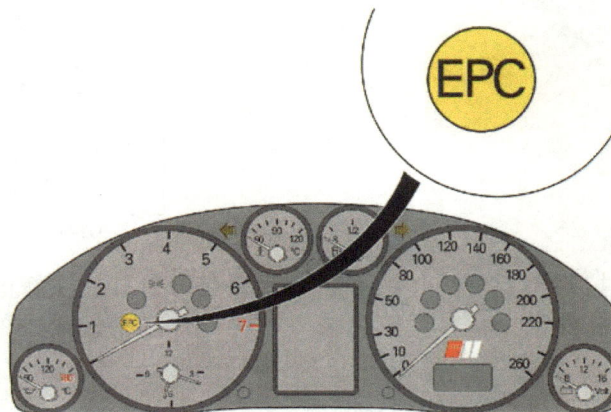

附加信号；定速巡航控制系统、空调系统、过量空气系数调节、自动变速器、ABS助力转向系统、发电机

1—节气门控制单元
2—发动机控制单元
3—加速踏板模块
4—电子节气门控制系统EPC故障警告灯
5—点火系统，燃油喷射系统

EPC

通过节气门单元执行指令

节气门控制单元

原理图

节气门传动装置G186
（电子节气门控制系统）

节气门壳体及节气门

节气门传动装置角度传感器G187和G188

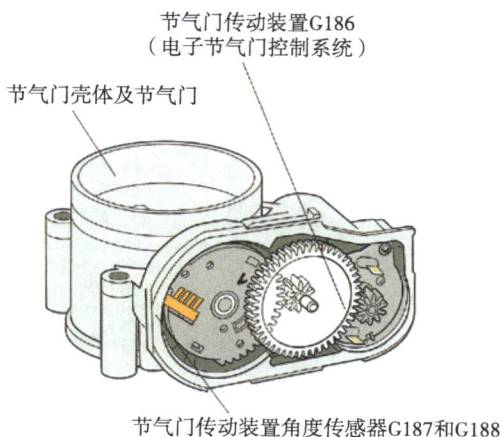

节气门控制单元由以下部件组成：
· 节气门壳体及节气门，
· 节气门传动装置，
· 节气门传动装置角度传感器。
　节气门传动装置由控制单元控制。该传动装置调节节气门，以便提供满足转矩要求所需要的空气质量。电位器提供当前节气门位置的反馈信

线路图

G187—角度传感器1
G188—角度传感器2用于
　　　节气门传动装置
G186—节气门传动装置
J338—节气门控制单元

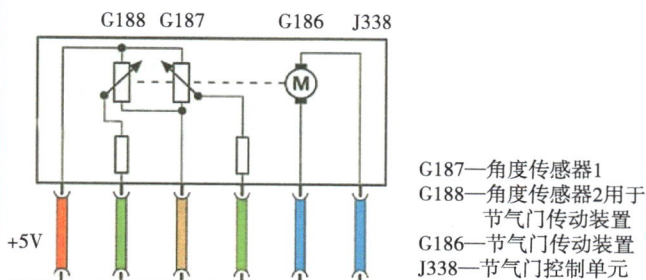

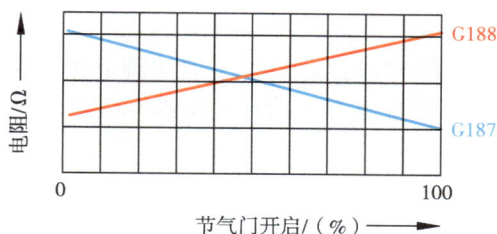

息。出于安全原因使用两个电位器，它们的电阻曲线彼此相反。

节气门控制单元失灵

一个传感器失灵时
· 故障警告灯亮起，
· 终止提升转矩的干预。
节气门传动装置失灵或出现调节故障时
· 故障警告灯亮起，
· 关闭节气门传动装置，这种情况可通过功率快速下降和怠速提高且不均匀察觉到。

· 发动机供油量很低。
　如果无法明确识别节气门位置或无法保证进入应急运行位置
· 故障警告灯亮起，
· 关闭节气门传动装置，这种情况可通过怠速转速提高且不均匀察觉到，
· 通过减少燃油喷射量将转速限制在1~200 r/min。

发动机控制单元识别节气门控制单元的四个重要功能位置：
· 下部机械限位位置
节气门关闭。
· 下部电气限位位置
该位置位于机械限位位置之上，目的是防止节气门卡入到节气门壳体中。
· 应急运行位置
相应电子节气门功能失灵时，在断电状态下该位置仍可保证有足够的空气流量。
· 上部电气限位位置
该位置由控制单元确定。
　为了能准确识别节气门角度位置，必须对节气门传动装置角度传感器进行匹配。
　基本设置不仅包括记住节气门位置，还包括

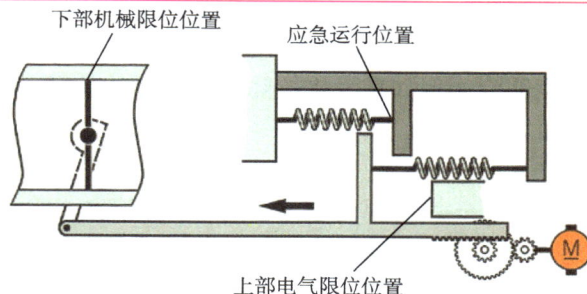

下部机械限位位置
应急运行位置
上部电气限位位置

对节气门控制单元进行一次完整检测。基本设置可通过以下三种方式完成：
· 独立式，在不操纵起动机或加速踏板的情况下打开点火开关至少24min。
· 自动式，当识别出现基本设置需求时。
· 通过启动基本设置向驾驶员显示系统中存在的故障。

学习领域

7

燃油喷射系统
燃油供给系统

目前常见的汽油喷射系统都使用电动燃油泵。燃油泵持续将燃油从燃油箱经过滤清器输送给喷射阀。通常这种燃油泵安装在燃油箱中（燃油箱单元）且浸在燃油中。

除了该电动燃油泵之外，一个燃油箱单元还包括一个安装在吸入侧的燃油滤清器、一个油位指示器、一个作为燃油储蓄池并用来从燃油中分离蒸汽泡的涡流室，以及电气和液压接口。

燃油分配器负责将燃油均匀地分配到所有喷射阀上。

在带有燃油箱回油管的系统中，燃油分配器上还安装了压力调节器和燃油压力缓冲器：

·压力调节器：使燃油系统压力和进气管压力之差保持恒定。

·压力缓冲器：阻止由于喷油阀节拍工作和电动燃油泵周期推出燃油而产生的振动传递到其他部件上。

现在无回流式燃油供给系统被越来越多地采用。在这种系统中压力调节器安装在燃油箱单元内。该系统取消了回流管路。

系统压力约为3~4.5bar。

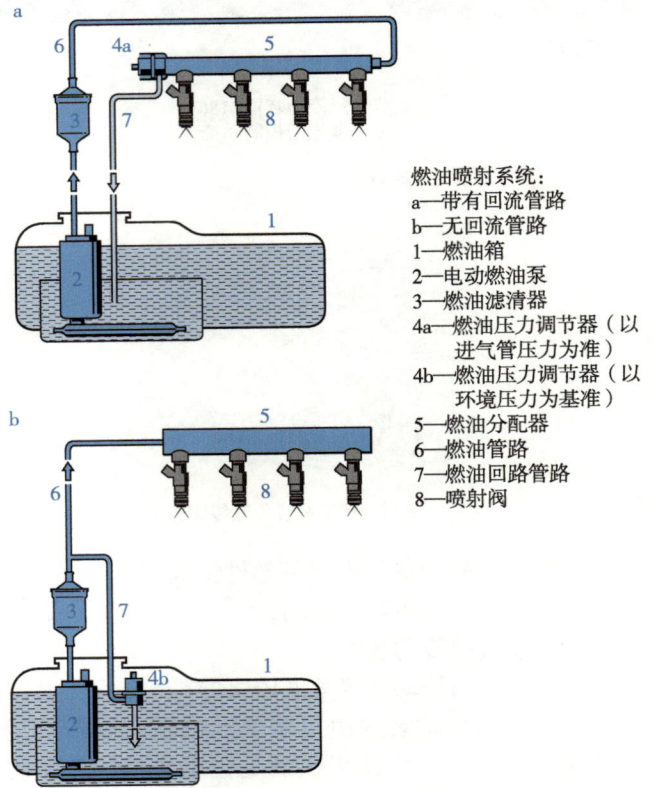

燃油喷射系统：
a—带有回流管路
b—无回流管路
1—燃油箱
2—电动燃油泵
3—燃油滤清器
4a—燃油压力调节器（以进气管压力为准）
4b—燃油压力调节器（以环境压力为基准）
5—燃油分配器
6—燃油管路
7—燃油回路管路
8—喷射阀

燃油泵继电器	
功能	**线路图**
燃油泵由发动机控制单元间接控制。因为耗电量很高（约为6A），所以通过燃油泵继电器进行供电。 通过一个安全电路或软件阻止点火开关打开且发动机关闭时输送燃油。只要转速信号低于下限值，另一个保护电路就会关闭电动燃油泵。因此能够降低例如在发生故障时由于燃油软管破裂而造成的火灾。	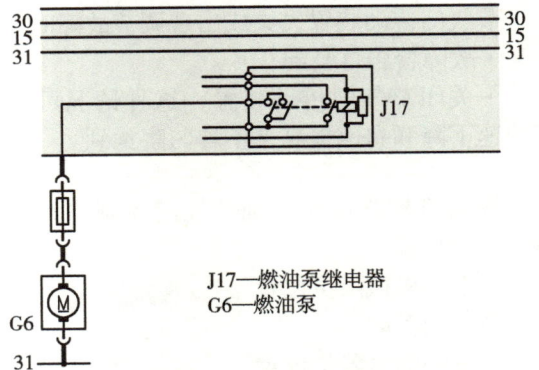 J17—燃油泵继电器 G6—燃油泵

故障诊断

失灵原因	失灵可从以下方面察觉	诊断
·触点烧焦 ·继电器线圈烧断 ·插头针脚氧化 ·过载 ·磨损 ·腐蚀	·安装有继电器的系统失灵	·检查电源和接地 ·检查继电器连接导线 ·检查控制导线及相关组件

喷射阀

喷射阀由以下部件构成：
- 带有电流线圈和电气接头的阀体，
- 带有喷油孔圆盘的阀座，
- 带有磁性电枢的阀针。

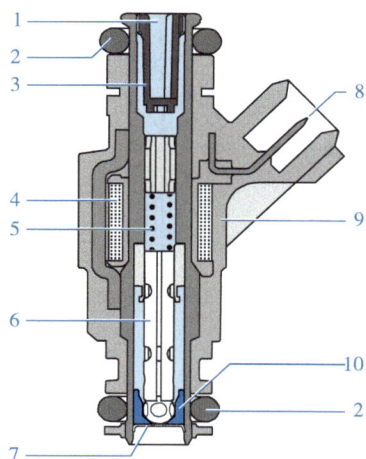

喷射阀EV16的结构
1—入口
2—O形圈
3—滤网
4—电流线圈
5—弹簧
6—带有磁性电枢的阀针
7—喷油孔圆盘
8—电气接头
9—阀体
10—阀座

线圈断电时，弹簧和由燃油压力产生的推力将阀针紧压在阀座上并将喷射阀与进气管密封隔离。电流脉冲在电流线圈中产生一个电磁场，以此吸住电枢并将阀针从阀座上抬起来。

喷束准备

混合气制备受喷束准备即喷束形状、喷束角度和油滴大小的影响。为此喷射阀装备有一个有许多定径小孔的喷油孔圆盘。但是混合气制备也受进气管和气缸盖几何形状的影响。有以下几种喷射阀可供使用：

- 锥形喷束阀

从定径小孔喷射出来的各燃油喷束共同构成了一个喷束锥。锥形喷束进入进气门与进气管壁之间的开口内（参见第152页的插图）。

锥形喷束阀应用于单进气门发动机。

- 双喷束阀

双喷束阀应用于带有双进气门的发动机。在双喷束阀中喷油孔圆盘小孔的设计是喷油阀喷出两个燃油喷束，分别供给两个进气门。

- 空气环流或喷油阀

另一种改善混合气制备的方法是采用空气环流式喷油阀。空气通过一个附加进气口输入到喷油孔圆盘的出口位置。窄小的间隙使空气流速很高，从而使燃油与空气的混合更均匀，雾化效果更好。

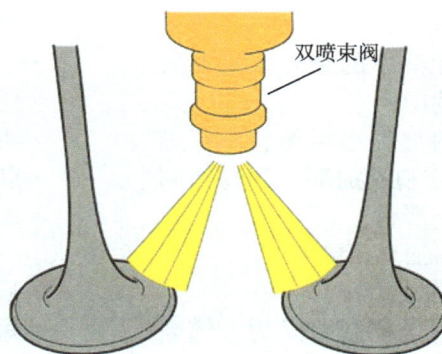

双喷束阀

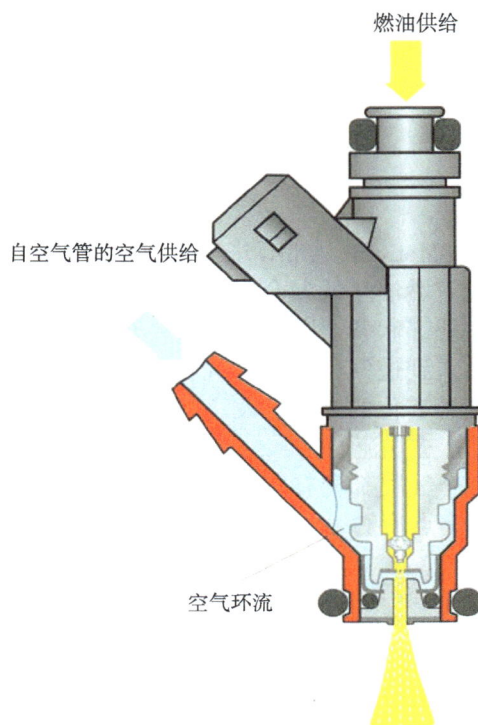

燃油供给
自空气管的空气供给
空气环流

学习领域
7

喷射阀

原理图	线路图
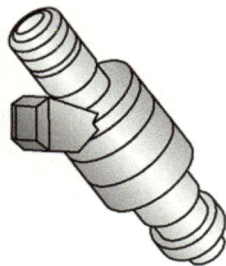	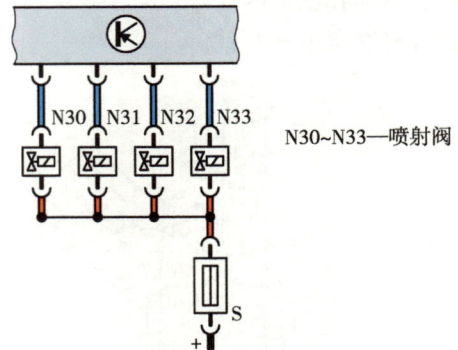 N30~N33—喷射阀

失灵时的影响

　　喷射阀失灵时中断相关部位的供油。发动机继续运转，但输出功率降低。

故障诊断

失灵原因	失灵可从以下方面察觉	诊断
·燃油中的杂质堵塞喷射阀内的滤网 ·内部细小污物、外部燃烧残留物和添加剂沉积物使阀针关闭不严密 ·喷油小孔堵塞 ·线圈短路 ·连接控制单元的电缆断路	·起动困难 ·耗油量提高 ·功率损失 ·怠速转速波动 ·废气特性恶化（尾气检测值） ·后续损坏：发动机使用寿命缩短，催化转换器损坏	·进行气缸比较测量（HC数值和CO数值）和废气测量来测定转速下降 ·通过示波器显示喷射信号 ·燃油压力测量 ·检查喷射阀与控制单元之间导线连接的导通性和接地连接　规定值：约为0Ω ·检查喷射阀线圈的导通性（约为15Ω）和接地连接　规定值：$>30\Omega$ ·拆卸喷射阀，通过测试仪检查喷油状况

进气管喷射

　　ME-Motronic是带有进气管喷射装置的汽油喷射系统。燃油空气混合气在进气管中制备，即在燃烧室外部制备。喷射阀断续（短时中断）地将燃油喷入到进气门前的进气管中并在此预存储。已经细微雾化的燃油蒸发、打开进气门时由进气带走并形成涡流。

　　每个气缸都配有一个喷射阀。喷射分为单点喷射和多点喷射（MPI）。

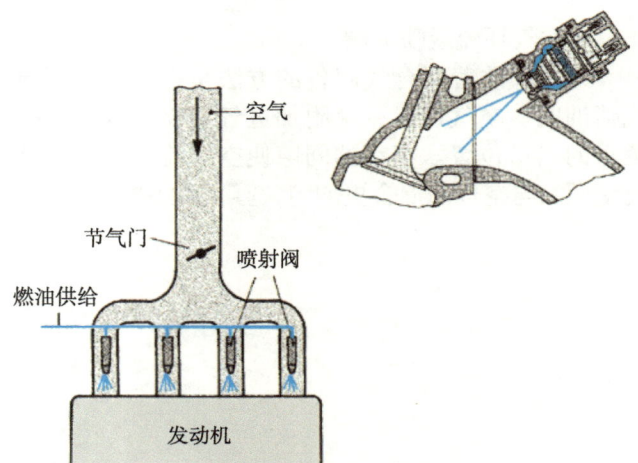

点火系统
点火系统结构
现代点火系统由以下部件组成：
- 负责处理输入信号和控制点火输出极的控制单元，
- 带有一次绕组和二次绕组的点火线圈，
- 火花塞。

在以控制转矩为主的发动机管理系统 ME-Motronic 中有两种形式可供使用：

单火花点火线圈点火系统

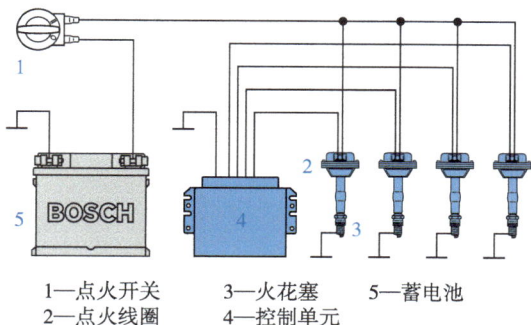

1—点火开关　3—火花塞　5—蓄电池
2—点火线圈　4—控制单元

独立点火线圈位于气缸盖内，紧靠每个火花塞。每个一次绕组都单独拥有由控制单元根据输入信息按规定顺序分别供电的点火输出极。

双火花点火线圈点火系统

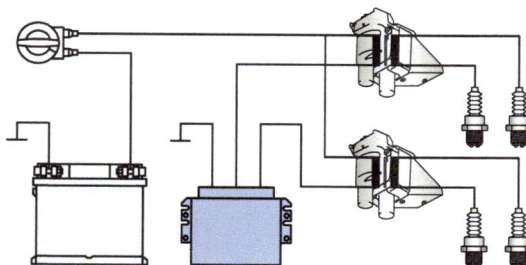

每两个火花塞共用一个点火线圈为其提供高压电源。每个点火输出极交替供电。每次点火时所连接的两个火花塞各产生一个点火火花，其中一个火花在做功行程中产生，另一个则在排气行程中产生。

点火系统中的电路分为二种：
- 一次电路＝控制电路，
- 二次电路＝点火电路。

点火火花的产生是一个十分迅速的过程：
- 点火能量存储在一次绕组中，
- 点火能量转移到二次绕组上并在二次绕组中产生高压，
- 对高电压进行分配，
- 火花塞释放电弧火花，
- 点燃混合气。

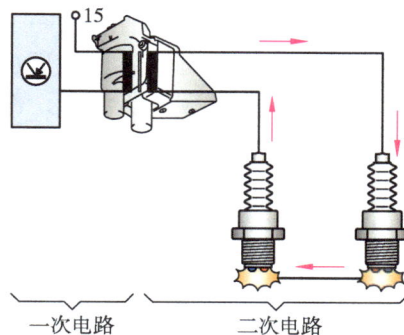

点火线圈
点火线圈是负责存储并转移点火能量和产生高压的主要部件。

点火线圈由以下部件构成：
- 由单独铁片组成的铁心，
- 一次绕组直接位于铁心上，由较小圈数（100~200圈）的粗铜丝（直径为0.4~0.6mm）构成，
- 二次绕组在一次绕组之上，由缠绕圈数较多（10000~20000圈）的细铜丝（直径为0.05~0.1 mm）构成。

壳体由环氧树脂浇注而成，用于绕组之间以及绕组与铁心之间绝缘。

与旋转式高压分配器（参见随附的 CD-ROM 光盘）相反，一次绕组和二次绕组没有连接在一起。
- 在单火花点火线圈中二次绕组的一侧接地（总线端4a），另一侧则直接连接火花塞。
- 在双火花点火线圈中二次绕组的连接接头分

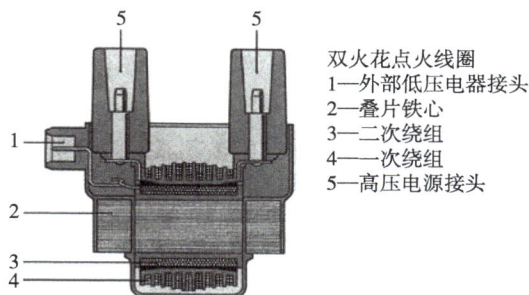

一次电路　　二次电路

双火花点火线圈
1—外部低压电器接头
2—叠片铁心
3—二次绕组
4—一次绕组
5—高压电源接头

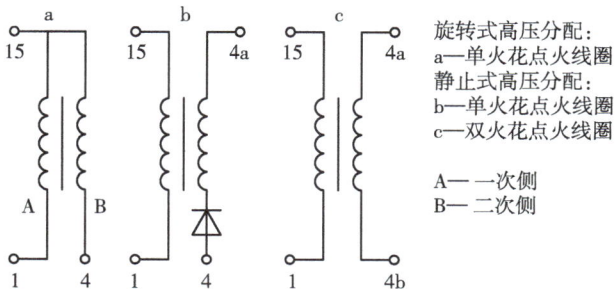

旋转式高压分配：
a—单火花点火线圈
静止式高压分配：
b—单火花点火线圈
c—双火花点火线圈

A——一次侧
B——二次侧

别连接到两个火花塞上。

由于规定了电流方向，因此其中一个火花塞的点火火花是从中心电极跳向接地电极，而另一个火花塞则是从接地电极跳向中心电极。

学习领域

7

高压的产生

点火能量的存储

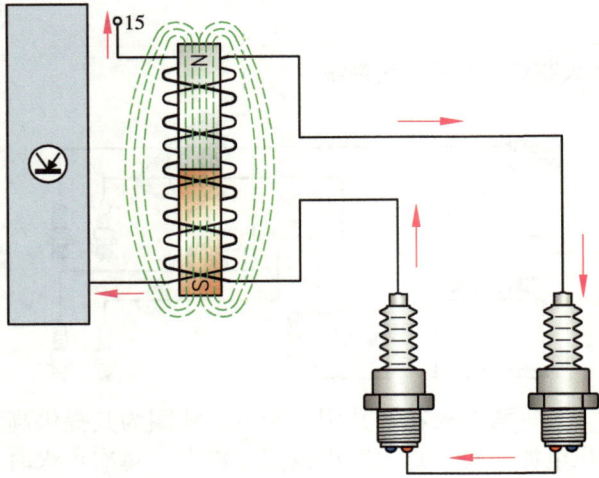

一次电流流过闭合的一次电路。一次绕组产生的磁场磁力线切割二次绕组。一次电流只会延迟达到被称为静止电流的最终值。电流增加缓慢的原因在于，其所产生的磁场产生一个与蓄电池电压 U_B 作用相反的自感应电压 U_i。磁场建立过程结束后反向感应电压消失，蓄电池电压恢复其完全作用。

能量的传递和高压的产生

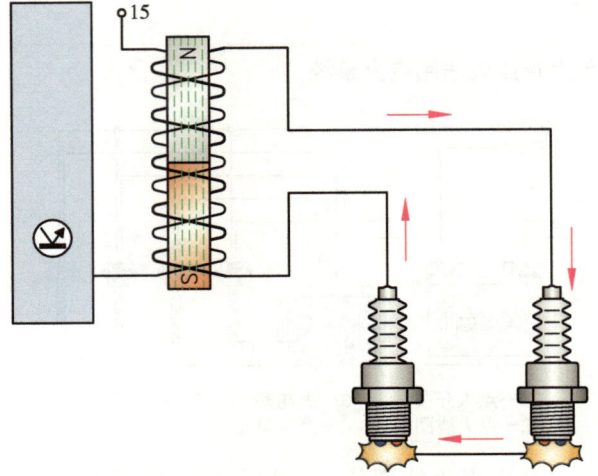

在点火时刻断路器（晶体管）打开并切断一次电路。磁场突然消失会在二次绕组中产生一个电压。因为二次绕组圈数比一次绕组多约100倍，所以二次电压比一次电压高约100倍。一次电压属于高电压。

点火火花-点火波形图

在点火时刻（1）时产生高压。如果达到点火电压（2），中心电极与接地电极之间的火花间隙开始导电。火花则能跳越过去。火花头带有强电，但其持续时间极短。只要发出电弧火花，二次电压就会突然下降到较低的燃烧电压（4）。二次电压的这种上升和下降称为点火电压针（3）。燃烧电压使火花电流保持平直，直至由存储器提供的能量低于某一特定值。

此时火花间隙又变为不能导电了。仍存留的剩余能量以衰减振动的形式停止摆动。

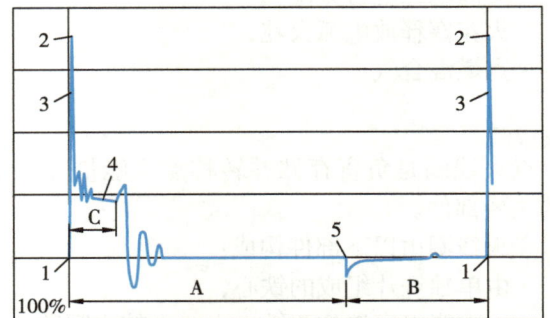

A—开启时间   B—关闭时间   C—火花持续时间

接通火花

接通一次电流（5）时二次绕组中产生1000~2000V与高压极性相反的电压，如不采取附加措施则会有接通火花的后果。因此在单火花点火线圈中用一个高压电路中的二极管来阻止接通火花。在双火花点火线圈中通过火花塞串联产生的高击穿电压阻止接通火花，因此无需采取附加措施。

点火提前角、闭合角

点火提前角

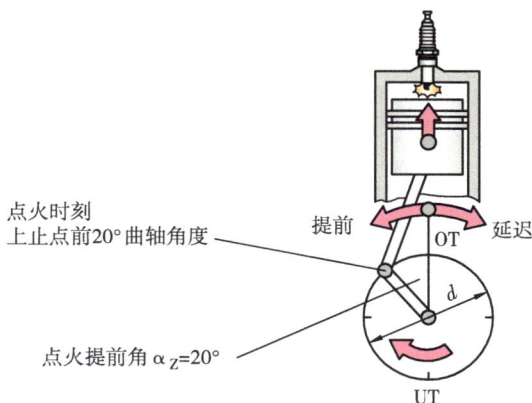

点火时刻
上止点前20°曲轴角度
提前　延迟
OT
d
点火提前角 $\alpha_Z = 20°$
UT

燃油空气混合气燃烧需要大约2/1000s。这个时间在发动机的所有运行状态中都是相同的。为了能在上止点后最高燃烧压力很快起作用，必须在上止点前发出点火火花。这个时间点称为点火时刻。

点火提前角：从上止点至点火时刻的曲轴角度称为点火提前角。

点火时刻无法硬性设定，必须根据发动机运行状态进行调整。调整情况取决于发动机转速和负荷：

・转速升高时至完全燃烧的时间越来越短，因此必须向"提前"方向调节点火时刻。

・发动机处于部分负荷范围时其吸入的混合气比满负荷时少。压缩压力较低。因为混合气燃烧较慢，所以这种情况下也需要点火提前，以便在上止点后马上产生最大燃烧压力。

・为了在零负荷范围（急速运转和滑行模

闭合角

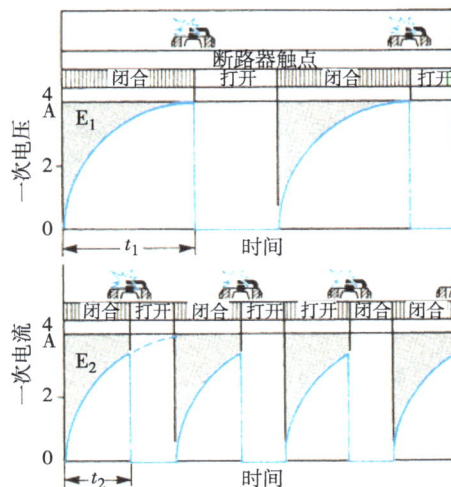

断路器触点
闭合　打开　闭合　打开
一次电压
E_1
t_1　时间

闭合　打开　闭合　打开　打开　闭合　闭合
一次电流
E_2
t_2　时间

式）内净化废气，需要"延迟"点火。延迟点火在燃烧室每次做功冲程中都产生较多的热量，促进完全燃烧并排放较少有害气体：

发动机在任何运动状态下都需要足以产生电弧火化的高压。所提供的高压取决于储存在点火线圈内的能量。只有一次电路接通时间足够长时，才能储存尽可能多的能量。

接通一次电流的持续时间与闭合时间相当。

闭合角：闭合角是一次电流接通期间曲轴上某一点转动角度的一半。

为了提供与转速无关的电压，需增大闭合角。为了在蓄电池电压下降时提供所需要的规定一次电流，同样需要增大闭合角。

闭合终点通常由点火时刻决定。

闭合时间根据转速和蓄电池电压通过一条闭合角特性曲线族计算得出。

点火特性曲线族

在一组点火特性曲线族中，针对所有转速和负荷点都设定了有利于油耗和废气的最佳点火提前角。该特性曲线族存储在微型计算机的只读存储器（ROM）中。

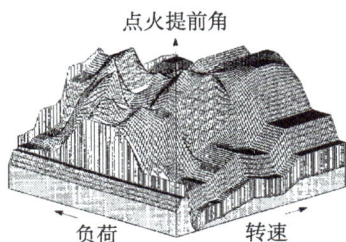

点火提前角
负荷　转速

闭合角特性曲线族

在闭合角特性曲线族中储存了与蓄电池电压和发动机转速有关的闭合角。闭合角特性曲线族存储在只读存储器中。

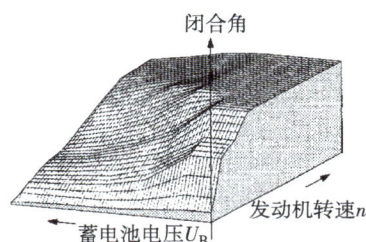

闭合角
蓄电池电压 U_B　发动机转速 n

学习领域
7

火花塞
火花塞相关定义

结构

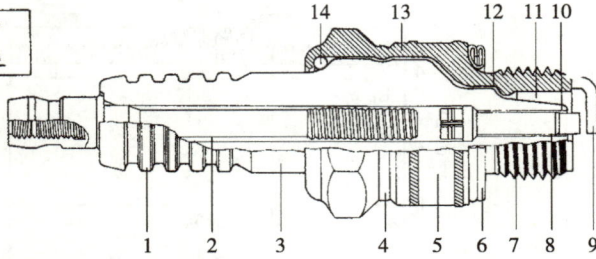

1—防漏电层
2—柱头螺栓
3—绝缘体
4—收缩和热压配合区
5—特殊导电熔化物
6—不可丢失外密封环
7—带导向凸肩的螺纹
8—耐烧损特殊铬电极（中心电极）
9—耐烧损接地电池
10—绝缘底部
11—呼吸腔
12—内密封环
13—火花塞壳体
14—凸缘环

绝缘体

绝缘体将中心电极和柱头螺栓与火花塞壳体绝缘隔离。绝缘体是由氧化铝制成的陶瓷体。陶瓷体外壳起防漏电层的作用。它能在绝缘体污染或潮湿时防止漏电电流流向车辆接地和点火电压降低。这种情况的后果是出现断火。

中心电极

中心电极和柱头螺栓通过一种导电的玻璃熔化物彼此连接。它将燃烧室与中心电极完全气密密封。电极使用镍银合金或铂作为材料。

电极间距：中心电极与接地电极间的最小距离。最佳电极间距由各制造商规定。

通常的电极间距：

0.7~1.2mm

火花塞壳体和接地电极

火花塞壳体由铬镍合金制成并有用于拧入到气缸盖中的细螺纹：

M14×1.25，四冲程发动机
M18×1.5，两冲程发动机

接地电极也由一种特殊合金制成并焊接在火花塞壳体上。

火花塞与气缸盖之间的密封根据发动机结构形式分为：

· 平面密封座
· 锥形密封座

电极形状

电极形状取决于火花间隙类型和火花位置。

侧电极

拱形电极

无接地电极的表面放电火花塞
（特殊用途）

火花位置

火花位置是指在燃烧室中火药间隙的布置。

火花位置

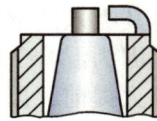
标准式

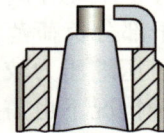
前伸式火花位置

后缩式

接地电极与中心电极之间的火花间隙

火花空气间隙

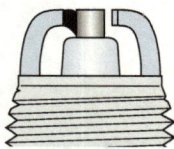

点火火花从中心电极穿过燃油空气混合气直接跳到接地电极上。

表面放电火花空气间隙

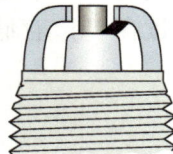

点火火花先从中心电极滑过绝缘体底尖表面，然后穿过气体间隙跳向接地电极。

⊕绝缘体底尖上的污物被烧掉（自清洁作用）

表面放电火花间隙

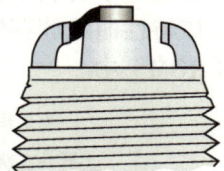

点火火花同样从中心电极滑过绝缘体底尖表面，然后穿过气体间隙跳向接地电极。

⊕自清洁作用
⊖混合气接触性差
⊖电极间距大

火花塞热值

以不完全燃烧方式冷起动时会在火花塞等处沉积炭烟。积炭会在绝缘体底脚上形成一层中心电极与火花塞壳体之间的导电化合物。因此一部分点火能量作为分流电流导出并造成点火火花减弱。燃烧残留物的沉积主要发生在温度低于500℃绝缘体底端温度时。为了避免点火断火，绝缘体底脚的工作温度必须高于约500℃的所谓"自由燃烧限值"。

温度超过900℃时，火花塞炽热部分处有燃油空气混合气炽热点火的危险。

因此火花塞运行温度必须为500~900℃。

火花塞运行温度由吸热和散热情况共同决定。热量供给来自燃烧室。火花塞壳体吸收气缸盖热量，绝缘体温度更高。在所吸收的热量中，近20%传递给新鲜气体，近80%通过中心电极和绝缘体传递给火花塞壳体。

热值表示火花塞的吸热和散热能力。

它由热值指数决定。

火花塞热值必须与发动机特性相符。

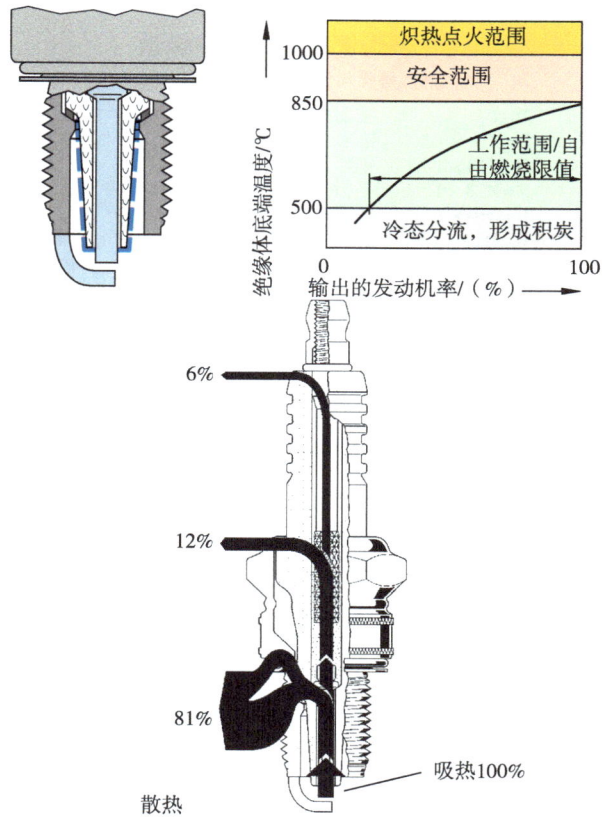

绝缘体底脚的形状影响热值指数

高热值指数（炽热火花塞）

较大的绝缘体底脚面积可吸收很多热量，热量散发很少。

热值指数，例如为2~4

中等热值指数

由于绝缘体底脚面积减小，因此吸收热量减少，散热更好。

低热值指数（冷态火花塞）

较小的绝缘体底脚面积吸收很少热量。散热非常好。

热值指数，例如为7~10

现在火花塞所涵盖的热值指数越来越多。因此将其称为多热值火花塞。

适用情况：火花塞的热值指数越高，就能越快达到工作温度，因此火花塞也更"热"。

热值															
06	07	08	09	2	3	4	5	6	7	8	9	10	11	12	13
						最佳热值									
	冷			←		火花塞		→				热			

热值指数没有统一标准。对于Bosch和Beru而言，高热值指数表示热态火花塞；对于NGD和ND而言则正好相反。

火花塞标识

以Bosch火花塞为例介绍火花塞标识：

火花塞型号代码说明

螺纹	密封座
D=M18×1.5	锥形
H=M14×1.25	锥形
M=M18×1.5	平板式
U=M10×1	平板式
W=M14×1.25	平板式
X=M12×1.25	平板式

结构特点

B=屏蔽，防水，带有电阻，
　用于直径7mm的点火导线
C=与B相同，但用于直径5mm的点火导线
E=表面放电火花塞
S=短结构形式
R=电阻（也可位于第三位）

热值

低指数="冷"火花塞
高指数="热"火花塞

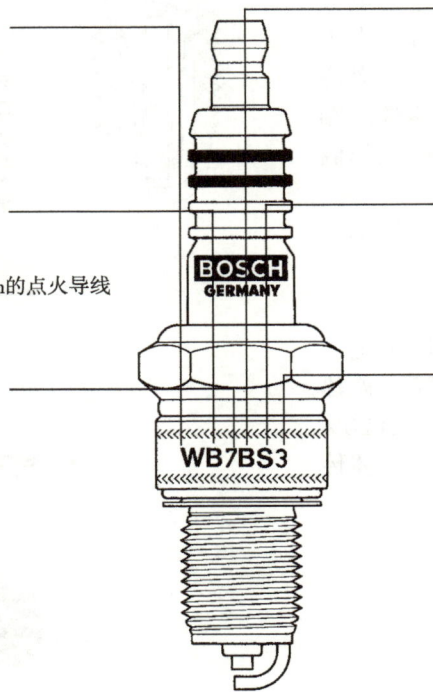

热
13
12
11
10
9
8
7
6
5
4
3
2
09
08
07
06
冷

最常用热值

螺纹长度	火花位置
A=12.7mm	标准
B=12.7mm	前伸
C=19mm	标准
E=9.5mm	前伸
F=9.5mm	标准
G=11.2~12.7mm	极端前伸
H=19mm	极端前伸

电极材料
在标准规格火花塞上相应标记的规定区域空出来

C=镍铜中心电极
L=铬镍铁合金接地电极
P=铂电极
S=银电极

其他特点
X=电极间距为1.1mm
Y=电极间距为1.5mm
O=与基本结构不同

1
3
5 } =热值向"冷"方向偏离
7 和附加机械偏差

2
4
6 } =热值向"热"方向偏离
8 和附加机械偏差

BOSCH
GERMANY
WB7BS3

发动机管理系统的基本功能
通过传感器采集运行数据
负荷测定

采用进气管喷射系统时，进气与通过燃烧产生的转矩即发动机负荷之间有直接联系。

在ME-Motronic中，充气是计算以下参数的一个主要参数：

· 喷射量，
· 当前发动机输出的转矩，
· 点火提前角，

为了测定充气或发动机负荷将：

· 空气质量流量计或，
· 进气管压力传感器，

分别与进气温度传感器结合使用。

带有回流识别功能的热膜式空气质量流量计

通过打开和关闭气门，在进气管内产生进气质量的回流。带有回流识别功能的热膜式空气质量流量计识别回流的空气质量并将其作为信号传输给发动机控制单元。空气质量测量非常准确。

空气质量流量计的信号用于计算所有与转速和负荷有关的功能，例如，喷射时间、点火时刻或燃油箱通风系统。

带有回流识别功能的热膜式空气质量流量计在壳体下端有一个测量通道，传感器元件伸入该通道内。整个空气流中有一部分空气流流过传感器元件。传感元件在这部分空气流中测量吸入和回流的空气质量。

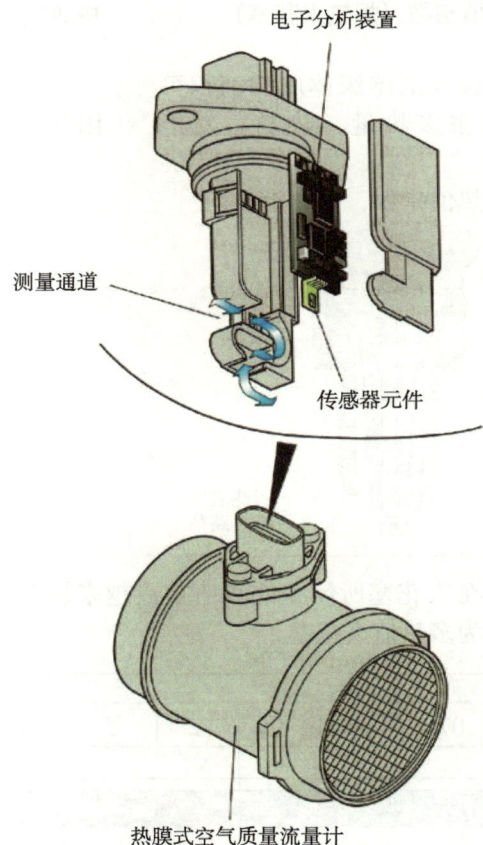

电子分析装置

测量通道

传感器元件

热膜式空气质量流量计

热膜式空气质量流量计

原理图

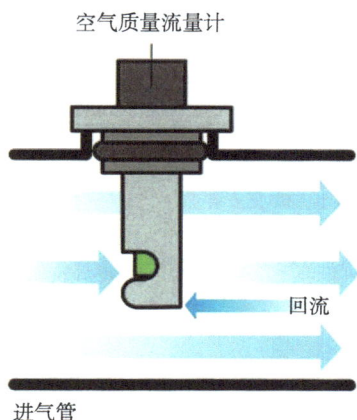

空气质量流量计

回流

进气管

线路图

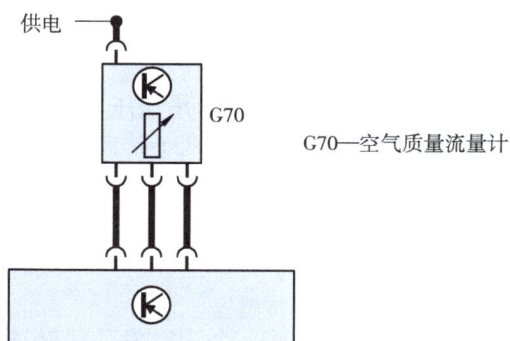

供电

G70

G70—空气质量流量计

传感器元件上有两个温度传感器V1和V2以及一个加热元件。基底材料由玻璃制成，因为它是不良热导体。玻璃膜上的空气由加热元件进行加热。

进气质量识别

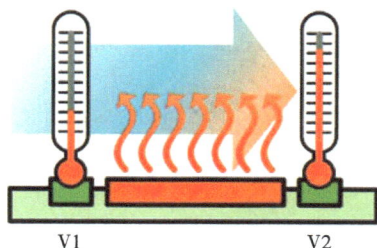

V1　　　V2

进气时，空气从V1向V2方向在传感器元件上流过。空气使传感器V1冷却。由于空气经过加热元件加热，因此V2的冷却程度没有V1那样高。因此V1的温度低于V2的温度。电子电路根据温差识别出吸入的空气。

回流空气质量识别

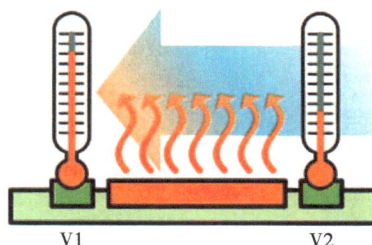

V1　　　V2

空气反方向流动时，V2的冷却程度高于V1。因此V2的温度低于V1的温度。电子电路识别出此时是回流空气。电子电路从进气质量中减去回流空气质量并将结果通知发动机控制单元。

空气质量流量计失灵：空气质量流量计失灵时通过一个特性曲线（节气门角度和发动机转速）计算空气质量。

故障诊断

失灵原因	失灵可从以下方面察觉	诊断
·测量元件因振动而损坏 ·接口腐蚀 ·测量元件漂移	·发动机停机 ·指示灯亮起 ·控制单元采用应急运行程序工作	·检查插头接口是否正确连接并检查触点 ·检查是否损坏 ·检查控制单元的供电（7.5~14V） ·检查输出电压（约5V） ·检查控制单元与空气质量流量计之间的连接导线是否导通 ·通过控制单元进行电子检测，读取故障码存储器记录

学习领域

7

进气管压力传感器和增压压力传感器

为了确定发动机负荷或充气效果也可使用进气管压力传感器。发动机控制单元能够根据进气管内存在的真空、进气温度和发动机转速计算出气缸内供燃烧使用的空气质量。

在现有空气质量流量计中通过一个附加进气管压力传感器对废气再循环系统进行诊断。

在增压发动机中还需要一个增压压力传感器。

压力传感器分为一个带有两个传感器元件的压力室和一个分析电路。传感器元件由一个钟形厚层隔膜组成。隔膜上装有压电元件（石英晶体）。根

据压力大小使隔膜不同程度变形。由此改变压电元件的电阻。电阻变化是增压压力的一个衡量标准。压力传感器或集成在控制单元内，或作为可拆卸传感器安装在进气管附近或直接安装在进气管上。

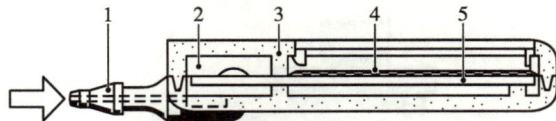

压力传感器（用于控制单元安装）
1—压力接口
2—带有传感器元件的压力室
3—密封隔板
4—分析电路
5—厚层复合物（陶瓷底层）

转速、曲轴和凸轮轴位置传感器

发动机转速传感器是一个测定发动机转速和曲轴转角准确位置的感应式传感器。根据曲轴位置无法获悉某一气缸处于压缩阶段还是换气阶段的信息。只有明确识别出哪个气缸正好处于压缩行程

时，才能产生第一个点火火花。霍尔传感器测定凸轮轴位置，与转速传感器一起识别第一个气缸的点火上止点。通过对比曲轴传感器和凸轮轴传感器的信号进行气缸识别。

发动机转速传感器

原理图

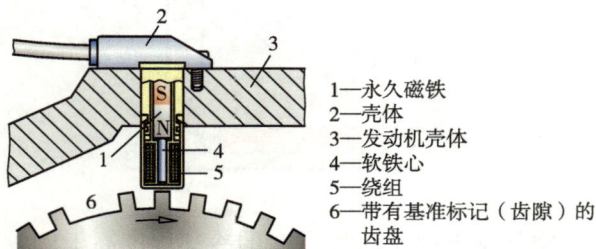

1—永久磁铁
2—壳体
3—发动机壳体
4—软铁心
5—绕组
6—带有基准标记（齿隙）的齿盘

线路图

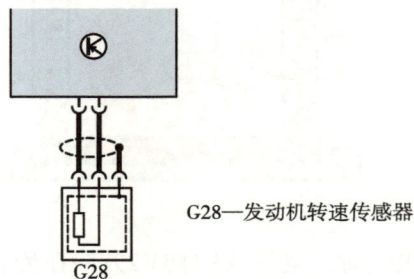

G28—发动机转速传感器

工作原理

为了测定转速和曲轴位置，在曲轴上装有一个60齿的脉冲信号轮，在发动机壳体内装有一个感应式传感器。感应式传感器内的一个永久磁铁产生磁通量。脉冲信号轮转动时就会通过轮齿改变磁通量。磁通量变化时会在感应式传感器绕组上产生一个交流电压。控制单元根据该交流电压

的频率计算出转速。

为了测定曲轴位置，脉冲信号轮有一个两轮齿宽的齿隙。齿隙转动经过感应式传感器旁时，就会通过较大的磁通量变化产生一个较高电压。齿隙对应第一个气缸的一个特定曲轴位置。控制单元可根据信号识别出曲轴位置。

发动机转速传感器失灵： 发动机转速传感器失灵时，发动机无法运行。

故障诊断

失灵原因	失灵可从以下方面察觉	诊断
·触点问题 ·内部短路 ·导线断路 ·导线短路 ·金属屑污染 ·脉冲信号轮机械损坏	·发动机停机 ·发动机断火 ·发动机指示灯亮起 ·存储一个故障码	·检查传感器导线、插头和传感器的电气接口是否正确连接、断裂和腐蚀 ·清洁传感器头 ·读取故障码存储器记录 ·检查传感器是否损坏 ·用示波器记录信号

霍尔传感器／快速起动脉冲信号轮

原理图

快速起动脉冲信号轮　　　霍尔传感器

线路图

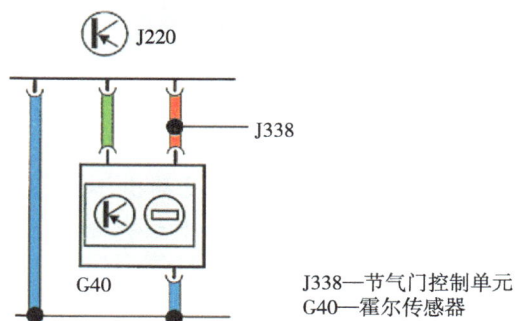

J220

J338

G40

J338—节气门控制单元
G40—霍尔传感器

工作原理

凸轮轴控制进气门和排气门并由此确定某一活塞处于随即点火的压缩阶段还是换气阶段。根据曲轴位置无法获得这一信息。

霍尔传感器提供有关凸轮轴位置的信息（参见学习领域4）。该信号用于识别第一个气缸处于上止点。控制单元据此确定喷射顺序和点火顺序。此外该信号还用于各气缸的爆燃调节。

起动时可通过传统霍尔传感器在约600°～900°曲轴转角后启动第一次燃烧。发动机控制单元可通过一个快速起动脉冲信号轮识别出400°～480°曲轴转角后相对于曲轴的凸轮轴位置并将其与转速传感器信号一起用于提前起动第一次燃烧且更迅速地起动发动机。

快速起动脉冲信号轮由以下功能元件组成：
· 带有两个相邻磁道的双磁道脉冲信号轮
· 带有两个并排布置霍尔元件的霍尔传感器。

每个霍尔元件都扫描脉冲信号轮上的一个磁道，设计要求霍尔元件1位于一个齿隙上，而霍尔元件2位于一个轮齿上。

因此两个霍尔元件永远不会产生相同的信号。控制单元对比这两个信号并由此识别出凸轮轴在哪个气缸上。

因此通过传感器信号可在约440°曲轴转角后起动燃油喷射。

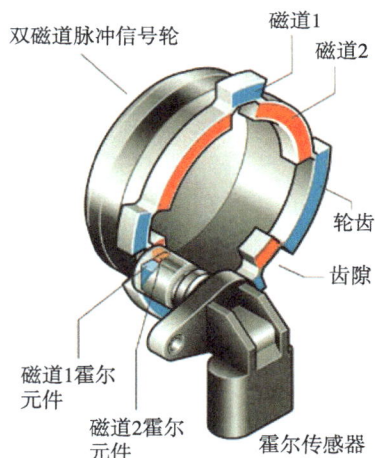

双磁道脉冲信号轮　磁道1　磁道2　轮齿　齿隙　磁道1霍尔元件　磁道2霍尔元件　霍尔传感器

霍尔传感器失灵

霍尔传感器失灵时，发动机控制单元以应急运行模式工作。

故障诊断

失灵原因	失灵可从以下方面察觉	诊断
· 脉冲信号轮破裂 · 触点问题 · 紧固件断裂 · 温度问题 · 内部短路	· 发动机控制单元以应急运行模式工作 · 耗油量提高 · 发动机指示灯亮起 · 存储一个故障码	· 检查传感器导线、插头和传感器的电气接口是否正确连接、断裂和腐蚀 · 清洁传感器头 · 读取故障码存储器记录 · 检查传感器是否损坏 · 用示波器记录信号

学习领域

7

带有标准脉冲信号轮六缸发动机的气缸识别

通过霍尔传感器信号和发动机转速传感器信号一起识别出第一个气缸的点火上止点。如果转速传感器的间隙与霍尔传感器的信号同时出现，则在第一个气缸中正在进行压缩。

发动机温度和进气温度传感器

冷却液温度传感器信号用于识别发动机温度、计算点火时刻和喷射时间；进气温度传感器信号用于计算发动机负荷以及在发动机不同运行状态下——从起动直至达到发动机和排气系统的运行温度——计算点火时刻。

带有标准脉冲信号轮六缸发动机的点火、曲轴和凸轮轴信号分配：

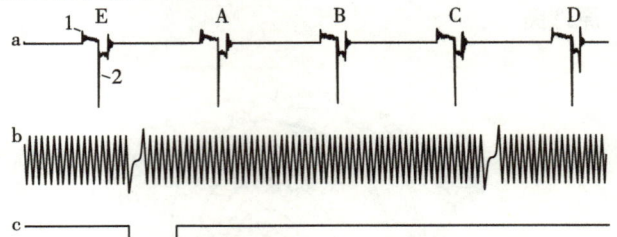

a—点火线圈的二次电压
b—曲轴上的转速传感器信号
c—凸轮轴上的霍尔传感器（标准脉冲信号轮）信号
1—关闭
2—点火

A—第一个气缸点火
B—第五个气缸点火
C—第三个气缸点火
D—第六个气缸点火
E—第四个气缸点火

温度传感器

原理图

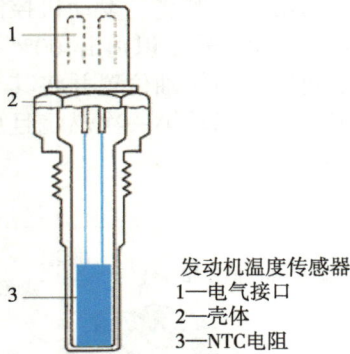

发动机温度传感器
1—电气接口
2—壳体
3—NTC电阻

线路图

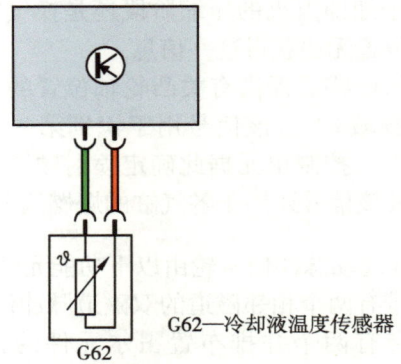

G62—冷却液温度传感器

功能

主要元件是一个NTC电阻。它随温度升高减小自身电阻。电阻变化用于确定温度。带有PTC电阻的温度传感器随温度升高而增大自身电阻。

冷却液温度传感器

信号失灵时，控制单元采用自身存储的一个替代温度。

故障诊断

失灵原因	失灵可从以下方面察觉	诊断
冷却液温度传感器 ·泄漏 ·振动 ·内部短路 ·接口上的触点问题 空气温度传感器 ·内部短路 ·导线断路 ·导线短路 ·机械损坏 ·传感器头污染	·起动困难 ·耗油量较高 ·急速转速较高 ·存储一个故障码 ·起动困难 ·存储一个故障码 ·发动机指示灯亮起 ·发动机功率减少 ·耗油量提高	·检查插头触点的电气连接 ·测量电阻 ·读取故障码存储器记录 ·读取故障码存储器记录 ·检查传感器导线、插头和传感器的电气接口是否正确连接、断裂和腐蚀 ·测量电阻

运行数据处理

输入信号

　　输入信号通过导线束和连接插头传输给控制单元。输入信号有不同形式：

　　·空气质量、蓄电池电压、进气管压力和增压压力、冷却液温度和进气温度都是模拟输入信号。这些信号通过模拟数字转换器（A/D）转换为数字信号。

　　·开关信号（打开/关闭）和霍尔传感器的转速脉冲是数字输入信号。这些信号具有内部计算形式，即1（高）和0（低）这两种状态都可由计算机直接处理。

　　·转速传感器和基准标记传感器等感应式传感器的脉冲形式输入信号。这些信号也在控制单元内进行处理并转换为方波信号。

　　为了计算喷射时间和点火提前角，控制单元需要以下信号：

用于计算喷射时间的输入信号

·发动机负荷，充气量
·发动机转速
·霍尔传感器信号
·进气温度

·冷却液温度
·节气门控制单元信号
·加速踏板模块信号
·氧传感器信号

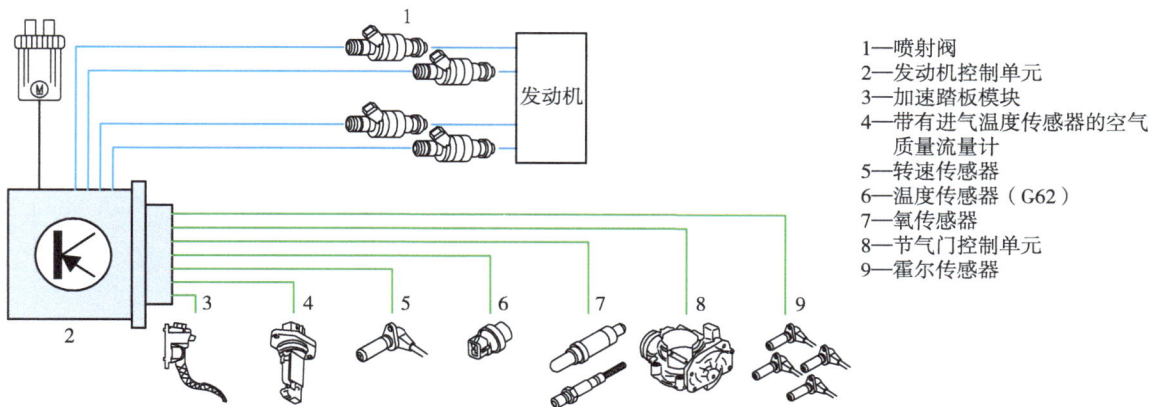

1—喷射阀
2—发动机控制单元
3—加速踏板模块
4—带有进气温度传感器的空气质量流量计
5—转速传感器
6—温度传感器（G62）
7—氧传感器
8—节气门控制单元
9—霍尔传感器

用于计算点火提前角的输入信号

·发动机转速
·发动机负荷
·节气门控制单元信号
·冷却液温度

·爆燃传感器信号
·霍尔传感器信号
·加速踏板模块信号

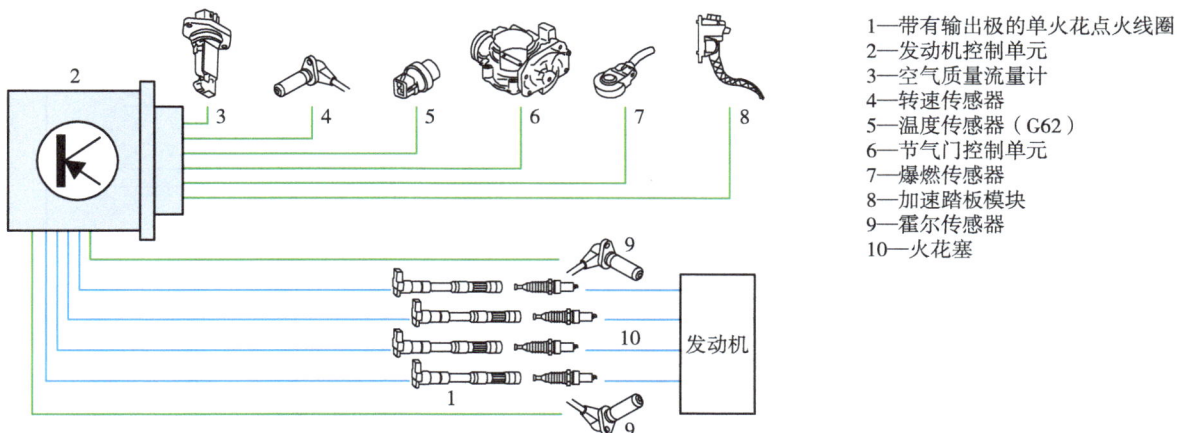

1—带有输出极的单火花点火线圈
2—发动机控制单元
3—空气质量流量计
4—转速传感器
5—温度传感器（G62）
6—节气门控制单元
7—爆燃传感器
8—加速踏板模块
9—霍尔传感器
10—火花塞

学习领域

7

信号处理

在发动机控制单元内对输入信号进行处理：

· 信号处理：将信号处理为微型计算机能够理解的一种形式。

· 微处理器处理输入信号。为此需要一个存储在集成式程序存储器（只读存储器ROM）中的信号处理程序。存储器的内容由制造商规定且以后无法修改。针对复杂应用情况还需要一个附加存储器。

· Flash EPROM（FEPROM）：存储器含有发动机专用特性曲线和用于发动机控制的特性曲线族。Flash EPROM 可通过电气方式擦除并可由维修站通过一个串行接口来重新编程。

· RAM：读写存储器存储传感器提供的所有数据，直至功能计算机调用这些数据。它还存储适配值（关于发动机状态和运行状态的自适应值）和在整个系统中出现的故障。为了在下次起动时能够重新使用这些数据，系统持续为RAM供电。断开蓄电池接线时就会丢失所有数据。

· EEPROM：将蓄电池接线断开时也不允许丢失的重要数据，例如适配值、防盗锁代码、收音机等存储在一个非易失性永久性存储器（EEPROM）中。EEPROM可擦除可编程。与Flash EPROM 不同，EEPROM 每个存储单元都可单独擦除。

· 监控模块：为了在行驶过程中不会出现驾驶员不需要的车辆加速，控制单元还带有一个监控模块。功能计算机和监控模块互相监控。一旦发现故障，两个系统就可以独立触发相应替代功能。

· 数据交换：功能计算机、存储器模块、节拍器和外围设备之间通过带状导线（总线）进行数据交换。与其他电子系统通过 CAN 总线进行数据交换。

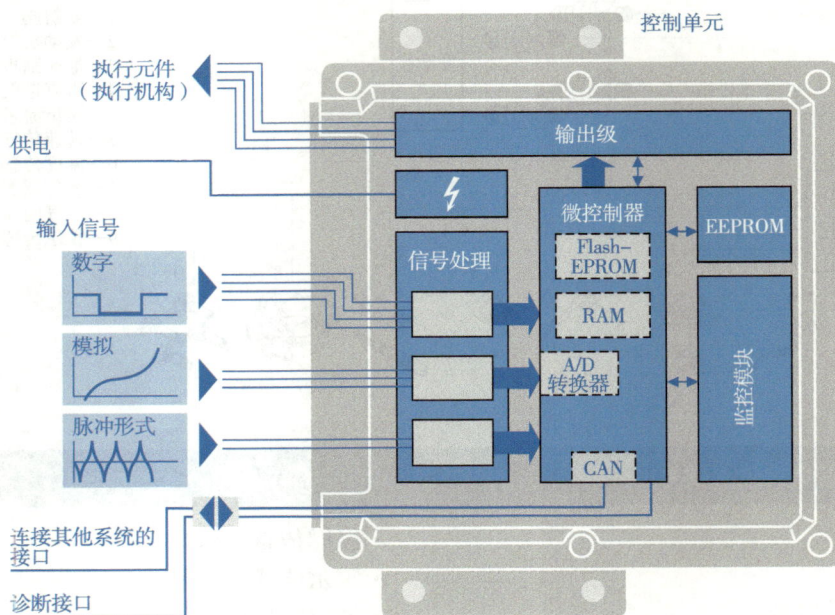

执行元件（执行机构）

输出信号

微处理器输出的信号对于执行元件而言过于微弱。必须将其在相应输出极中进行放大以供控制使用。

输出极带有在达林顿电路中相互连接的晶体管。

输出极拥有直接连接执行元件的充足功率。特别大的用电器通过继电器进行控制。

输出信号是

· 用于接通和关闭执行元件的开关信号，

· 具有固定频率和可变接通时间的方波信号（脉冲宽度调制信号 PWM），用于使执行元件，例如废气再循环阀移动到任意起始位置。

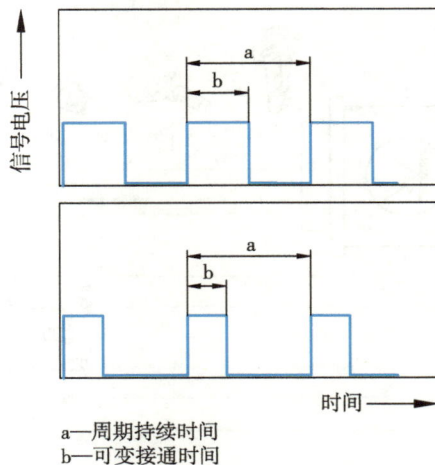

a—周期持续时间
b—可变接通时间

燃油喷射

喷射阀由发动机控制单元以节拍方式控制。喷射量由喷射信号的长度决定。可以顺序喷射或单缸喷射。

顺序喷射	单缸喷射
□ 进气门打开 ■ 喷射 ⚡ 点火	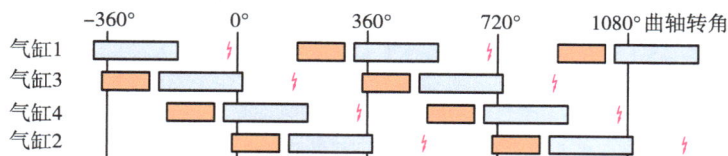 -360° 0° 360° 720° 1080° 曲轴转角 气缸1 气缸3 气缸4 气缸2
喷射阀按照点火顺序将燃油喷入各个气缸。燃油预存储在进气管内。所有气缸的喷射时间和喷射起始时间均相同，喷射起始时间可自由编程并可根据发动机进行调节。	在此喷射阀也按照点火顺序将燃油喷入各个气缸。单缸喷射的优点是喷射时间可根据各缸进行调节，因此能够消除气缸进气时的不均匀性。

点火系统

采用双火花点火线圈时将点火输出极集成在控制单元内。采用单火花点火线圈时将点火线圈和输出极作为一个紧凑单元安装在一起。

一次绕组突然出现电压降时会在二次绕组中感生出一个在点火火花上放电的高压。

单火花点火线圈点火系统

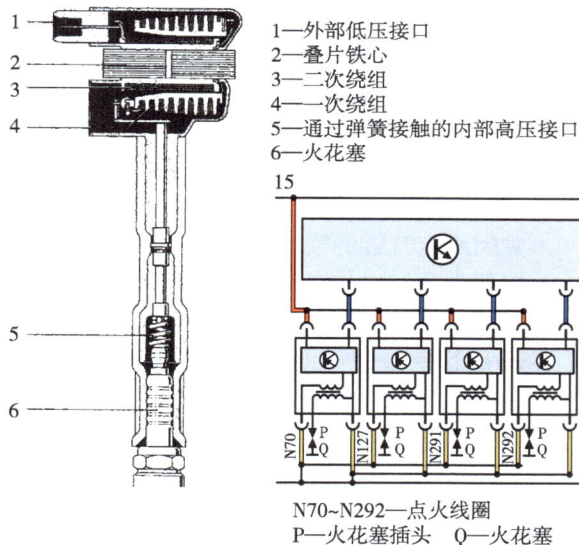

1—外部低压接口
2—叠片铁心
3—二次绕组
4—一次绕组
5—通过弹簧接触的内部高压接口
6—火花塞

N70~N292—点火线圈
P—火花塞插头　Q—火花塞

每个气缸都配有一个单火花点火线圈。该系统对于偶数和奇数气缸数的气缸都适用。取消了点火导线。因为气缸数为奇数时一个工作循环需要曲轴转动两圈，则曲轴上的位置传感器信号不足。通过凸轮轴传感器（霍尔传感器）的凸轮轴信号进行同步，凸轮轴每转一圈就会发出一个信号。控制单元计算点火提前角。通过分电器逻辑电路内的一个功率模块为点火线圈分配电压，分电器逻辑电路负责控制正确的一次绕组。

双火花点火线圈点火系统

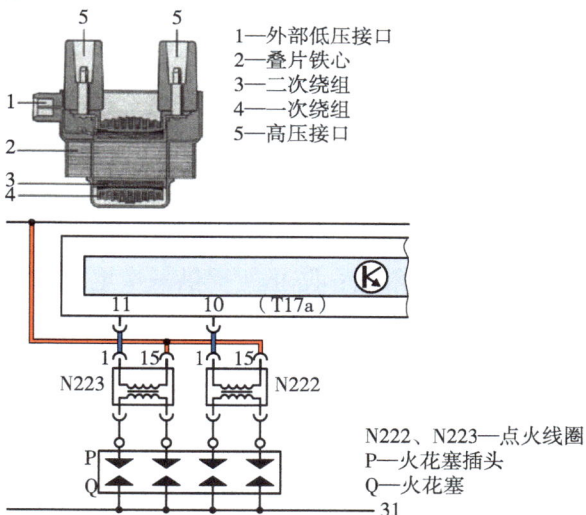

1—外部低压接口
2—叠片铁心
3—二次绕组
4—一次绕组
5—高压接口

N222、N223—点火线圈
P—火花塞插头
Q—火花塞

每个点火线圈都配有两个火花塞。

该系统适用于气缸数为偶数的发动机。在两个气缸的火花塞上同时产生点火火花，一个气缸在压缩行程中产生，另一个气缸在排气行程中产生。在四缸发动机中，每次总是气缸1和气缸4或气缸3和气缸2同时点火。控制单元根据曲轴位置传感器的信号变化识别出必须控制哪个点火线圈。在压缩行程中产生的点火火花需要较高点火电压，在排气行程中产生的点火火花需要较低点火电压。根据电流方向规定，在一个火花塞上点火火花从中心电极跳向接地电极，在另一个火花塞上点火火花从接地电极跳向中心电极。

学习领域
7

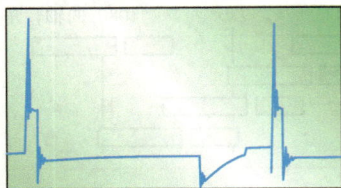

单火花点火线圈的标准示波图	双火花点火线圈的标准示波图
标准示波图 带有高压二极管的EFS 	主火花和辅助火花 所有正信号的示波图 复合信号示波图
这些示波图与第154页上所示的标准示波图相同。一次电路闭合后，在一次绕组上建立的磁场就会在二次绕组上感应出3~5kV电压并振荡叠加。一旦磁场的建立结束，感应电压就会为零。	每次点火时都会产生两个极性不同的点火火花。正负点火电压的叠加产生一个作为评价点火过程基础的复合信号。

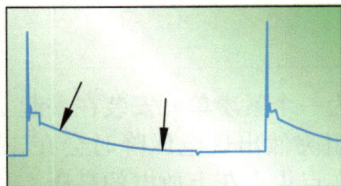

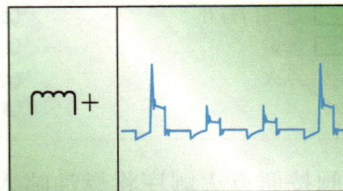

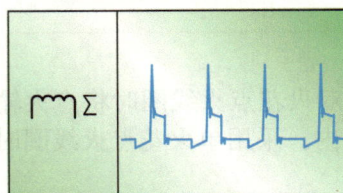

引爆输出极有一次电流限制和一次电压限制：

·一次电流限制：将一次电流限制在一个规定值上，以便限制点火线圈和输出极的热负荷。

·一次电压限制：防止所提供一次电压增加过高，从而防止对高压部件造成损坏。

根据 OBD（车载诊断系统，参见学习领域8）相关规定，需要点火断火识别功能。

点火断火识别功能应：

·确定点火断火，

·关闭相应气缸的喷射阀。

·向驾驶员发出与废气有关的故障信号。

发生点火断火时还会出现曲轴运转波动情况。

发动机管理系统借助曲轴标记齿轮和转速传感器监控曲轴运行特性。

1.2.2.6　附加功能

怠速转速调节

必须通过怠速调节确保发动机内产生的曲轴和气门机构摩擦功率（内部负荷）及空调系统等辅助总成的摩擦功率、自动变速器所挂挡位、主动转向助力系统（外部负荷）等不会使怠速转速大大降低或发动机运转不平稳甚至熄火。怠速转速调节必须使产生和消耗的功率之间达到平衡。它向计算进气、混合气和点火提前角的转矩协调装置提出转矩要求并规定一个在相应运行条件下可达到所需转速的转矩。

过量空气系数调节系统

内燃机废气含有的有害物质可通过过量空气系数调节的化学转换过程消除。过量空气系数调节系统由以下部分组成

- 汽油喷射系统，
- 废气催化转换器，
- 氧传感器，
- 集成在发动机控制单元内的过量空气系数调节器。

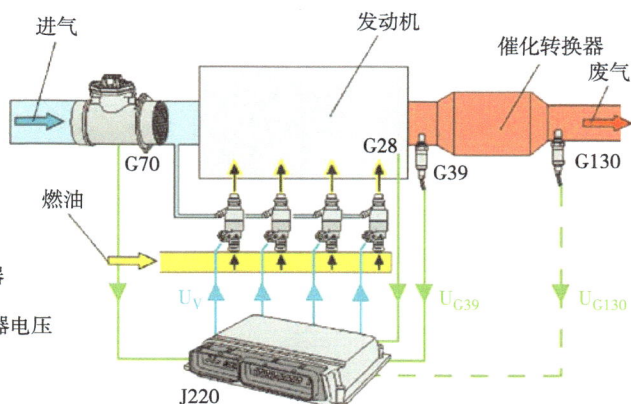

进气　发动机　催化转换器　废气

G28—发动机转速传感器
G39—催化转换器的氧传感器
G70—空气质量流量计
U_{G39}—催化转换器前氧传感器电压
U_{G130}—催化器后传感器电压
U_V—喷射阀控制电压

G70　G28　G39　G130
燃油　J220

三元催化转换器

在催化转换器内对废气进行再处理并通过化学方法将有害物质转换为无害物质。催化转换器由能够加速或减缓化学反应但自身又不会消耗的材料所组成。

催化转换器的基体由耐高温的镁铝硅酸盐组成，采用圆形或椭圆形横截面的圆柱体形式。多个平行通道沿流动方向从中穿过。在基体上带有促使其成为催化转换器的贵金属铂、铑或钯。

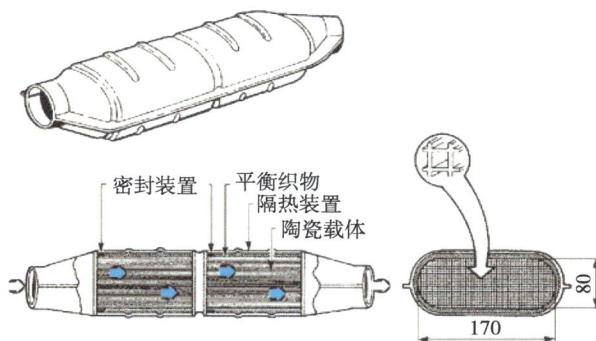

密封装置　平衡织物　隔热装置　陶瓷载体
80　170

催化转换器前的废气

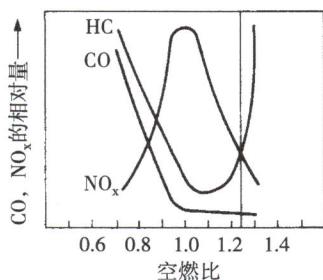

HC　CO　NOx
CO，NOx的相对量
0.6　0.8　1.0　1.2　1.4
空燃比

废气中有害物质的浓度取决于空燃比 λ 。CO和HC随着空燃比的提高而减少。λ =1时，这些有害物质的含量较少。氮氧化物在浓混合气范围（ λ <1 ）内良好，但会随着空燃比的提高而增加。λ =1时，氮氧化物浓度达到较低的水平。

催化转换器

N_2　CO_2　H_2O　CO_2
NO_x　HC　CO
催化转换器层
中间层
金属载体

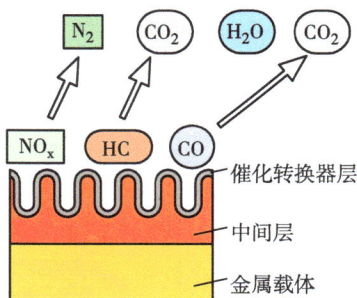

- 铂可加速将碳氢化合物（CH）氧化为水（H_2O）和二氧化碳（CO_2），
  由一氧化碳（CO）氧化为二氧化碳
- 铑可将氮氧化物（NO_2）还原为氮气（N_2）和二氧化碳（CO_2）
  （中间层：多孔式中间层可增大催化转换器面积。）

催化转换器后的废气

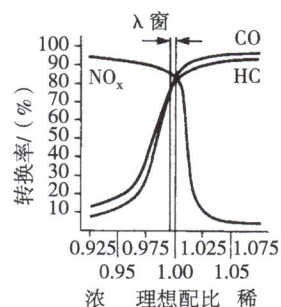

λ 窗
CO
NO_x　HC
转换率／（%）
0.925　0.975　1.025　1.075
0.95　1.00　1.05
浓　理想配比　稀

如果在过量空气系数调节回路内空燃比始终保持在 λ 窗内，催化转换器可将有害物质最多减少90%。

只有运行温度达到250℃时才会进行有害物质的转换。适用于高转换率和高使用寿命的理想运行温度为400~800℃。

学习领域 7

氧传感器

工作原理

废气　外部空气

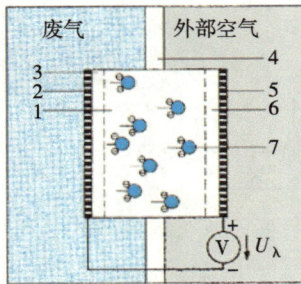

1—电解质
2—电极，废气侧
3—边界区，废气侧
4—隔板（排气管）
5—电极，空气侧
6—边界区，空气侧
7—带有两倍负电荷的氧离子

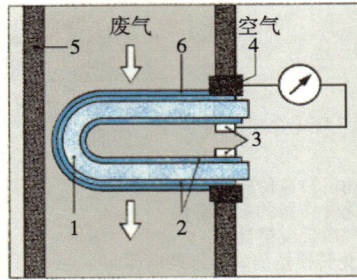

废气　空气

1—传感器陶瓷
2—电极
3—触点
4—壳体触点连接
5—排气管
6—陶瓷保护层（多孔）

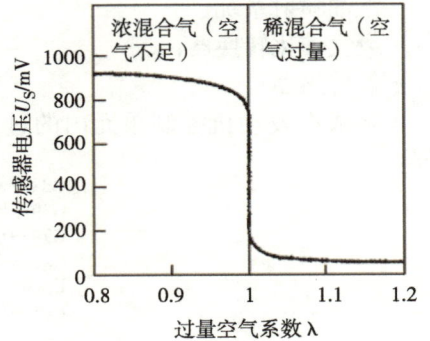

浓混合气（空气不足）　稀混合气（空气过量）

传感器电压U_s/mV

过量空气系数 λ

氧传感器原则上由以下部件组成：
·废气流中由铂制成的多孔电极，
·外部空气中由铂制成的多孔电极，
·由固体陶瓷制成的电解质（二氧化锆）。

陶瓷材料自 300℃起可传导氧离子。如果两个电极上的氧气含量不同，就会产生电压。最佳运行温度为 600℃。

恰好在理想配比混合气（λ = 1）时，氧传感器显示出电压跃变。它提供一个表示混合气浓于或稀于 λ =1的信号。

根据废气中的剩余氧气含量，输出电压为：
·浓混合气（λ <1）800 ～ 1000mV，
·稀混合气（λ >1）约100mV。

这些数值适用于 600℃的工作温度。温度较低时，响应时间较长。起动发动机后，陶瓷体温度低于 350℃时，过量空气系数调节系统就会关闭氧传感器。

在实际应用中，氧传感器伸入废气流中，因此一侧电极被废气环绕，另一侧电极则与外部空气接触。

可加热氧传感器

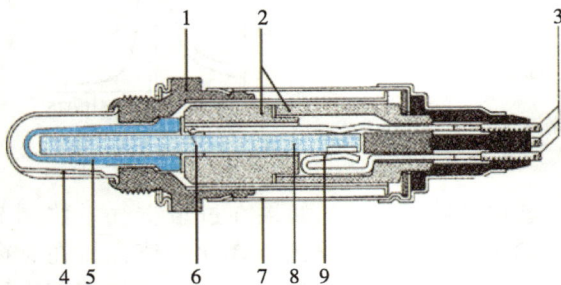

1—传感器壳体
2—陶瓷支撑管
3—连接电缆
4—带有开槽的保护管
5—主动式传感器陶瓷
6—触点部分
7—保护套
8—加热元件
9—加热元件接线端

通过一个内置式加热元件可使传感器迅速加热，从而在起动后20~30s内达到运行温度并执行过量空气系数调节。由控制单元为该加热元件供电。

平板式氧传感器

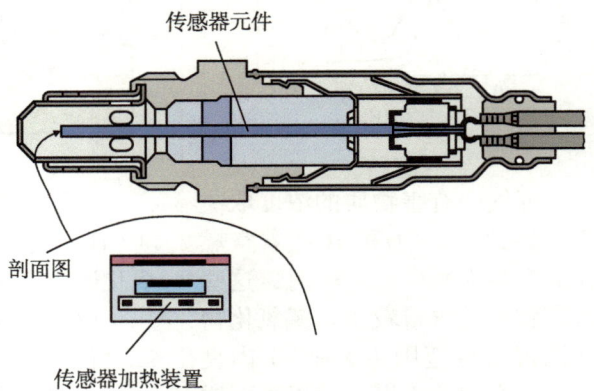

传感器元件

剖面图

传感器加热装置

平板式氧传感器带有一个集成传感器加热装置的传感器元件。虽然加热功率较小，但能迅速达到运行温度。废气温度达到150℃时，传感器加热装置可产生所需的35℃最低温度。

氧传感器

原理图	线路图

平板式氧传感器

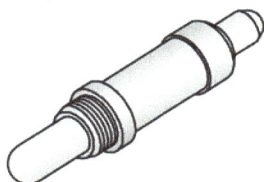

G130

G130—氧传感器

+12V

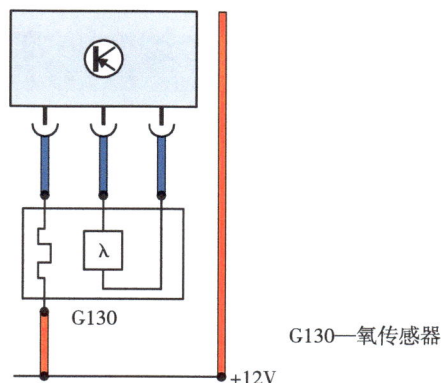

氧传感器失灵

氧传感器（催化转换器前传感器）失灵时不进行过量空气系数调节。通过特性曲线族控制进行应急运行。催化转换器后传感器失灵时，通过宽带氧传感器来继续进行过量空气系数调节。催化转换器的功能无法检查。

过量空气系数调节的工作原理

双点过量空气系数调节

发动机控制单元根据输入信号确定

- 发动机负荷，
- 发动机转速传感器信号，
- 冷却液温度

和喷射时间。控制单元根据氧传感器信号针对过量空气系数调节计算出喷射时间的附加校正系数（增大/减小）。在控制单元内还存储规定发动机不同运行状态的过量空气系数特性曲线族。

进行双点式调节时将氧传感器信号转化为一个双点信号：

- 传感器确定浓混合气（传感器信号约为0.8 V）：使混合气变稀。
- 传感器确定稀混合气（传感器信号约为0.1 V）：使混合气变浓。

通过持续围绕 λ =1的范围波动进行调节，相当于0.45V的电压。

进行过量空气系数调节的前提条件是：

- 传感器温度高于300℃，
- 发动机温度高于50℃，
- 发动机处于怠速和部分负荷范围内。

自适应过量空气系数调节

混合气长时间变稀时，过量空气系数控制回路必须持续使混合气变浓。如果这种状态持续较长时间，控制单元就会针对该负荷范围提高基本喷射量并存储此数值。此时重新产生空燃比 λ =1 的混合气。λ 传感器信号围绕该平均值波动。我们将其称为过量空气系数调节是因为这种调节具有自适应能力和调节能力。

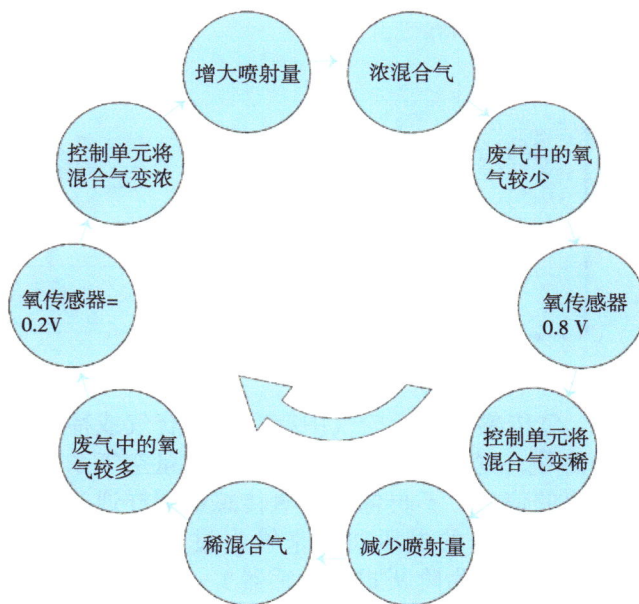

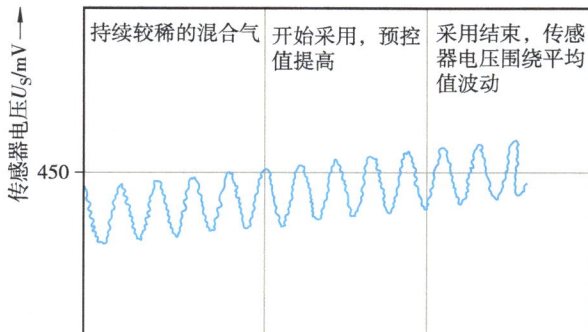

增大喷射量

浓混合气

控制单元将混合气变浓

废气中的氧气较少

氧传感器=0.2V

氧传感器0.8 V

废气中的氧气较多

控制单元将混合气变稀

稀混合气

减少喷射量

学习领域

7

持续较稀的混合气　｜　开始采用，预控值提高　｜　采用结束，传感器电压围绕平均值波动

传感器电压U_S/mV

450

持续调节

可通过一个宽带氧传感器进行持续的过量空气系数调节。通过宽带氧传感器可测定与 λ =1 不同时的混合气成分。因此与双点式调节不同，还能在 λ =0.3~0.7 范围内调节混合气成分。它提供一个持续的电压信号。持续的过量空气系数调节适用于汽油直喷发动机的稀混合气运行模式（参见第 180 页）。

宽带氧传感器

工作原理

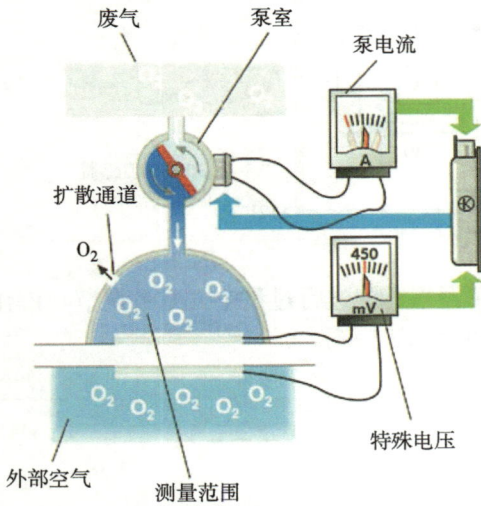

废气　泵室　泵电流

扩散通道

O_2

外部空气　测量范围　特殊电压

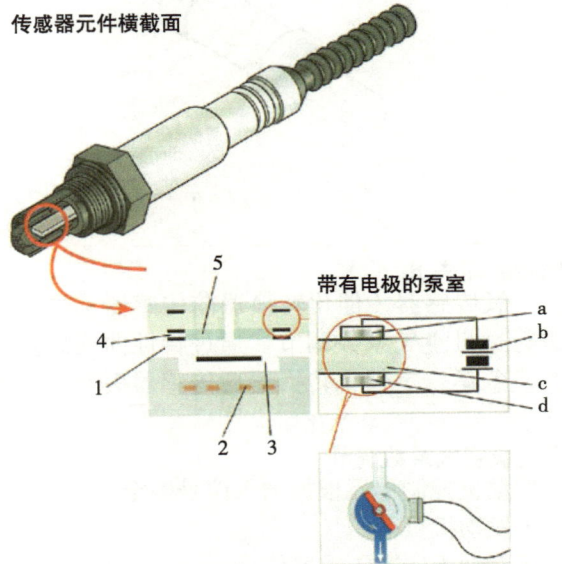

传感器元件横截面

带有电极的泵室

示意图
1—带有电极的Nernst电池
2—特殊加热装置
3—外部空气通道
4—测量范围
5—扩散范围
a—电极（阳极）
b—电源
c—陶瓷
d—电极（阴极）

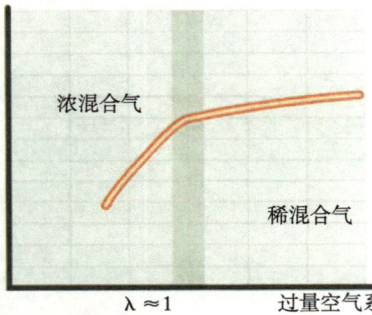

浓混合气

稀混合气

λ ≈ 1　　过量空气系数

━━ 电流强度 I

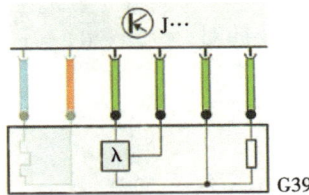

G39

氧传感器显示废气中存在浓混合气或稀混合气信号，宽带氧传感器提供当前过量空气系数实际值的信息。不再像标准氧传感器那样通过一条阶跃式上升的电压曲线来输出过量空气系数值（因此又称为阶跃式氧传感器），而是通过一条几乎线性上升的电流强度曲线来表示。通过这种传感器可调节浓混合气或稀混合气。

宽带氧传感器还有一个电化学电池即所谓的泵室，它为废气侧的电极提供充足氧气从而使两个电极之间的电压恒定保持在 450mV。

泵室根据燃油空气混合气内的氧气含量或多或少地将氧气输入到测量范围。由此改变氧气与外部空气之比和两个电极之间的电压：

· 稀混合气＝废气侧氧气含量较高＝电极之间的电压下降，

· 浓混合气＝氧气含量较低＝电极之间的电压上升。

为使两个电极之间的电压恒定保持在 450 mV，泵室必须

· 在稀混合气时将较少氧气输入到测量范围（较小的泵功率），

· 在浓混合气时将较多氧气输入到测量范围（较大的泵功率）。

由发动机控制单元将泵的耗电量换算为一个过量空气系数值。

催化转换器前传感器失灵

催化转换器前传感器失灵时不会进行过量空气系数调节且禁止过量空气系数自适应。燃油箱通风系统进入应急运行模式，禁止二次空气和催化转换器诊断。发动机控制单元以应急功能形式进行特性曲线族控制。

双传感器调节

　　由于尾气排放要求更加严格，因此除催化转换器前的氧传感器外，在催化转换器后还装有另一个氧传感器。第一个氧传感器提供混合气制备信号。第二个氧传感器叠加第一个氧传感器的调节信号并监控催化转换器和过量空气系数调节回路。

　　宽带氧传感器作为催化转换器前传感器使用，平板式氧传感器作为催化转换器后传感器使用。

　　由发动机控制单元对两个传感器电压进行比较。如果电压参数与规定值存在偏差，就会将其识别为催化转换器故障并作为故障存储。

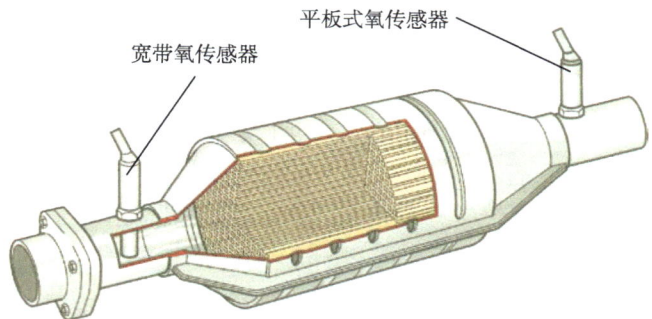

平板式氧传感器

宽带氧传感器

爆燃控制

　　不利的工作条件可能会导致爆燃或敲缸。如果燃油空气混合气除通过点火火花燃烧外还自行点燃且两个火焰前锋互相撞击，就会形成爆燃。低辛烷值燃油、高压缩比、燃烧室内有沉积物、满负荷和冷却不足时都会加剧爆燃趋势。由此会使发动机迅速升温、发动机功率降低、耗油量增加。可通过爆燃控制避免爆燃。

　　为了识别爆燃，在发动机缸体上装有爆燃传感器：

　　·在第2和第3气缸之间有一个爆燃传感器或

　　·在两个气缸列之间有两个爆燃传感器。

　　输入信号包括：

　　·爆燃传感器信号，

　　·霍尔传感器信号，

　　·发动机温度。

　　由爆燃引起的振动在爆燃传感器内转化为电压信号并传输给发动机管理系统。在该系统中对每个气缸的爆燃识别信号进行分析。爆燃会导致相关气缸朝"延迟"方向调节点火时刻。如果不再出现爆燃，就会朝"提前"方向逐渐调节点火时刻，直至达到所存储特性曲线族的点火提前角。

　　借助霍尔传感器分缸识别爆燃信号。

　　针对各缸的爆燃调节称为分缸爆燃调节。

　　分缸爆燃调节可在不考虑燃油质量、压缩比、发动机老化情况下使各个气缸在其整个使用过程中几乎所有运行条件下都能以接近爆燃限值的方式运行。

　　针对各个气缸得出的不同爆燃限值以及新的点火时刻和取决于运行时刻的点火延迟调节都存储在RAM的点火特性曲线族内并根据变化的发动机运行条件进行调节（自适应爆燃调节）。

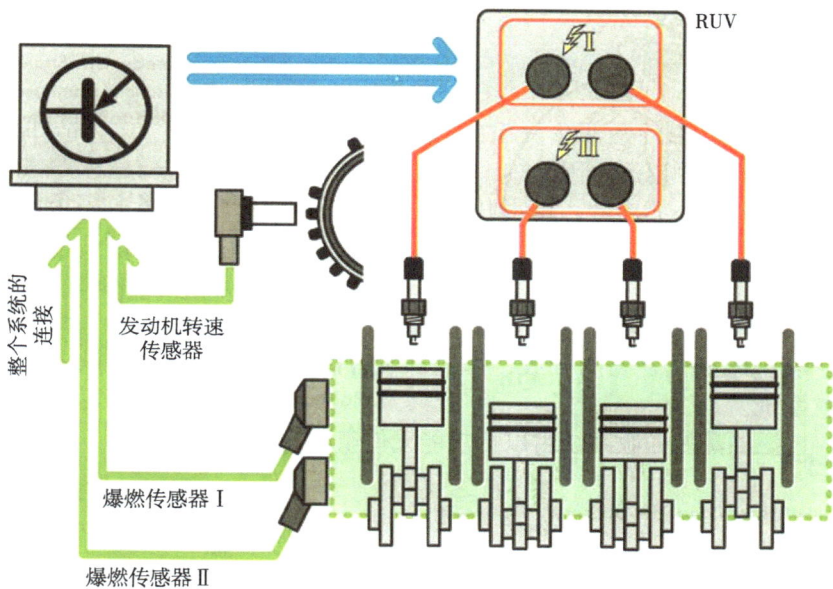

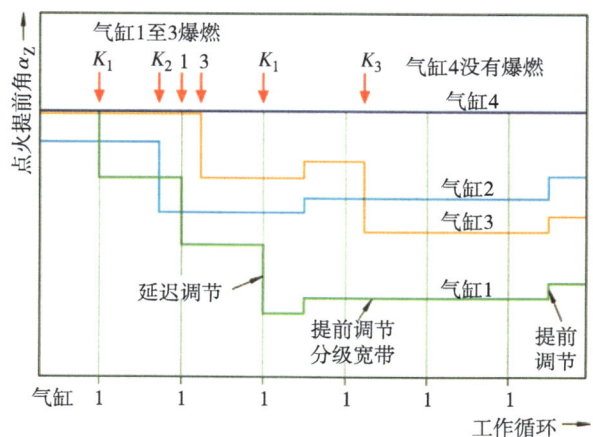

RUV

整个系统的连接

发动机转速传感器

爆燃传感器 Ⅰ

爆燃传感器 Ⅱ

学习领域

7

点火提前角 α_Z

气缸1至3爆燃

K_1　K_2 1 3　K_1　K_3　气缸4没有爆燃

气缸4

气缸2

气缸3

延迟调节

气缸1

提前调节分级宽带

提前调节

气缸　1　　1　　1　　1　　1

工作循环

爆燃传感器

原理图

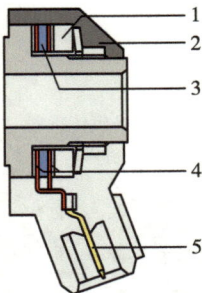

1—振动测量质量
2—浇铸材料
3—压电陶瓷
4—触点
5—电气接口

线路图

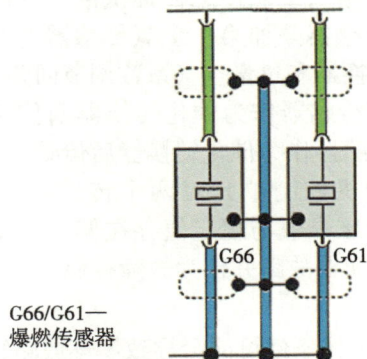

G66/G61—
爆燃传感器

工作原理

爆燃时产生的振动由爆燃传感器内的压敏压电元件（石英晶体）测量并转化为交流电压。

爆燃传感器失灵：

某一爆燃传感器失灵时就会减小相应气缸的点火提前角。所有爆燃传感器都失灵时，发动机管理系统就会进入爆燃调节应急运行模式并统一减小各气缸的点火提前角。此时无法继续提供全部发动机功率。

燃油蒸发回收系统

燃油箱中的燃油蒸发出碳氢化合物（HC 排放物）。燃油因以下原因受热时会加剧这种现象

- 吸收外部热量，例如阳光照射，
- 发动机热量使燃油循环回路中的过量燃油受热。

法律明确规定了蒸发排放的相关限值。为了减少有害碳氢化合物的排放，车辆都装有燃油蒸发回收系统。

燃油蒸发回收系统由以下功能元件组成：

- 活性炭罐

从活性炭罐处引出一条通风管路连接燃油箱、一条管路连接进气管、还有一条管路通过关断阀与外部大气接通。罐中装有可存储燃油的活性炭。

- 再生阀

再生阀由发动机控制单元控制。它将燃油蒸气流定量输送给进气管。

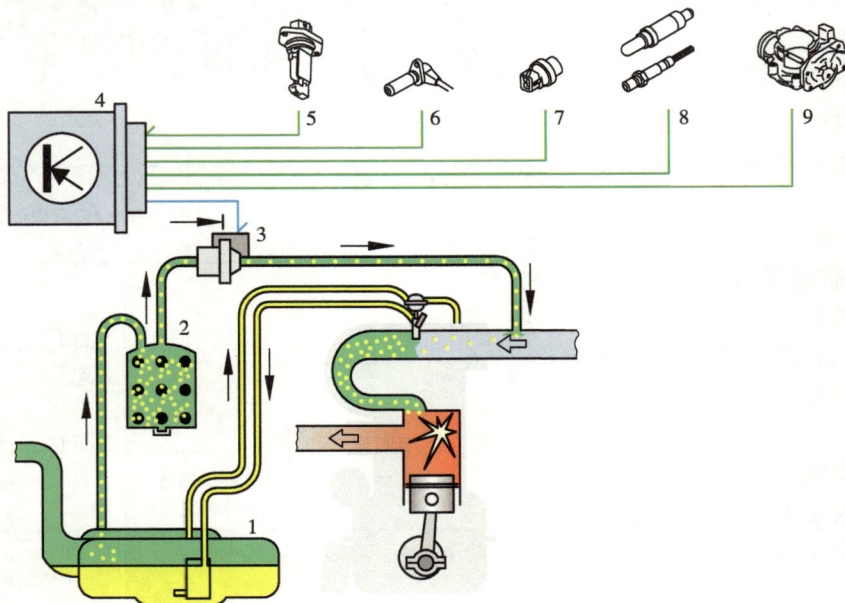

1—燃油箱
2—活性炭罐
3—活性炭罐电磁阀（再生阀）
4—发动机控制单元
5—空气质量流量计
6—转速传感器
7—发动机出口处的温度传感器
8—氧传感器
9—节气门控制单元

燃油蒸气从燃油箱流至活性炭罐。并存储在活性炭内。为使活性炭能够再生，由发动机控制单元控制再生阀。发动机运转时进气管内产生的真空使外部空气通过关断阀从活性炭中流过。空气带走存储的汽油蒸气并通过进气管将其供于燃烧使用。

再生阀定期关闭。启用再生功能时，再生流是过量空气系数调节的一个干扰参数。因此 ME-Motronic 根据最后一个再生循环准确计算出扫气流并按照工作点控制再生阀从而使过量空气系数偏差较小。未启用过量空气系数调节功能时只允许较小再生量，在滑行模式下滑行断油时再生阀会突然关闭。

二次空气系统

在暖机运行阶段，废气中未燃烧的碳氢化合物比例增高。催化转换器无法处理这部分碳氢化合物，因为它还未达到运行温度而且必须存在 $\lambda = 1$ 的混合气中。通过在排气门后进行扫气可使废气中的氧气变浓，可进行再燃烧。催化转换器通过再燃烧的热量可以迅速达到其运行温度。二次空气系统仅在两种运行状态下启用：

· 冷起动，
· 热起动后的怠速运行。

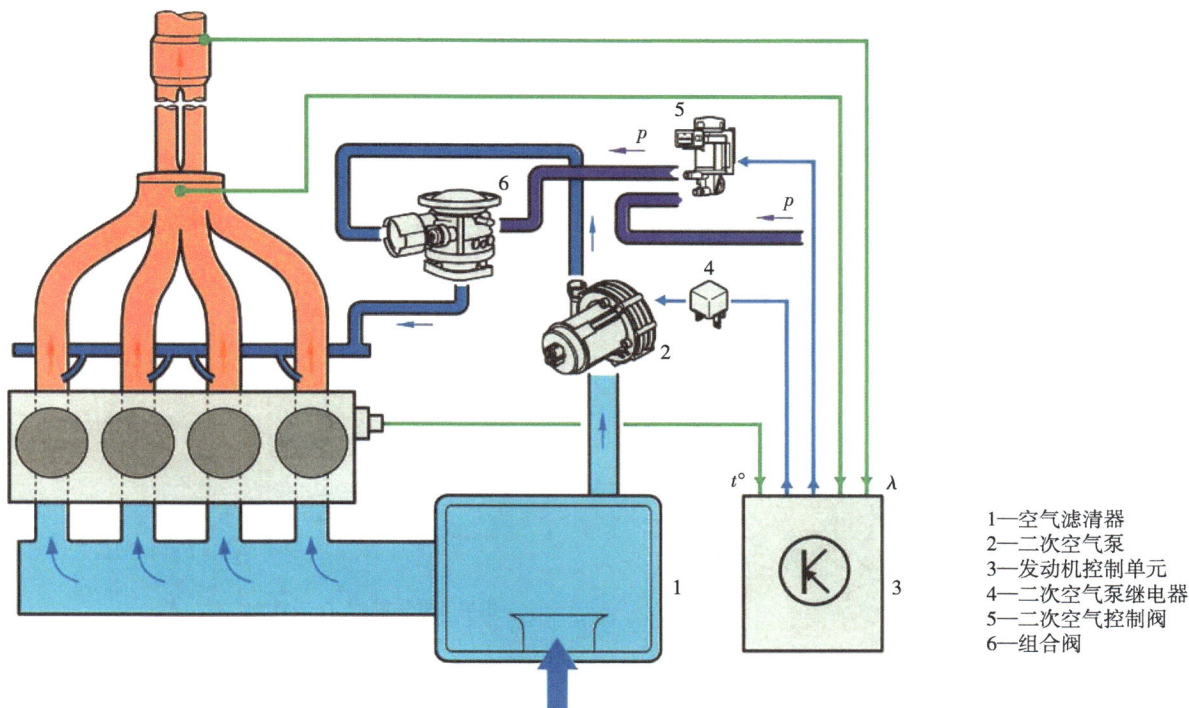

1—空气滤清器
2—二次空气泵
3—发动机控制单元
4—二次空气泵继电器
5—二次空气控制阀
6—组合阀

发动机控制单元处理以下输入信号：
· 氧传感器，
· 冷却液温度，
· 发动机负荷，
· 发动机转速，
并通过二次空气继电器控制二次空气泵，同时控制二次空气扫气阀。

二次空气阀借助真空操作组合阀。二次空气泵短时间将经过过滤的空气输送至排气门后。

组合阀可防止在二次空气系统未启用状态下高温废气进入二次进气泵中。从部分负荷阶段起就会关闭二次空气系统。

可变进气管

换气过程也会受到进气管长度的影响。活塞在进气行程中向下运动时会使进气管内产生周期性的压力振动，即空气柱在进气系统内往复振动。这些压力振动在所谓的振荡管增压装置内被可变进气管用于提高新鲜空气进气量。称之为自然吸气。

可变进气管可

· 在低转速范围内借助一根较长进气管获得较大转矩，

· 在高转速范围内借助一根较短进气管获得较高功率。

可变进气管的主要组成部分包括主集气管、功率集气管以及由长进气管切换为短进气管的切换轴或切换风门。

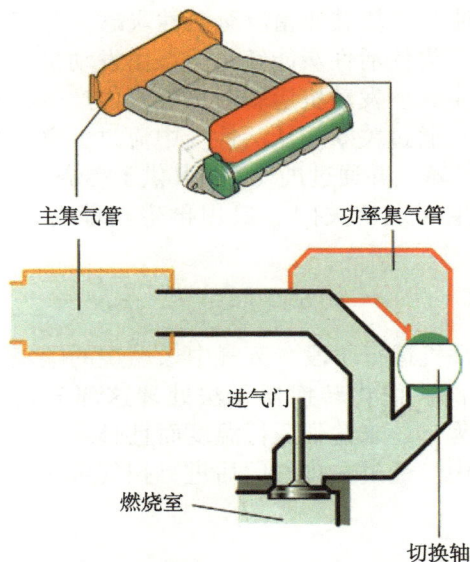

发动机转速低于4000r/min时的切换轴位置	发动机转速高于4000r/min时的切换轴位置

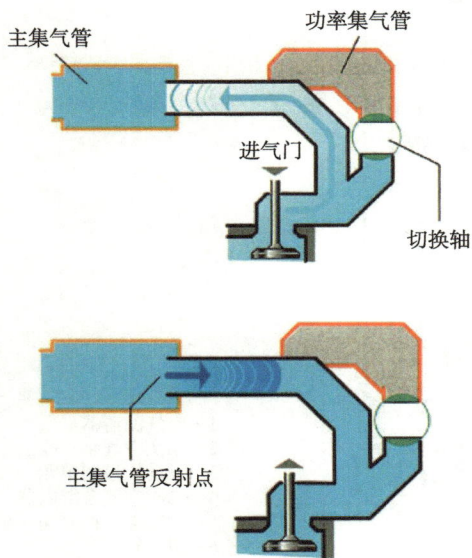

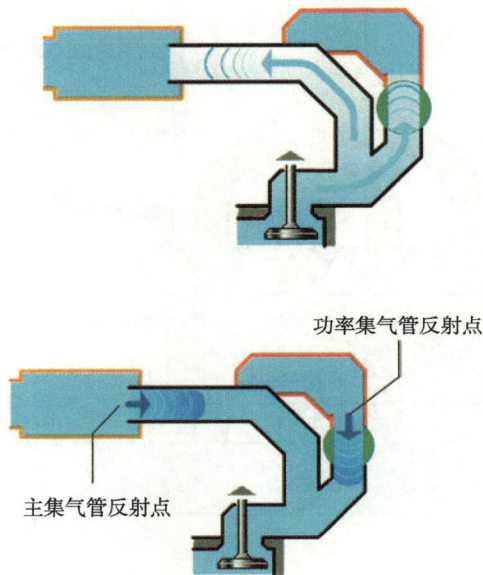

打开进气门后，在进气管内形成一个以高速从进气门流向主集气管的真空波。在集气管内的空气压力高于振荡管敞开端的真空压力。真空波进行反射，带走集气管内的空气并以压力波形式返回进气门。进气管长度与发动机匹配良好时，最大压力就会在节气门即将关闭前到达其进气口处。

压力波可使更多空气进入气缸，即改善气缸进气。

随着转速的不断提高，空气能够通过打开的进气门流入气缸，时间间隔就会越来越短。转速超过4000r/min时，切换轴就会接通连至功率集气管的通道。进气波与压力波通往进气门的通道变短。功率集气管在进气门关闭时得到充气。进气门打开后，进气管内的真空波就会扩散。真空波到达功率集气管管端的时间早于到达主集气管管端的时间。真空波在功率集气管内反射流向进气门并在进气门关闭前及时抵达进气口。从主集气管处过迟到达的真空波被关闭的进气门反射并充满功率集气管。

定速巡航控制系统（GRA）

通过定速巡航控制系统，驾驶员可设置30 km/h以上的车速。无需驾驶员施加影响即可保持设定车速。

通过操纵杆可触发以下功能：

· 设置：接受并保持该车速。
· 加速：加速并保持该车速。

· 减速：减速并保持该车速。
· 恢复：以存储的目标车速行驶。
· 点动提速：逐步提高设定车速
· 点动降速：逐步降低设定车速。
· 通过主开关或点动功能关闭开关，关闭调节装置。

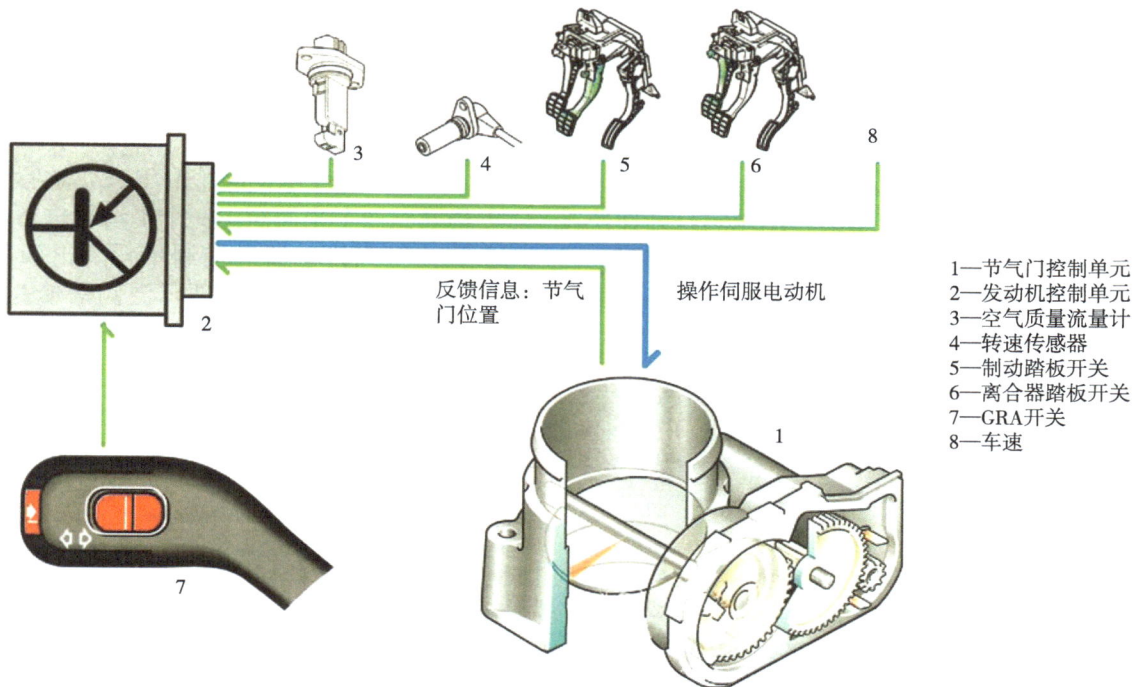

反馈信息：节气门位置

操作伺服电动机

1—节气门控制单元
2—发动机控制单元
3—空气质量流量计
4—转速传感器
5—制动踏板开关
6—离合器踏板开关
7—GRA开关
8—车速

发动机控制单元处理以下输入信息

· 发动机转速，
· 发动机负荷，
· 车速，
· "制动踏板已踩下"信号，
· "离合器踏板已踩下"信号，
· GRA 开关的接通和关闭信号。

发动机控制单元同时控制节气门控制单元。节气门控制单元根据设定车速打开或关闭节气门。

车速信号是一个由组合仪表处理的方波信号，信号频率随车速相应变化。如车轮每转一圈，组合仪表就会发出四个脉冲。

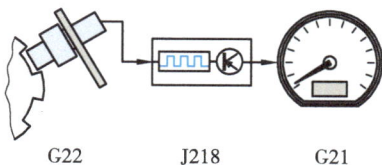

G22   J218   G21

D+15—点火开关，总线端15
G21—车速表
G22—车速表传感器
J218—组合仪表的组合仪表处理器

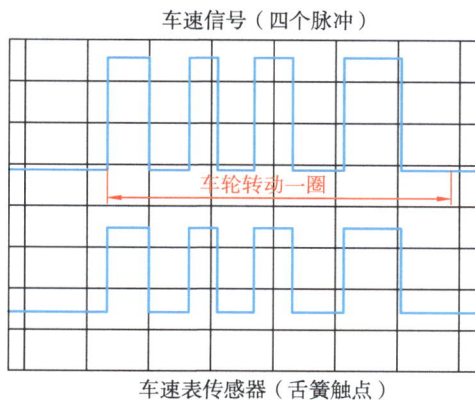

车速信号（四个脉冲）

车轮转动一圈

车速表传感器（舌簧触点）

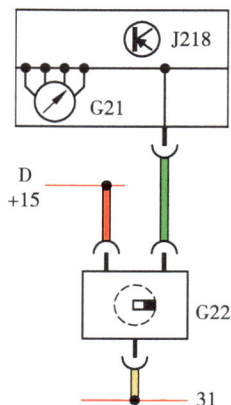

J218

G21

D +15

G22

31

学习领域

7

1.2.2.7   补充功能

废气再循环

吸入燃烧室内的空气包含氧气和大量氮气。在高温高压下形成氮氧化物并通过排气管进入到大气中。通过废气再循环可将废气混入燃油空气混合气中，气缸获得较小的新鲜空气进气量。由于废气不参加燃烧过程，因此可降低燃烧温度从而产生较少氮氧化物。

发动机控制单元根据
- 发动机负荷，
- 发动机转速，
- 发动机温度控制废气再循环阀从而规定开启截面。一部分废气流通过新鲜空气阀进行输送。

为了控制废气再循环阀使用：

气动系统	电子系统
废气再循环（AGR）阀由控制单元控制。它将真空从进气管引至AGR阀，AGR阀打开并使废气流入进气管。在此废气计量并不完全精确，因此废气再循环量较大时可能会导致行驶性能变差并提高HC排放量。	废气再循环电动阀（AGR-E）运行更迅速、更精确。一个止回阀由一个电动机进行操作。一个非接触式传感器向控制单元发出阀门位置信号。AGR-E安装在发动机低温侧紧靠集气管前，因为通过相应设计可避免阀门布满炭烟和机油蒸气。

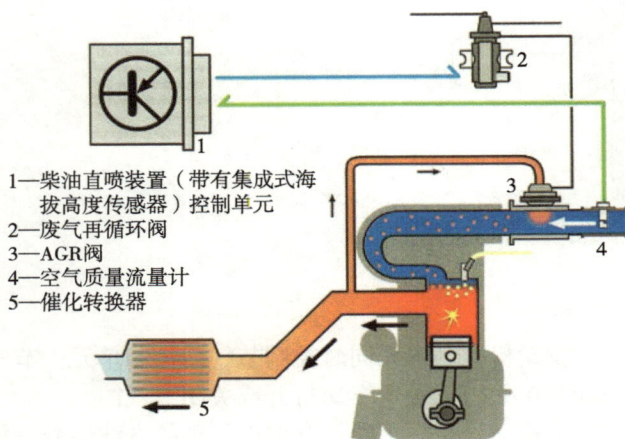

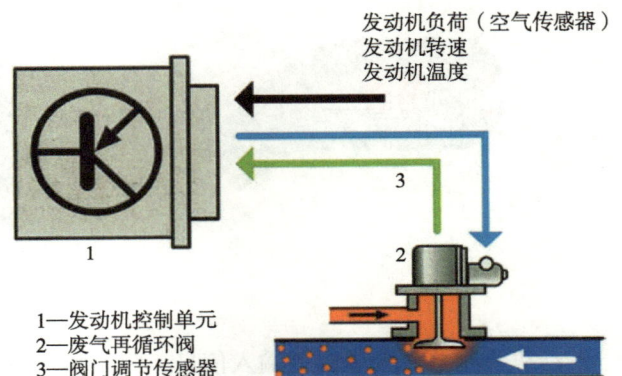

1—柴油直喷装置（带有集成式海拔高度传感器）控制单元
2—废气再循环阀
3—AGR阀
4—空气质量流量计
5—催化转换器

发动机负荷（空气传感器）
发动机转速
发动机温度

1—发动机控制单元
2—废气再循环阀
3—阀门调节传感器

通过使汽油发动机约10%的废气（在柴油发动机中将近40%）再循环进入进气歧管，可降低燃烧室内产生的温度和压力。该措施可降低取决于温度的氮氧化物排放量。提高废气再循环率会导致HC排放量增加。

发动机达到运行温度时在部分负荷范围内进行废气再循环。

AGR系统在冷起动、暖机、满负荷和加速时不工作，因为在浓燃油空气混合气时产生的氮氧化物较少。在怠速运转时也会关闭系统，以确保发动机平稳运转。

凸轮轴调节装置

凸轮轴调节装置的任务是，针对怠速运转、最大功率和最大转矩这些运行状态调节到最佳气门配气相位。

叶片调整器调整进气和排气凸轮轴。例如，进气凸轮轴的调节角为52°曲轴转角，排气凸轮轴的调节角为22°曲轴转角。叶片调整器以液压方式工作，通过配气齿轮罩与发动机油循环回路相连（另见学习领域6）。

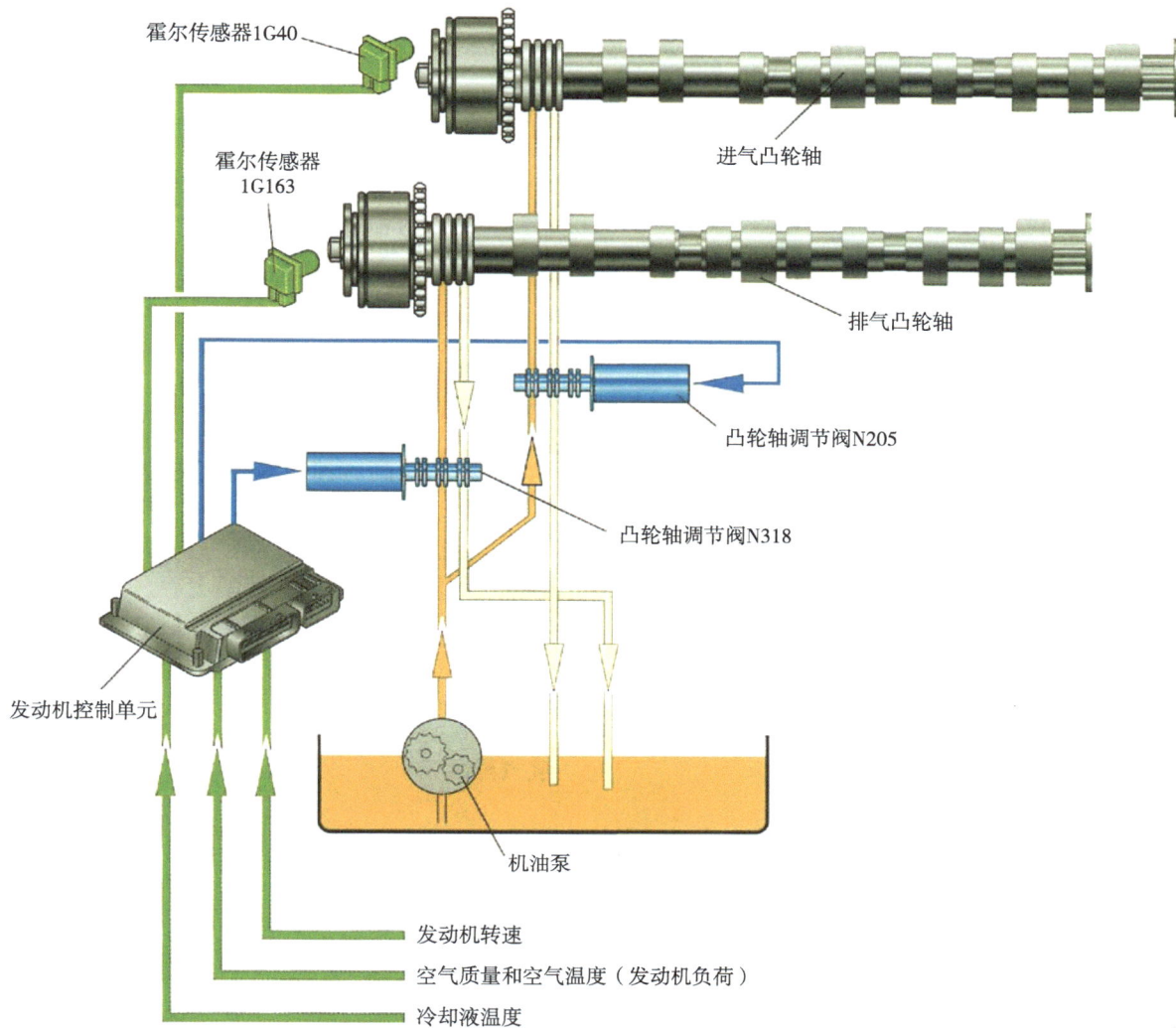

霍尔传感器1G40

霍尔传感器1G163

进气凸轮轴

排气凸轮轴

凸轮轴调节阀N205

凸轮轴调节阀N318

发动机控制单元

机油泵

发动机转速

空气质量和空气温度（发动机负荷）

冷却液温度

为了进行凸轮轴调节，发动机控制单元需要以下信息

- 凸轮轴和曲轴位置，
- 发动机转速，
- 发动机负荷，
- 发动机温度。

据此，根据存储在控制单元内的一个特性曲线族对凸轮轴调节进行计算。

对进气凸轮轴进行无级调节。排气凸轮轴调整器每次只能通过发动机控制单元移动到限位位置。

凸轮轴调节系统具有自适应能力。因此可以补偿发动机机械机构内的公差和磨损。发动机控制单元根据转速传感器和霍尔传感器信号检查进气和排气凸轮轴的怠速位置。如果实际值与存储的规定值不符，就会在下次进行凸轮轴调节时重新调节为规定值。

学习领域

7

凸轮轴调节装置

怠速运转

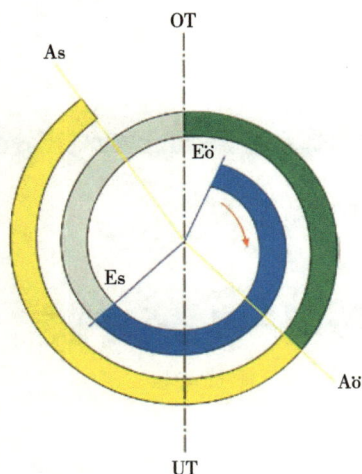

将凸轮轴调节到
· 进气门延迟开启因此也延迟关闭，
· 排气门在上止点前很远处关闭。
由于剩余气体量较小，因此进行燃烧时的怠速运转比较稳定。

功率

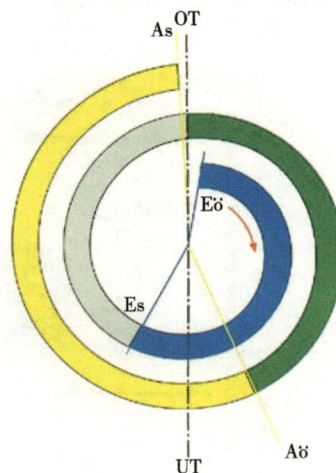

为了在高转速时获得良好功率，按照如下方式调节凸轮轴：
· 使排气门延迟开启。这样可使燃烧产生的气体压力长时间作用在活塞上。
· 使进气门在上止点后开启并在下止点后延迟关闭。这样可使流入气缸的空气后续充气效果用于提高功率。

转矩

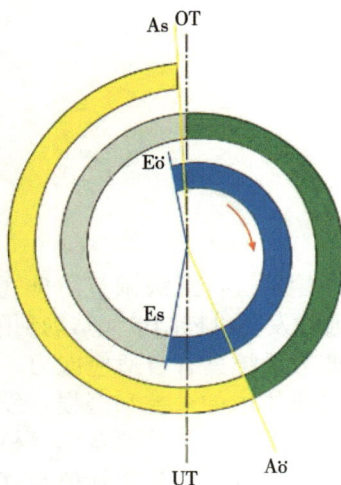

最大转矩需要较高气缸充气量。因此
· 使进气门提前开启从而提前关闭，由此避免排出新鲜空气。
· 使排气门在接近上止点前关闭。

废气再循环

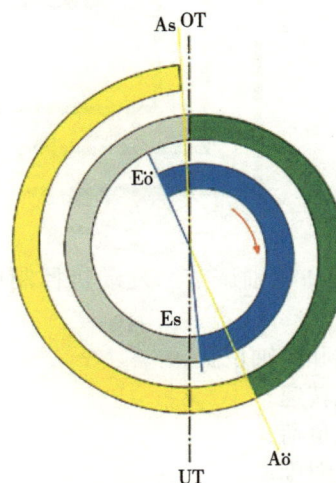

为了达到气门重叠即进气门和排气门都打开，将凸轮轴调节到
· 进气门在上止点前很远处开启，
· 排气门在上止点前附近时才关闭。
通过气门重叠实现内部废气再循环。
配气相位与发动机和发动机管理系统匹配。

1.3 通过以客户为本实现质量保证要求

·客户委托：耗油量过高

客户地址：

Horst Schaefer 女士 Dachsbergstr.5 65201 Wiesbaden	

委托编号： 0013

客户编号： 15123

委托日期： 2004年11月23日

车型	牌照号	车辆识别号	KBA代码	里程数/km
VW–Lupo	VV–HK 111		0603 632	25000

注册登记日期	发动机代码	接待人	电话号码
2003年4月	ARR	Schmidt	0611/32134

项目	工作单位	时间	工作描述	价格
01			耗油量过高	

交车时间：2004年11月24日，16：00点

此委托是在明确确认"车辆、总成以及零部件工作和费用估算条件"之后签发并交给本人的。

学习领域

7

车辆终检

日期	时间	验收人	里程数/km

Horst Schaefer

客户签名

1.4 通过系统知识实现质量保证要求：汽油直喷发动机管理系统

1.4.1 以控制转矩为主的汽油直喷发动机管理系统（MED–Motronic）

系统概览

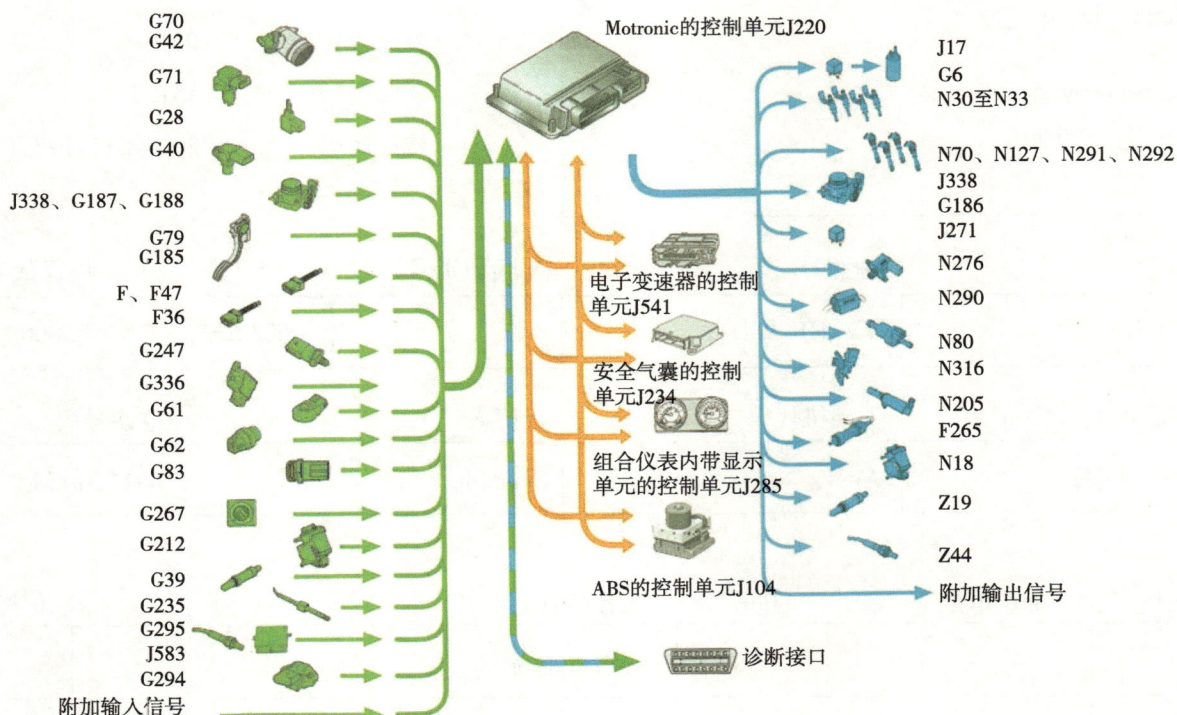

传感器		执行机构	
空气质量流量计G70	进气管风门电位器G336	燃油泵继电器J17	特性曲线族控制式发
进气温度传感器G42	爆燃传感器G61	燃油泵G6	动机冷却系统节温器
进气管压力传感器G71	冷却液温度传感器G62	喷射阀N30至N33	G265
发动机转速传感器G28	散热器出口冷却液温度	点火线圈1~4:N70，N127，	废气再循环阀N18
霍尔传感器G40	传感器G83	N291，N292	氧传感器加热装置Z19
节气门控制单元J338	旋钮温度选择电位器G267	节气门控制单元J338	NOx传感器加热装置
和两个角度传感器	废气再循环电位器G212	节气门传动装置G186	Z44
G187，G188	氧传感器G39	Motronic的供电继电器J271	附加输出信号
加速踏板位置传感器G79	废气温度传感器G235	燃油压力调节阀N246	
加速踏板位置传感器	NOx传感器G295	燃油计量阀N290	
2 G185	NOx传感器的控制单元	活性炭罐装置电磁阀N80	
制动信号灯开关F	J583	进气管风门空气调节阀	
制动踏板开关F47	制动助力压力传感器	N316	
离合器踏板开关F36	G294	凸轮轴调节阀N205	
燃油压力传感器G247	附加输入信号		

技术说明

- 发动机管理系统：Bosch Motronic MED 7.5.10
- 与Motronic ME 7.5.10的不同之处在于作为附加功能集成了汽油直喷装置且带有一个速度更快的计算机。
- 车载诊断系统增加了其他与废气有关的组件。
- 下面仅介绍与进气管喷射装置的不同之处。

1.4.2　对比：进气管喷射装置（ME-Motronic）与直接喷射装置（MED-Motronic）

采用MED-Motronic的直喷装置与采用ME-Motronic的进气管喷射装置区别如下：

▶ **直喷装置**

在进气行程中，纯空气通过打开的进气门流入燃烧室。燃油直接喷入燃烧室内。在燃烧室内形成混合气。直喷的优点是耗油量降低：最多可减少15%。通过废气排放来设置限值。

▶ **进气系统为每个气缸配置一个进气管风门**

进气管风门根据运行模式控制进入气缸的空气流量。

▶ **需要两个充气传感器来测定充气负荷或发动机负荷**

为了准确测定和控制（空气和废气）质量流量，直喷系统带有两个充气传感器。通过不同方式进行测定：

- 发动机控制单元内的环境压力传感器
- 进气温度传感器

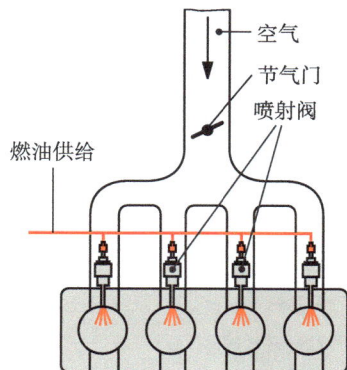

（图：空气、节气门、喷射阀、燃油供给）

或

- 带有检测发动机负荷的进气温度传感器的热膜式空气质量流量计
- 用于结合空气质量流量计数据确定废气质量流量的进气管压力传感器。

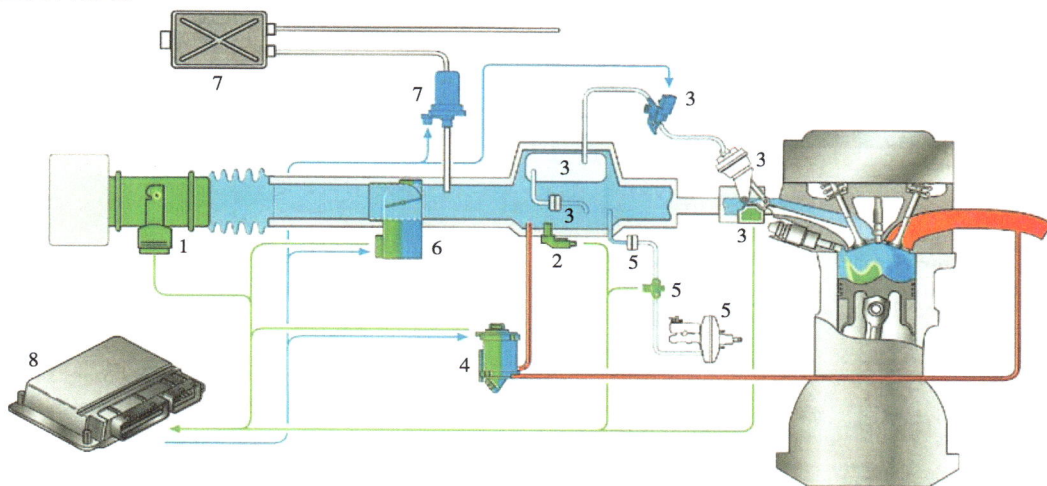

1—带有更准确测定负荷的进气温度传感器（G42）的热膜式空气质量流量计（G70）
2—用于计算废气再循环量的进气管压力传感器（G71）
3—有针对性控制气缸内空气流量的进气管风门控制装置（N316，G336）
4—带有针对高废气再循环率大横截面的废气再循环阀（G212，N18）

5—用于制动真空调节的制动助力压力传感器（G294）
6—节气门控制单元（J338）
7—活性炭罐装置（N80）
8—Motronic控制单元（J220）

进气管风门已操作

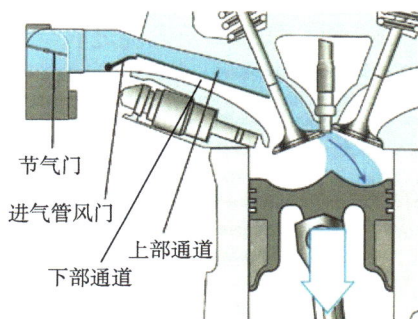

（图示：节气门、进气管风门、上部通道、下部通道）

进气流过上部狭窄通道。流速提高。通过进气通道的特殊结构，进气以回旋方式进入缸内。

进气管风门未操作

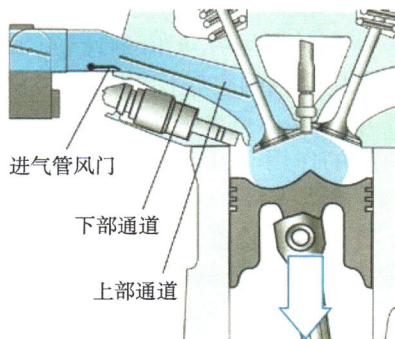

（图示：进气管风门、下部通道、上部通道）

两个通道都打开。由于进气通道横截面较大，发动机可以吸入较高发动机转矩所需的空气质量。

▶ 直喷装置在部分负荷时以分层进气模式运行，在满负荷时以均匀进气模式进行。

运行模式

部分负荷时的分层进气运行模式	满负荷时的均匀进气运行模式

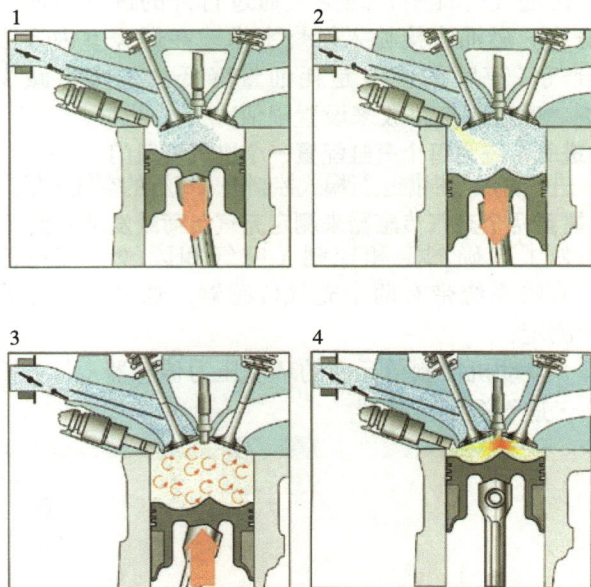

1 节气门　进气管风门　高压喷射阀
2
3
4 混合气雾　空气和输送的废气
5

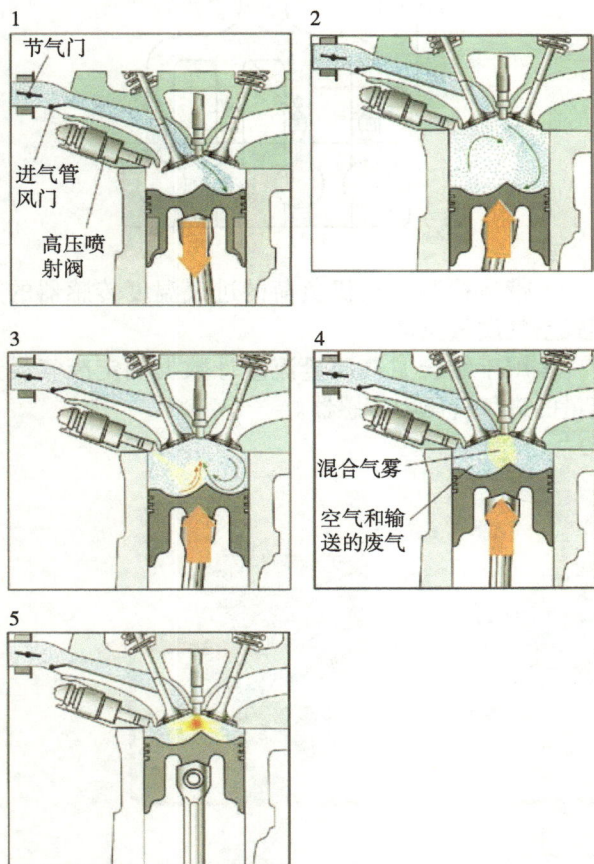

1　**2**
3　**4**

在转速低于3000r/min的低转速范围内，发动机以分层进气模式运行。

节气门开启角度很大，进气管风门将通往气缸的下部通道关闭（1）。进气加速并以回旋形式进入气缸（2）。在压缩阶段即将达到点火时刻时才进行燃油喷射（3）。此时形成混合气雾（4），它通过燃烧室内的回旋气流和向上运动的活塞集中在火花塞区域。由于点火时刻延迟，因此无法在整个燃烧室内分布混合气。混合气非常稀。整个燃烧室内的空燃比为 λ =1.6~3。此后点燃混合气雾（5）。剩余混合气不参加燃烧过程，起到隔热膜的作用。发动机功率由喷射燃油量决定。

由于空气过量程度较高，因此NO_x排放非常高。可通过较高的废气再循环率来解决这一问题。

转矩要求较高时，发动机以均匀进气模式运行。均匀进气模式基本上与进气管喷射装置的燃烧过程相同。根据加速踏板位置打开节气门并打开进气管风门（1）。在进气行程中喷射燃油（2）。进气通道整个横截面打开，吸入全部空气量，较浓的混合气雾均匀分布在燃烧室内。此时形成均匀混合气（λ =1），即混合气均匀分布在燃烧室内（3）。在整个燃烧室内进行燃烧（4）。因此混合气形成及燃烧过程与带有进气管喷射装置的发动机相似。由于燃油在燃烧室内才会蒸发，因此蒸发热量可使缸内气体冷却下来。充气效率提高将近10%，爆燃程度得以降低，因此能够提高压缩比。发动机转矩、耗油量和排放量由点火时刻决定。

在分层进气和均匀进气运行模式之间的过渡区域可通过均匀的稀混合气（约 λ = 1.55 ）驱动发动机运行。

与分层进气运行模式时一样，此时节气门开启角度很大，进气管风门关闭（1）。由此一方面可以减少节气门损失，另一方面也加强了空气在气缸中的流动。在进气行程中，在点火上止点前约 30° 时喷射燃油（2）。通过提前喷射可为点火前形成混合气提供更多时间。

在燃烧室内形成均匀混合气（3）。与均匀进气运行模式时一样，可以自由选择点火时刻。在整个燃烧室内进行燃烧（4）。

在分层进气运行模式与均匀进气运行模式之间进行转换时，就会启用均匀稀混合气运行模式。

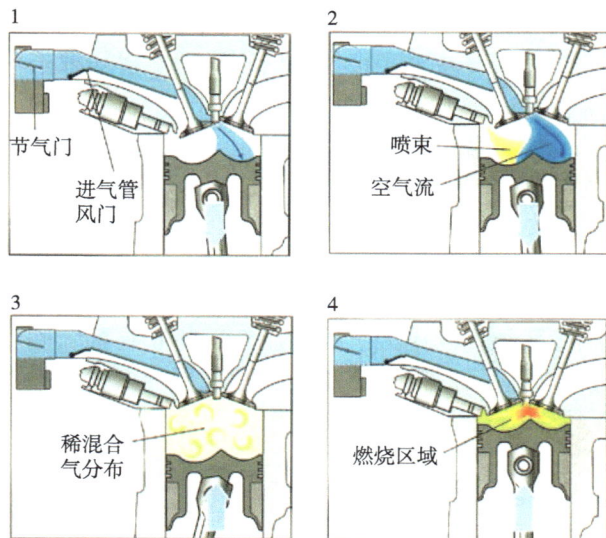

▶ **燃油系统由一个低压循环回路和一个高压循环回路组成**

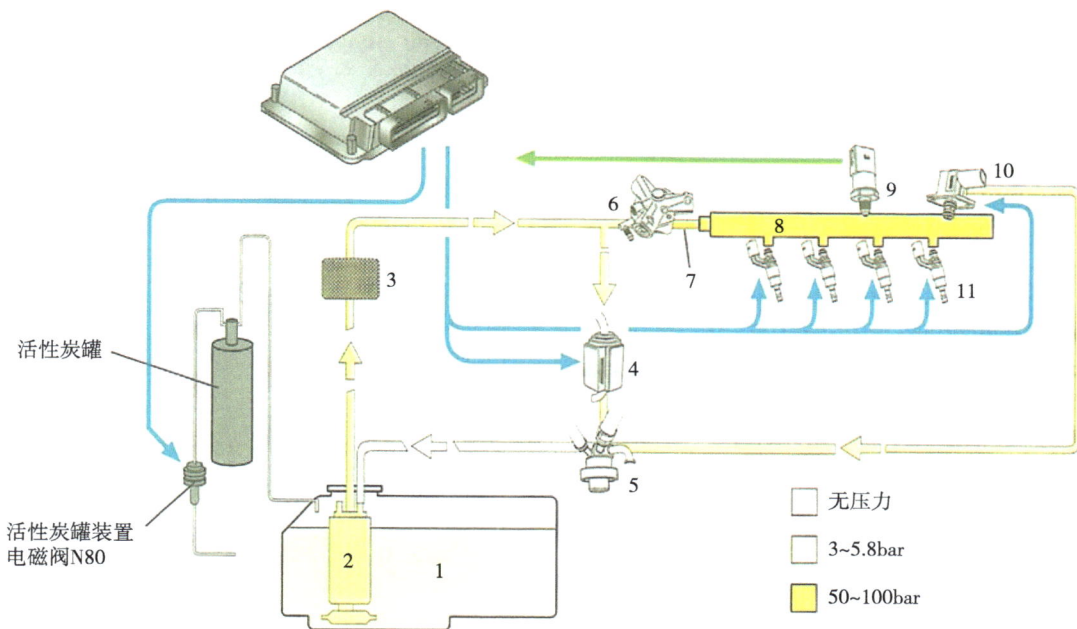

无压力

3~5.8bar

50~100bar

低压燃油系统

　1—燃油箱

　2—电动燃油泵（G6）

　3—燃油滤清器

　4—燃油计量阀（N290）

　5—燃油压力调节器

高压燃油系统

　6—高压燃油泵

　7—高压燃油管路

　8—燃油分配管

　9—燃油压力传感器（G247）

　10—燃油压力调节阀（N276）

　11—高压喷射阀（N30~N33）

学习领域

7

低压循环回路

　　一个电动燃油泵将燃油通过一个滤清器输送至高压泵。

　　燃油温度较高时，在电压泵内有产生气泡的危险。

　　为了防止出现这种情况，在起动和怠速运转时将预压提高至最大5.8bar。为此关闭燃油计量阀以及通往燃油压力调节器的通道。由此提高低压燃油系统内的压力。提高压力可防止在抽吸侧形成蒸气。短时间后燃油计量阀打开，由低压燃油调节器承担调压任务。

高压循环加路

　　高压泵是一个带有三个泵缸或一个泵缸的径向活塞泵。

　　高压泵将通过3~5bar预输送压力提供的燃油压缩至50~120bar高压。

　　承受高压的燃油被输送至高压蓄压器即共轨处。共轨存储燃油并将其分配给各高压喷射阀。它还平衡燃油系统内的压力脉冲。共轨压力传感器可（另见第225页的共轨）测定燃油压力，通过准确保持燃油压力可影响有害物质的排放和噪声的形成。与规定压力存在偏差时，发动机控制单元就会通过一个脉冲宽度调制信号控制燃油压力调节阀。此阀可改变通住回流管路的流体截面面积从而调节燃油压力。

　　高压喷射阀根据所需运行状态围绕火花塞区域集中（分层）喷射燃油或将在整个燃烧室内均匀分布燃油。

高压喷射阀

示意图

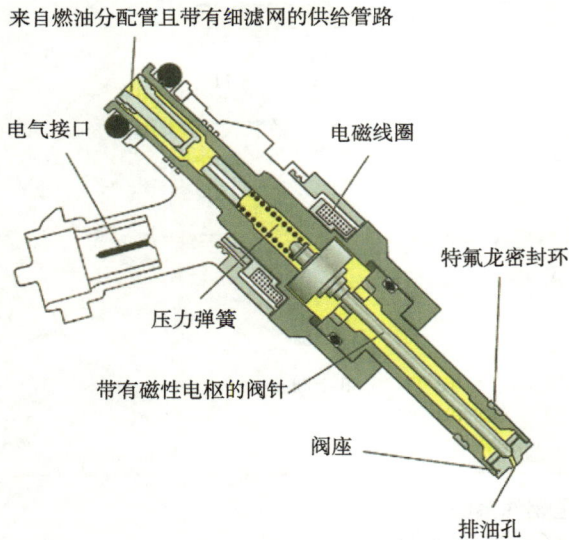

来自燃油分配管且带有细滤网的供给管路
电气接口
电磁线圈
特氟龙密封环
压力弹簧
带有磁性电枢的阀针
阀座
排油孔

控制

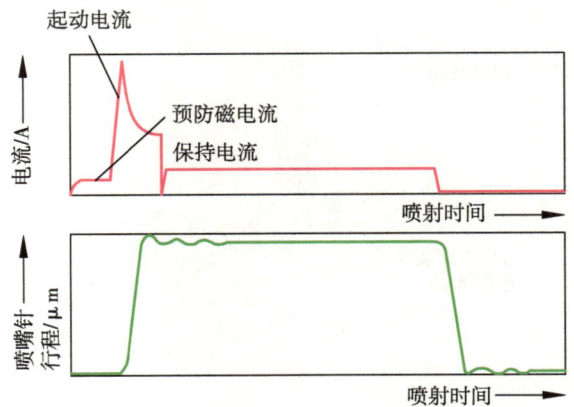

起动电流
电流/A
预防磁电流
保持电流
喷射时间

喷嘴针行程/μm
喷射时间

　　发动机控制单元通过一个功率输出极控制高压喷射阀。电流从线圈上流过。此时产生一个克服弹簧力使喷嘴针抬起的磁场：
- 喷射过程开始时的高电流使喷射阀迅速打开。

- 较小的控制电流使阀针行程保持恒定。阀针行程恒定时：喷射持续时间越长，喷射量越多。

　　切断电流时，弹簧将喷嘴针压到阀座上并切断燃油。

▶ **直喷系统还需要一个NO$_x$催化转换器**

三元催化转换器要求达到理想配比空燃比的混合气。因此它可能无法完全转换在稀混合气运行模式时产生的氮氧化物。氮氧化物排放物在一个 NO$_x$ 存储器催化转换器内进行分解。

NO$_x$存储器催化转换器的结构与三元催化转换器相似：

- 带有铂、钯和铑涂层，
- 存储器材料例如氧化钡存储氮氧化物。

以 $\lambda =1$运行时，NOx存储器催化转换器的工作方式与三元催化转换器相同。在空气过量的稀混合气运行模式时，氮氧化物存储在存储器催化转换器内。其运行温度为300~400℃。一个带有集成式NO$_x$传感器的氧传感器在 NO$_x$ 存储器催化转换器后测定废气中的氮氧化物浓度。

如果催化转换器的存储容量已经用尽，必须清除（再生）和转化所存储的氮氧化物。

为此在不为驾驶员觉察的情况下切换到浓混合气即氧气稀少的混合气运行模式（浓混合气均匀运行模式 $\lambda < 0.8$）。氮氧化物在短时间燃油过量运行模式下还原为氮气、二氧化碳和水并通过排气管排出。

催化转换器后氧传感器测定废气中的氧气浓度，由此识别出再生阶段结束。通过由"稀混合气"向"浓混合气"的电压跃变，控制单元获得再生过程结束信号。

确保NO$_x$催化转换器功能正常的前提条件是使用低含硫量燃油类型，因为较稀废气中所含的硫会与存储器材料氧化钡发生反应。

▶ **带有一个运行模式协调装置的发动机管理系统**

为使计算能力大为提高，需要一个新的方案。与 ME–Motronic 一样，MED–Motronic 也带有一个基于转矩的发动机管理系统。

运行模式协调装置可根据发动机要求切换至另一种运行模式。根据一个运行模式特性曲线族（运行模式与转速和转矩有关）选择运行模式。

在行驶过程中切换运行模式时不会出现转矩跃变，也不会使驾驶员有所觉察。

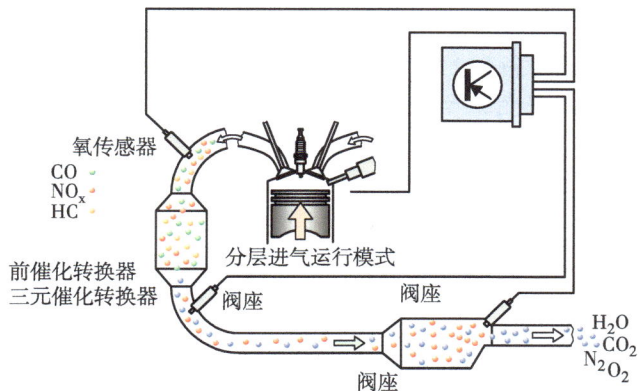

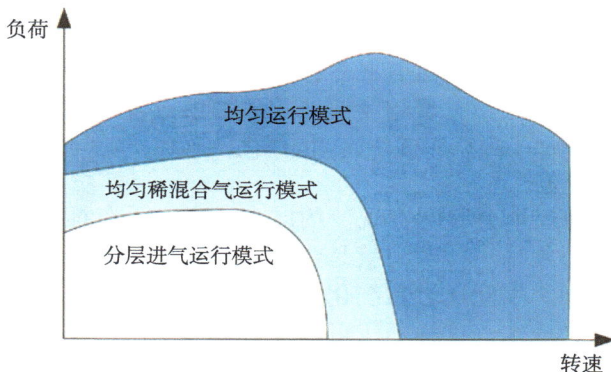

分层进气运行模式

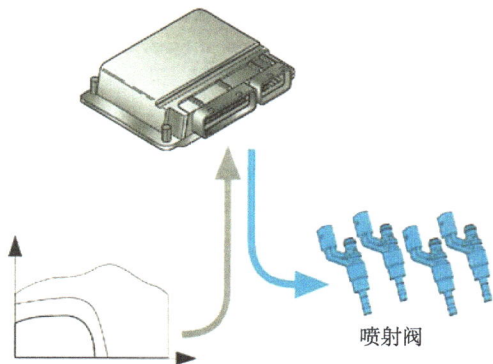

通过喷射量实现规定转矩。空气质量（因为节气门开启角度很大）和点火时刻（由于喷射时刻延迟）起次要作用。

均匀稀混合气和均匀混合气运行模式

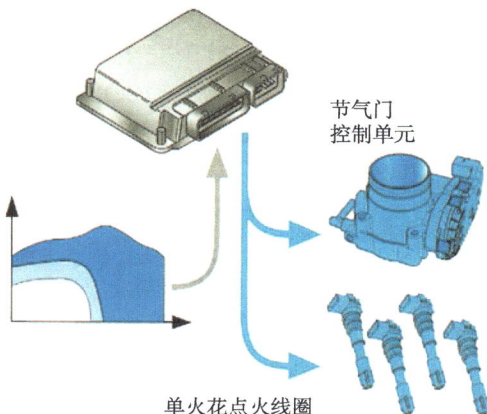

在短时间内通过点火时刻、在长时间内通过空气质量实现转矩要求。由于在两种运行模式下燃油空气混合气的 $\lambda =1.55$和 $\lambda =1$，因此喷射量由空气质量决定。因此不通过其来调节转矩。

学习领域 **7**

1.5　通过检查和测量实现质量保证要求

1.5.1　系统化故障诊断

对现代车辆进行故障诊断时必须采取系统化工作步骤，以便

- 进行故障查询时避免采用错误方法，
- 节省时间，
- 节约成本。

通过这些措施确保较高客户满意度。

避免采用错误方法

进行有针对性的故障诊断时需要获得有关客户投诉的众多信息。为此进行客户调查。

典型的客户调查包括以下内容：

- 何时出现此故障或何时首次出现此故障？
- 此故障出现的频率如何？
- 在什么情况下出现此故障？
- 出现此故障时有哪些边界条件？

根据这些提问现在已能作出判断，是否确实存在系统故障或是否涉及故障操作。

此外还必须通过试车来查找故障。

节省时间

可通过系统知识来节省时间。机动车维修站内的机修工必须具备相关系统功能知识以及与其他系统，例如CAN总线系统联网的知识。

节约成本

通过节省时间实现节约成本。在机动车维修站内也必须采用"时间就是金钱"这一简单的商业经营原则。因此通过系统化故障查询可以节省时间从而节约成本。这样不仅可以迎合具体客户，经销商还能通过较高客户满意度以及"转告"方式赢取新客户。

一般工作步骤

故障诊断通常从查询故障码存储器开始。在此应查询车辆整个系统。一个故障完全可能在多个车辆系统中出现，因此总体查询可提供首要提示。打印故障记录也非常重要，因为接下来要清除故障码存储器记录以便重现真正的故障。

故障码存储器指向某一传感器时，就会在发动机运转时显示相关测量值（不同制造商使用的名称不同，例如数据清单、测量数据块等）。

故障码存储器指向某一执行机构时，可在发动机静止时通过"执行机构检测"功能检查该执行机构。

也可通过合适的测量技术（万用表、示波器）对传感器和执行机构进行检查。但是为此需要找到并参考电路图，以便找到合适的测量点并使用合适的测量设备。随后根据维修手册也可分析测量值。

1.5.2　自诊断

自诊断系统是由系统研发人员集成在车辆系统控制单元内的附加程序。因此它能在接通供电以及系统运行期间持续检查传感器、执行机构及其调节回路功能是否正常。

接通控制单元供电时，自诊断系统通常进行所谓的系统检查。如果可能的话，此时将检查传感器和执行机构的准备运行情况。通常由系统控制单元借助简单的电压和电阻测量进行系统检查。在此可识别出断路和短路情况。通常把这些检查称为"静态系统检查"。

如果系统正在运转，例如发动机运转，就会对来自传感器的输入信号和发送至执行机构的输出信号进行可信度及逻辑性比较。这种自诊断形式称为"动态系统检查"。

自诊断系统基本上都装有一个向驾驶员发出系统故障信号的指示灯。自诊断系统可将识别出的故障存入一个故障码存储器内，在此可以存储故障，用诊断设备查询故障也可重新清除故障。

但在老款车辆上安装的系统不一定都能使用诊断设备读取故障记录。这表示，这些车辆系统虽然带有诊断模块但是没有接口，因此也无法使用诊断设备进行查询。

为此很多制造商改为在编程范围内使用一个故障清除计数器。在此记录某一出现故障的出现频率。此外还表示在故障出现一次后会在达到规定的系统起动次数后删除故障。

除存储在故障码存储器内的故障码外还可存储出现故障时的环境数据以及说明所出现故障为偶发故障还是目前存在故障的说明。

自诊断方法

自诊断原则上只能显示由系统研发人员以故障文本形式编入程序的故障。为了理解自诊断功能，还需要关于传感器和执行机构信号类型的系统知识。

自诊断以不同方法监控各传感器和执行机构：可信度监控、逻辑比较、电阻测量和调节回路监控。

可信度监控

通过一个规定的规定值窗来监控传感器。以一个NTC Ⅱ为例来理解可信度监控。

NTC Ⅱ根据其温度改变由控制单元施加的电压。因此测得的信号电压必须位于一个规定的规定值范围内。如果测量电压超出范围进入故障范围，就会导致故障码存储器存储一条记录同时指示灯亮起。

此外自诊断系统还会进行可信度动态比较，这表示如果信号值变化速度比物理限值还快，就会存储一条故障码存储器记录。

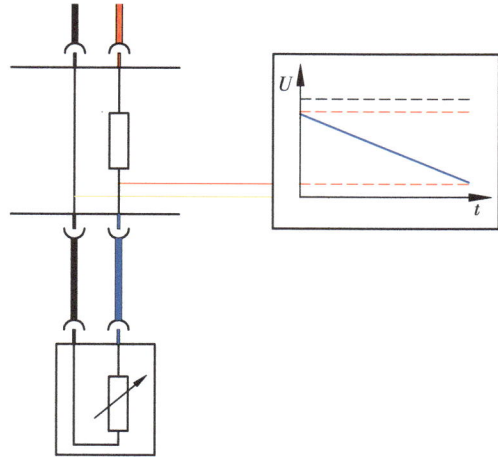

冷却液温度传感器NTC Ⅱ（VAG）

逻辑比较

进行逻辑比较时，自诊断对传感器和执行机构的实际值与规定值进行比较。在此以节气门执行单元为例进行介绍。

控制率为40%开度时，节气门开启角度的相关反馈信息也必须为40%开度。一些制造商为了达到更高传输安全性安装两个信息反馈电位器。这两个电位器可以平行或反向将其反馈信号传输给控制单元。

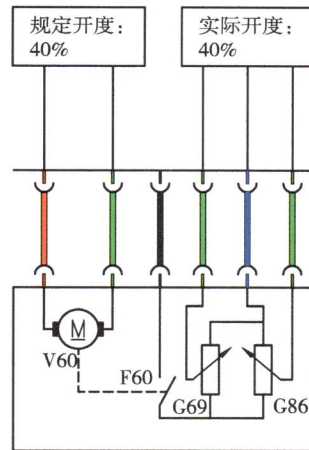

节气门执行单元（VAG）

测量电阻

接通控制单元供电时，自诊断开始在能够测量电阻的传感器和执行机构上进行电阻测量。

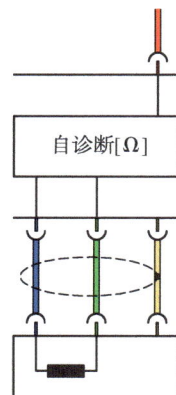

通过自诊断检查电阻（VAG）

学习领域

7

调节回路监控

调节回路由一个设定的规定窗确定，传感器及其规定信号以及执行机构及其规定位置都在规定窗内。控制单元可根据调节传感器信号控制执行机构，使其保持在规定窗内。

但受到外部干扰影响时也可能离开该规定窗，这会导致由控制单元进行调节。如果无法通过调节回路内的再调节来消除这些干扰影响，就会存储一条故障码存储器记录并使指示灯亮起。在这种情况下，故障并不在传感器或执行机构上，虽燃可能以故障文本形式对它们进行了相关描述。

一个对过量空气系数调节回路产生作用的干扰影响可导致再调节直至超过自适应限值。随后可能会导致存储一条故障码存储器记录并使指示灯亮起。

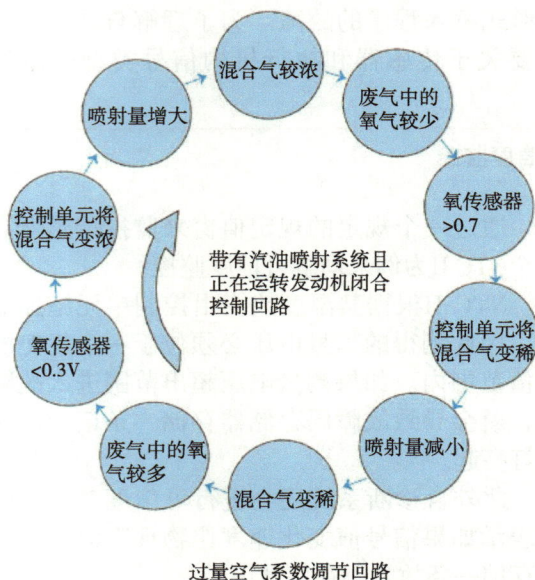

带有汽油喷射系统且正在运转发动机闭合控制回路

过量空气系数调节回路

监控最重要的输入信号

信号路径	监控
加速踏板传感器	检查供电和信号范围
	有关冗余信号的可信度
	有关制动器的可信度
曲轴转速传感器	检查信号范围
	有关凸轮轴转速传感器的可信度
	检查时间变化情况（动态可信度）
发动机温度传感器	检查信号范围
	取决于转速和喷射量或发动机负荷的逻辑可信度
制动踏板开关	有关冗余制动触点的可信度
车速信号	检查信号范围
	有关转速和喷射量或发动机负荷的可信度
废气再循环调节器	检查是否短路和断路
	废气再循环调节
	检查系统对阀门控制的反应
蓄电池电压	检查信号范围
	有关发动机转速的可信度（目前仅限于汽油发动机）
燃油温度传感器	检查信号范围（目前仅限于柴油发动机）
增压压力传感器	检查供电和信号范围
	有关环境压力传感器和／或其他信号的可信度
增压压力调节器	检查是否短路和断路
	增压压力调节的调节偏差
空气质量流量计	检查供电和信号范围
	逻辑可信度
空气温度传感器	检查信号范围
	有关例如发动机温度的逻辑可信度
离合器信号传感器	有关车速的可信度
环境压力传感器	检查信号范围
	进气管压力传感器的逻辑可信度

自诊断限值

自诊断子系统也设置了相应限值。因此系统原则上只能将故障信息作为故障码传输给系统研发人员已进行相应编程的读取设备。

为了确保被监控系统具有尽可能高的诊断能力，大部分制造商改为使各项诊断能力互相联系起来。因此现在可以借助逻辑比较来进行例如可信度监控的比较，以便扩展诊断能力。

可信度监控限值

如果在可信度监控过程中，在某一传感器输入端或执行机构输出端上存在一个不变电位，自诊断系统就会将此识别出来并产生一个相应的故障码。通过可能安装的指示灯亮起来向驾驶员发出信号。

通过使用合适的诊断工具来读取故障码存储器可生成详细的故障文本。但此时必须注意，系统只能区分两种电位：
- 正电位，
- 负电位或接地电位。

因此通过自诊断可分配以下故障文本：
- 对地短路，
- 对正极短路/断路。

一些制造商使用其他故障文本表示这些故障类型，例如：
- 信号太弱/0 V，
- 信号太强/5或12V。

因此自诊断系统只能作出测量值小于或大于所存储规定值的结论。无法作出结论，故障原因是否在于
- 相关的传感器或执行机构，
- 传感器/执行机构的供电，
- 电缆连接或干扰影响，
- 或控制单元自身。

只能确定相关电压评估与规定值不符，但不能说明这就是原因所在。

例如：
一个传感器虽然可以显示正常的运行状态（信号在设定的规定窗内），但这种状态与实际值不符！
- 一个爆燃传感器显示一次爆燃，但该爆燃并未出现。（Zzp.[1]向延迟方向移动，功率损失> FS[2]：无显示）
- LMM[3] 发出空气质量小于实际质量的信号。（混合气过稀，在重复起动阶段熄火>FS：无显示）
- 由于发动机转速传感器上的脉冲信号轮已损坏，因此接收到一个错误的上止点信号。（计算出错误的 Zzp.> FS：无显示）

传感器已损坏但信号与正常运行状态相符时，无法通过自诊断在纯粹的可信度监控过程中识别出来。因此通过逻辑比较来扩展自诊断功能。

---

1) Zzp. 点火时刻	2) FS 故障码存储器	3) LMM空气质量流量计

逻辑比较限值

在特定情况下可能会发生错误的自诊断逻辑比较。因此故障码存储器指出的传感器或执行机构就会与实际故障不符！

例如：
- 一个泄漏的喷射阀负责确保浓混合气，该情况通过氧传感器通知控制单元。随即进行的缩短喷射时间却由于机械故障未达到使混合气变稀的效果。
  - 可能的故障信息：氧传感器损坏 / 不可信信号
- 发动机转速传感器上损坏的脉冲信号轮模拟产生一个错误的上止点信号。因此该信号与点火上止点信号的比例错误。
  - 可能的故障信息：凸轮轴调节装置存在机械故障

因此所有自诊断结论都只是有待验证的故障提示！

1.5.3　检查和测量设备

控制单元诊断测试仪（KTS）

测试系统由多个通过串行接口或 USB 接口与便携式电脑或个人电脑相连的 KTS 模块组成。可通过一个串行接口用一根适配电缆将模块直接连接到诊断插头上。系统自动识别出控制单元并读取实际值、故障码存储器和其他控制单元专用数据。根据配置情况将万用表和示波器集成到系统中。

系统得到维修站信息系统ESItronic的支持，该信息系统引导用户实施所有的检测步骤并提供待检测系统或相关工作步骤的信息。通过"计算机辅助服务"（CAS）使控制单元诊断数据与"服务信息系统"（SIS）数据链接。

测试系统通过以下标准功能为故障查询提供支持：

- 车辆识别，
- 读取故障码存储器记录，
- 借助ESItronic 进行故障查询，
- 排除故障，
- 清除故障码存储器记录，
- 试车，
- 检查故障码存储器。

此外，系统还提供执行元件诊断功能。

很多控制单元功能，例如燃油蒸气回收系统只能在特定运行条件下才能工作。在维修站中，车辆处于静止状态时可借助测试系统进行执行元件诊断。通过进行执行元件诊断，检测从发动机控制单元经导线束至执行元件的整个电气路径并检查各组件功能。执行元件诊断受到时间限制，以免执行机构和发动机损坏；喷射阀以最小喷射时间受控，以免通过催化转换器内的燃油造成损坏。

进一步开发的产品是带有彩色显示屏和扬声器且可通过一个触摸屏进行操作的多媒体移动式测试仪。该设备既可以移动方式使用又可以接入计算机网络，它拥有所有常用的个人电脑接口例如USB、PC 卡、模拟VGA、外部键盘和鼠标。

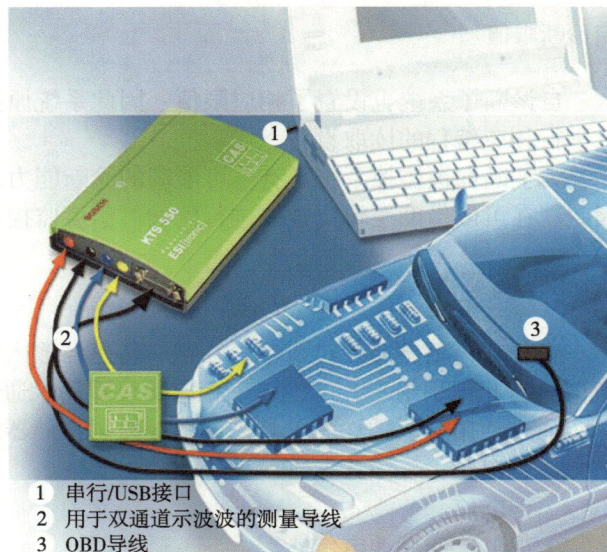

1　串行/USB接口
2　用于双通道示波波的测量导线
3　OBD导线

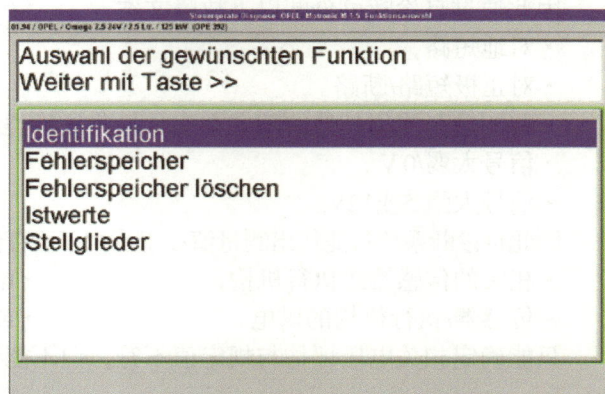

Steuergeräte Diagnose OPEL Motronic M 1.5 Funktionsauswahl
01.94 / OPEL / Omega 2,5 24V / 2,5 Ltg. / 125 kW (OPE 292)

Auswahl der gewünschten Funktion
Weiter mit Taste >>

Identifikation
Fehlerspeicher
Fehlerspeicher löschen
Istwerte
Stellglieder

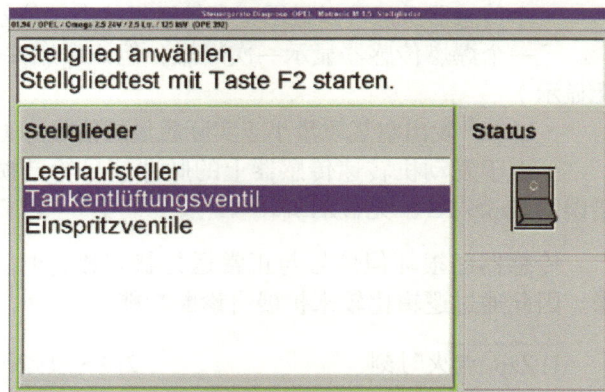

Steuergeräte Diagnose OPEL Motronic M 1.5 Stellglieder
01.94 / OPEL / Omega 2,5 24V / 2,5 Ltg. / 125 kW (OPE 292)

Stellglied anwählen.
Stellgliedtest mit Taste F2 starten.

Stellglieder	Status
Leerlaufsteller	
Tankentlüftungsventil	
Einspritzventile	

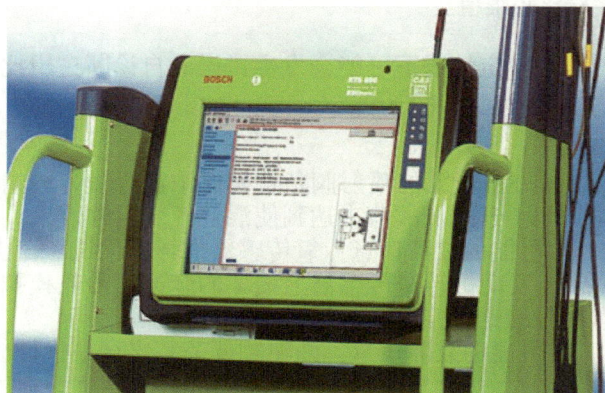

1.5.4   以1.0L AUC 发动机VW Lupo为例的系统化故障诊断

1.5.4.1   故障诊断流程图

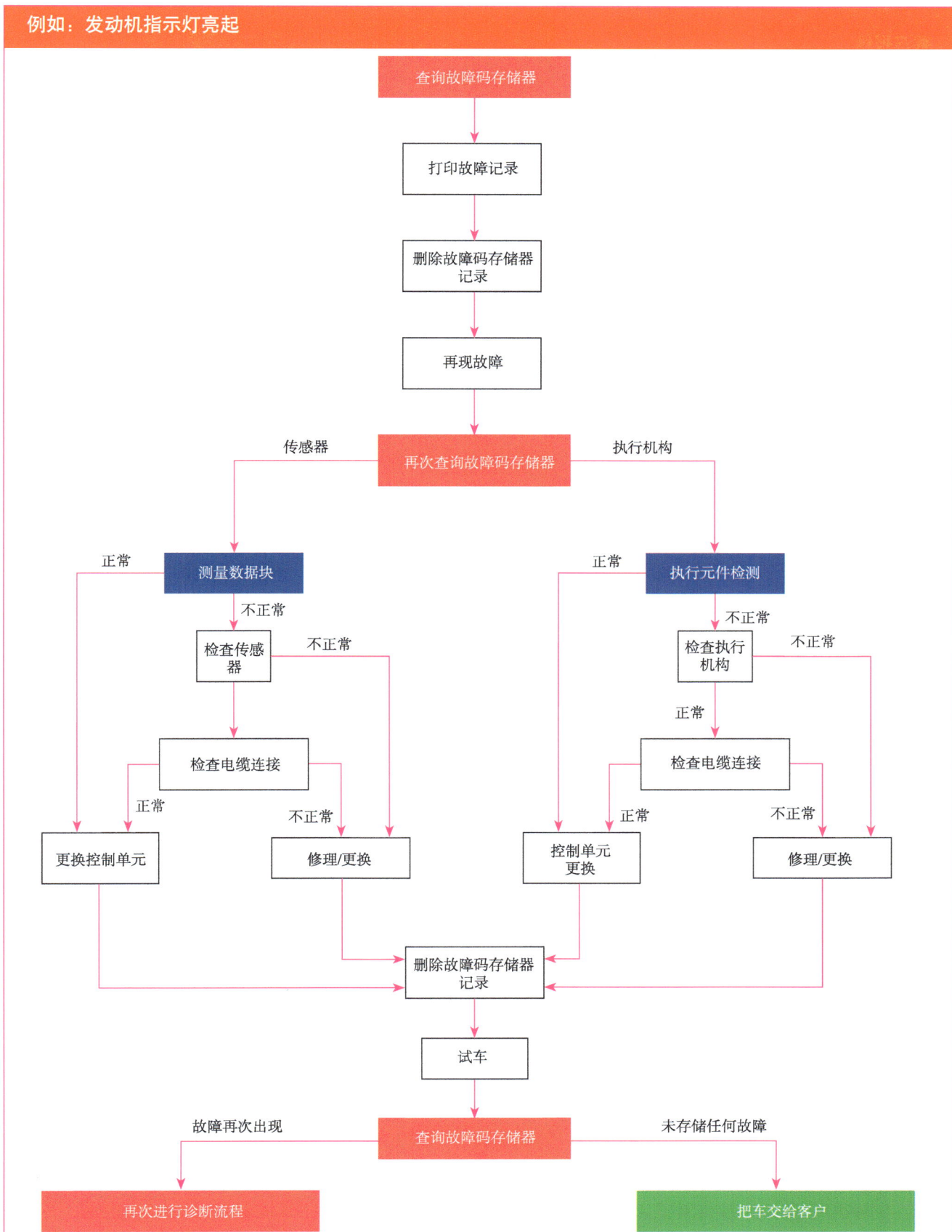

例如：发动机指示灯亮起

```
                        查询故障码存储器
                              ↓
                        打印故障记录
                              ↓
                        删除故障码存储器
                            记录
                              ↓
                        再现故障
                              ↓
        传感器          再次查询故障码存储器          执行机构
          ┌──────────────────┘                    └──────────────────┐
          ↓                                                          ↓
正常    测量数据块                              正常              执行元件检测
  ┌───────┤                                      ┌───────────────────┤
  │    不正常                                     │                不正常
  │       ↓                                       │                   ↓
  │    检查传感          不正常                    │                检查执行
  │      器  ├────────────┐                       │                  机构  ├──────────┐
  │       │              │                        │              正常  │          不正常
  │    正常│              │                        │                   ↓          │
  │       ↓              │                        │                检查电缆连接    │
  │    检查电缆连接        │                        │          正常  ├──────┤     │
  │ 正常 ├────────┐      │                        │                │    不正常    │
  │      │     不正常     │                        │                ↓      │      │
  ↓      ↓        ↓      ↓                        ↓              控制单元   ↓      ↓
更换控制单元    修理/更换                        控制单元         更换    修理/更换
  │                │                              更换
  │                └──────────┐      ┌─────────────┘
  └──────────────→ 删除故障码存储器 ←──────────────┘
                        记录
                          ↓
                        试车
                          ↓
 故障再次出现        查询故障码存储器        未存储任何故障
  ┌──────────────────┘              └──────────────────┐
  ↓                                                    ↓
再次进行诊断流程                                   把车交给客户
```

➡ ⊗以1.0L AUC发动机VW Lupo 为例的系统化清除故障，参见"辅助材料"CD-ROM

学习领域 7

1.5.4.2 故障诊断：ESItronic 和 KTS 控制单元测试仪

例如：EPC 指示灯亮起（1.0L AUC 发动机VW Lupo）

客户报修： · EPC 指示灯亮起。 EPC 代表电子节气门控制系统。它是发动机管理系统内的故障信息指示灯。	
车辆识别（借助 ESI[tronic]）： 所需数据： · 序号2的代码（0603） · 序号3的代码（450） · 年款/注册登记日期（2002 年）	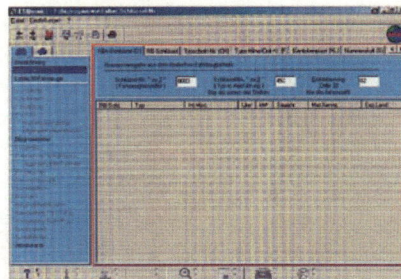
查询故障码存储器（借助 KTS 520）： 必须打印故障码存储器记录，因为为了再现故障会在查询后清除故障存储器记录。该过程用于识别系统内的实际故障状态。	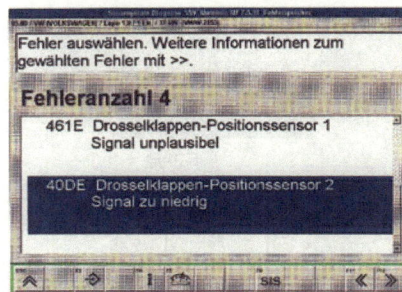
重新查询故障码存储器记录（借助KTS 520）： 现在可以根据实际故障信息选择真正的诊断路径。 该示例表示了一个在节气门控制范围内的故障。节气门位置传感器1提供了一个不可信信号，而节气门位置传感器2发出了一个过低的电压信号。	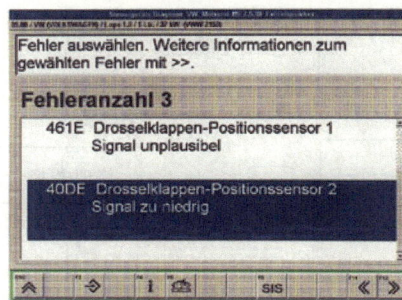
实际值查询（测量数据块）： 由于所存储的故障指向一个传感器，因此现在通过诊断测试仪读取相关测量值（实际值）。右图所示节气门位置传感器2未提供任何测量值。	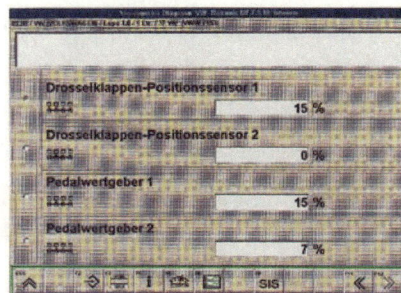

传感器检查（在传感器上测量）：

由于节气门位置传感器看起来并未向控制单元提供任何测量值，因此必须检查传感器自身。为此根据电路图需使用一个示波器在电位器上进行噪声干扰检查。根据该检查可得出结论：

传感器正常！

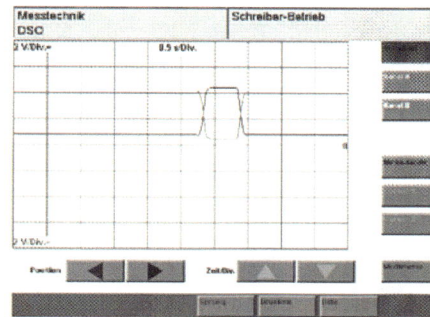

传感器检查（在控制单元上测量）：

为安全起见，还必须在控制单元上检查传感器的输入信号，以排除电缆连接内部故障。

在此显示出没有传感器信号或有缺陷的传感器信号到达控制单元处。因此以确定下一步工作步骤：

检查电缆连接！

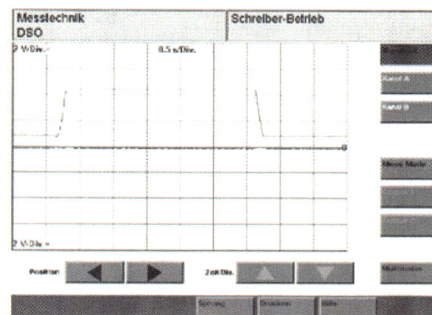

检查电缆连接：

根据电路图检查传感器与控制单元之间的电缆连接。为此可使用一个简单的数字万用表。

检查结果表明电缆连接中断。

传感器总线端4

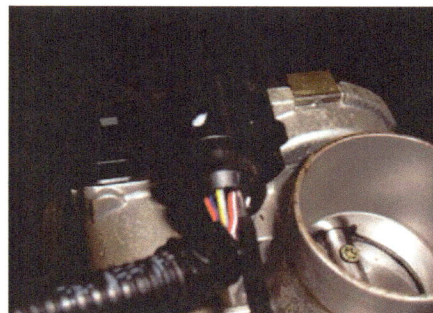

控制单元线脚75

修理电缆连接／更换发动机导线束

成功进行修理并清除故障码存储器记录后，现在进行试车。随后必须再次查询故障码存储器，以便检查已实施作业的质量。

如果没有任何故障记录，此时就可以进行质量检查并把车辆交给客户。

学习领域 7

1.5.4.3　传感器和执行机构检测（VW Lupo，Motronic 7.5.10）

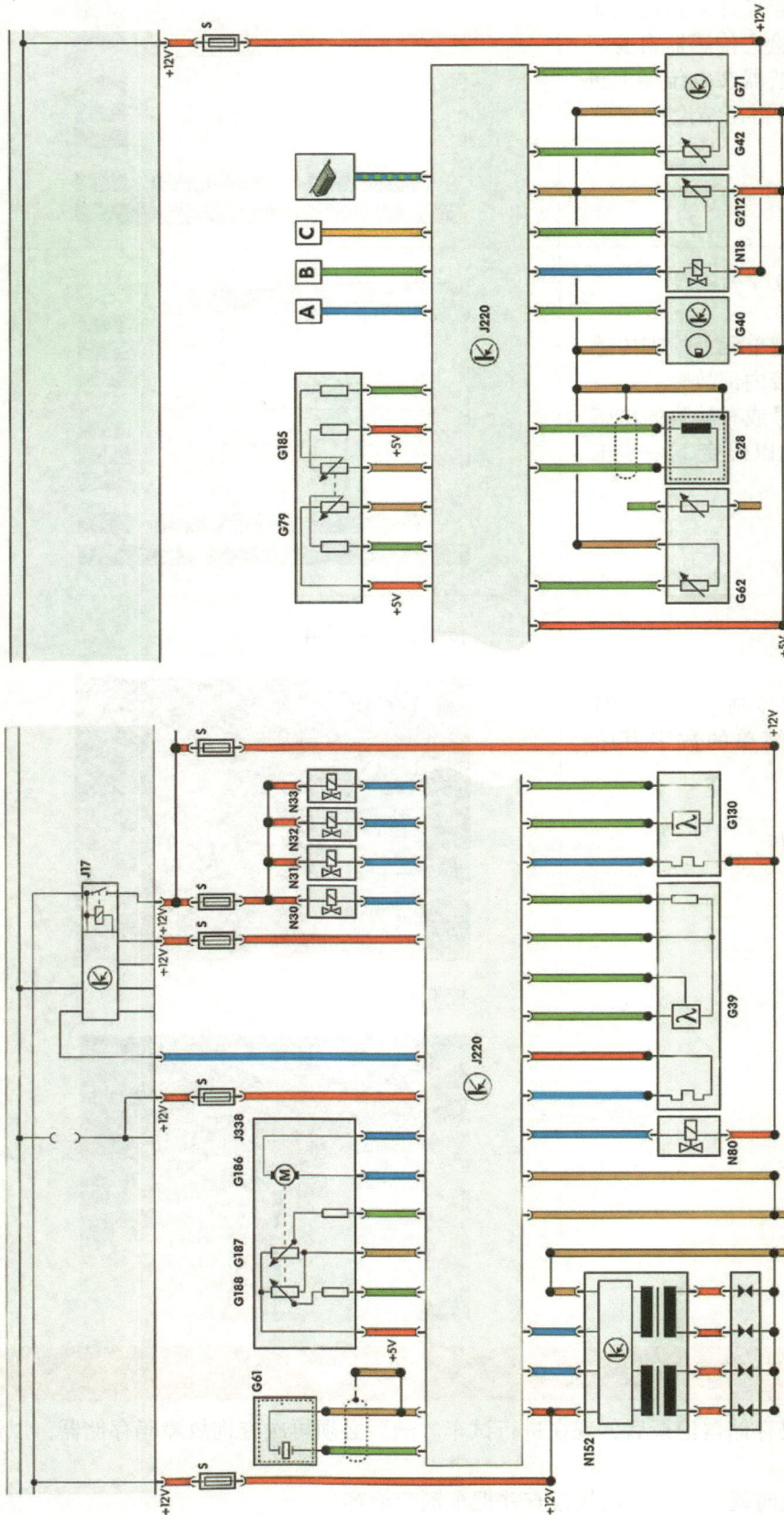

N30—1号气缸喷射阀
N31—2号气缸喷射阀
N32—3号气缸喷射阀
N33—4号气缸喷射阀
N80—活性炭罐装置电磁阀1
N152—点火变压器
S—熔丝
A—输送至废气警告灯K83的信号
（自2000年款经速通过CAN总线传输）
B—带有显示单元的组合仪表控制单元
发出的车速信号
C—CAN总线

G186—节气门传动装置
G187—节气门传动装置角度传感器1
G188—节气门传动装置角度传感器2
G212—废气再循环电位器

J17—燃油泵继电器
J220—Motronic控制单元
J338—节气门控制单元

N18—废气再循环阀

部件

G28—发动机转速传感器
G39—氧传感器（催化转换器前）
G40—霍尔传感器
G42—进气温度传感器
G61—爆燃传感器
G62—冷却液温度传感器
G71—进气管压力传感器
G79—加速踏板位置传感器
G130—催化转换器后氧传感器
G185—加速踏板位置传感器2

输入信号
输出信号
正极
接地
数据导线

传感器和执行机构检测

转速传感器G28

电路图／功能	检测	结果／信号图
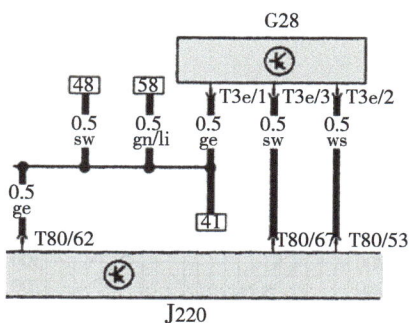 在此系统中的转速传感器是一个霍尔传感器，它借助60–2脉冲信号轮截取转速信息并发送给发动机控制单元。	**电压测量：**　传感器上的供电　用万用表测总线端1对总线端3：　控制单元上的供电　用万用表测线脚62对线脚67：　**示波器测量：**　传感器上的信号图　总线端2对总线端3　控制单元上的信号图　线脚53对线脚67	最低4.5V　　最低4.5V　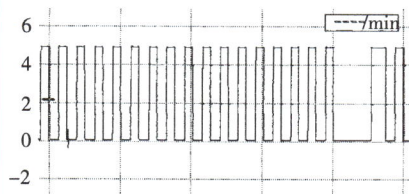

进气管压力传感器G71

电路图／功能	检测	结果／信号图
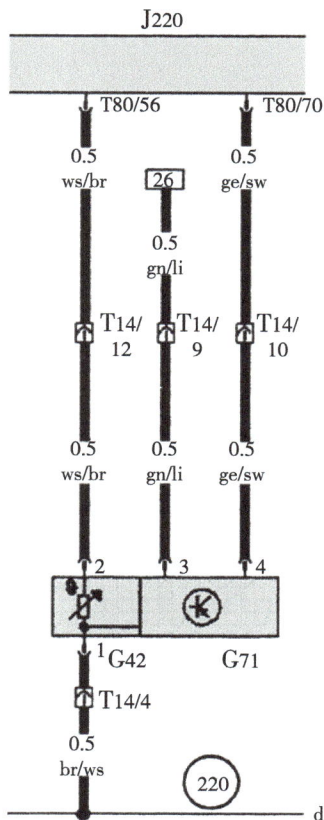 进气管压力传感器测定当前进气管压力并将其作为电压信号传输给控制单元用于计算基本喷射时间。	**示波器测量：**　在传感器上测量　总线端3对总线端4　在控制单元上测量　线脚62对线脚70　让发动机运转并迅速踩下加速踏板！	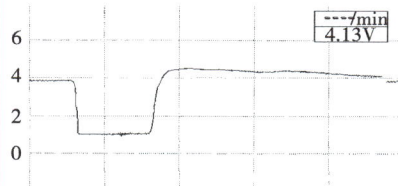

学习领域

7

传感器和执行机构检测

转速传感器G62

电路图／功能	检测	结果／信号图

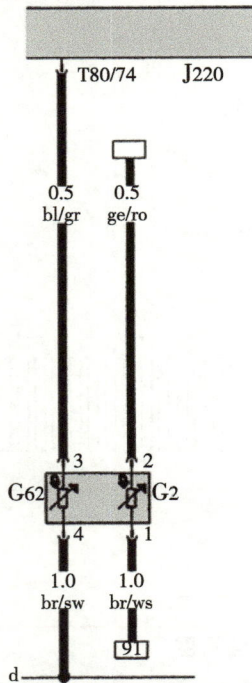

T80/74　J220

0.5 bl/gr　0.5 ge/ro

3　2
G62　G2
4　1

1.0 br/sw　1.0 br/ws

91

d

冷却液温度传感器提供一个取决于冷却液温度的电压信号用于校正喷射时间。

检测

电阻测量：
在控制单元插头上测量（控制单元已拔下！）：
线脚74对线脚54
在传感器上测量
总线端3对总线端4

电压测量：
在传感器上测量：
总线端3对总线端4

在控制单元上测量（点火开关打开）：
线脚74对线脚54

结果／信号图

（与冷却液温度有关）

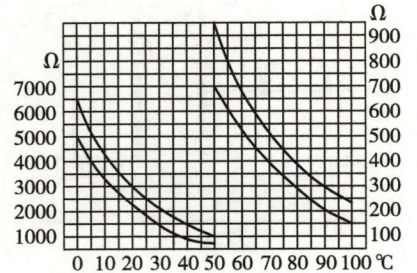

测量值：
约0.5~4.5 V
（取决于温度）

进气温度传感器G42

电路图／功能	检测	结果／信号图

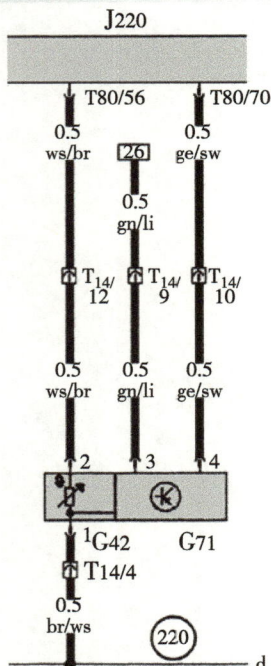

J220

T80/56　T80/70

0.5 ws/br　26　0.5 ge/sw

0.5 gn/li

T14/12　T14/9　T14/10

0.5 ws/br　0.5 gn/li　0.5 ge/sw

2　3　4
G42　G71
T14/4

0.5 br/ws　220

d

进气温度传感器提供当前进气温度用于计算实际进气质量。

检测

电阻测量：
在控制单元插头上测量（控制单元已拔下！）：
线脚56对线脚54
在传感器上测量
总线端2对总线端1

电压测量：
在传感器上测量：
总线端2对总线端1
在控制单元上测量（点火开关打开）：
线脚56对线脚54

结果／信号图

（与冷却液温度有关）

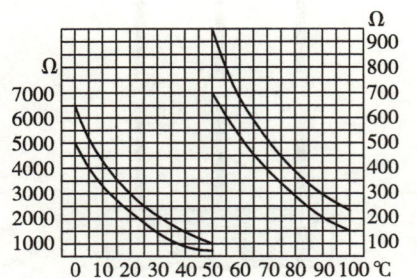

测量值：
约0.5~4.5 V
（取决于温度）

传感器和执行机构检测

凸轮轴传感器G40

电路图／功能	检测	结果／信号图
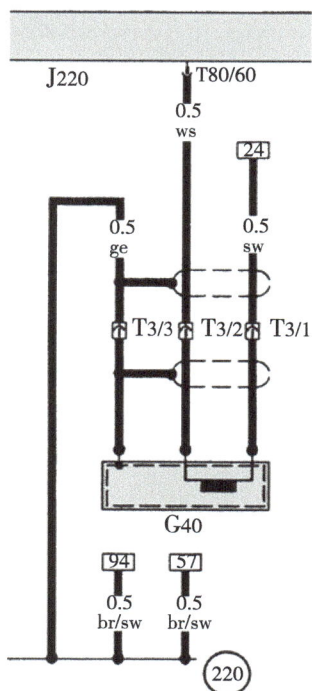 针对顺序喷射和爆燃调节识别1号气缸的点火上止点	**电压测量：** 控制单元上的供电 线脚62对线脚54 传感器上的供电 总线端1对总线端3 **示波器测量：** 在传感器上测量 总线端2对总线端3 在控制单元上测量 线脚60对线脚54	 最低 4.5 V 最低 4.5V 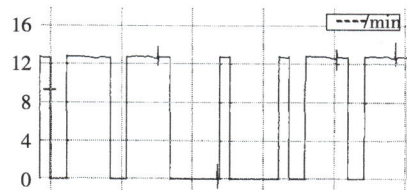

氧传感器（催化转换器前）G39（宽带传感器）

电路图／功能	检测	结果／信号图
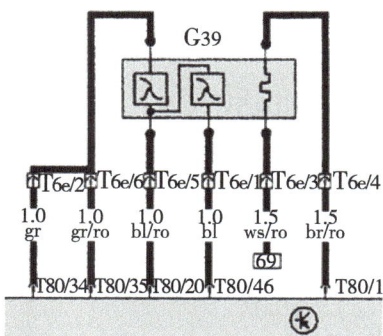 确定废气中的剩余氧气含量	基于宽带氧传感器的结构形式，不再使用传统万用表对其功能进行检查。 仅通过一个诊断测试仪借助实际值对其进行分析。	– –

学习领域

7

传感器和执行机构检测

氧传感器（催化转换器后）G130

电路图／功能	检测	结果／信号图
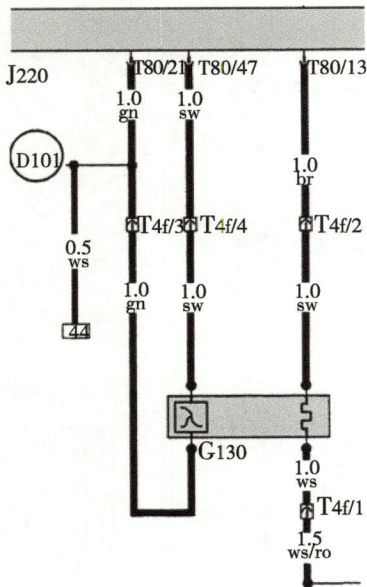 确定催化转换器后废气中的剩余氧气含量，由此监控催化转换器功能	**示波器测量：** 　在氧传感器上测量 　总线端4对总线端3 　在控制单元上测量 　线脚47对线脚21 　让发动机以约2000r/min的 转速运转！	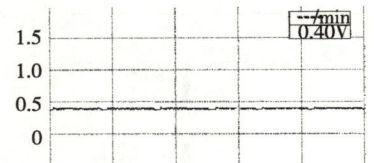

节气门电位器G187／G188

电路图／功能	检测	结果／信号图
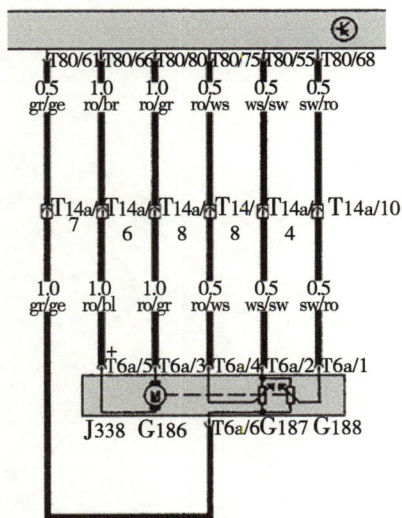 　在节气门控制单元内反馈节气门位置信号。 　为了提高传输安全性，安装两个电位器。	**电压测量：** 　控制单元上的供电线 　线脚55对线脚61 　传感器上的供电 　总线端2对总线端6 **示波器测量：** 　在传感器上测量传感器1 　总线端4对总线端6 　在控制单元上测量传感器1 　线脚75对线脚61 　在传感器上测量传感器2 　总线端1对总线端6 　在控制单元上测量传感器2 　线脚68对线脚61	最低4.5V 最低4.5V 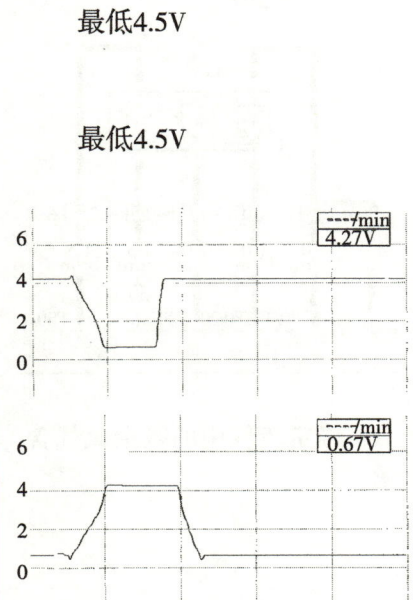

传感器和执行机构检测

加速踏板位置传感器G185

电路图／功能	检测	结果／信号图
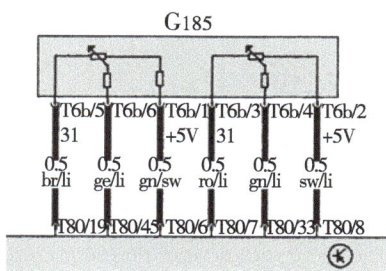 踏板位置传感器接收作为电压值的加速踏板位置并将其作为驾驶员要求传输给控制单元。	**电压测量：** 传感器上的供电 （踏板位置传感器1） 总线端2对总线端3 （踏板位置传感器2） 总线端1对总线端5 控制单元上的供电 （踏板位置传感器1） 线脚8对线脚7 （踏板位置传感器2） 线脚6对线脚19 **示波器测量：** 在传感器上测量 （踏板位置传感器1） 总线端4对总线端3 在控制单元上测量 （踏板位置传感器1） 线脚33对线脚7 在传感器上测量 （踏板位置传感器2） 总线端6对总线端5 在控制单元上测量 （踏板位置传感器2） 线脚45对线脚19	最低4.5V 最低4.5V 最低4.5V 最低4.5V 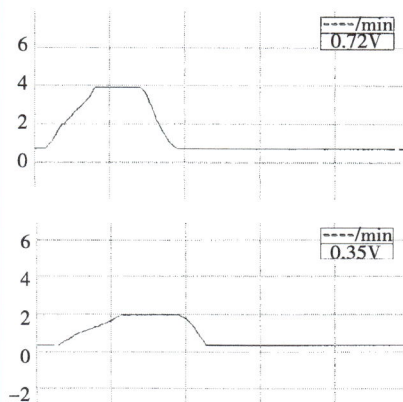

爆燃传感器G61

电路图／功能	检测	结果／信号图
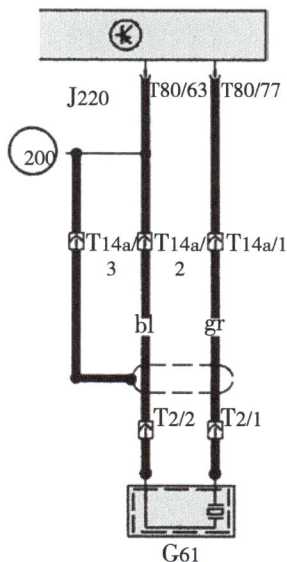 识别出发动机爆震燃烧	**示波器测量：** 在传感器上测量 总线端1对总线端2 在控制单元上测量 线脚77对线脚63 让发动机保持运行状态！	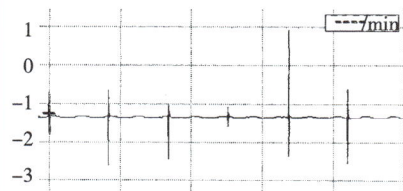 此处仅涉及传感器的功能。不存在可比较的规定值。

传感器和执行机构检测

废气再循环电位器G212

电路图／功能	检测	结果／信号图
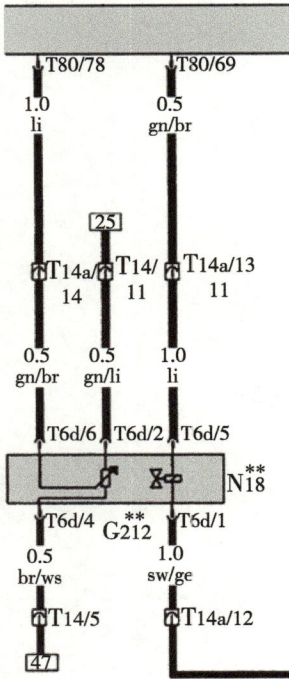AGR电位器将AGR阀的启用情况通知控制单元。	**电压测量：** 传感器上的供电 总线端2对总线端4 控制单元上的供电 线脚62对线脚54 **示波器测量：** 在传感器上测量 总线端6对总线端4 在控制单元上测量 线脚78对线脚54	最低4.5V 最低4.5V 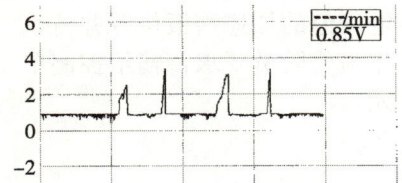

制动信号灯开关F

电路图／功能	检测	结果／信号图
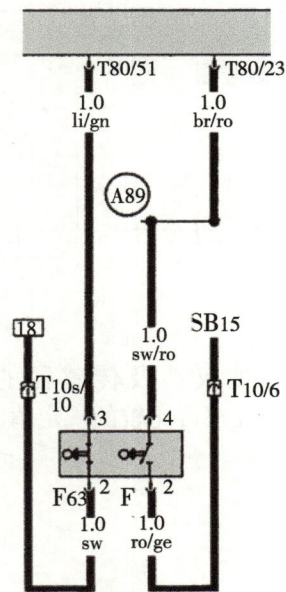制动信号灯开关向控制单元发出一个电压信号。此开关属于电子节气门系统。	**电压测量：** 在传感器上测量 总线端4接地 在控制单元上测量 线脚23对线脚54 踩下制动踏板！	最低11.5V 最低11.5V

传感器和执行机构检测

制动踏板开关F63

电路图／功能	检测	结果／信号图
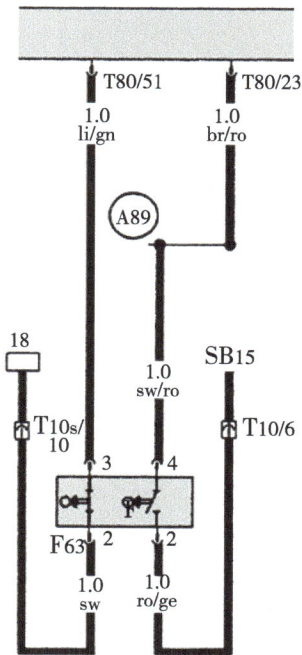 制动踏板开关向控制单元发出一个电压信号。此开关属于电子节气门系统。	电压测量： 　　在传感器上测量 　　总线端3接地 　　在控制单元上测量 　　线脚51对线脚54 　　踩下制动踏板！	最低11.5V 最低11.5V

助力转向系统压力开关F88

电路图／功能	检测	结果／信号图
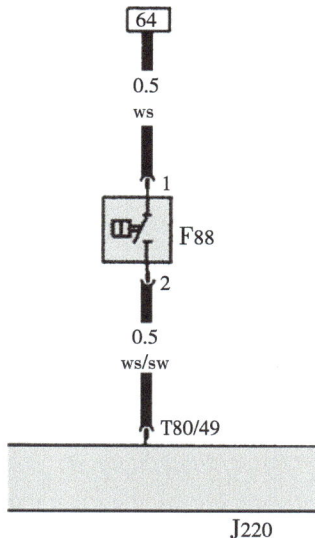 助力转向系统压力开关用于发动机转矩调节。	电压测量： 　　在传感器上测量 　　总线端2接地 　　在控制单元上测量 　　线脚49对线脚54 　　必须按下或跨接接通压力开关！	最低11.5V 最低11.5V

传感器和执行机构检测

喷射阀N30、N31、N32、N33

电路图／功能	检测	结果／信号图

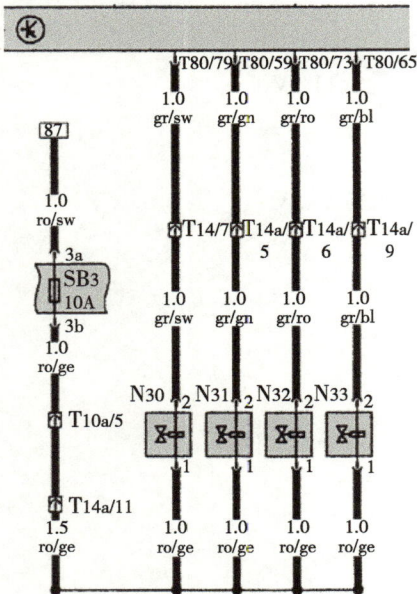

喷射阀由控制单元在接地侧以节拍方式接通，以便在正确时刻将燃油喷入正确气缸内。

电阻测量：

在执行机构上测量
（喷射阀N30、N31、N32、N33）

总线端1对总线端2

断开插接连接件！

12~17Ω

电压测量：

在执行机构上测量
（喷射阀 N30、N31、N32、N33）

总线端2接地

最低11.5V

在控制单元上测量
（喷射阀 N30）
线脚79对线脚2

最低11.5V

（喷射阀N31）
线脚59对线脚2

最低11.5V

（喷射阀 N32）
线脚73对线脚2

最低11.5V

（喷射阀N33）
线脚65对线脚2

最低11.5V

示波器测量：

在执行机构上测量
（喷射阀 N30、N31、N32、N33）

总线端2接地

在控制单元上测量
（喷射阀 N30）
线脚79对线脚2

（喷射阀 N31）
线脚59对线脚2

（喷射阀 N32）
线脚73对线脚2

（喷射阀N33）
线脚65对线脚2

进行示波器测量时发动机必须运转！

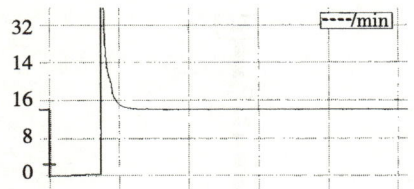

传感器和执行机构检测

点火变压器N152

电路图／功能	检测	结果／信号图
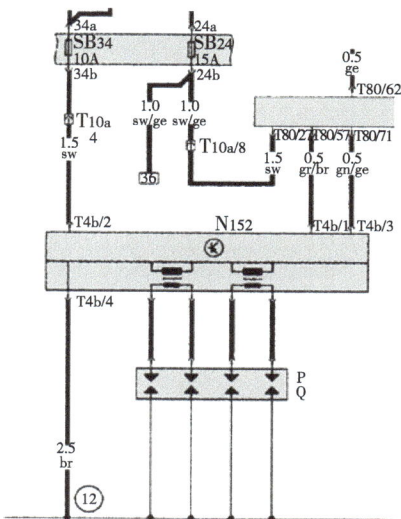	**电阻测量：**	
	二次绕阻电阻测量	
	1 号气缸点火输出端对 4	
	号气缸点火输出端	$4–6\,k\Omega$
	二次绕阻电阻测量	
	2 号气缸点火输出端对 3	
	号气缸点火输出端	$4–6\,k\Omega$
	电压测量：	
	执行机构上的供电	
	总线端 2 对总线端 4	最低 11.5 V
	示波器测量：	
	在执行机构上测量	
	（点火线圈 1）	
	总线端 1 对总线端 2	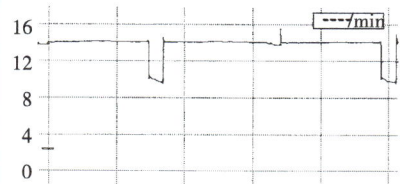
	（点火线圈 2）	
	总线端 3 对总线端 2	
	在控制单元上测量	
	（点火线圈 1）	
	线脚 27 对线脚 57	
在点火变压器中装有两个由控制单元根据计算点火时刻控制的双火花线圈。	（点火线圈 2）	
	线脚 27 对线脚 71	
	进行示波器测量时发动机必须运转！	

用于G39的氧传感器加热装置

电路图／功能	检测	结果／信号图
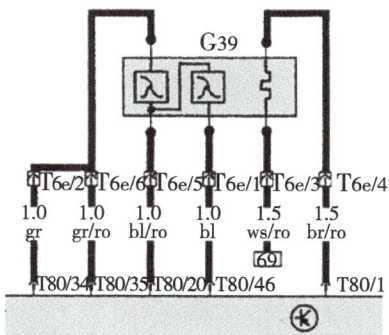	**电阻测量：**	
	在执行机构上测量	
	总线端4对总线端3	80~100Ω （冷态）
	在控制单元上测量	
	线脚1对线脚27	80~100Ω （冷态）
	必须将执行机构与控制单元断开！	
	电压测量：	
	在执行机构上测量	
氧传感器加热装置应将氧传感器尽快加热至运行温度。	总线端4接地	最低11.5V
	在控制单元上测量	
	线脚1对线脚54	最低11.5V
	打开点火开关！	

传感器和执行机构检测

用于G130的氧传感器加热装置

电路图／功能	检测	结果／信号图
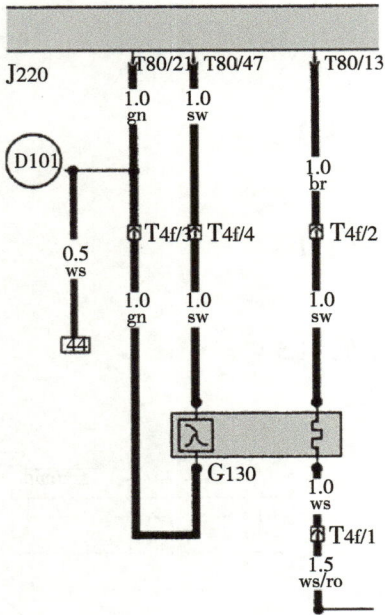　氧传感器加热装置应将氧传感器尽快加热至运行温度。	**电阻测量：**　在执行机构上测量　总线端2对总线端1　　在控制单元上测量　线脚13对线脚27　　必须将执行机构与控制单元断开！　　**电压测量：**　在执行机构上测量　总线端2接地　　在控制单元上测量　线脚13对线脚54　　打开点火开关！	80~100Ω（冷态）　　80~100Ω（冷态）　　　　　　最低11.5V　　　最低11.5V

节气门传动装置G186

电路图／功能	检测	结果／信号图
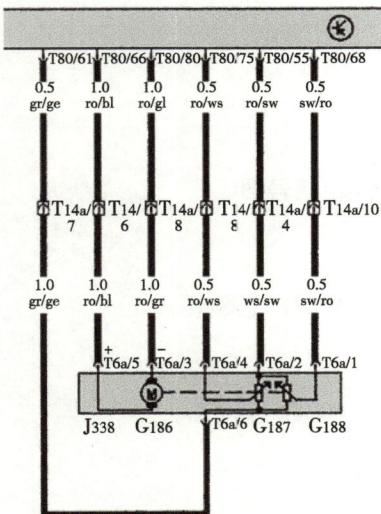　打开和关闭节气门控制单元内的节气门。	**电阻测量：**　在执行机构上测量　总线端5对总线端3　在控制单元上测量　线脚66对线脚80　必须将执行机构与控制单元断开！　　**电压测量：**　在执行机构上测量　总线端3接地　在控制单元上测量　线脚80对线脚2　打开点火开关！　　**示波器测量：**　在执行机构上测量　总线端3接地　在控制单元上测量　线脚80对线脚2　发动机必须运转！	1~3Ω　1~3Ω　　　　　最低11.5V　　最低11.5V　　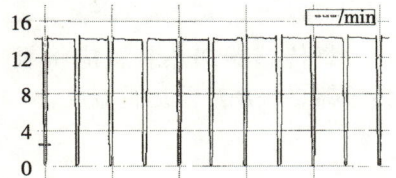

传感器和执行机构检测

废气再循环阀N18

电路图／功能	检测	结果／信号图
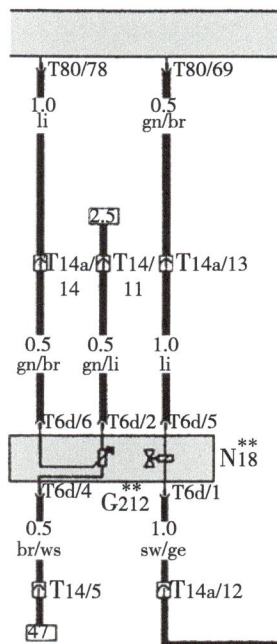控制进入进气歧管的再循环废气量。	**电阻测量：** 在执行机构上测量 总线端1对总线端5 在控制单元上测量 线脚27对线脚69 必须拔出控制单元！ **电压测量：** 在执行机构上测量 总线端5接地 在控制单元上测量 线脚69对线脚28 打开点火开关！ **示波器测量：** 在执行机构上测量 总线端5接地 在控制单元上测量 线脚69对线脚28 让发动机保持运行状态！	38~42kΩ 38~42kΩ 0.5~1.5V（基本电压） 0.5~1.5V（基本电压） 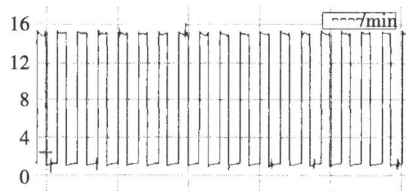

活性炭罐装置的电磁阀N80

电路图／功能	检测	结果／信号图
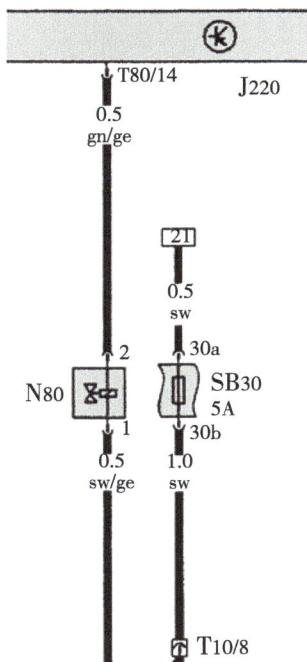控制燃油蒸汽从燃油箱流入进气歧管的情况。	**电阻检测：** 在执行机构上测量 总线端1对总线端2 在控制单元上测量 线脚27对线脚14 必须拔出控制单元！ **电压测量：** 在执行机构上测量 总线端2接地 在控制单元上测量 线脚14对线脚28 打开点火开关！ **示波器测量：** 在执行机构上测量 总线端2接地 在控制单元上测量 线脚14对线脚28 让发动机保持运行状态！	23~27Ω 23~27Ω 最低11.5V 最低11.5V 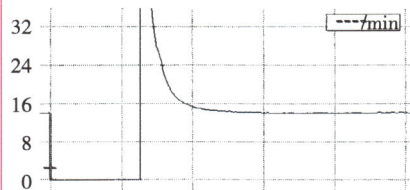

学习领域

7

2 柴油发动机管理系统

2.1 通过以客户为本实现质量保证要求

·客户委托：怠速转速高

客户地址：

Martin Mueller 先生 Jaegerstr.12 65187 Wiesbaden	委托编号： 0014 客户编号： 1514 委托日期： 2005年1月27日

车型	牌照号	车辆识别号	KBA代码	里程数/km
Audi A4	VVI−HK 222		0588 752	65000

注册登记日期	发动机代码	接待人	电话号码
2002年5月	AKE	Schmidt	0611/11111

项目	工作单位	时间	工作描述	价格
01			怠速转速高	

交车时间：2005年1月28日，16：00点

此委托是在明确确认"车辆、总成以及零部件工作和费用估算条件"之后签发并交给本人的。

车辆终检

日期	时间	验收人	里程数/km

Martin Mueller
_____
客户签名

2.2　通过系统知识实现质量保证要求：柴油发动机

2.2.1　柴油发动机的运行情况

柴油发动机的四冲程工作原理与汽油发动机相同。但与汽油发动机不同的是，柴油发动机需要吸入高压缩比压缩的纯空气。燃油喷入压缩后的高温空气中。燃油空气混合气在气缸内形成（缸内形成混合气）。

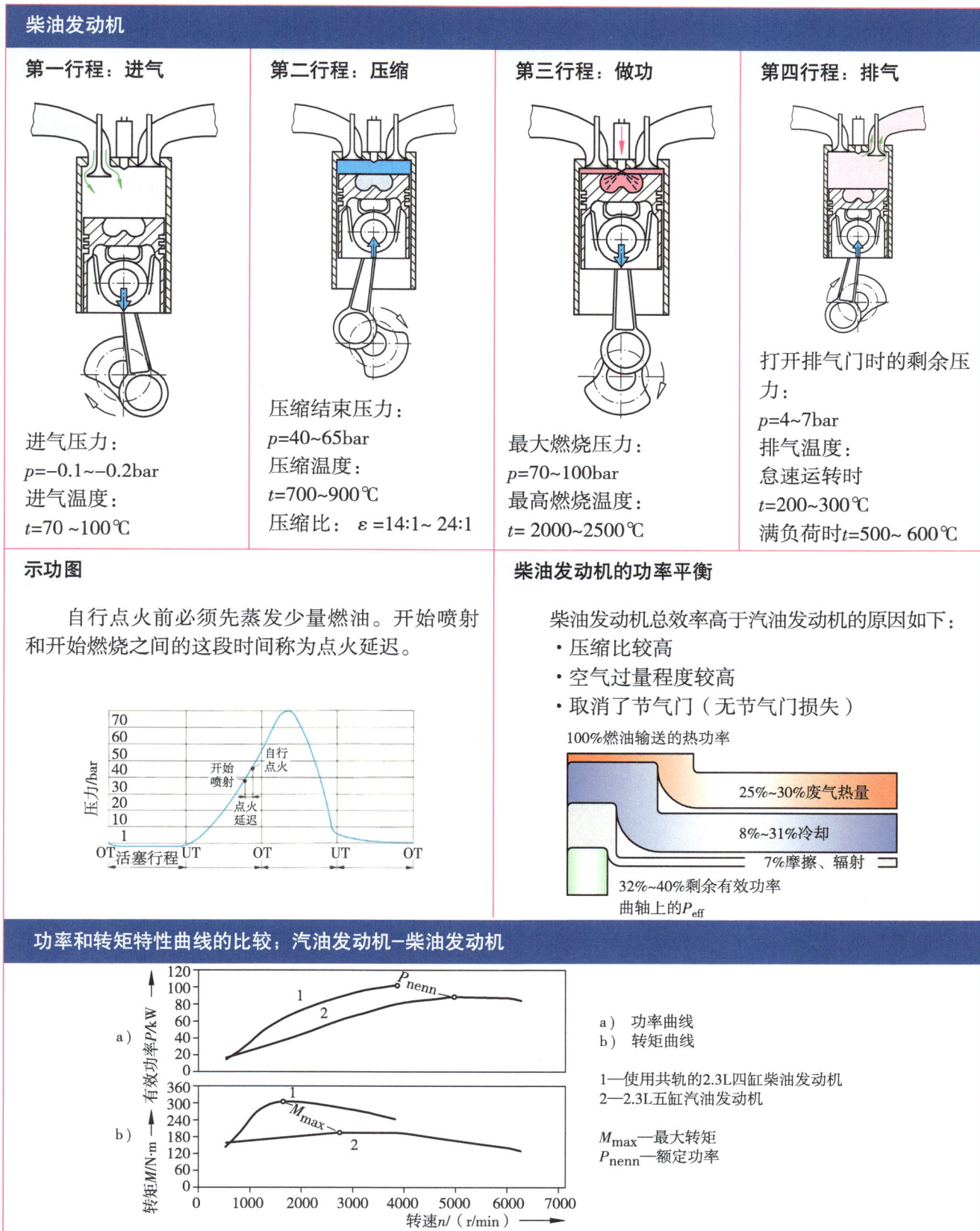

柴油发动机

第一行程：进气	第二行程：压缩	第三行程：做功	第四行程：排气

第一行程：进气

进气压力：
$p=-0.1\sim-0.2bar$
进气温度：
$t=70\sim100℃$

第二行程：压缩

压缩结束压力：
$p=40\sim65bar$
压缩温度：
$t=700\sim900℃$
压缩比：　$\varepsilon=14:1\sim24:1$

第三行程：做功

最大燃烧压力：
$p=70\sim100bar$
最高燃烧温度：
$t=2000\sim2500℃$

第四行程：排气

打开排气门时的剩余压力：
$p=4\sim7bar$
排气温度：
怠速运转时
$t=200\sim300℃$
满负荷时$t=500\sim600℃$

示功图

自行点火前必须先蒸发少量燃油。开始喷射和开始燃烧之间的这段时间称为点火延迟。

柴油发动机的功率平衡

柴油发动机总效率高于汽油发动机的原因如下：
· 压缩比较高
· 空气过量程度较高
· 取消了节气门（无节气门损失）

100%燃油输送的热功率

25%~30%废气热量

8%~31%冷却

7%摩擦、辐射

32%~40%剩余有效功率
曲轴上的P_{eff}

功率和转矩特性曲线的比较：汽油发动机－柴油发动机

a）功率曲线
b）转矩曲线

1—使用共轨的2.3L四缸柴油发动机
2—2.3L五缸汽油发动机

M_{max}—最大转矩
P_{nenn}—额定功率

学习领域

7

混合气形成

柴油发动机使用沸点高于汽油发动机的燃油工作。由于制备过程（开始喷射和开始燃烧之间的时间）在缸内完成，因此形成的混合气不均匀。

所以柴油发动机始终在空气过量（$\lambda > 1$）的情况下工作，以免产生大量炭烟、CO和HC。混合气形成受下述因素的影响：

- 喷射压力，
- 喷油持续时间，
- 喷束分布，
- 喷射起始时间，
- 空气涡流，
- 空气质量。

因此喷射系统对于发动机功能而言特别重要。

运行条件

喷射系统必须负责燃油的计量并在所有运行状态下确保燃油在燃烧室内均匀分布。因此每个运行时刻都需要

- 正确的燃油量，
- 在正确的时刻，
- 具有正确的压力，
- 正确的持续时间，
- 在燃烧室的正确位置处。

针对燃油计量还提出了其他要求：

- 烟度限值

在缸内形成混合气时可能会出现混合气局部过浓现象，空气过量时可能会出现黑烟增多现象。满足法定烟度限值的空燃比在空气过量的非直喷发动机中为10%~25%，在直喷发动机中为40%~50%。

- 排气温度限值

柴油发动机功能部件的耐热性决定了柴油发动机的排气温度。

- 燃烧压力限值

柴油发动机在高压缩比下突然猛烈燃烧产生的燃烧压力峰值必须由曲轴传动机构吸收。柴油发动机功能部件尺寸限制了燃烧压力大小。

- 转速限值

在转速恒定时柴油发动机的功率取决于喷射量。如果仅向柴油发动机输送燃油而不提出相应的转矩要求，发动机转速就会提高。如果继续输送燃油，就会存在发动失控并毁坏的危险。因此需要限制转速或调节转速。

有害物质

上述因素影响有害物质的产生和耗油量。

- 空气不足会导致形成炭烟以及混合气形成不足。
- 燃烧温度较高、空气过量以及开始燃烧时的空气运动都会促使形成NO_x。

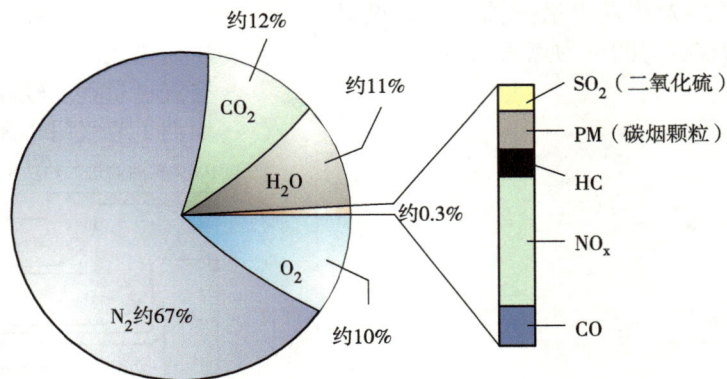

约12% CO_2
约11% H_2O
约0.3%
N_2约67%
O_2 约10%

SO_2（二氧化硫）
PM（碳烟颗粒）
HC
NO_x
CO

2.2.2 带有径向活塞式分配器喷射泵的柴油发动机管理系统

系统概览

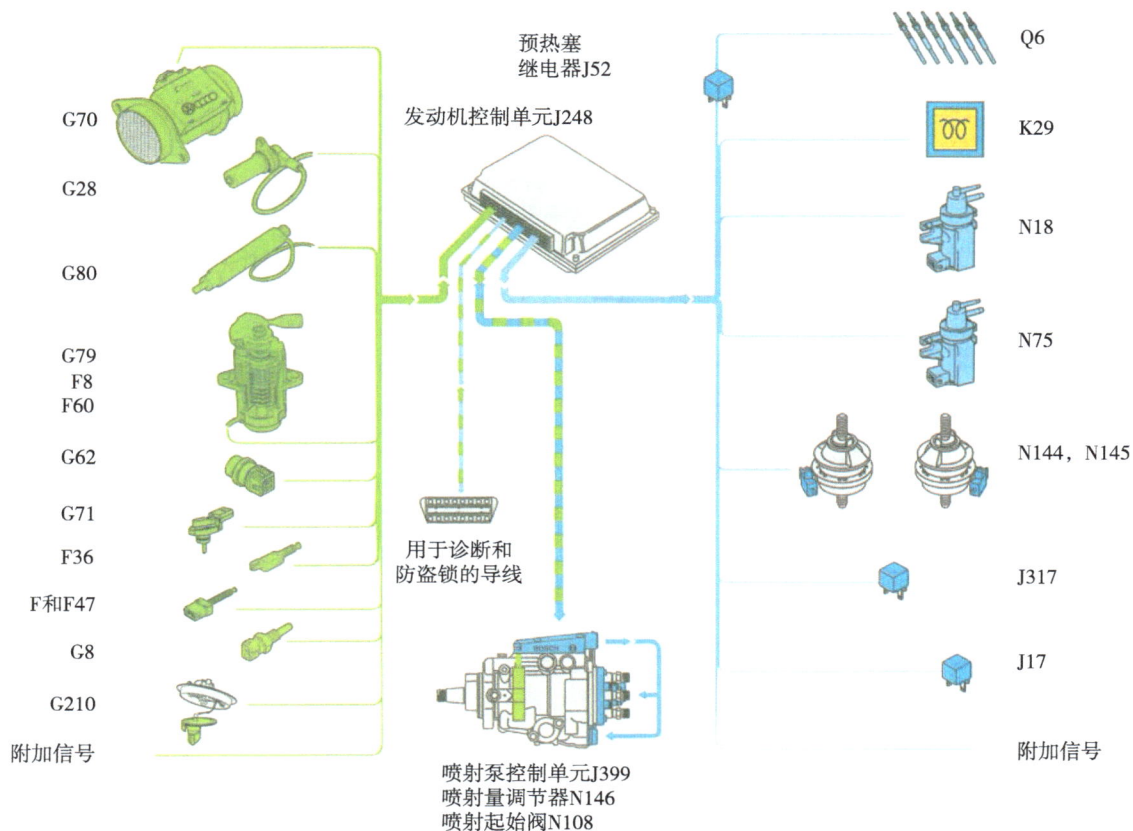

预热塞
继电器J52

发动机控制单元J248

Q6

K29

N18

N75

N144，N145

用于诊断和
防盗锁的导线

J317

J17

喷射泵控制单元J399
喷射量调节器N146
喷射起始阀N108

G70
G28
G80
G79
F8
F60
G62
G71
F36
F和F47
G8
G210
附加信号

附加信号

传感器		执行机构	
空气质量流量计G70	机油温度传感器G8	预热塞Q6	**附加信号：**
发动机转速传感器G28	燃油传感器G210	预热时间指示灯K29	发动机转速信号
喷嘴针行程传感器G80	**附加信号：**	废气再循环阀N18	散热器风扇继续
加速踏板位置传感器G79	燃油存量不足警告	增压压力限制电磁阀N75	运转
强制降挡开关F8	车速信号	电液发动机支撑电磁阀N144，N145	空调压缩机关闭
急速开关F60	空调压缩机准备就绪		耗油量信号
冷却液温度传感器G62	车外温度	供电继电器J317	辅助加热装置
进气管压力传感器G71	定速巡航控制开关	燃油泵继电器J17	CAN总线
离合器踏板开关F36	辅助加热装置		
制动信号灯开关F	发电机		
制动踏板开关F47	CAN总线		

执行机构

· 带有电子调节径向活塞式分配器喷射泵的
直接喷射装置VE VP 44 S3
    带有预喷
· 泵喷嘴，无深孔

· 双弹簧喷嘴支架
· 废气再循环系统和氧化催化转换器
· 发动机支座
· 带有废气旁通阀的废气涡轮增压器

学习领域

7

结构

径向活塞式分配器喷射泵适用于轿车、轻型至中重型货车的柴油发动机。它可产生高达 2000bar的喷射压力并将燃油精确计量分配给每个气缸——在六缸发动机上每分钟可量配燃油高达13000 次。

喷嘴上的较高雾化能量可以降低排放值和耗油量。

带有径向活塞式分配器喷射泵的老式系统拥有一个发动机控制单元和一个泵控制单元。发动机控制单元处理所有由外部传感器采集到的数据并计算出在发动机上需要实施的调节干预值；泵控制单元采集用于燃油温度和旋转角的泵内部传感器信号并将它们用于同喷射时刻进行匹配。在发动机控制单元与泵控制单元之间通过 CAN 总线系统进行数据交换。在新一代径向活塞式分配器喷射泵中把发动机控制单元和泵控制单元集成为一体。

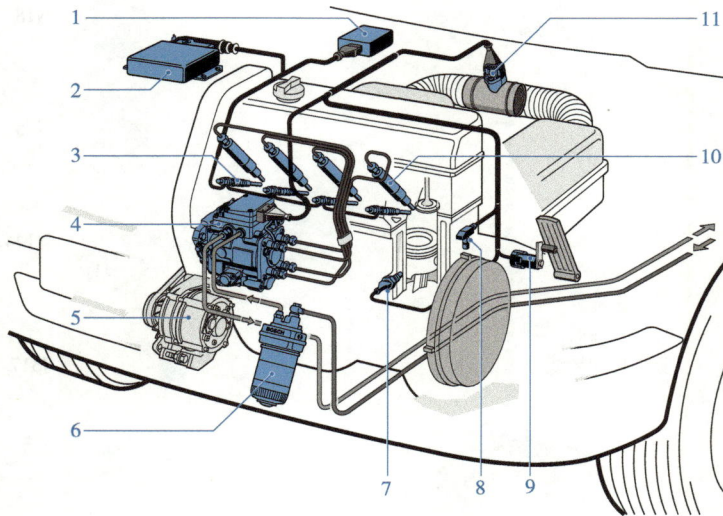

带有径向活塞式分配器喷射泵的柴油喷射装置

1—预热时间控制单元
2—发动机控制单元
3—预热塞
4—带有泵控制单元的径向活塞式分配器喷射泵
5—发电机
6—燃油滤清器
7—冷却液温度传感器
8—曲轴转速传感器
9—加速踏板传感器
10—喷嘴
11—空气质量流量计

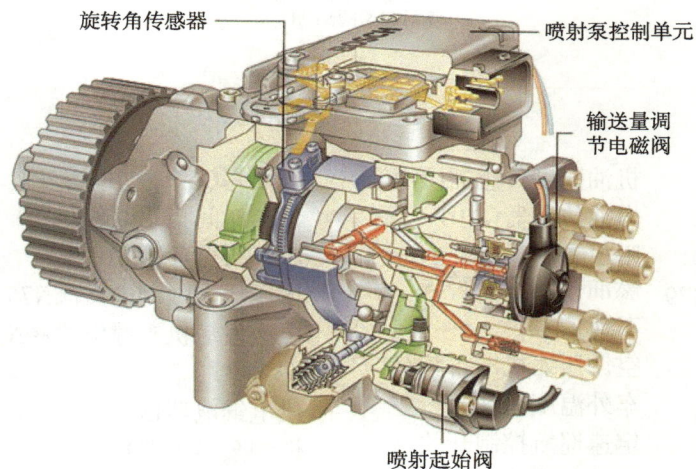

技术要求

基本功能	附加功能
基本功能包括： 喷射柴油 ·在正确的时刻 ·以正确的喷射量 ·在较高压力下	·废气再循环 ·增压压力调节 ·增压压力调节

2.2.3　燃油供给系统

径向活塞式分配器喷射泵的燃油系统由一个低压和一个高压部分组成。

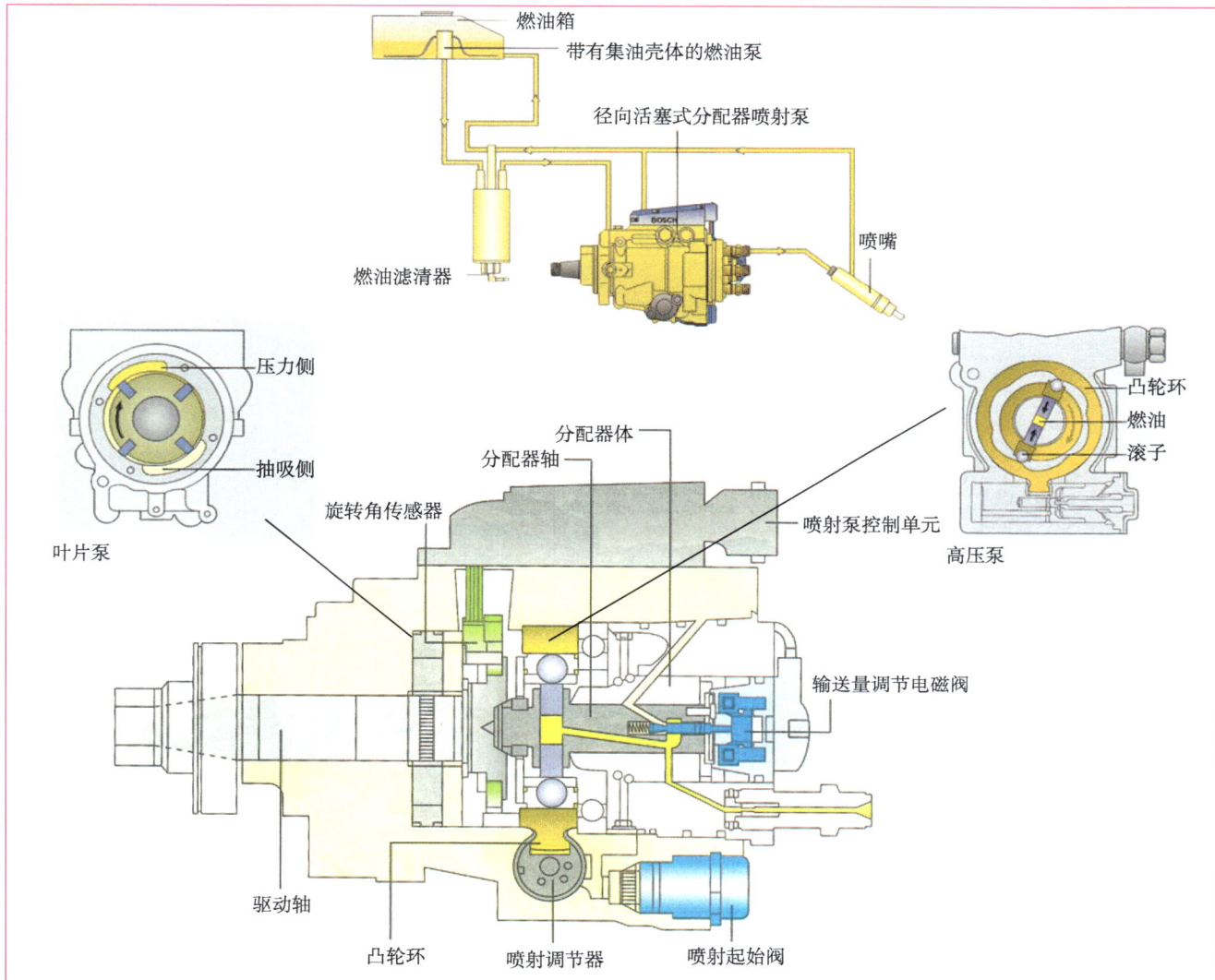

燃油箱

带有集油壳体的燃油泵

径向活塞式分配器喷射泵

喷嘴

燃油滤清器

压力侧

抽吸侧

叶片泵

凸轮环

燃油

滚子

分配器体

分配器轴

旋转角传感器

喷射泵控制单元

高压泵

输送量调节电磁阀

驱动轴

凸轮环

喷射调节器

喷射起始阀

低压部分

　　一个预输送泵将燃油输送至燃油箱的集油槽中。这样可以确保通过径向活塞式分配器喷射泵始终吸入不产生气泡的燃油。

　　叶片泵从燃油箱中吸取燃油并将其输送至径向活塞式高压泵。

　　燃油滤清器在燃油进入分配器喷射泵前清除燃油中的杂质。这样可以避免损坏分配器喷射泵的功能部件。

　　调压阀调节叶片泵的输送压力。压力过高时，此调压阀打开，燃油流回到叶片泵处。

　　达到预设开启压力时，燃油通过一个溢流阀（图中未表示）从分配器体的溢流口流回到燃油箱处。从而使径向活塞分配器喷射泵进行冷却和自动通风。

高压部分

在高压部分中

·燃油压力达到1500~2000bar，

·将燃油分配给各个气缸。

由泵控制单元控制输送量调节电磁阀。

电磁阀打开时：叶片泵从燃油箱吸取燃油并建立油压。该压力将燃油压入高压部分的压缩室内。

电磁阀关闭时：驱动轴的旋转运动被传递到高压泵的凸轮环上。内凸轮工作面带有数量与发动机气缸数一致的凸轮凸起部位。凸轮将活塞向内挤压。在两个活塞之间压缩燃油并将其压向喷嘴。

学习领域

7

喷嘴支架和喷嘴

双弹簧喷嘴支架

在双弹簧喷嘴支架中有两个强度不同的弹簧。较弱的弹簧直接作用在喷嘴针上。较强的弹簧一方面支撑在挡套上，另一方面又支撑在导向盘上。开始喷射时仅克服上部弹簧作用力使喷嘴针稍稍抬起。由此产生一个喷射少量燃油的较小间隙。当分配器喷射泵输送更多燃油时，喷嘴中的压力就会升高。此时将克服下部弹簧作用力使喷嘴针抬高。主喷射开始。

1—支架体
2—调整垫片
3—压力弹簧I
4—压力销
5—导向盘
6—压力弹簧II
7—弹簧座圈
8—挡套
9—喷嘴针
10—喷嘴夹紧螺母
11—喷嘴体
h_1—预升程
h_2—主升程

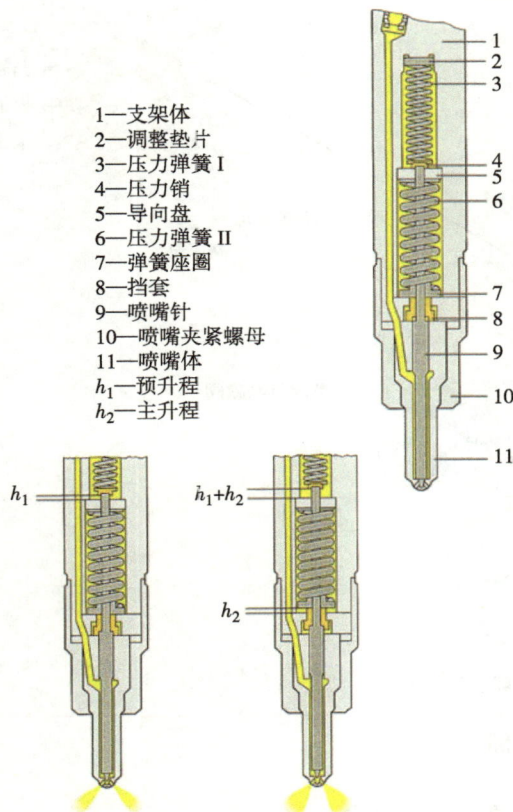

带有针阀运动传感器的喷嘴支架

带有喷射起始时间调节功能的系统需要针阀运动传感器。它由一个插入电流线圈的压力销构成。喷嘴针移动时就会推动电流线圈内的压力销。由此改变磁通量。磁通量变化时，线圈中会产生一个取决于速度的信号，该信号在控制单元中进行分析。

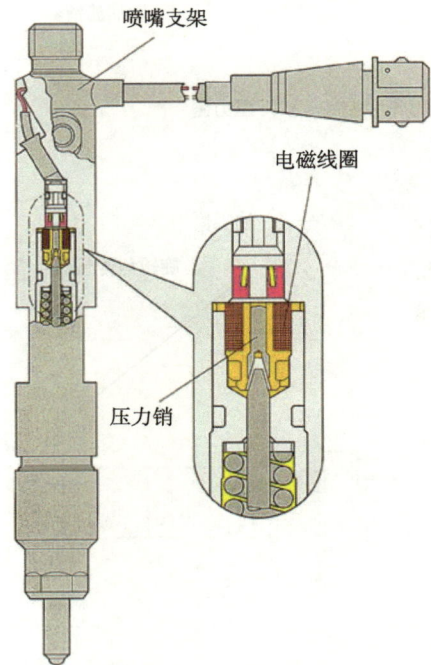

孔式喷嘴

喷射孔的数量和直径取决于喷射量、燃烧室形状和燃烧室内的流动情况。
孔式喷嘴分为

深针座喷嘴

深针座喷嘴具有圆柱形或圆锥形针座以及圆锥形或圆形座顶。喷嘴尖下面残留的剩余燃油在燃烧后蒸发，是造成碳氢化合物排放的原因。

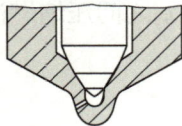

浅针座喷嘴

喷嘴关闭时喷嘴针将喷射孔挡住，因此针座与燃烧室之间没有直接连接。针座容积相对于深针座喷嘴而言大为减少。

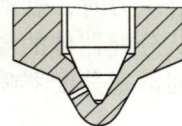

2.2.4　混合气形成和燃烧

　　较小的点火延迟对柴油发动机的燃烧过程非常重要。如果在此期间喷射大量燃油，就会导致压力突然升高且燃烧噪声较大、有害物质排放增加以及耗油量较高。为了避免出现这些情况，以不同压力喷射燃油。

预喷嘴	主喷射
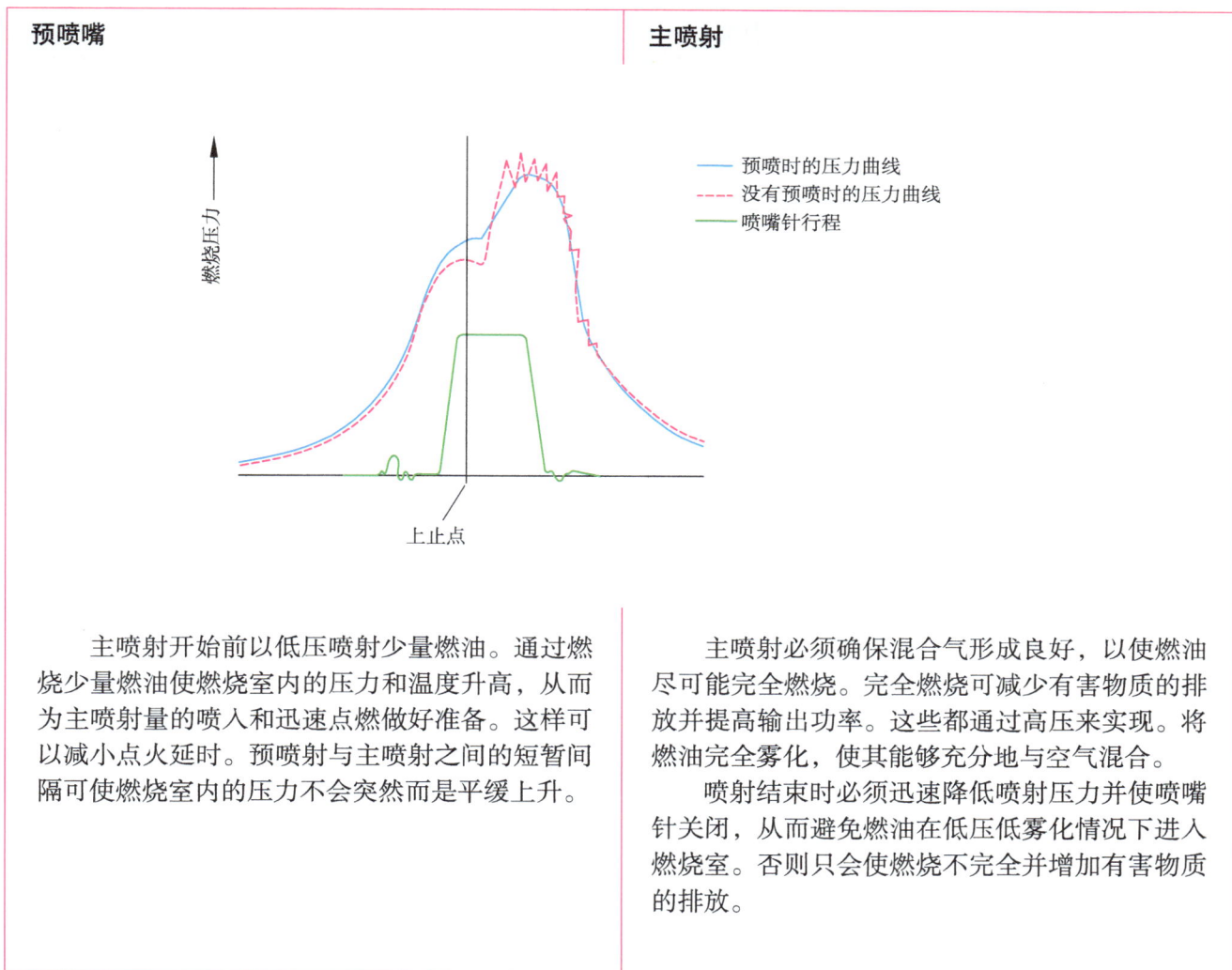	
主喷射开始前以低压喷射少量燃油。通过燃烧少量燃油使燃烧室内的压力和温度升高，从而为主喷射量的喷入和迅速点燃做好准备。这样可以减小点火延时。预喷射与主喷射之间的短暂间隔可使燃烧室内的压力不会突然而是平缓上升。	主喷射必须确保混合气形成良好，以使燃油尽可能完全燃烧。完全燃烧可减少有害物质的排放并提高输出功率。这些都通过高压来实现。将燃油完全雾化，使其能够充分地与空气混合。 　　喷射结束时必须迅速降低喷射压力并使喷嘴针关闭，从而避免燃油在低压低雾化情况下进入燃烧室。否则只会使燃烧不完全并增加有害物质的排放。

图注（预喷嘴图中）：燃烧压力；预喷时的压力曲线；没有预喷时的压力曲线；喷嘴针行程；上止点

2.2.5　发动机管理系统

2.2.5.1　运行数据采集

　　传感器采集发动机的运行条件和加速踏板调节器等的规定值，然后将这些物理参数转化为电信号。控制单元分析传感器数据和规定值传感器数据，微处理器根据输入数据和存储的特性曲线族计算出喷射时间和喷射持续时间。用输出电信号通过输出极来控制执行元件。执行元件将输出电信号转化为机械参数。通过 CAN 总线系统可与车辆的其他系统，例如驱动防滑控制系统、制动防抱死系统、变速器电子控制系统和空调系统等进行数据交换并能进行车辆诊断。

　　这些传感器不仅用于径向活塞分配器喷射泵（VP），而且也用于共轨系统（CR）和泵喷嘴系统（UI）。

学习领域 **7**

传感器	测量参数	信号应用	信号失灵
温度传感器（VP，CR，UI	冷却液、机油、燃油、进气管温度	冷却液温度作为喷射量的校正参数使用 机油温度用于降低热态发动机的喷射量 空气温度作为计算增压压力的校正值 燃油温度影响燃油密度，计算喷射量和供油起始时间时必须将燃油温度考虑在内 进气管温度作为计算增压压力的校正值	冷却液温度：控制单元中的替代值 机油温度：控制单元中的替代值 燃油温度：根据冷却液温度传感器信号计算的替代值 进气管温度：控制单元中的替代值
进气管压力传感器（VP，CR，UI）	增压压力	进气管压力用于检查增压发动机的增压压力。与增压压力特性曲线族的规定值存在偏差时就会通过电磁阀进行再调节	保持增压压力限制。发动机功率较小
转速传感器（VP，CR，UI）	发动机转速，活塞位置	它测定发动机转速和曲轴的准确位置。根据这些数据计算喷射量和喷油起始时间	将发动机关闭。 径向活塞式分配器喷射泵：利用旋转角传感器的转速信号
霍尔相位传感器（CR，UI）	气缸识别	它在压缩阶段或在发动机起动时向控制单元发出一号气缸的位置信号，以便控制喷射阀	控制单元利用发动机转速传感器的信号
加速踏板传感器（VP，CR，UI）带有怠速开关、强制降挡开关	踏板位置	控制单元通过该信号识别出加速踏板的位置 强制降挡开关发出驾驶员加速要求信号	没有该信号，控制单元便无法识别出加速踏板的位置。发动机高转速运转，以便驾驶员能够到达维修站
热膜式空气质量流量计（VP，CR，UI）	空气质量	控制单元根据测量值计算燃油量和废气再循环量	发动机控制单元采用一个空气质量规定值
离合器踏板开关（VP，CR，UI）	离合器接合或分离	控制单元通过该信号识别离合器处于接合或分离状态。踩下离合器时就会短时减少喷射量。这样可以避免在换挡过程中发动机转速瞬时提高	换挡过程中可能会出现负荷冲击
制动信号灯开关，制动踏板开关	制动器已踩下	控制单元通过这些信号识别出是否踩下了制动踏板。控制单元将这两个信号用于相互检查。踏板位置传感器损坏时，为安全起见，踩下制动踏板时就会将发动机转速调低	将限制燃油量，发动机功率较小

除第 214 页所述的传感器外，径向活塞分配器喷射泵还使用其他的数据采集传感器：

旋转角传感器

原理图

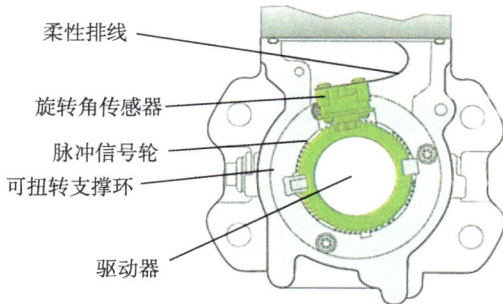

- 柔性排线
- 旋转角传感器
- 脉冲信号轮
- 可扭转支撑环
- 驱动器

功能

　　脉冲信号轮以可扭转方式支撑在喷射泵的驱动轴上，进行喷射调节时通过凸轮环进行转动（参见第 90 页）。细齿脉冲信号轮在其圆周上分布多个齿隙。齿隙数量与气缸数量相符。由旋转角传感器对脉冲信号轮进行信号测定。控制单元通过传感器的信号识别出：

　　·泵驱动轴相对于曲轴的位置：角度位置确定用于高压电磁阀的控制信号。

　　·泵当前转速：它是进入控制单元的输入参数。

　　·喷射调节器的实际位置：用于喷射调节器的调节。

旋转角传感器失灵

　　旋转角传感器失灵时，泵控制单元无法确定气缸分配和泵转速。因此无法继续喷射燃油且发动机熄火。发动机无法再次起动。

燃油存量不足传感器

原理图

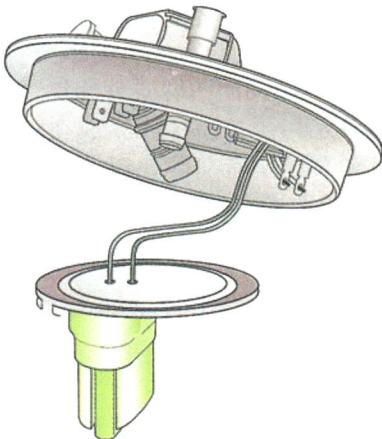

线路图

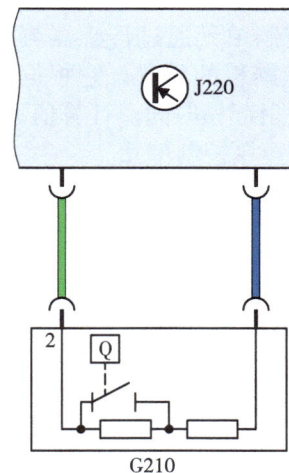

　　径向活塞式分配器喷射泵内必须持续加注燃油以免损坏。因此必须防止系统空转。为此在燃油箱的集油槽内装有一个燃油存量不足传感器。

燃油存量不足时，控制单元切断各个气缸的供油。发动机控制单元启用输送量调节电磁阀，发动机熄火。在加注燃油前防止起动发动机。

燃油存量不足传感器失灵

　　此时将关闭控制单元中的"燃油存量不足警告"功能。通过预热系统指示灯向驾驶员发出故障信号。燃油系统可能空转。

针阀运动传感器

原理图	线路图
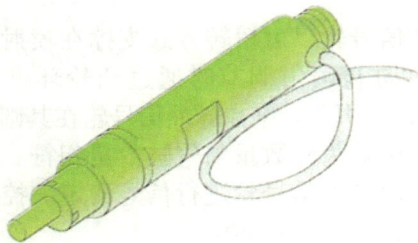	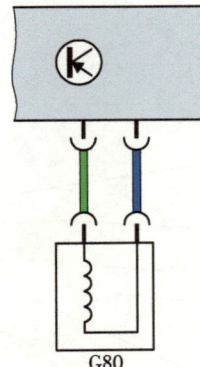
G80	
带有喷射起始时间调节功能的系统需要针阀运动传感器。它测定喷嘴针何时打开。这就是喷射起始时间。该信号由发动机控制单元进行处理。	针阀运动传感器的功能参见第212页。 在V6发动机中针阀运动传感器位于3号气缸内。

针阀运动传感器失灵
发动机控制单元将无法检查喷射起始时间。

2.2.5.2　运行数据处理

信息和控制指令由两个控制单元进行处理和计算。为此在两个控制单元内都储存了相应的特性曲线族。

·发动机控制单元

发动机控制单元通过传感器测定发动机的运行状态和加速踏板的位置。它根据这些信息计算出喷射量和喷射起始时间。计算值通过 CAN 总线数据导线传输至泵控制单元。

·泵控制单元

泵控制单元和喷射泵构成一个单元。泵控制单元测定用于旋转角和燃油温度的泵内部传感器信号。这些信号与发动机控制单元的规定值一起用于调节喷射起始时刻和喷射量。它控制输送量调节电磁阀和喷射起始阀。

喷射泵的运行状态信号反馈给发动机控制单元。

在Bosch新一代径向活塞式分配器喷射泵中把发动机控制单元和泵控制单元集成在一起。由此控制发动机和泵的所有功能，以便迅速且节油地实现驾驶员转矩要求。

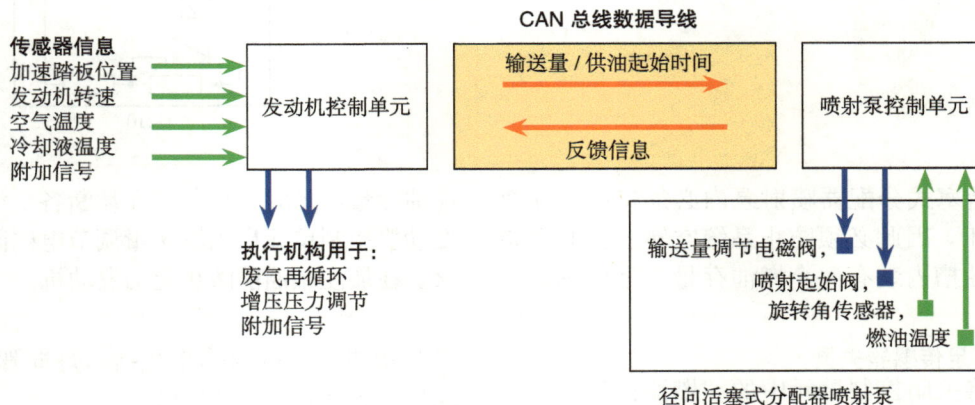

CAN 总线数据导线

传感器信息
加速踏板位置
发动机转速
空气温度
冷却液温度
附加信号

发动机控制单元

输送量 / 供油起始时间

反馈信息

喷射泵控制单元

执行机构用于：
废气再循环
增压压力调节
附加信号

输送量调节电磁阀
喷射起始阀，
旋转角传感器，
燃油温度

径向活塞式分配器喷射泵

2.2.5.3　执行机构

燃油量的控制

通过燃油量控制使燃油量与发动机不同运行状态准确匹配。

发动机控制单元根据传感器信息确定喷射量和供油起始时间。

泵控制单元计算出燃油量控制电磁阀的控制指令。同时还会考虑到发动机控制单元和旋转角传感器的信号。

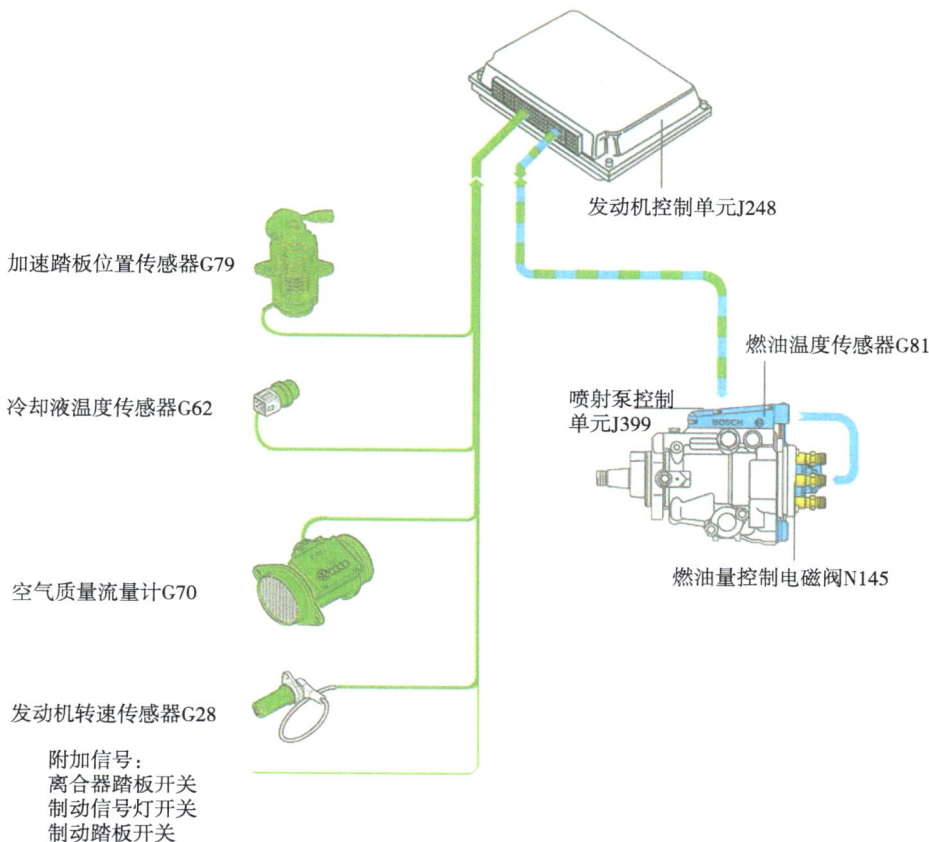

加速踏板位置传感器G79

冷却液温度传感器G62

空气质量流量计G70

发动机转速传感器G28

附加信号：
离合器踏板开关
制动信号灯开关
制动踏板开关

发动机控制单元J248

燃油温度传感器G81

喷射泵控制单元J399

燃油量控制电磁阀N145

充油过程

来自内腔的燃油

电磁阀打开

压缩室

分配器轴

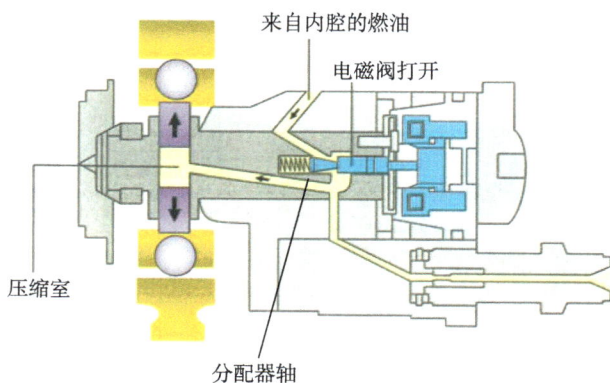

电磁阀打开。燃油从泵内腔进入压缩室。

喷射过程

来自内腔的燃油

电磁阀

压缩室

分配器轴

分配器体

喷嘴

回流节流阀

分配器体

分配器轴

压缩室

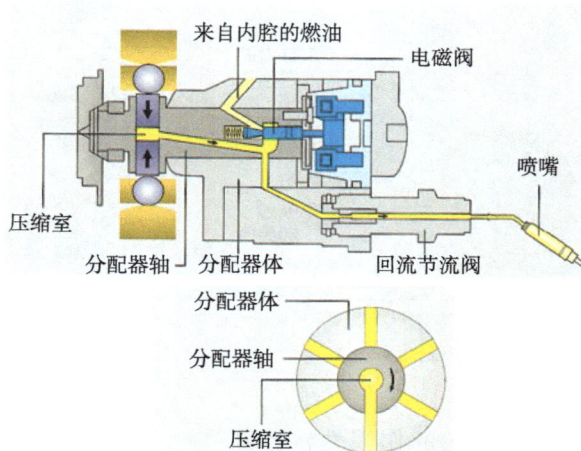

电磁阀关闭，燃油供给管路被封住。燃油被压缩并输送至喷嘴。

由分配器体分配燃油。分配器体带有分配给各个气缸的油孔。旋转的分配器轴将压缩室与分配器体内的各个油孔接通。喷射完计算的燃油量时，电磁阀就会打开燃油供给管路，此时压力下降，喷射结束。

学习领域

7

喷射起始时间调节

发动机控制单元根据发动机的运行状态（负荷、发动机转速和发动机温度）规定一个由喷射起始时间特性曲线族决定的喷射起始时间规定值。发动机控制单元的该信号由泵控制单元转化为喷射起始阀信号。

通过喷射调节器消除因喷射延迟和点火延迟造成的滞后。

喷射起始时间实际值由旋转角传感器或针阀运动传感器提供。

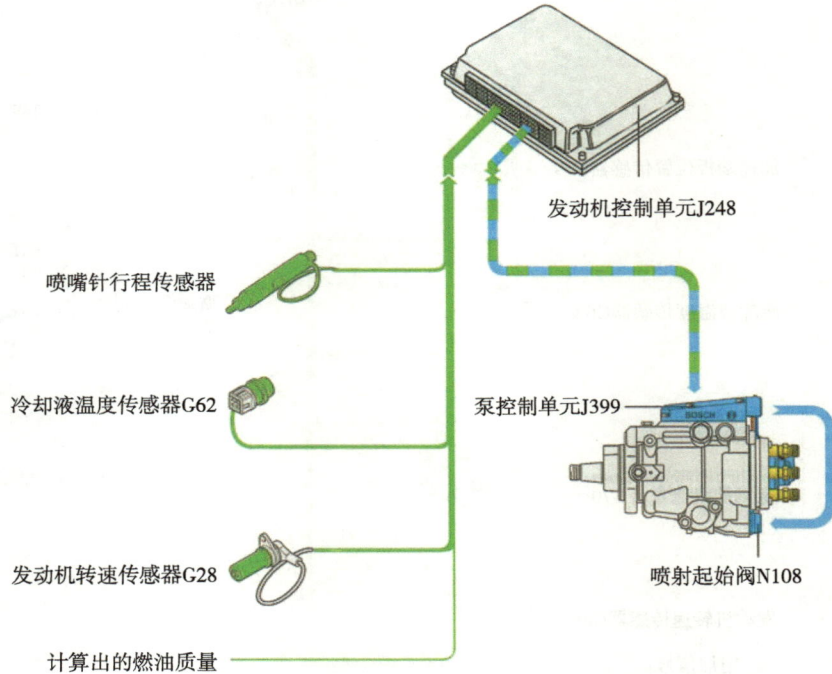

发动机控制单元J248

喷嘴针行程传感器

冷却液温度传感器G62

泵控制单元J399

发动机转速传感器G28

喷射起始阀N108

计算出的燃油质量

喷射起始时间调节

初始位置	转速不断增加	由"提前"方向调节

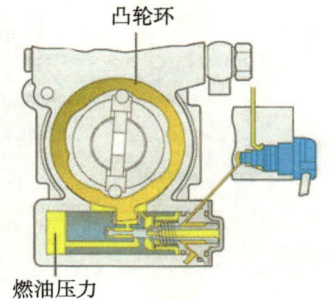

初始位置

来自内腔的燃油压力

喷射起始阀

环形腔

喷射调节器活塞

控制活塞

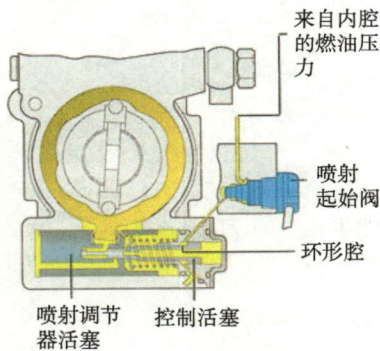

压力弹簧的作用力将控制活塞压向喷射调节器活塞。燃油压力通过一个通道作用到控制活塞的环形腔内。电磁阀决定了控制活塞的环形腔内的燃油压力。

转速不断增加

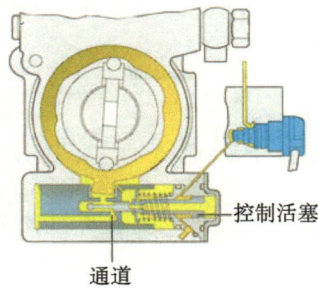

控制活塞

通道

通过电磁阀提高环形腔内的燃油压力。

控制活塞克服弹簧压力脱离喷射调节器活塞并打开一个通道。燃油压力作用到喷射调节器活塞的背面。

由"提前"方向调节

凸轮环

燃油压力

燃油压力推动喷射调节器活塞。同时通过轴颈使凸轮环向"提前"方向扭转。

2.2.6　废气涡轮增压系统

　　汽车可达到的转矩与新鲜空气进气成正比，因此在空气进入气缸前对其进行压缩可提高最大转矩。废气涡轮增压器可对新鲜空气进行预压缩。

废气涡轮增压器系统

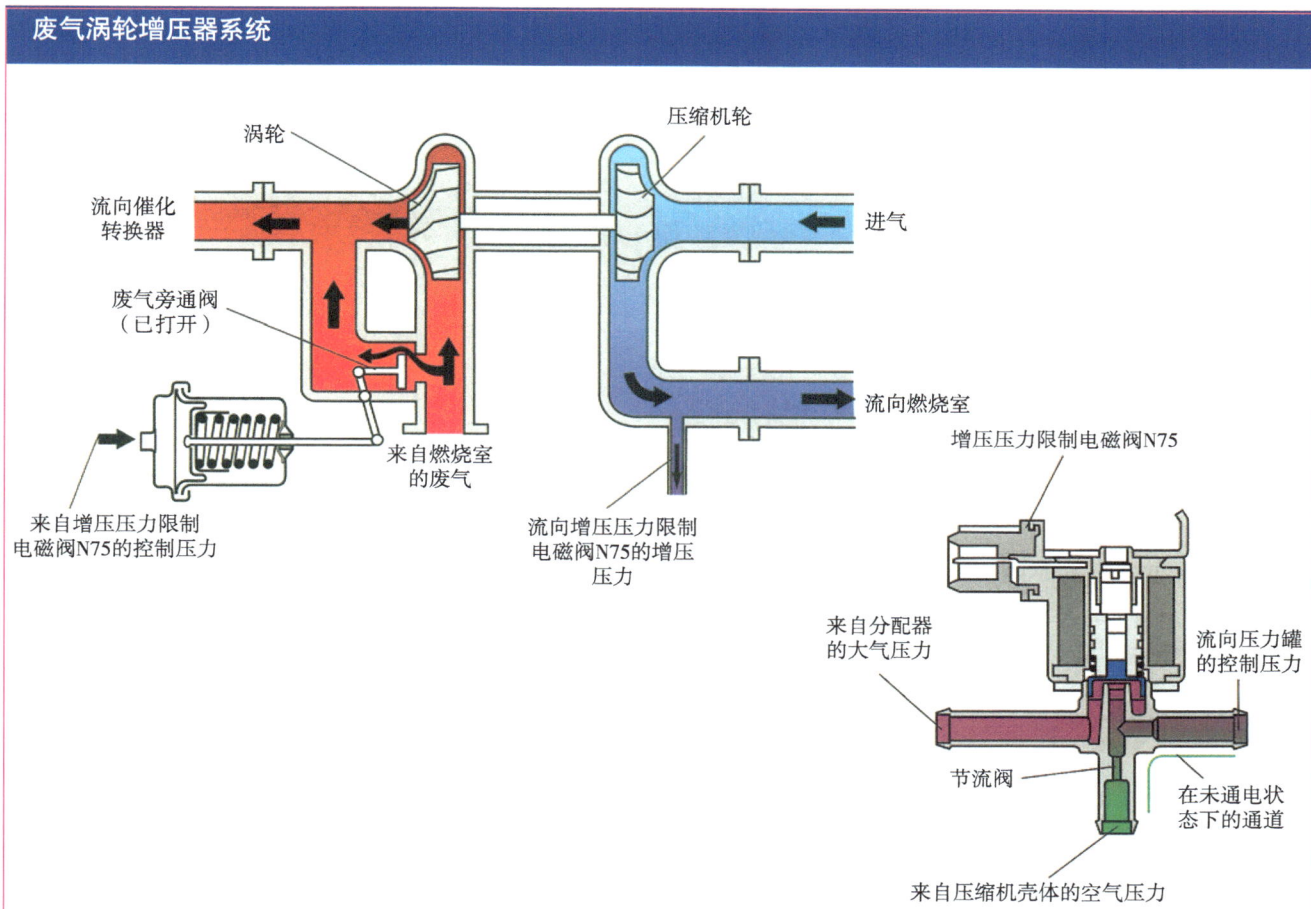

涡轮
压缩机轮
流向催化转换器
废气旁通阀（已打开）
来自增压压力限制电磁阀N75的控制压力
来自燃烧室的废气
进气
流向燃烧室
流向增压压力限制电磁阀N75的增压压力
增压压力限制电磁阀N75
来自分配器的大气压力
流向压力罐的控制压力
节流阀
在未通电状态下的通道
来自压缩机壳体的空气压力

涡轮增压器

　　废气涡轮和压缩机安装在同一根轴上。涡轮利用废气中的能量驱动压缩机。涡轮直径约为60mm，转速可达100 000r/min。涡轮增压器的优点在于不会损失发动机功率用于压缩机驱动。

　　废气涡轮增压系统现在主要用于提高中低速时的最大转矩。

　　非调节式废气涡轮增压器有两大问题：

　　·高转速：空气压缩程度超出所需要求，发动机将会过载。增压压力过高可能会导致发动机损坏。

　　·低转速：空气压缩程度不足，发动机无法达到所需功率（涡轮效应滞后）。

　　通过一个废气旁通阀来解决这些问题。

带有废气旁通阀的废气涡轮增压器

　　调节式废气涡轮的增压性能要求在发动机低转速和低质量流量时就能建立最大增压压力。随着发动机转速不断提高，必须逐渐增加通过废气旁通阀的废气气流，使其绕过涡轮输送。

　　通过一个气动压力罐来操作废气旁通阀风门。增压压力限制电磁阀分别与压力罐和压缩机壳体的控制管路相连。电磁阀根据发动机控制单元的控制指令改变接通大气压力的开启时间。根据增压压力和大气压力产生一个作用在压力罐上的控制压力。废气旁通阀将克服弹簧压力打开。废气气流分流。一部分从涡轮中流过，另一部分以不使用的方式经过废气旁通阀流入排气管中。处于断电状态时电磁阀关闭，增压压力直接作用到压力罐上。

　　其他系统使用一个真空泵，该真空泵通过一个电子气动压力转换器作用到压力罐上。压力转换器由发动机控制单元控制。

学习领域

7

2.2.7　起动辅助系统

冷态柴油发动机很难起动和点火。

温度低于+9℃时，直喷发动机就会遇到这种问题。发动机需要一个起动辅助系统。在轿车直喷发动机中，"热点"处于燃烧室外围。

预热塞

它由预热塞壳体构成，内部带有一个嵌埋在镁粉中的预热螺旋丝。预热螺旋丝由两个串联的电阻组成。

· 加热螺旋丝

它安装在预热管尖端内，由一个不受温度影响的电阻组成。

· 调节螺旋丝

调节螺旋丝的电阻（PTC）随温度升高而升高。因此接通电源后温度会迅速升高。调节螺旋丝的电阻也随之升高，从而限制了电流强度。这样可以防止预热塞过热。

预热塞在很短的时间内（4s）就能达到点火所需温度（850℃），起动后还可运行最多3min，从而确保在低噪声和低废气排放的情况下改善起动和暖机运转。

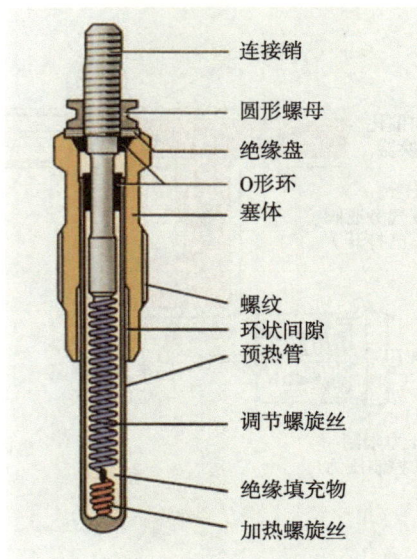

连接销
圆形螺母
绝缘盘
O形环
塞体
螺纹
环状间隙
预热管
调节螺旋丝
绝缘填充物
加热螺旋丝

预热装置

发动机控制单元负责控制预热装置。它接收以下信息

· 发动机转速传感器，

· 冷却液温度传感器，

并控制预热塞。

起动过程分为两个阶段进行：

· 预热

打开点火开关时通过继电器（J52）接通预热塞。预热时间指示灯亮起。预热时间结束时指示灯熄灭。此时可起动发动机。

· 再预热

每次起动发动机后都会进行再预热。再预热阶段持续约4min并在转速超过4000r/min时中断。

通过再预热阶段可以降低燃烧噪声、改善急速运转并减少碳氢化合物的排放。

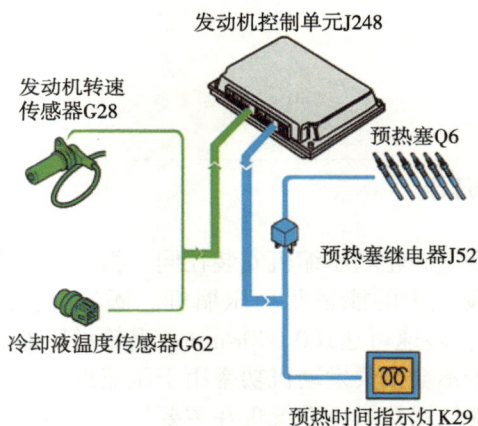

发动机控制单元J248
发动机转速传感器G28
预热塞Q6
预热塞继电器J52
冷却液温度传感器G62
预热时间指示灯K29

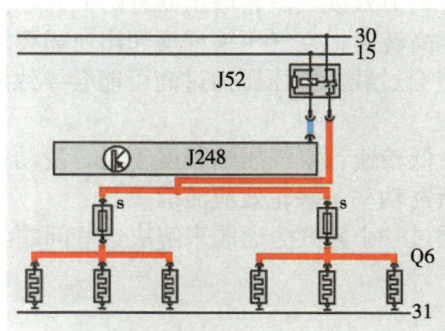

30
15
J52
J248
Q6
31

2.2.8 通过氧化催化转换器进行废气再处理

满足欧 II 标准（自 1996 年起）的现代柴油发动机炭烟颗粒排放量很低，这得益于发动机的改进措施（燃烧室和空气导管的构造，喷射性能）和废气再循环系统。有害物质 CO 和 HC 可通过氧化催化转换器燃烧掉。仅通过发动机内部措施无法在未来几年里继续满足越来越严格的排放限值要求。为了达到自 2005 年起生效的欧 IV 标准，需要使用颗粒过滤器。就 NO_x 排放而言，只有通过后置催化转换器内的计量系统向 NO_x 存储器催化转换器内添加还原剂（尿素水溶液或柴油）才能降低 NO_x 排放（SCR 法）。前提条件是可使用低含硫量燃油。

通过氧化过滤器进行废气再处理

氧化催化转换器由一个带有铂涂层的蜂窝形陶瓷载体组成。催化转换器用于还原各种有害物质成分：

- 将一氧化碳 CO 化合为二氧化碳 CO_2，
- 将碳氢化合物 HC 还原为水 $H_2O + CO_2$。

由于排放碳氢化合物会促使形成炭烟颗粒，因此还原 HC 还间接减少了颗粒物排放。在此不使用氧传感器，因为驱动柴油发动机时燃油空气混合气中氧气过量，因此氧传感器在废气中无法工作。只有使用低含硫量燃油才能确保功效。

通过氧化催化转换器和颗粒过滤器进行废气再处理

陶瓷过滤器采用由陶瓷塞交叉封堵的多孔蜂窝结构。废气流入一端敞开而另一端封堵的气道并通过多孔的陶瓷壁流入朝对面敞开的气道中。通过陶瓷壁时将炭烟颗粒分离出来。多孔的陶瓷过滤器能滤除约90%的炭烟成分。由于柴油发动机以空气过量方式工作，因此废气中含有的大量剩余氧气可在废气温度超过 550℃时将积聚在过滤器中的炭烟烧掉从而对过滤器进行清洁。

为了克服高温再生和增加耗油量的缺点，用氧化催化转换器中产生的二氧化氮（NO_2）进行再生。氧化催化转换器清除废气中的一氧化碳和碳氢化合物，在第二个催化转换器中产生炭烟氧化所需的 NO_2（CRT 系统：连续再生过滤器）。通过电加热或再喷射达到 300℃的工作温度。将微粒过滤器前后的压力差和温度作为控制参数使用。

由于加油站燃油仍含有硫，因此催化转换器会慢慢中毒并影响CRT功能。如果不采取其他措施，炭烟微粒对过滤器的污染就会严重加剧。因此进行燃油再喷射以提高废气温度。温度超过500℃时就会烧掉炭烟污染物，同时清除沉积在催化转换器内的硫（参见第 277 页）。

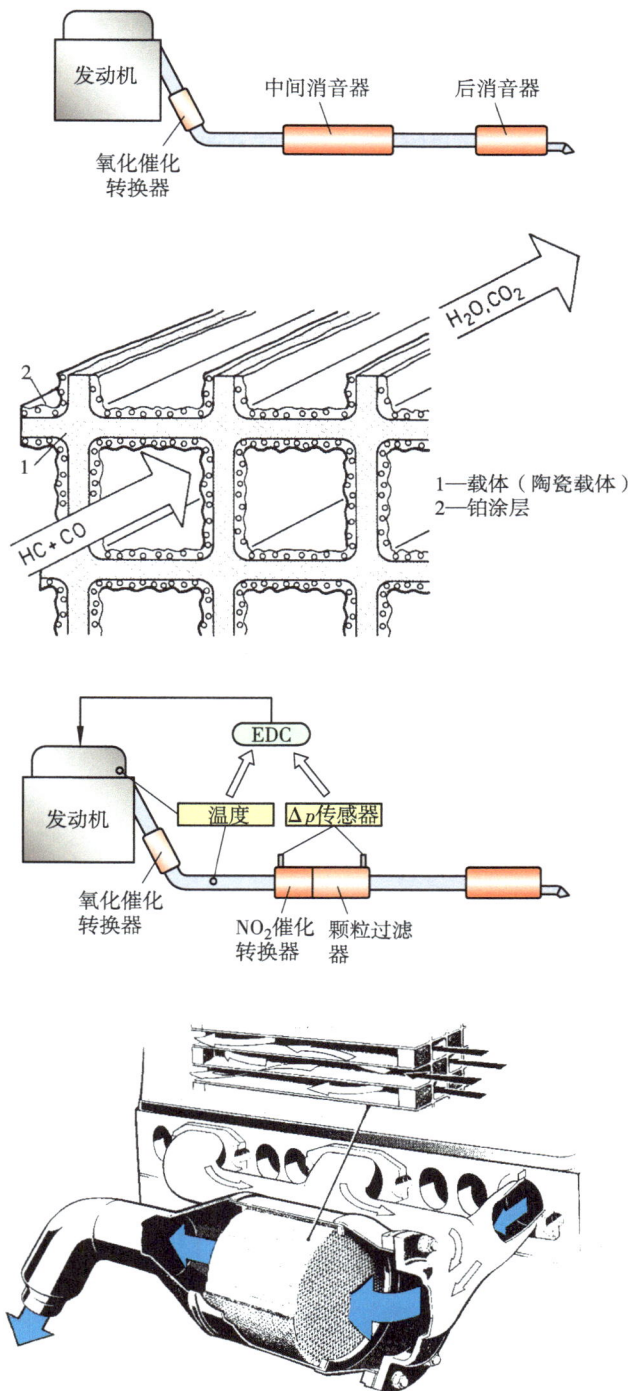

1—载体（陶瓷载体）
2—铂涂层

学习领域 **7**

通过颗粒过滤器和 NO_x 存储器催化转换器进行废气再处理

废气只有通过氮氧化物存储器催化转换器才能达到欧 IV 标准。它存储来自发动机的氮氧化物。由于其吸收能力有限，因此必须按特定时间间隔用浓混合气进行清洁。为此对柴油发动机的进气进行节流并喷射燃油。该过程每行驶5~10km重复一次，但驾驶员丝毫不会察觉。

由于柴油的硫污染比汽油（优质汽油）严重得多，因此 NO_x 存储器催化转换器在相对较短时间内就会中毒。存储器催化转换器的使用取决于无硫柴油的可使用性。

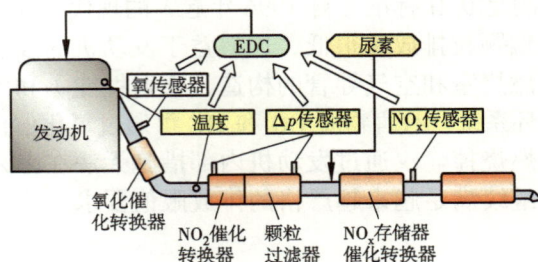

通过颗粒过滤器和尿素催化转换器进行废气再处理

为了进一步降低废气尤其是氮氧化物的排放，开发了用于货车的尿素（SCR）催化转换器（SCR=选择性催化还原）。尿素将废气中的氮氧化物（NO_x）还原为氮气（N_2）和水（H_2O）。

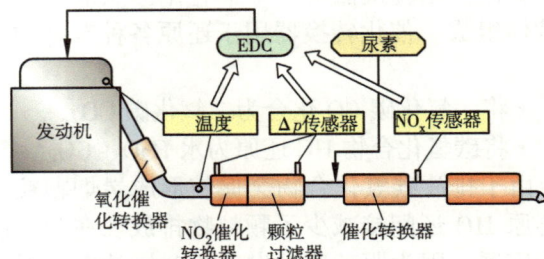

2.2.9　液压发动机支撑

发动机产生较小的高频振动（小振幅，每秒振动次数多），路面产生较大的低频振动（大振幅，每秒振动次数少）。

液压发动机支座可减振并改善行驶舒适性。在恶劣路面上行驶时，可通过两个腔室之间液体的流动过程减轻发动机振动。通过一个 3/2 通电磁阀以气压方式控制发动机支座。发动机支座在整个发动机转速范围内降低传递到车身上的振动。将车速和发动机转速作为输入信号使用。根据两种运行状态调节减振效果：

- 在急速运行即转速低于1100r/min时支撑较软。
- 在行驶过程中即转速高于1~100r/min时支撑较硬。

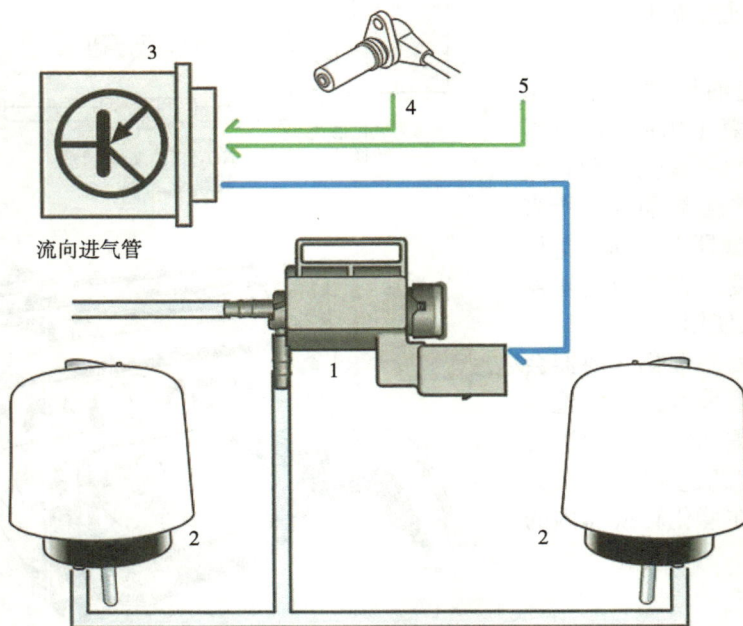

1—电子气动发动机支撑电磁阀
2—发动机支座
3—发动机控制单元
4—转速传感器
5—车速

2.3 通过检查和测量实现质量保证要求

故障查询：发动机无法起动

检测前提条件：
起动机转动，
有燃油，
防盗锁已停用。

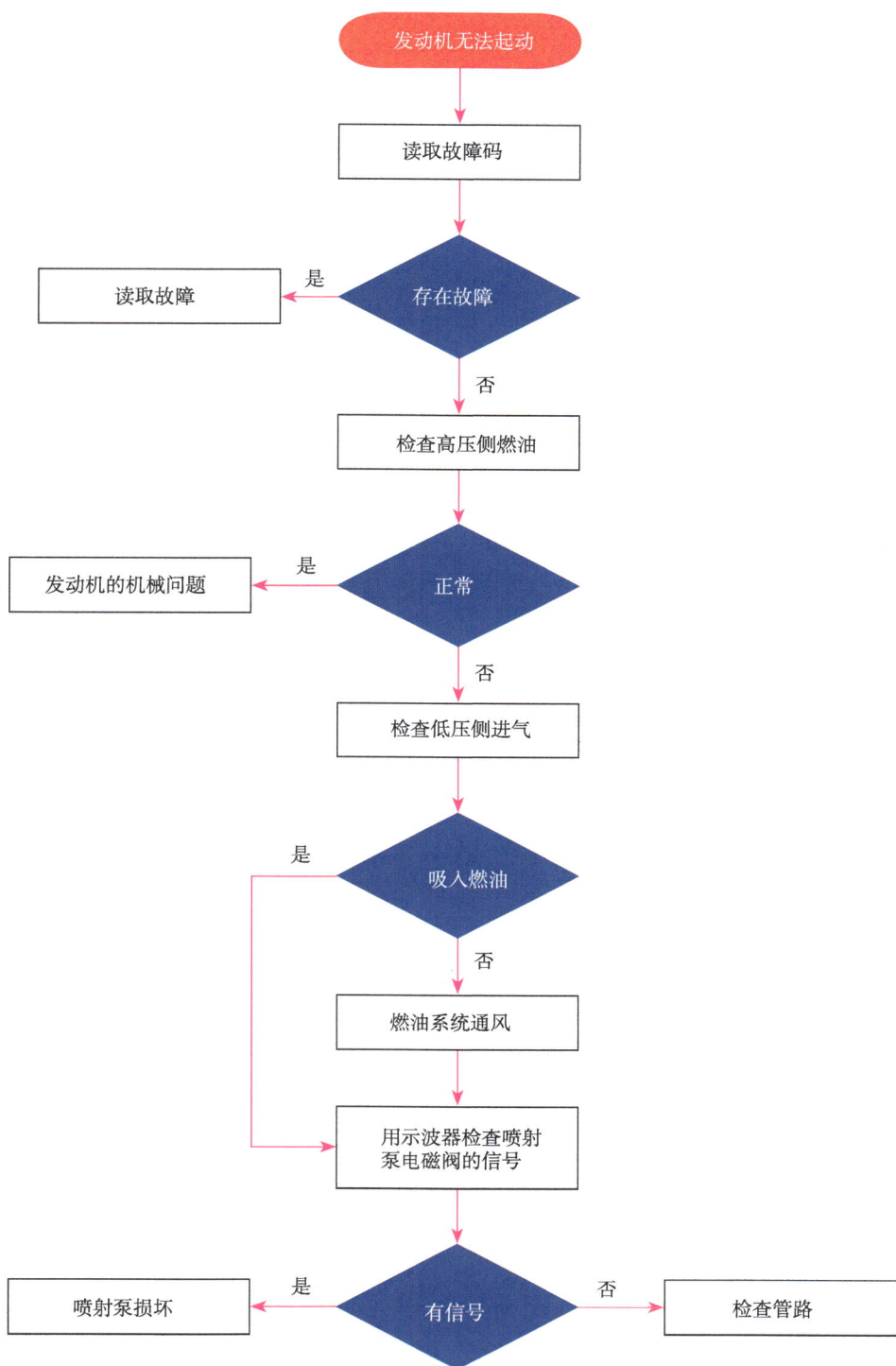

```
          ┌─────────────────┐
          │  发动机无法起动   │
          └─────────────────┘
                   │
          ┌─────────────────┐
          │   读取故障码      │
          └─────────────────┘
                   │
┌──────────┐  是   ◇─────────◇
│ 读取故障  │◄──────│ 存在故障 │
└──────────┘       ◇─────────◇
                        │ 否
          ┌─────────────────┐
          │   检查高压侧燃油   │
          └─────────────────┘
                   │
┌──────────────┐ 是  ◇────────◇
│ 发动机的机械问题 │◄────│  正常   │
└──────────────┘     ◇────────◇
                         │ 否
          ┌─────────────────┐
          │   检查低压侧进气   │
          └─────────────────┘
                   │
          是   ◇─────────◇
      ┌───────│ 吸入燃油 │
      │       ◇─────────◇
      │            │ 否
      │  ┌─────────────────┐
      │  │   燃油系统通风     │
      │  └─────────────────┘
      │           │
      │  ┌─────────────────┐
      └─►│ 用示波器检查喷射   │
         │ 泵电磁阀的信号     │
         └─────────────────┘
                  │
┌──────────┐ 是 ◇───────◇ 否 ┌──────────┐
│ 喷射泵损坏 │◄───│ 有信号  │───►│ 检查管路  │
└──────────┘    ◇───────◇    └──────────┘
```

学习领域
7

2.4　通过以客户为本实现质量保证要求

· 客户委托：急冲，怠速运转时振动

客户地址：

Erich Weiss 先生 Habichtweg 25 65205 Wiesbaden	

委托编号：　　　0015

客户编号：　　　1515

委托日期：　　　2005年2月24日

车型	牌照号	车辆识别号	KBA代码	里程数/km
MB E 320 CDI	WI–HK 333		0710 423	75000

注册登记日期	发动机代码	接待人	电话号码
2002年1月	OM613.961	Schmidt	0611/22222

项目	工作单位	时间	工作描述	价格
01			急冲，怠速运转时振动	

交车时间：2005年2月25日，16：00点

此委托是在明确确认"车辆、总成以及零部件工作和费用估算条件"之后签发并交给本人的。

车辆终检

日期	时间	验收人	里程数/km

Erich Weiss
_____
客户签名

2.5 通过系统知识实现质量保证要求：使用共轨的柴油发动机

2.5.1 共轨柴油发动机的发动机管理系统

系统概览

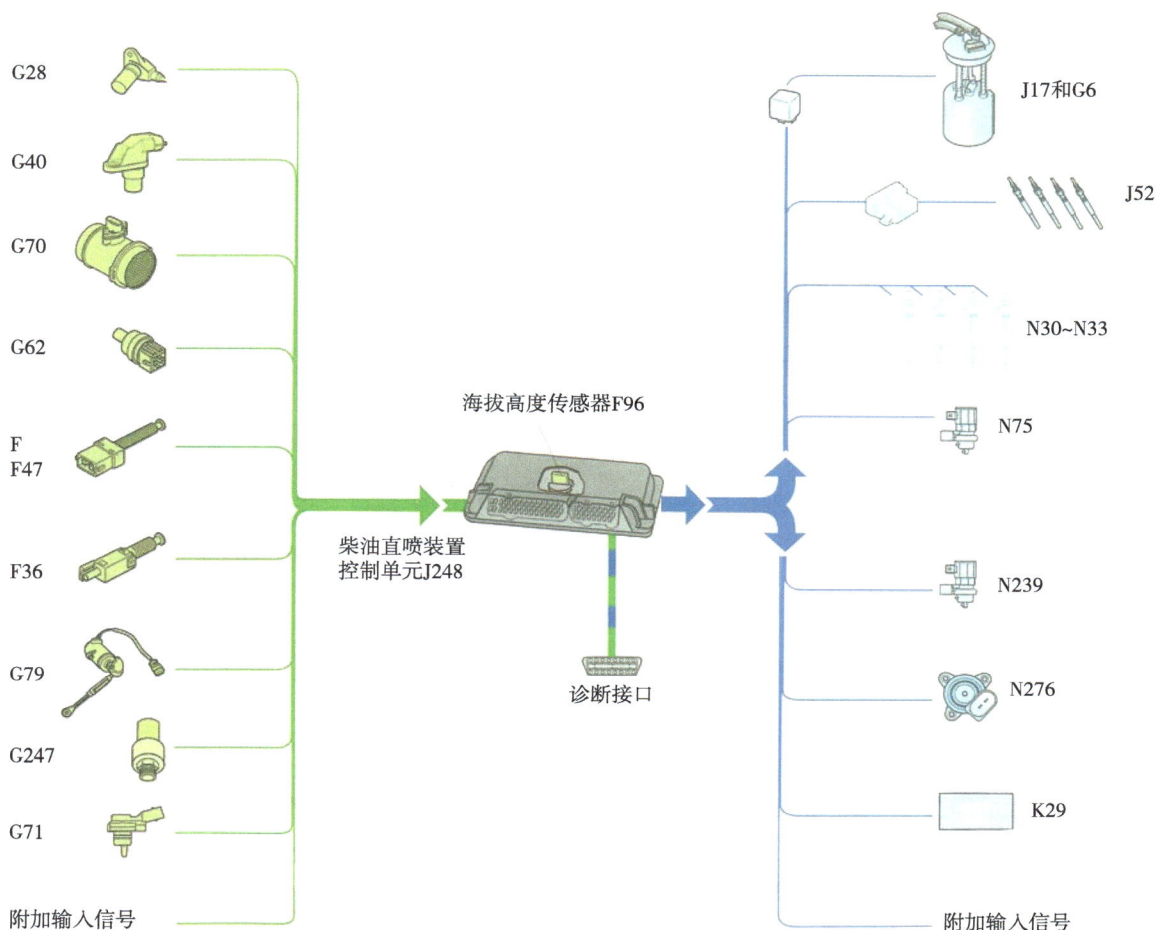

传感器		执行机构	
发动机转速传感器G28	燃油压力传感器（共轨传感器）G247	燃油泵继电器J17和燃油泵 G6	附加输出信号：
霍尔传感器G40	进气管压力传感器G71	预热塞继电器J52 和预热塞1~4 Q6	发动机转速
空气质量流量计G70	进气管温度传感器G72		空调压缩机
冷却液温度传感器G62	附加输入信号：	喷射阀电磁阀1~4：N30~N33	
制动信号灯开关F	车速信号	增压压力限制电磁阀N75	
和制动踏板开关F47	定速巡航控制系统	进气管风门转换阀N239	
离合器踏板开关F36	空调压缩机准备就绪	燃油压力调节阀N276	
加速踏板位置传感器 G79	工作转速调节	预热时间指示灯K29	
和急速开关F60			

技术说明

共轨发动机管理系统
带有最小深针座喷嘴的喷射器

带有可调式导轮叶片的废气涡轮增压器

2.5.2 共轨蓄压喷射系统的结构

共轨系统采用模块化结构，由以下部件组成：
- 预输送泵，
- 高压泵，
- 高压蓄压器（共轨），
- 喷射器，
- 带有相关传感器的发动机控制单元。

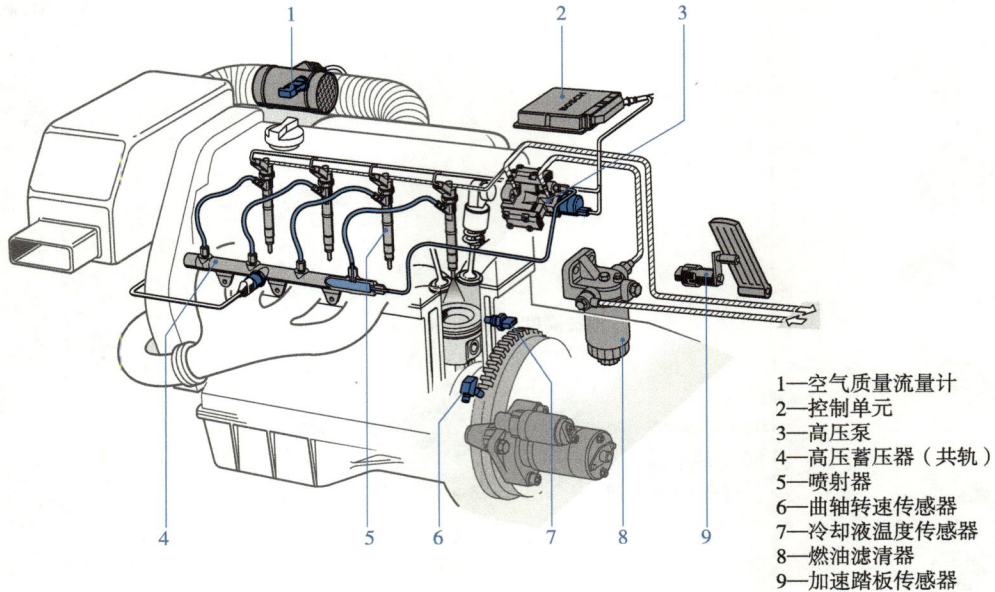

1—空气质量流量计
2—控制单元
3—高压泵
4—高压蓄压器（共轨）
5—喷射器
6—曲轴转速传感器
7—冷却液温度传感器
8—燃油滤清器
9—加速踏板传感器

共轨系统又称为蓄压喷射系统。产生压力和燃油喷射分别进行。即共轨系统为独立系统，压力控制可不受转速的影响：
- 高压泵在额定转速时产生 1350 bar 的连续压力。
- 该压力存储在高压蓄压器（又称共轨）内并通过高压管路供给喷射器。
- 喷射时刻和喷射量由发动机控制单元通过喷射器上的电磁阀进行控制。

发动机控制单元通过加速踏板传感器探测驾驶员要求，通过其他传感器探测发动机和车辆的当前运行特性。它处理各种信息并产生相应调节信号，从而确保柴油发动机节油且平稳运行。

技术要求

基本功能	附加功能
喷射燃油 · 在正确的时刻 · 以正确的喷射量 · 在较高压力下	· 废气再循环 · 增压压力调节 · 定速巡航控制 · 通过CNA总线系统与其他电子系统进行数据交换

2.5.3　燃油供给系统

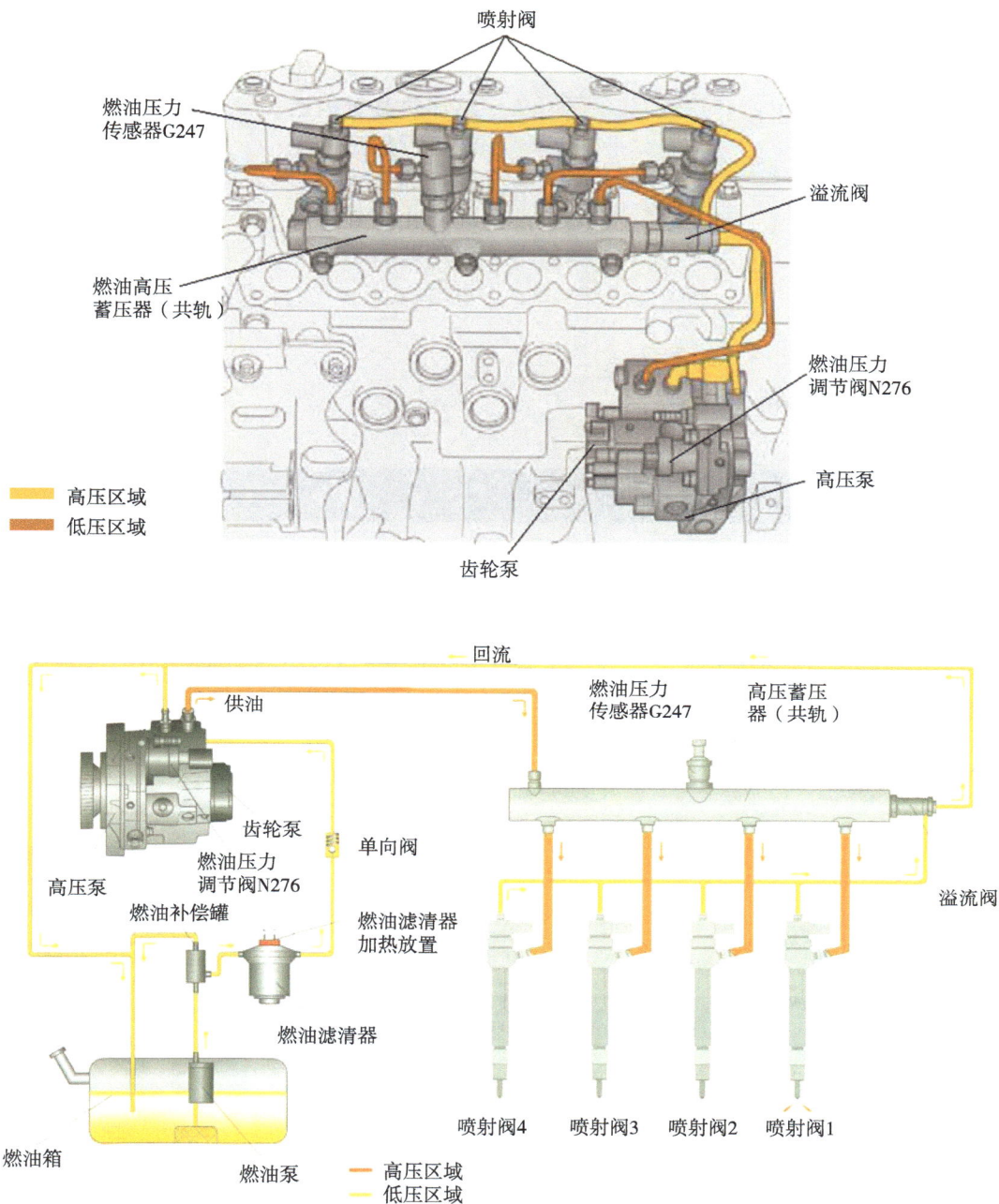

喷射阀

燃油压力
传感器G247

溢流阀

燃油高压
蓄压器（共轨）

燃油压力
调节阀N276

高压泵

齿轮泵

高压区域
低压区域

回流

供油

燃油压力
传感器G247

高压蓄压
器（共轨）

齿轮泵

单向阀

高压泵

燃油压力
调节阀N276

燃油补偿罐

燃油滤清器
加热放置

溢流阀

燃油滤清器

喷射阀4　喷射阀3　喷射阀2　喷射阀1

燃油箱

燃油泵

高压区域
低压区域

学习领域

7

低压部分

　　低压部分为高压部分提供燃油。

　　燃油箱内的燃油泵通过燃油补偿罐、燃油滤清器和集成在高压泵内的齿轮泵将燃油输送给高压泵。燃油补偿罐可使齿轮泵前的燃油压力在各种运行状态下都基本保持不变、消除压力波动并使过量的燃油流入燃油回流管路。齿轮泵提高燃油泵提供的燃油压力。

高压部分

　　在高压部分产生高压并进行燃油计量。

　　高压泵由发动机通过齿形带以3000r/min的最大转速驱动。三个以120°角布置的泵活塞产生最大为1450bar的压力。通过燃油压力调节阀调节燃油压力的大小。燃油到达高压蓄压器（共轨）并通过高压管路进入喷射阀。

2.5.3.1 低压和高压部分的功能部件

燃油泵

集成在燃油箱内的燃油泵通过一个滤清器从储油罐吸取燃油。在泵盖中进行燃油分配。一部分燃油输送给齿轮泵，一部分燃油用于驱动引流泵。引流泵的任务是将燃油从燃油箱输送至储油罐。

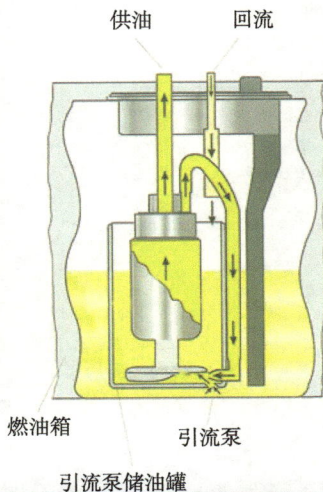

供油　回流

燃油箱　引流泵

引流泵储油罐

燃油滤清器

燃油滤清器有一个对供给管路加热装置内燃油进行加热的电动加热装置。由此防止车外温度较低时石蜡成分析出。

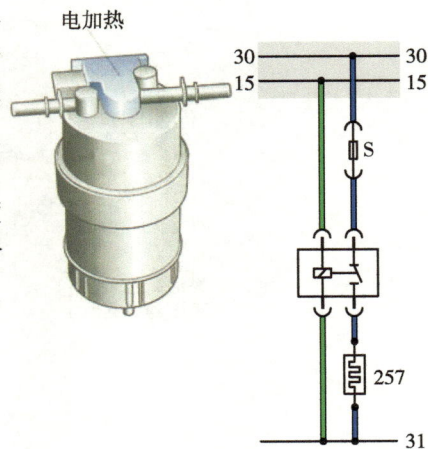

电加热

30　　30
15　　15

S

257

31

高压泵

高压泵有三个以120°角布置的泵活塞，泵活塞通过一根偏心凸轮驱动轴进行上下运动。活塞向下移动时，燃油通过一个输入阀进入压缩室内。活塞向上移动时，不断增加的压力将输入阀关闭。压缩室内的燃油压力超过高压部分的压力时，输出阀就会打开，燃油通过一个高压管路进入高压蓄压器即共轨。

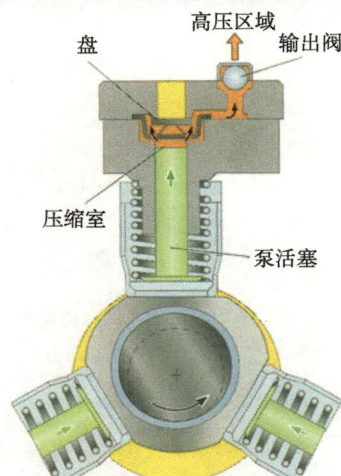

盘　高压区域　输出阀

压缩室　泵活塞

燃油压力调节阀

燃油压力较低

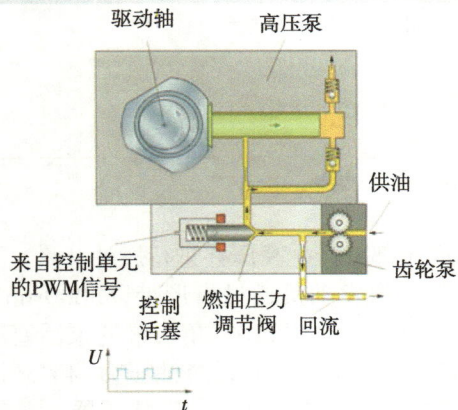

驱动轴　高压泵

供油

来自控制单元的PWM信号　　齿轮泵
控制活塞　燃油压力调节阀　回流

发出短脉冲宽度信号时，调节活塞就会缩小通往高压泵的燃油供给管路口。由于燃油量较少，因此产生较低的燃油压力。

燃油压力较高

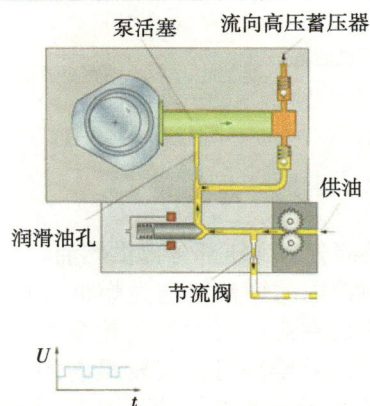

泵活塞　流向高压蓄压器

供油

润滑油孔

节流阀

发出长脉冲宽度信号时，调节活塞就会打开较大的横截面。因此大量燃油可进入高压泵，从而产生较高燃油压力。

高压蓄压器

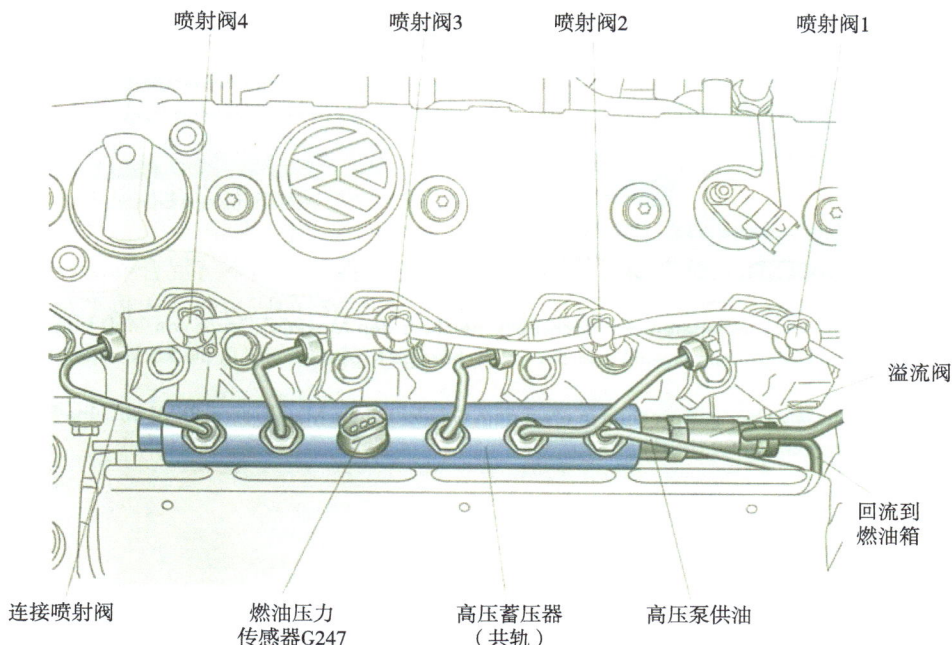

喷射阀4　　　喷射阀3　　　喷射阀2　　　喷射阀1

溢流阀

回流到
燃油箱

连接喷射阀　　　燃油压力　　　　高压蓄压器　　　高压泵供油
　　　　　　　传感器G247　　　　（共轨）

　　高压蓄压器又称为共轨，是一根280～600 mm长的管子，通过高压管路与喷射器相连。高压蓄压器存储高压燃油，由于其存储容积较大，因此可在抽吸燃油进行喷射时基本保持压力恒定。此外，较大的存储容积还能减少因泵供油和喷射引起的压力波动。在高压蓄压器上装有连接喷射器的连接管路、燃油压力传感器、所谓的共轨传感器和一个溢流阀。

　　共轨传感器测定高压室内的当前压力并将电压信号提供给控制单元。超过1450bar的最大系统压力时溢流阀就会打开，从而使燃油能够通过集流管流回燃油箱处。

喷射器

　　喷射器由以下功能元件组成：
· 带有喷嘴针的六孔喷嘴，
· 液压控制系统，
· 电磁阀。

　　来自共轨的燃油始终存在于高压接口处。带有阀球的电枢通过弹簧力将排油节流阀关闭。燃油从高压接口处通过供给通道到达喷射腔并经过进油节流阀进入阀控腔。

　　在阀控腔和喷射腔内都存在共轨高压。施加于阀控活塞正面的共轨高压和喷嘴弹簧力使喷嘴针保持在其阀座上。喷射腔与阀控腔之间的压力差低于40bar 时，喷嘴弹簧使喷嘴保持关闭状态（参见第235页）。

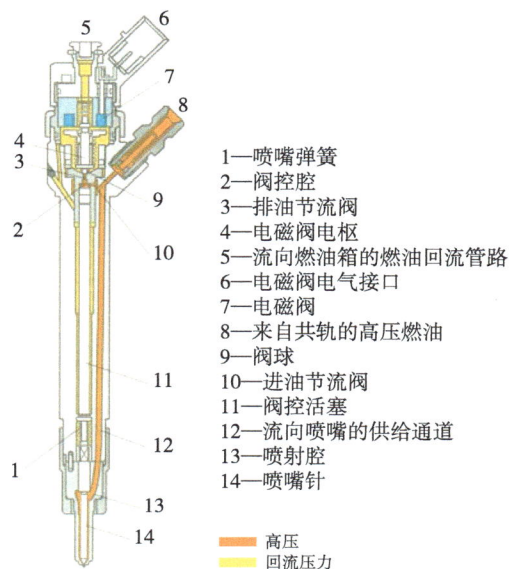

1—喷嘴弹簧
2—阀控腔
3—排油节流阀
4—电磁阀电枢
5—流向燃油箱的燃油回流管路
6—电磁阀电气接口
7—电磁阀
8—来自共轨的高压燃油
9—阀球
10—进油节流阀
11—阀控活塞
12—流向喷嘴的供给通道
13—喷射腔
14—喷嘴针

■ 高压
■ 回流压力

2.5.3.2 混合气形成

喷射量由以下因素决定：
- 电磁阀的控制时间，
- 喷嘴针打开和关闭速度，
- 喷嘴针行程，
- 喷嘴的液压流量，
- 共轨压力。

电磁阀长时间通电时，阀控活塞和喷嘴针就会一直升至控制活塞的限位位置。喷嘴完全打开时，基本上以共轨压力喷射燃油。

需要喷射少量燃油时仅使电磁阀短时通电，即以节拍方式控制。喷嘴针将不会完全打开。

通过预喷可降低燃烧噪声、废气排放和耗油量。通过预燃可在燃烧室内形成特定压力和特定温度。

在预燃过程中喷射主喷射量。由此可
- 缩短主喷射的点火延迟，
- 降低燃烧噪声，
- 促使燃油空气混合气最佳燃烧。

预喷时的压力曲线比较平缓。

预喷射

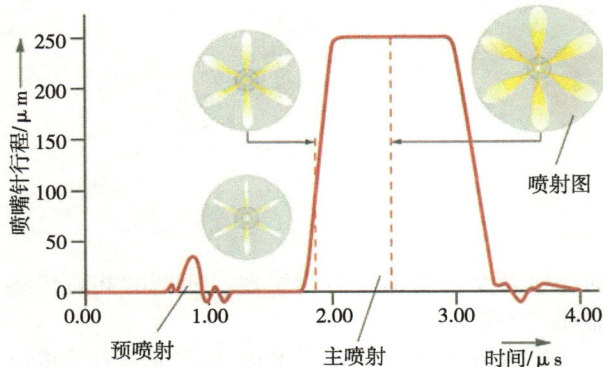

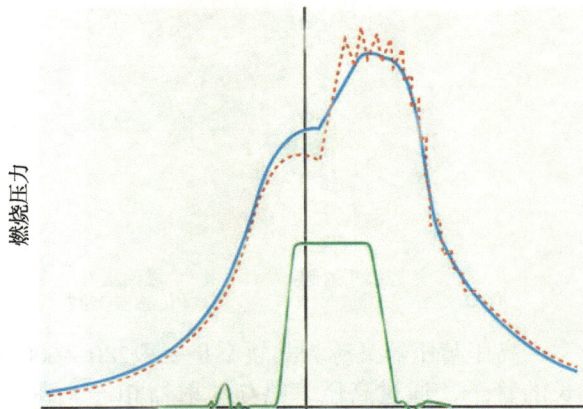

预喷时的压力曲线
没有预喷时的压力曲线
喷嘴针行程曲线

2.5.4 带有可调式导轮叶片的废气涡轮增压器

带有可调式导轮叶片的废气涡轮增压器（VGT增压器 =可变涡轮增压器几何形状）是柴油发动机的标准配置。VGT增压器在废气涡轮增压器中使用可调式导轮叶片而非旁通阀，废气气流通过可调式导轮叶片影响涡轮。借助一个真空罐对调节叶片进行操作。与带有废气旁通阀的废气涡轮增压器不同，VGT增压器不仅可在高转速范围内而且还能在整个转速范围内进行所需压缩。

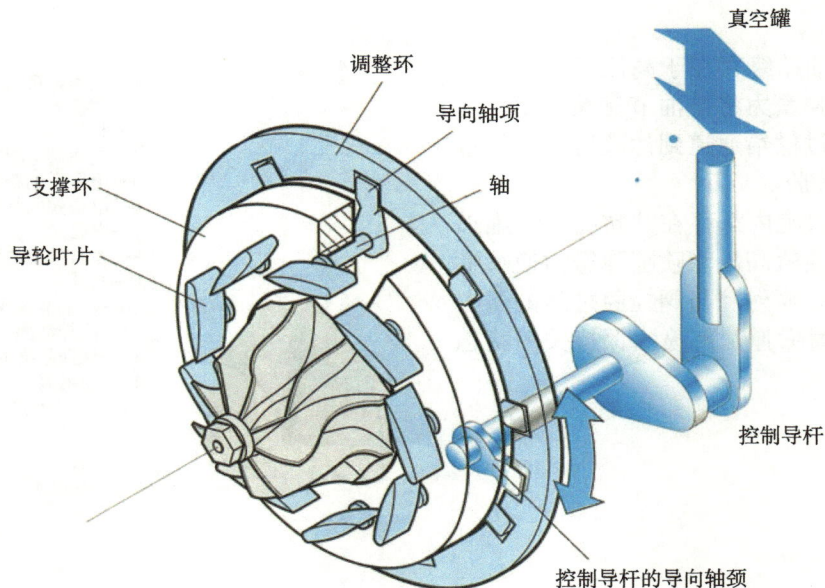

平置导轮叶片

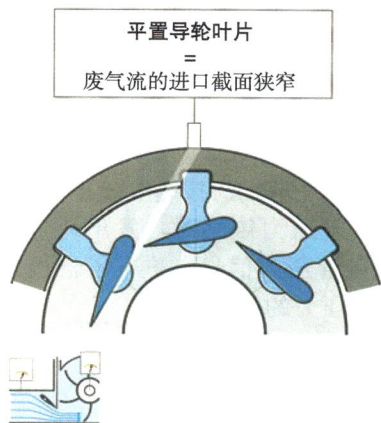

平置导轮叶片
=
废气流的进口截面狭窄

导轮叶片平置即进口截面较窄时，通过收缩作用使废气气流加速并提高涡轮转速。因此可在低转速和满负荷时迅速产生压力。

斜置导轮叶片

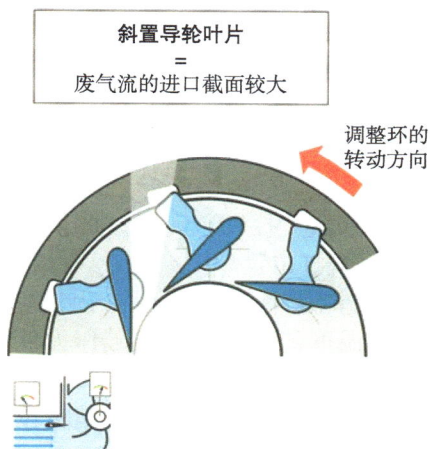

斜置导轮叶片
=
废气流的进口截面较大

调整环的转动方向

废气流量增加或需要较低增压压力时，可将导轮叶片调节到倾斜位置，即将废气气流进口截面增大。涡轮的增压压力和功率几乎保持不变。

通过一个电磁阀和一个真空罐调节导轮叶片。发动机控制单元控制增压压力限制电磁阀。电磁阀可接通真空或大气压力至真空罐的通道。电磁阀受控时，最大真空压力施加作用。真空罐将导轮叶片调节到倾斜位置。电磁阀断电时，大气压力对真空罐施加作用，导轮叶片被调节到倾斜位置。

需要达到中间挡时，就会通过控制电磁阀使真空值在大气压力与最大可能真空压力之间变化。

因此发动机控制单元在调节过程中不断根据所需增压压力调节导轮叶片的位置。

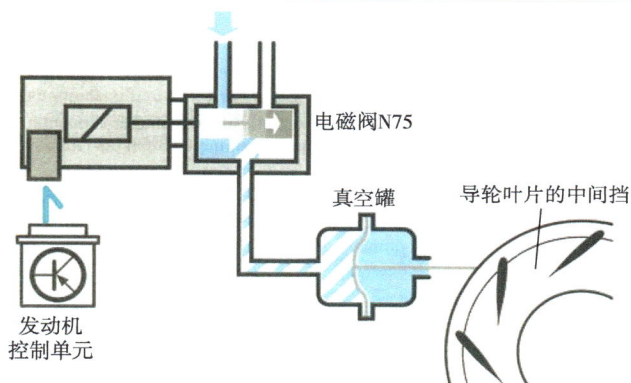

电磁阀N75

真空罐

导轮叶片的中间挡

发动机控制单元

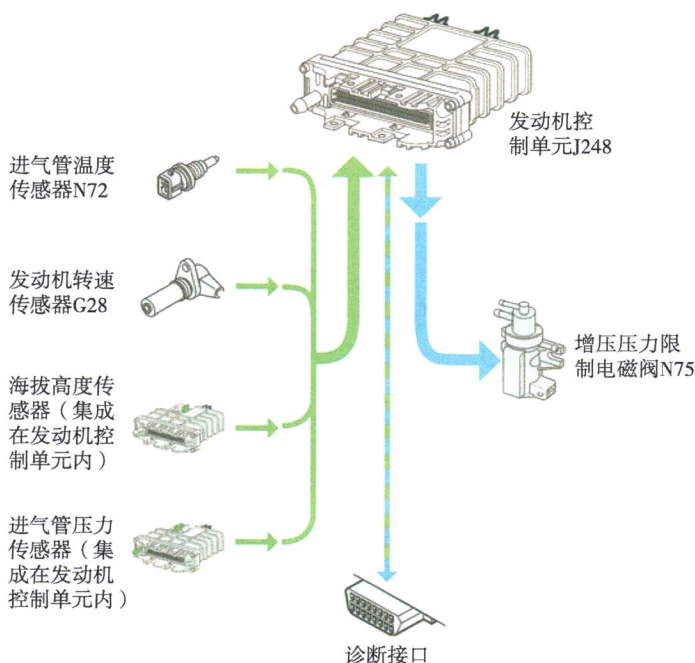

进气管温度传感器N72

发动机转速传感器G28

海拔高度传感器（集成在发动机控制单元内）

进气管压力传感器（集成在发动机控制单元内）

发动机控制单元J248

增压压力限制电磁阀N75

诊断接口

学习领域

7

2.5.5　发动机管理系统

2.5.5.1　通过传感器采集运行数据

发动机运行状态传感器与径向活塞式分配器喷射泵的传感器相同（参见第 209 页）：

· 发动机转速传感器：此信号用于计算喷射时刻和喷射量。

· 霍尔传感器：控制单元通过此信号识别起动发动机时的 1 号气缸位置。

· 空气质量流量计：此信号值用于计算喷射量。

· 冷却液温度传感器：此信号作为计算喷射量的校正值使用。

· 加速踏板位置传感器：加速踏板位置是计算喷射量时的主要影响参数。怠速开关发出是否踩下加速踏板的信号。

· 控制单元内的海拔高度传感器：根据此信号进行增压空气调节的海拔高度校正。

· 进气管压力传感器：发出调节增压压力所需的当前进气管压力信号。进气管温度传感器信号用作计算增压压力的校正值。

此外在共轨系统中还使用燃油压力传感器，该传感器又称为共轨传感器。

共轨压力传感器

原量图

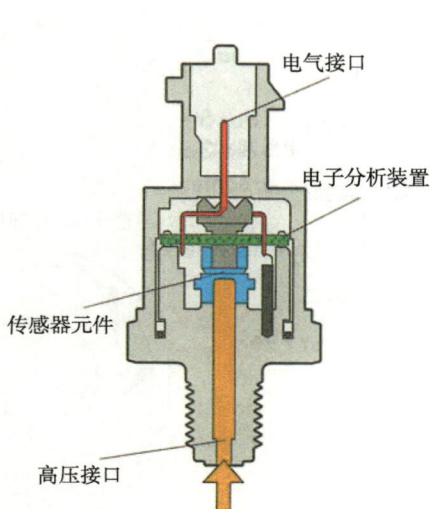
电气接口
电子分析装置
传感器元件
高压接口

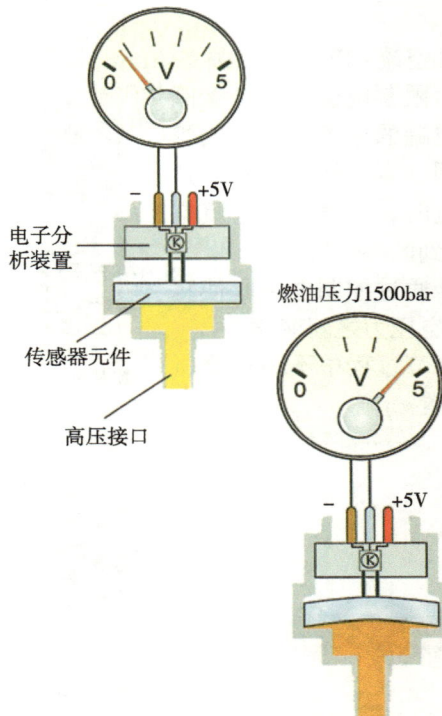
电子分析装置
传感器元件
高压接口
燃油压力1500bar

电路图

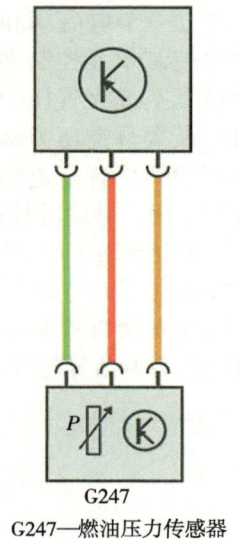
G247
G247—燃油压力传感器

燃油压力通过一个开孔作用到带有传感器元件的金属膜上。传感器元件由金属膜上的涂层构成。压力增加时，传感器元件的形状发生变化，电阻也随之改变。一个电子分析装置测定电阻变化并将相应电压信号传输给发动机控制单元。控制单元将此信号用作调节高压循环回路燃油压力的影响参数。

共轨压力传感器失灵

由于共轨压力传感器的测量精度较高，因此它是系统中最重要的部件。准确测量压力对系统功能来说非常重要。传感器失灵时就会通过规定值控制燃油压力调压阀从而实现应急运行。

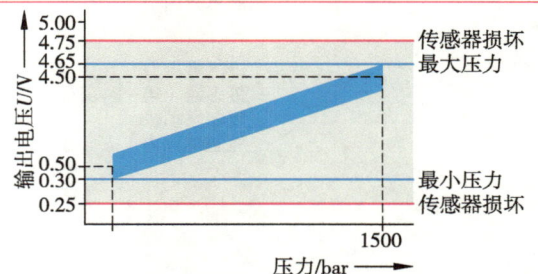

2.5.5.2 运行数据处理

控制单元分析各传感器的输入信号，根据这些数据和存储的特性曲线族计算出用于喷射器和调压阀的控制信号并控制其他执行机构，例如电动燃油泵继电器、进气管风门转换阀和增压压力限制阀。针对各种运行状态确定最佳燃烧所需的喷射量。

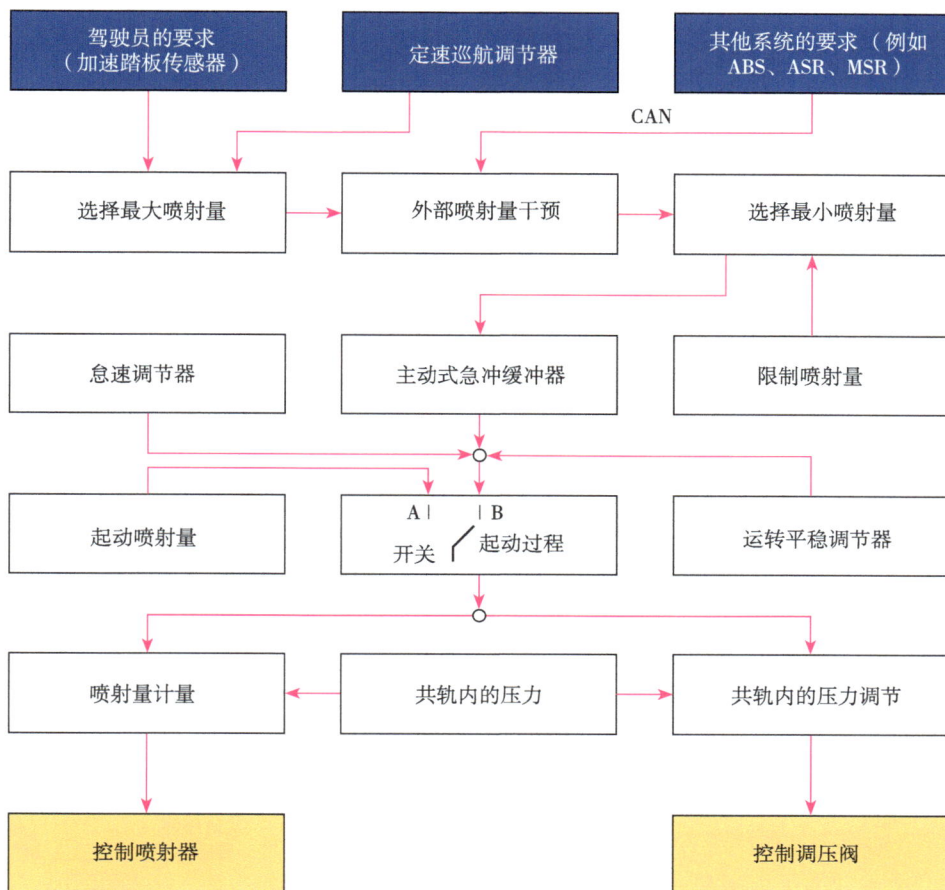

驾驶员的要求（加速踏板传感器）	定速巡航调节器	其他系统的要求（例如 ABS、ASR、MSR）
		CAN
选择最大喷射量	外部喷射量干预	选择最小喷射量
急速调节器	主动式急冲缓冲器	限制喷射量
起动喷射量	A | B 开关 / 起动过程	运转平稳调节器
喷射量计量	共轨内的压力	共轨内的压力调节
控制喷射器		控制调压阀

接通行驶开关（开关位置 A）时根据转速和温度计算出达到最低转速前的起动喷射量。在行驶过程中（开关位置 B）根据加速踏板位置、转速和行驶特性曲线族计算出喷射量。急速调节器通过准确控制喷射量使测得的实际转速与规定的额度转速相同。它可以满足外部负荷力矩和内部摩擦力矩的相关要求。由于各气缸的机械公差和老化情况不同，并非所有气缸都能产生相同转矩，因此会产生转速波动，尤其在急速运行时会出现发动机运转不平稳现象。运转平稳调节器根据转速差确定各气缸的喷射量，从而使所有气缸都产生相同转矩。定速巡航调节器增加或减少喷射量直至测定的实际速度与设定的额定速度相同。为使驾驶员所需燃油量不会导致有害物质和炭烟排放增加以及发动机过载，必须限制喷射量。根据进气质量、转速和冷却液温度进行调节。主动式急冲缓冲器通过改变喷射量减少突然踩下或松开加速踏板导致负荷变化时可能产生的急冲运动。

通过燃油压力调节阀调节燃油压力（参见下页）。

学习领域

7

2.5.5.3 执行机构

增压压力限制电磁阀

该电磁阀由控制单元以节拍方式控制，可接通操作涡轮增压器导轮叶片调节真空罐的控制压力。

进气管风门转换阀

此阀可接通操作进气管风门的真空压力。发动机关闭时将进气管风门关闭并切断空气供给。因此仅对少量空气进行压缩，使发动机柔和无急冲运动地停止运转。

调压阀

燃油压力由控制单元通过调压阀进行调节。控制单元根据传感器的信息计算出所需喷射压力并通过脉冲宽度调制信号控制调压阀。控制单元根据发动机负荷改变脉冲宽度。因此调节活塞可实现由齿轮泵到高压泵的较大或较小截面：

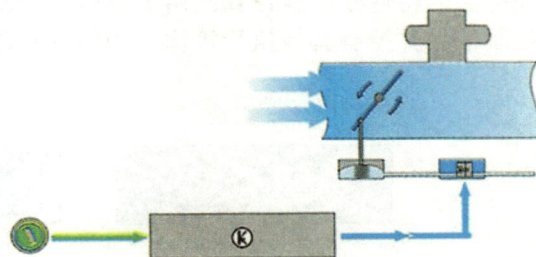

- 长脉冲宽度=大截面=大燃油量=高压力
- 短脉冲宽度=小截面=小燃油量=低压力

齿轮泵输送的过量燃油通过回流管路流回到燃油箱内。共轨压力传感器将当前的燃油压力信号传输给控制单元（参见第228页）。

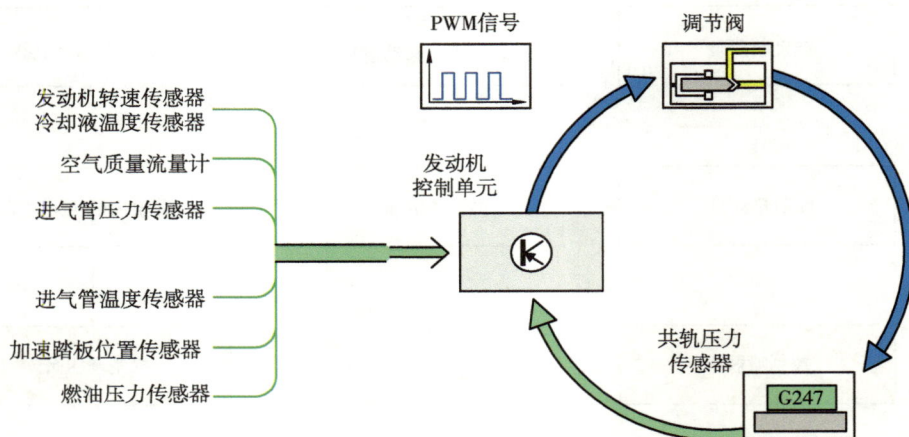

通过喷射器控制喷射起始时间和喷射量

喷射器打开（喷射开始）	喷射器关闭（喷射结束）

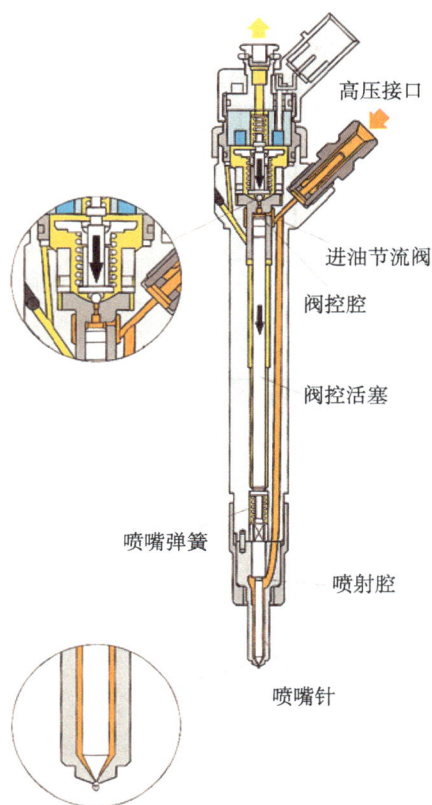

喷射器打开（喷射开始）

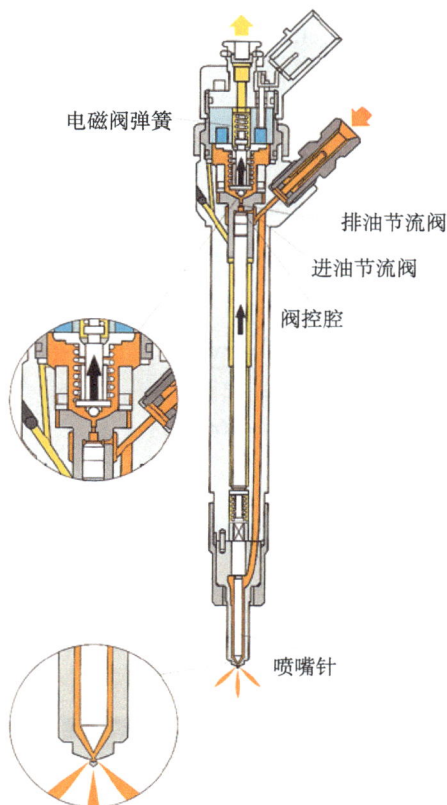

电磁阀弹簧
排油节流阀
进油节流阀
阀控腔
喷嘴针

喷射器关闭（喷射结束）

高压接口
进油节流阀
阀控腔
阀控活塞
喷嘴弹簧
喷射腔
喷嘴针

电磁阀受控时，电磁铁克服电磁阀弹簧力打开带有阀球的电枢并打开排油节流阀。燃油可通过排油节流阀从阀控腔流入阀控腔上面的油腔并通过回流管路流入燃油箱。阀控腔内的压力下降。因此作用在阀控活塞上的压力低于喷射腔内作用于喷嘴针的压力。阀控活塞向上移动，喷嘴针打开喷射孔。

电磁阀不再受控。带有阀球的电枢通过弹簧力关闭排油节流阀。在阀控腔和喷射腔内重新建立起共轨压力。作用在控制活塞上的压力和弹簧力负责使喷嘴针关闭。喷嘴针重新到达其下部限位位置时，喷射结束。

学习领域

7

2.6　通过检查和测量实现质量保证要求

2.6.1　传感器和执行机构检测，以共轨柴油发动机（MB E 320 CDI）为例

传感器和执行机构检测		
增压压力传感器 B1		
电路图/功能	检测	结果/信号图
测量当前进气管压力	**电压测量：** 　　传感器上的供电 　　总线端3对总线端1 　　控制单元上的供电 　　线脚4.08对线脚4.07 　　**点火开关打开！** **电阻测量：** 　　在传感器上测量 　　总线端2对总线端3 　　总线端1对总线端2 　　将传感器与导线束断开！ **示波器测量：** 　　在传感器上测量 　　总线端2对总线端1 　　在控制单元上测量 　　线脚4.06对线脚4.07	4.5~5.5 V 4.5~5.5 V 5200~5600 Ω 9200~9600 Ω
冷却液温度传感器 B9		
电路图/功能	检测	结果/信号图
测量发动机温度	**电阻测量：** 　　在传感器上测量 　　总线端2对总线端1 　　在控制单元插头上测量 　　线脚4.36对线脚4.27 **电压测量：** 　　在控制单元上测量 　　线脚4.36对线脚4.27 　　在传感器上测量 　　总线端2对总线端1	20℃=3090 Ω 40℃=1330 Ω 60℃=630 Ω 80℃=320 Ω 100℃=175 Ω 0.5~4.5 V 0.5~4.5 V （取决于温度）

传感器和执行机构检测

进气温度传感器 B8

电路图／功能	检测	结果／信号图
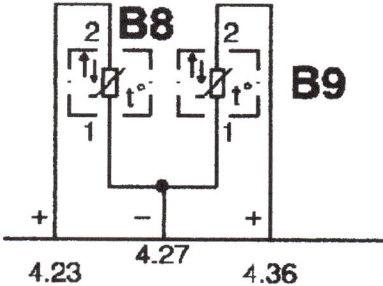　　测量进气温度	**电阻测量：** 　　在传感器上测量 　　总线端2对总线端1 　　在控制单元插头上测量 　　线脚4.23对线脚4.27 **电压测量：** 　　在控制单元上测量 　　线脚4.23对线脚4.27 　　在传感器上测量 　　总线端2对总线端1 　　点火开关打开！	2℃=约6000Ω 60℃=约1250Ω 90℃=约450Ω 120℃=约200Ω 0.5~4.5V 0.5~4.5V （取决于温度）

踏板位置传感器 B3（PWG1和PWG2）

电路图／功能	检测	结果／信号图
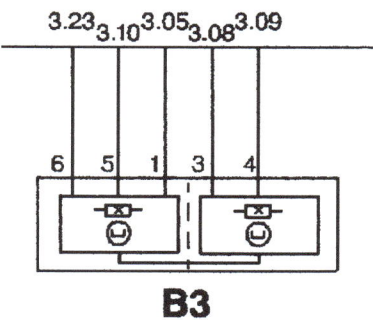　　测定加速踏板位置以及驾驶员的功率要求	**电压测量：** 　　传感器上的供电 　　总线端1对总线端6 　　控制单元上的供电 　　线脚3.05对线脚3.23 　　点火开关打开！ **示波器测量：** 　　在传感器（PWG1）上测量 　　总线端5对总线端3 　　在控制单元（PWG1）上测量 　　线脚3.10对线脚3.08 　　在传感器（PWG2）上测量 　　总线端4对总线端3 　　在控制单元（PWG2）上测量 　　线脚3.09对线脚3.08 　　慢慢完全踩下加速踏板！	4.5~5.5 V 4.5~5.5 V 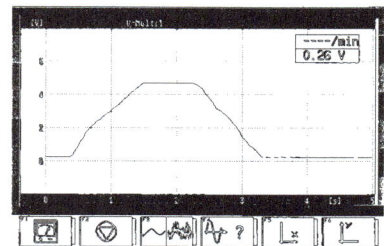 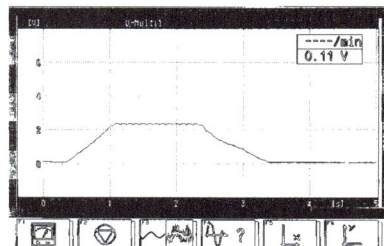

学习领域

7

传感器和执行机构检测

共轨压力传感器 B7

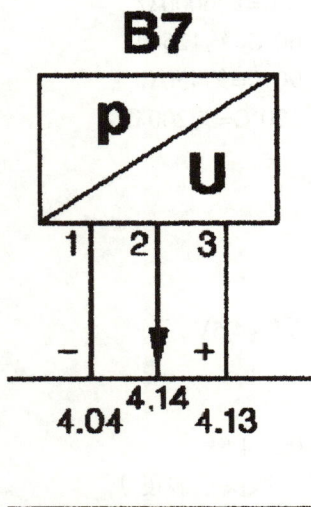

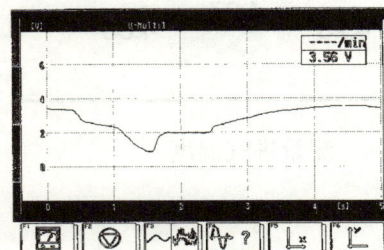

电路图／功能	检测	结果／信号图
B7 p／U 1 2 3 － ↓ ＋ 4.04 4.14 4.13 测量共轨内的燃油压力	**电压测量：** 　传感器上的供电 　总线端3对总线端1 　控制单元上的供电 　线脚4.13对线脚4.04 　打开点火开关！ **示波器测量：** 　在控制单元上测量 　线脚4.13对线脚4.14 　在传感器上测量 　总线端2对总线端3 　让发动机怠速运转，缓慢提高转速！	4.5～5.5 V 4.5～5.5 V 怠速转速=3.5~4.0V 转速升高时电压必须下降！

空气质量流量计 B2

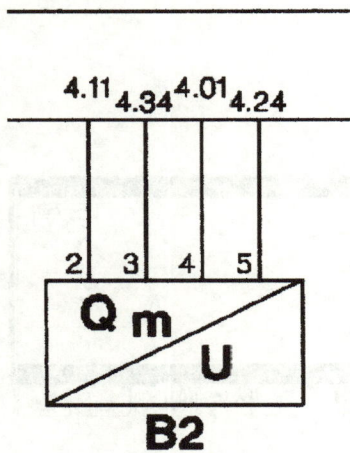

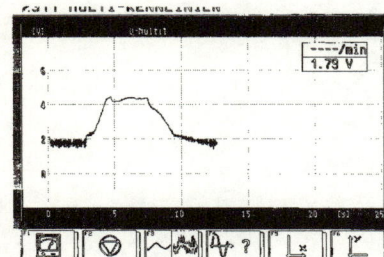

电路图／功能	检测	结果／信号图
4.11 4.34 4.01 4.24 2 3 4 5 **Q m／U** **B2** 测量进气质量	**电压测量：** 　传感器上的供电 　总线端2对总线端3 　总线端4对总线端3 　控制单元上的供电 　线脚4.11对线脚4.34 　线脚4.01对线脚4.34 　打开点火开关！ **示波器测量：** 　在传感器上测量 　总线端5对总线端3 　在控制单元上测量 　线脚4.24对线脚4.34 　让发动机运转，迅速踩下加速踏板！	最小11.5V 4.5～5.5V 最小11.5V 4.5～5.5V 怠速转速=1.7~2.2V 转速升高时电压必须增大！

传感器和执行机构检测

曲轴位置传感器 B4

电路图／功能	检测	结果／信号图
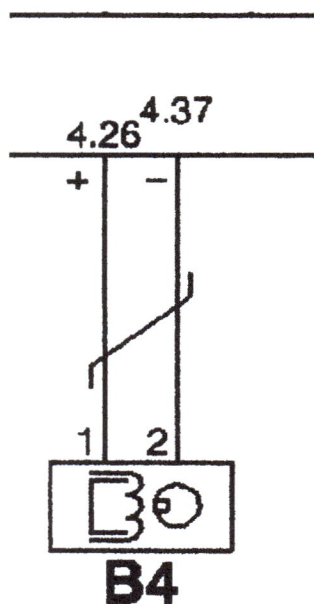 测定曲轴转速和位置	**电阻测量：** 在传感器上测量 总线端1对总线端2 在控制单元插头上测量 线脚4.26对线脚4.37 **示波器测量：** 在控制单元上测量 线脚4.26线脚4.37 在传感器上测量 总线端1对总线端2 起动发动机！	650~1300Ω 650~1300Ω 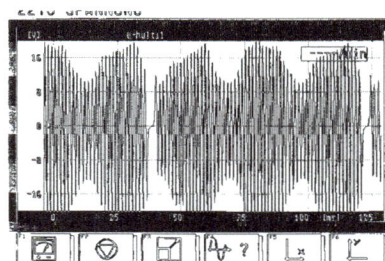

凸轮轴位置传感器 B5

电路图／功能	检测	结果／信号图
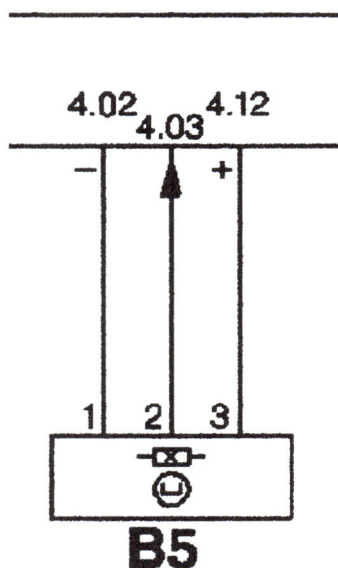 测定凸轮轴位置	**电压测量：** 传感器上的供电 总线端3对总线端1 控制单元上的供电 线脚4.12对线脚4.02 打开点火开关！ **示波器测量：** 在控制单元上测量 线脚4.03对线脚4.02 在传感器上测量 总线端2对总线端1 起动发动机！	最小11.5V 最小11.5V 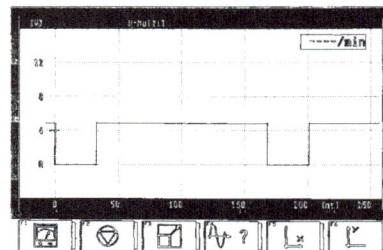

学习领域

7

传感器和执行机构检测

发动机油传感器　B6

电路图／功能	检测	结果／信号图
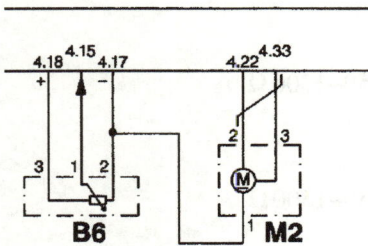　　测定发动机油位、发动机油温度和发动机油质量	**电压测量：** 　　传感器上的供电 　　总线端3对总线端2 　　控制单元上的供电 　　线脚4.18对线脚4.17 　　打开点火开关！ **示波器测量：** 　　在传感器上测量 　　总线端1对总线端2 　　在控制单元上测量 　　线脚4.15对线脚4.17 　　让发动机怠速运转！	4.5~5.5V 4.5~5.5V 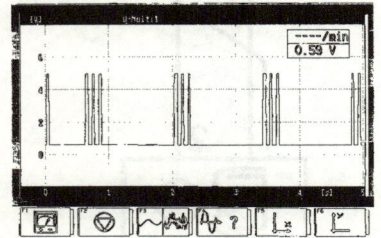 　　必须可以看到三个连续的占空因数为20%~80%的方波信号。

发动机油传感器　Y5

电路图／功能	检测	结果／信号图
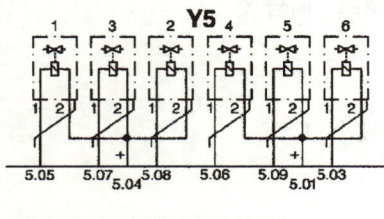　　柴油的喷射和雾化	**电阻测量：** 在执行机构上测量 总线端1对总线端2 在控制单元插头上测量 （喷射器组1） 线脚5.01对　　　—线脚 5.03 　　　　　　　　—线脚 5.09 　　　　　　　　—线脚 5.06 （喷射器组 2） 线脚5.04对　　　—线脚 5.08 　　　　　　　　—线脚 5.07 　　　　　　　　—线脚 5.05 **示波器测量（电流）：** 　　用电流夹钳测量 　　喷射器1—线脚 5.05 　　喷射器2—线脚 5.08 　　喷射器3—线脚 5.07 　　喷射器4—线脚 5.06 　　喷射器5 —线脚 5.09 　　喷射器6 – 线脚 5.03 　　让发动机保持运行状态！	 约 0.5Ω 约 0.5Ω 约 0.5Ω 约 0.5Ω 约 0.5Ω 约 0.5Ω 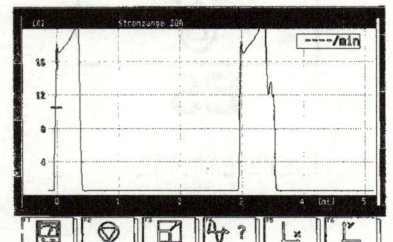

传感器和执行机构检测

共轨压力调压阀 Y3

电路图/功能	检测	结果/信号图
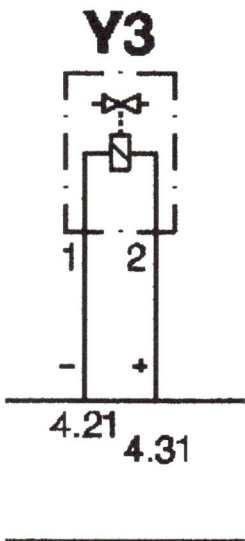 结合共轨压力传感器进行共轨压力调节	**电阻测量：** 在执行机构上测量 总线端2对总线端1 在控制单元插头上测量 线脚4.31对线脚4.21 **示波器测量：** 在控制单元上测量 线脚4.31对线脚4.21 在执行机构上测量 总线端2对总线端1 让发动机怠速运转！	1.5~3.5 Ω 1.5~3.5 Ω 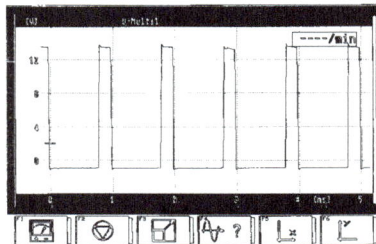 占空因数随共轨压力变化而变化！

增压压力调节转换器 Y2

电路图/功能	检测	结果/信号图
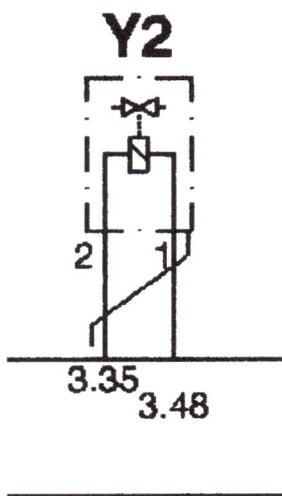 结合增压压力传感器进行增压压力调节	**电阻测量：** 在执行机构上测量 总线端2对总线端1 在控制单元插头上测量 线脚3.35对线脚3.48 **电压测量：** 执行机构上的供电 总线端2对总线端1 控制单元上的供电 线脚3.35对线脚3.48 打开点火开关！ **示波器测量：** 在执行机构上测量 总线端1对总线端2 在控制单元上测量 线脚3.35对线脚3.48 让发动机运转，迅速踩下加速踏板！	12~16 Ω 12~16 Ω 4.5~5.5V 4.5~5.5V 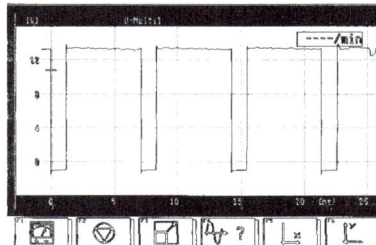

学习领域 **7**

传感器和执行机构检测

废气再循环压力转换器 Y1

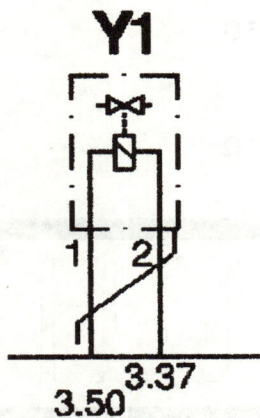

电路图／功能	检测	结果／信号图
Y1 1　2 3.50　3.37 调节再循环废气量	**电阻检测：** 　　在执行机构上测量 　　总线端2对总线端1 　　在控制单元插头上测量 　　线脚3.37对线脚3.50 **电压测量：** 　　执行机构上的供电 　　总线端1对总线端2 　　控制单元上的供电 　　线脚3.50对线脚3.37 　　打开点火开关！ **示波器测量：** 　　在执行机构上测量 　　总线端2对总线端1 　　在控制单元上测量 　　线脚3.37对3.50 　　让发动机运转，迅速踩下 加速踏板！	 12~16Ω 12~16Ω 4.5~5.5V 4.5~5.5V

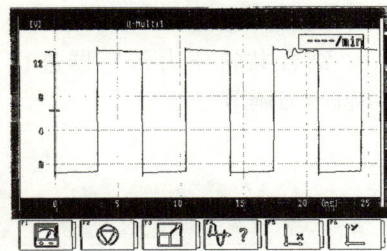

电控断油（ELAB）Y4

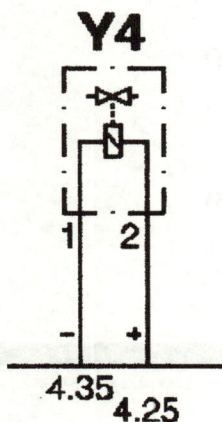

电路图／功能	检测	结果／信号图
Y4 1　2 4.35　4.25 关闭发动机时供油中断	**电阻测量：** 　　在执行机构上测量 　　总线端2对总线端1 　　在控制单元插头上测量 　　线脚4.25对线脚4.35 **电压测量：** 　　在执行机构上测量 　　总线端2对总线端1 　　在控制单元上测量 　　线脚4.25对线脚4.35 　　让发动机运转，随后关闭 发动机！	 10~15Ω 10~15Ω 最小11.5V 最小11.5V 关闭发动机时电压升高！

传感器和执行机构检测

发动机进气通道关闭 M2

电路图／功能	检测	结果／信号图
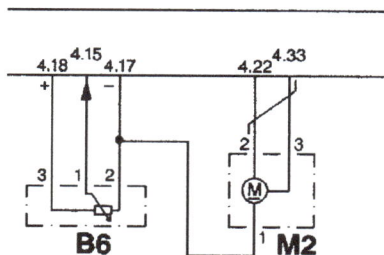 调节进气通道横截面	**电压测量：** 执行机构上的供电 总线端2接地 控制单元上的供电 线脚4.22接地 打开点火开关！ **示波器测量：** 在控制单元上测量 线脚4.22对线脚4.33 在执行机构上测量 总线端2对总线端3 让发动机运转，迅速踩下 加速踏板！	最小11.5V 最小11.5V 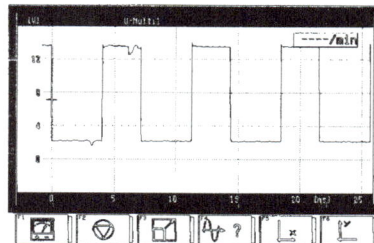

2.7   通过以客户为本实现质量保证要求

· 客户委托：耗油量过高且发动机功率不足

客户地址：

| Gernot Meier |
| 先生 |
| Uhlandstr.8 |
| 60314 Frandfurt/Main |

委托编号：   0016

客户编号：   1516

委托日期：   2005年3月29日

车型	牌照号	车辆识别号	KBA代码	里程数/km
Golf IV 1.9 TDI	VVI–HK 444		0603 498	67000

注册登记日期	发动机代码	接待人	电话号码
2001年4月	AUY	Mueller	069/33333

项目	工作单位	时间	工作描述	价格
01			耗油量过高且发动机功率不足	

交车时间：2005年3月30日，16：00点

此委托是在明确确认"车辆、总成以及零部件工作和费用估算条件"之后签发并交给本人的。

车辆终检

日期	时间	验收人	里程数/km

Gernot Meier

客户签名

2.8　通过系统知识实现质量保证要求：带有泵喷嘴单元的柴油发动机

2.8.1　带有泵喷嘴单元的柴油发动机管理系统

系统概览

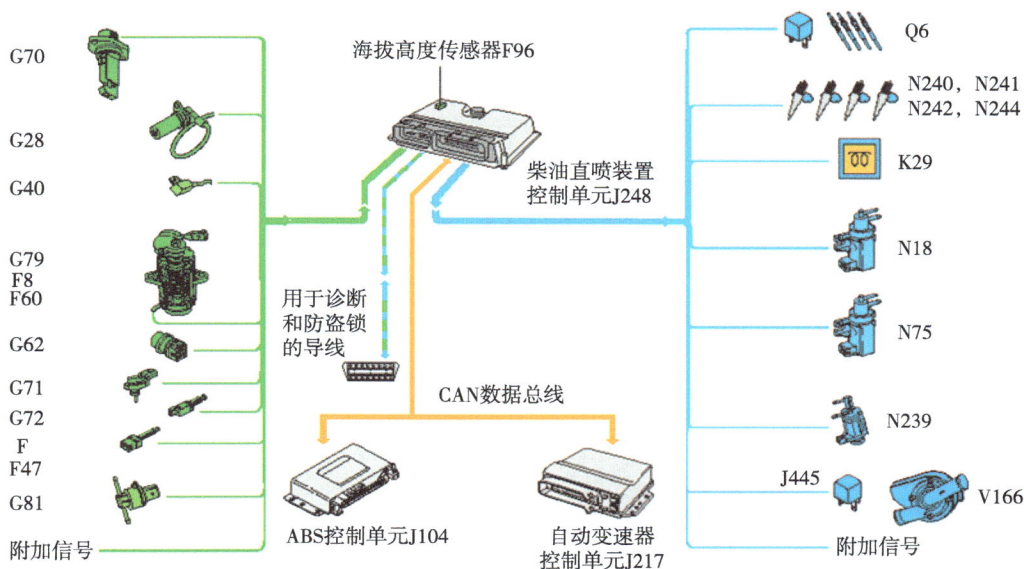

海拔高度传感器F96

柴油直喷装置控制单元J248

用于诊断和防盗锁的导线

CAN数据总线

ABS控制单元J104

自动变速器控制单元J217

G70
G28
G40
G79
F8
F60
G62
G71
G72
F
F47
G81
附加信号

Q6
N240，N241
N242，N244
K29
N18
N75
N239
J445　V166
附加信号

传感器		执行机构	
空气质量流量计G70	制动踏板开关F47	预热塞继电器J52和预热塞Q6	附加信号：
发动机转速传感器G28	燃油温度传感器G81	1~4号气缸N240~N243泵喷嘴阀	冷却液辅助加热装置
霍尔传感器G40	附加信号：	预热时间指示灯K29	发动机转速
加速踏板位置传感器G79	车速信号	废气再循环阀N18	散热器风扇继续运转
强制降挡开关F8	空调压缩机准备就绪	增压压力限制电磁阀N75	空调压缩机关闭
怠速开关F60	定速巡航控制开关	进气管风门转换阀N239	耗油量信号
冷却液温度传感器G62	交流发电机总线端DF	燃油冷却泵继电器J445	
进气管压力传感器G71		燃油冷却泵V166	
进气管温度传感器G72			
离合器踏板开关F36			
制动信号灯开关F和			

技术说明

- 泵喷嘴发动机管理系统
- 带有氧化催化转换器的废气再循环系统

学习领域

7

2.8.2 结构

在泵喷嘴喷射系统中，高压泵和喷嘴集成在一个部件内。每个气缸都有一个泵喷嘴单元。取消了高压管路。通过泵喷嘴喷射系统可使最大喷射压力达到2050bar。与分配器喷射泵相比，泵喷嘴喷射系统具有以下优点

- 燃烧噪声较小，
- 有害物质排放较少，
- 燃油量较低，
- 输出功率较高。

泵喷嘴喷射系统由以下部件组成：

- 燃油供给系统，
- 泵喷嘴单元，
- 带有相关传感器的发动机控制单元。

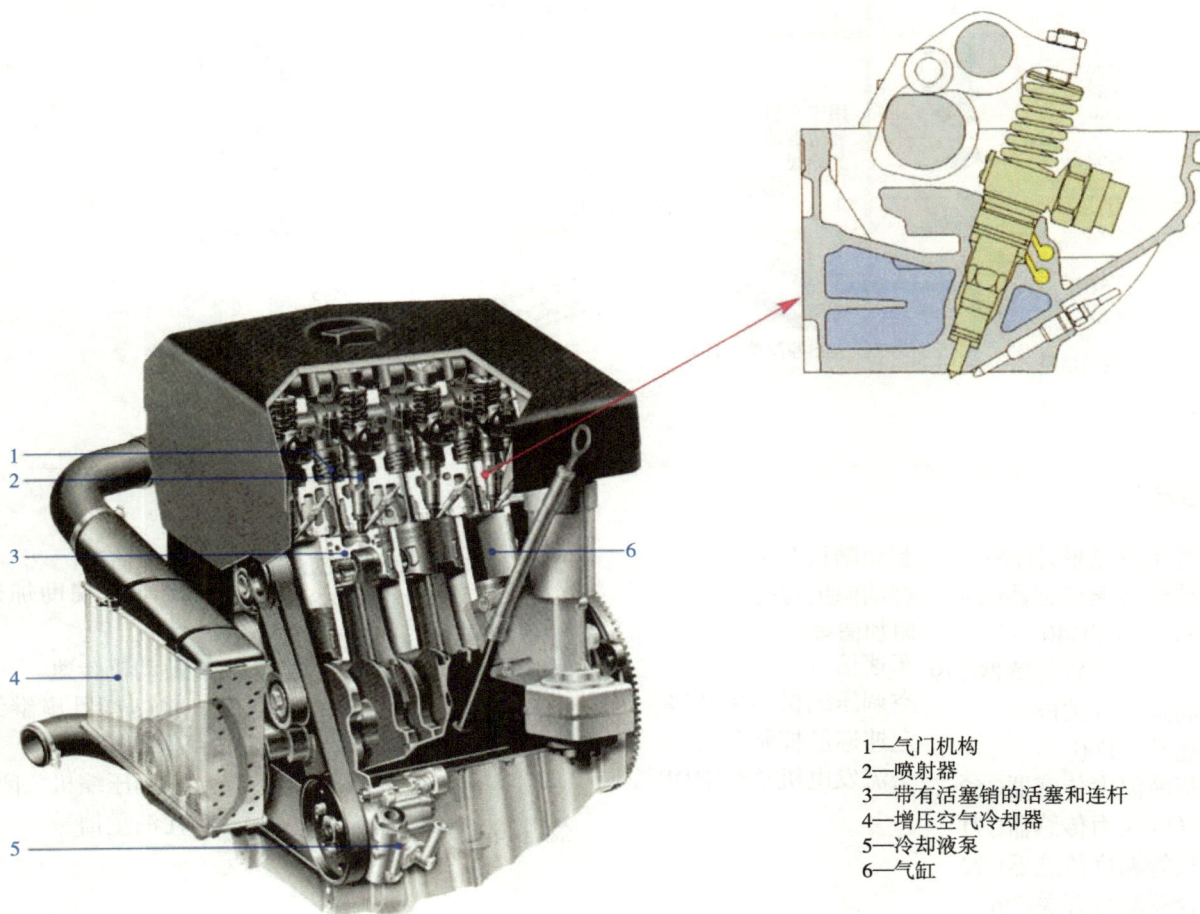

1—气门机构
2—喷射器
3—带有活塞销的活塞和连杆
4—增压空气冷却器
5—冷却液泵
6—气缸

技术要求

基本功能	附加功能
基本功能控制燃油喷射 - 在正确的时刻， - 以正确的喷射量， - 以尽可能高的压力。	- 废气再循环 - 增压压力调节 - 关闭气缸 - 定速巡航控制 - 电子防盗锁 - 通过串行 CAN 总线系统与其他电子系统进行数据交换。

2.8.3　燃油供给系统

结构

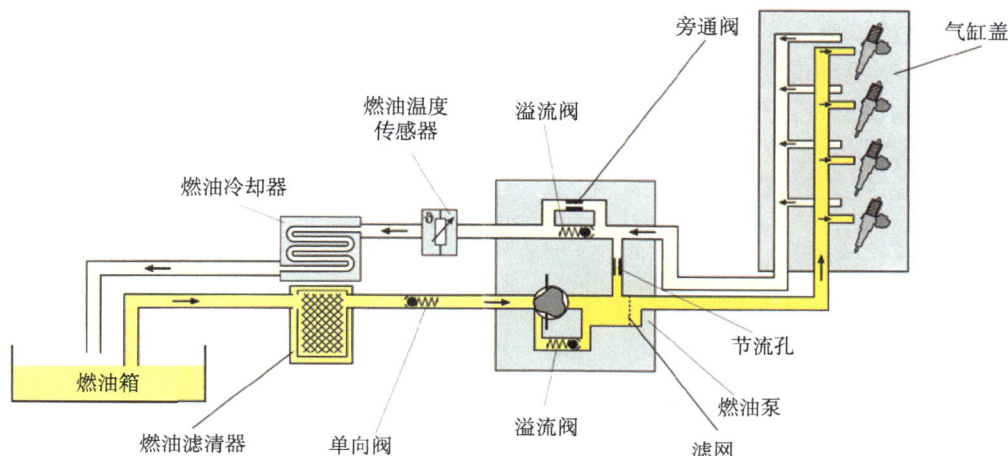

供油

・燃油滤清器：它可以防止系统受到颗粒和水的污染与磨损。

・单向阀：它可在发动机静止时防止燃油从燃油泵回流到燃油箱（开启压力为 0.2 bar）。

・燃油泵：它将燃油从燃油箱处经燃油滤清器输送至泵喷嘴单元。不需要的燃油经过气缸盖内的回流管路流回到燃油箱内。

・溢流阀（燃油泵的一部分）：它调节供油管路内的燃油压力。达到 7.5 bar 压力时溢流阀打开，燃油被输送至燃油泵的抽吸侧。

・供油管路与回流管路之间的节流孔：燃油供给管路内的气泡可通过此节流孔析出并流入回流管路。

回流

・溢流阀（燃油泵的一部分）：它使回流管路中的燃油压力保持在1bar，从而确保电磁阀针上的压力比保持不变。

・旁通阀：燃油系统内存在空气时（燃油箱空转时），溢流阀就会保持关闭状态。不断流入的燃油将空气从系统中挤压出去。

・燃油温度传感器：它测定回流管路内的燃油温度并将相关信号发送给发动机控制单元。

・燃油冷却器：泵喷嘴单元内的高压会使燃油温度急剧升高，必须在其流回燃油箱之前进行冷却。燃油冷却循环回路与发动机冷却循环回路分离，因为发动机达到运行温度时冷却液温度过高。在这种发动机内，燃油冷却器位于燃油滤清器上。

学习领域

7

分配管

分配管的任务是将燃油均匀分配至各泵喷嘴单元。

由于燃油温度从 4 号气缸至 1 号气缸逐缸升高，因此可能会通过供给管路为不同温度的泵单元输送不同燃油量。为了避免出现这种情况，在供给管路内有一根带有横流孔的分配管，因此形成环状

间隙。低温燃油通过这些横流孔从供给管路流入环状间隙。同时由泵喷嘴单元输送回的高温燃油也流入环状间隙。两股燃油在此处混合并形成均匀的燃油温度。因此可向所有泵喷嘴单元输送相同燃油量。

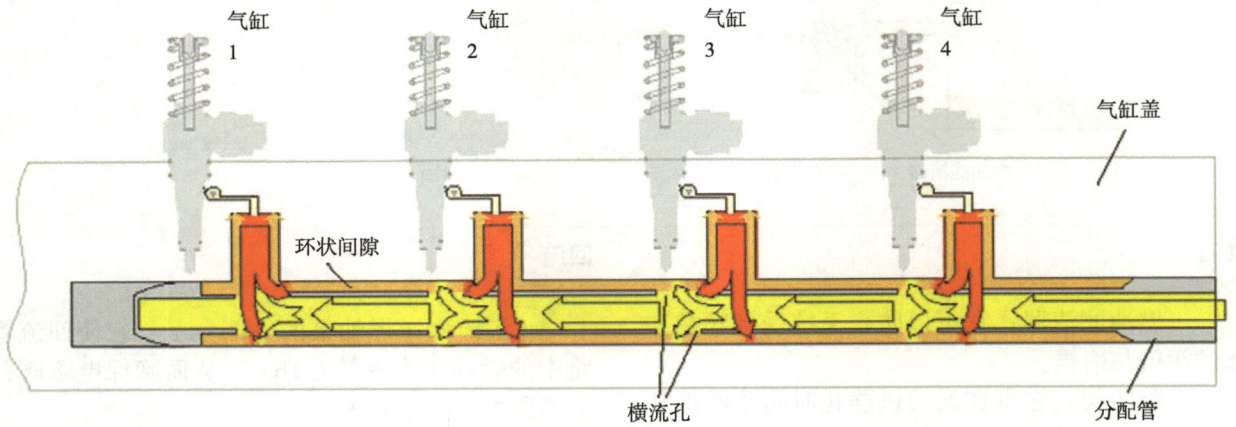

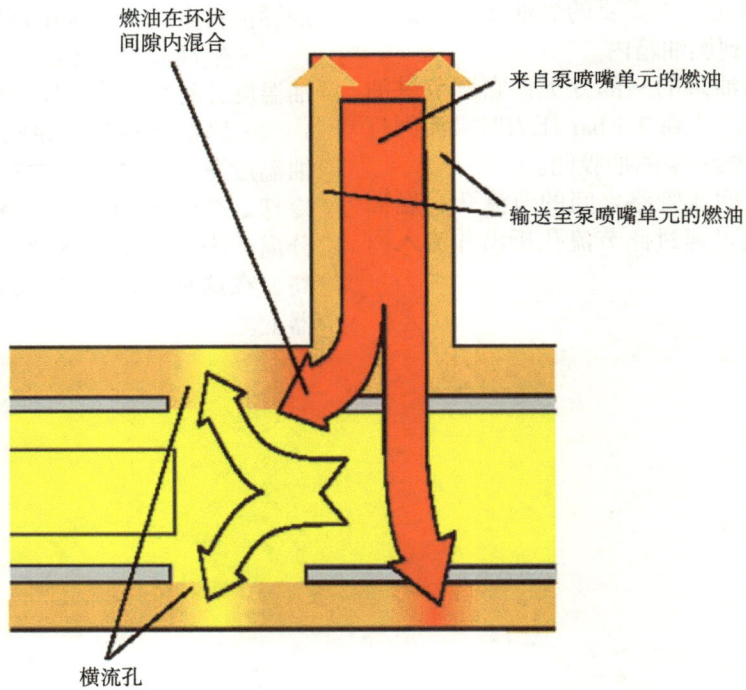

气缸 1　气缸 2　气缸 3　气缸 4　气缸盖

环状间隙　横流孔　分配管

燃油在环状间隙内混合　来自泵喷嘴单元的燃油　输送至泵喷嘴单元的燃油　横流孔

泵喷嘴单元

泵喷嘴单元由以下部件组成：
- 带有泵活塞和活塞弹簧的泵体，
- 高压电磁阀（泵喷嘴阀），
- 带有喷嘴弹簧和移位活塞的喷嘴针。

右图展示了该单元结构。

泵活塞由凸轮轴通过滚子式摇臂进行操作。喷射凸轮带有不同凸轮工作面：
- 倾斜上升的工作面：泵活塞被高速向下挤压，因此迅速达到较高喷射压力。
- 平缓下降的工作面：泵活塞缓慢匀速向上移动，燃油可以不产生气泡的方式流入泵喷嘴单元的高压室内。

在平缓下降的凸轮工作面处，泵活塞在活塞弹簧力的作用下向上移动。高压室容积增大。由于电磁阀并未受控，因此它处于静止位置且打开燃油供给管路至高压室的通道。供给管路内的燃油压力使燃油流入高压室内。

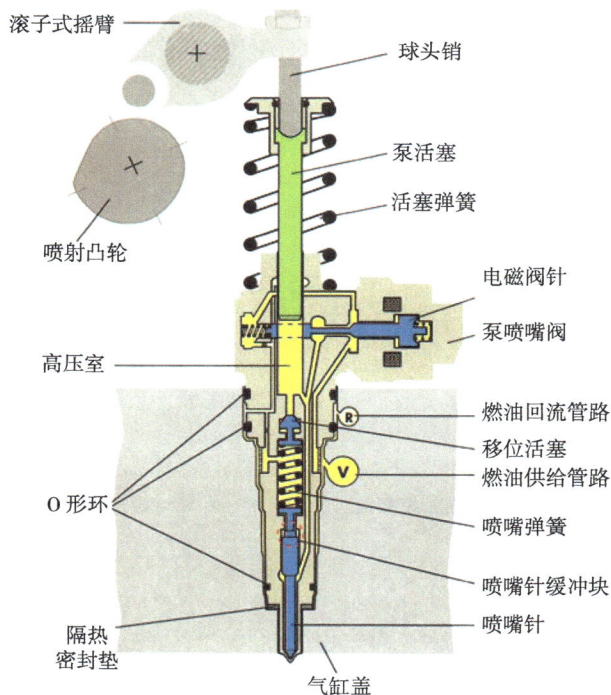

图中标注：
滚子式摇臂
喷射凸轮
高压室
O 形环
隔热密封垫
球头销
泵活塞
活塞弹簧
电磁阀针
泵喷嘴阀
燃油回流管路
移位活塞
燃油供给管路
喷嘴弹簧
喷嘴针缓冲块
喷嘴针
气缸盖

2.8.4 发动机管理系统

2.8.4.1 运行数据采集

通过以下传感器采集运行数据。
- 带有回流识别功能的空气质量流量计：它测定进气质量。

控制单元根据测量值计算喷射量和废气再循环量。
- 发动机转速传感器：它测定发动机转速和曲轴位置。根据这些信息计算喷射时刻和喷射量。
- 霍尔传感器：该信号用于在发动机起动时进行气缸识别。

从而能够控制正确的泵喷嘴阀。
- 加速踏板传感器：发动机控制单元通过该传感器识别出加速踏板的位置。
- 冷却液温度传感器：它测定当前的冷却液温度。控制单元将其作为计算喷射量的校正值使用。

- 进气管传感器：进气管压力传感器用于检查增压压力以及与增压压力特性曲线族的规定值进行比较。发动机控制单元将进气管温度传感器信号作为计算增压压力的校正值使用。
- 离合器踏板开关：它发出离合器接合或分离的信号。踩下离合器时就会短时减少喷射量。
- 制动信号灯开关／制动踏板开关：两个开关都提供"制动踏板已踩下"信号。
- 燃油温度传感器：它测定燃油温度，控制单元对此温度进行处理，用于计算供油起始时间和喷射量。
- 海拔高度传感器：它位于发动机控制单元内，用于针对增压压力调节和废气再循环进行海拔高度校正。

学习领域
7

2.8.4.2 运行数据处理

在柴油发动机中也采用以控制转矩为主的发动机管理系统。发动机控制单元采集所有转矩要求、对其进行分析并协调实施过程。

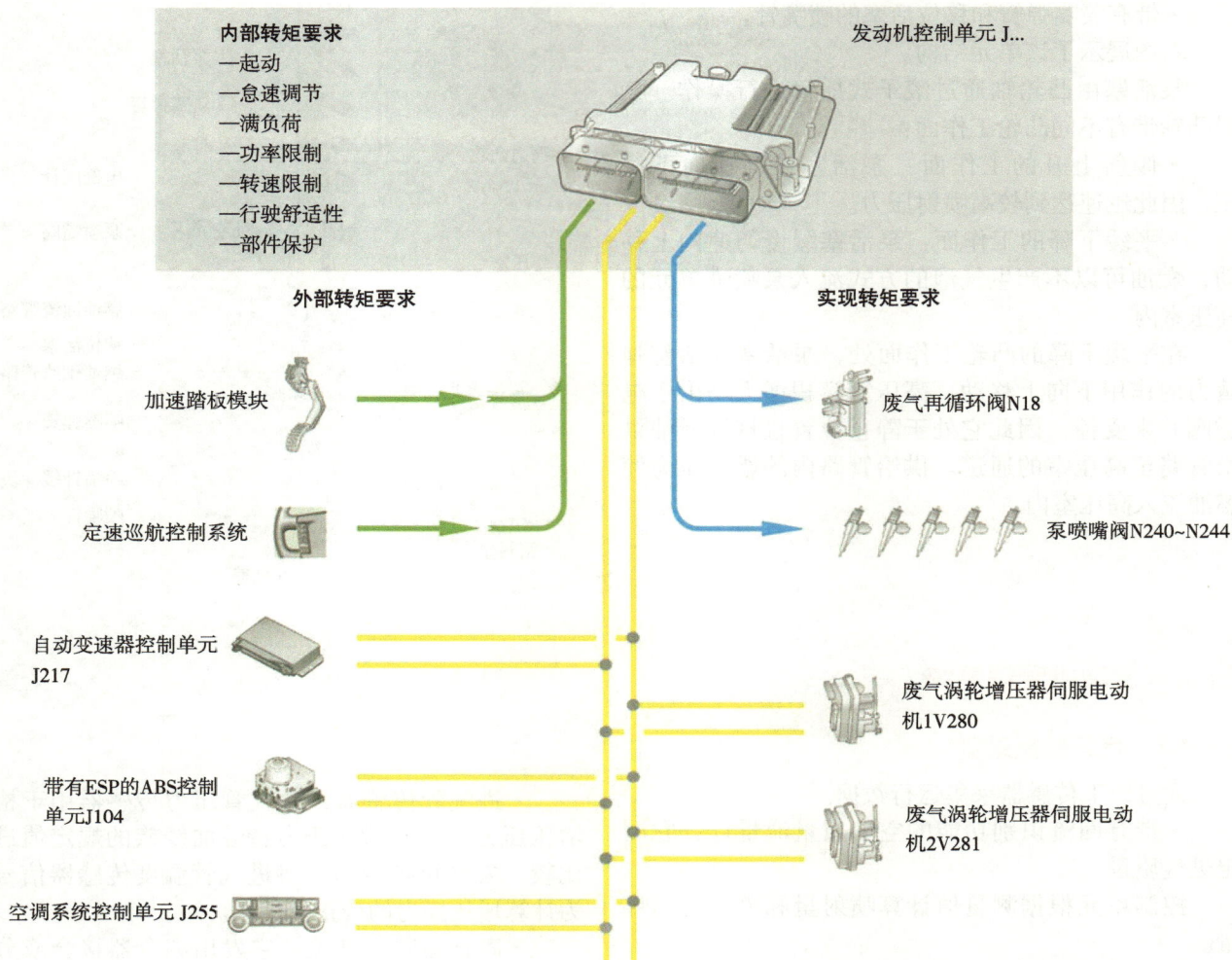

内部转矩要求
—起动
—急速调节
—满负荷
—功率限制
—转速限制
—行驶舒适性
—部件保护

发动机控制单元 J...

外部转矩要求

加速踏板模块

定速巡航控制系统

自动变速器控制单元 J217

带有ESP的ABS控制单元J104

空调系统控制单元 J255

实现转矩要求

废气再循环阀N18

泵喷嘴阀N240~N244

废气涡轮增压器伺服电动机1V280

废气涡轮增压器伺服电动机2V281

发动机控制单元根据内部和外部转矩要求计算出一个规定转矩。为了达到该规定转矩，喷射量调节系统必须计算出相应的喷射量。供油起始时间调节系统的任务是确定正确的供油和喷射时刻。

喷射量调节	供油开始时间调节
发动机控制单元根据以下参数计算出喷射量 ·驾驶员要求， ·发动机转速， ·进气质量， ·冷却液温度， ·燃油温度， ·进气温度。 为了防止损坏发动机并产生黑烟，需对喷射量进行限制。喷射量限制取决于 ·发动机转速， ·空气质量， ·空气压力。	发动机控制单元计算出供油起始时间。规定值取决于以下参数 ·发动机转速， ·计算出的喷射量， ·冷却液温度， ·空气压力。

2.8.4.3　执行机构：泵喷嘴阀

原理图

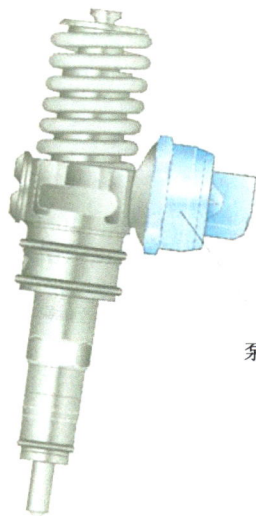

泵喷嘴阀

线路图

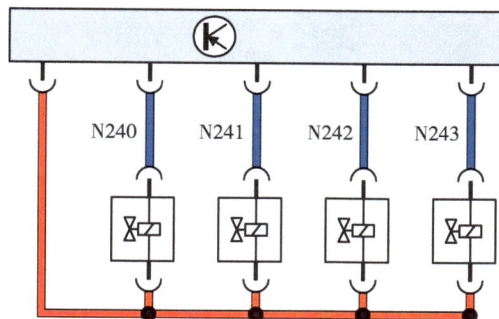

N240　N241　N242　N243

电流特性曲线

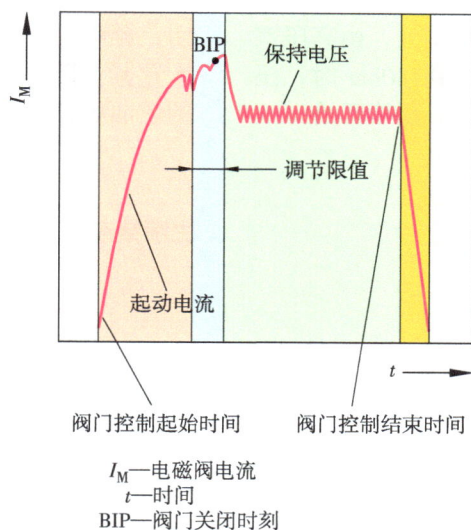

I_M

BIP　保持电压

调节限值

起动电流

t

阀门控制起始时间　阀门控制结束时间

I_M—电磁阀电流
t—时间
BIP—阀门关闭时刻

　　阀门受控时就会开始喷射过程。此时将建立起电磁场，电流强度增加，阀门关闭。阀门关闭时在电流特性曲线上出现一个拐点。此拐点向发动机控制单元发出阀门关闭信号和供油起始时间信号。此拐点称为 BIP（喷射起始时间）。阀门关闭后，电流强度降至一个恒定的保持电流。如果已达到计算出的供油持续时间，就会结束阀门控制并关闭阀门。

　　发动机控制单元监控阀门的电流特性曲线并确定阀门功能故障。发动机控制单元测定阀门的实际关闭点（BIP）。控制单元据此计算出下一次喷射的阀门控制时间。如果实际供油起始时间与控制单元内存储的规定值存在偏差，发动机控制单元就会进行校正。

　　BIP 处于调节限值范围内时，阀门功能正常。

泵喷嘴阀失灵

　　泵喷嘴阀失灵时，发动机运转不平稳且功率下降。此阀有一种双重安全功能。阀门打开时泵喷嘴单元内无法建立压力，阀门关闭时泵喷嘴单元的高压室无法继续填充燃油。在这两种情况下都无法喷射燃油。

2.8.4.4　整个喷射过程

预喷开始	**预喷结束**

预喷开始

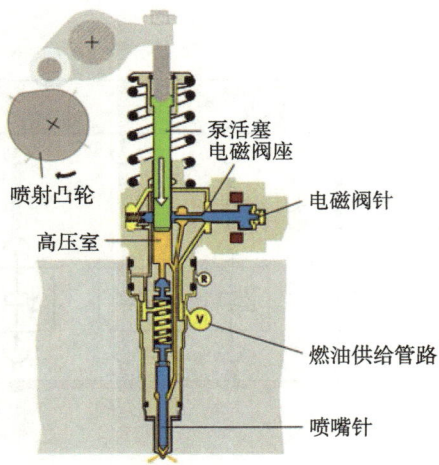

泵活塞
电磁阀座
喷射凸轮
电磁阀针
高压室
燃油供给管路
喷嘴针

　　泵活塞通过滚子式摇臂向下移动。它将燃油从高压室压入燃油供给管路内。发动机控制单元控制电磁阀。电磁阀针被压在阀座上，由高压室至燃油供给管路的通道封闭。达到180bar时，压力高于喷嘴弹簧力，喷嘴针打开。预喷开始。

预喷结束

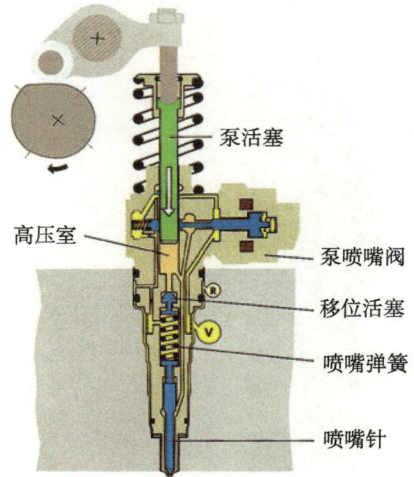

泵活塞
高压室
泵喷嘴阀
移位活塞
喷嘴弹簧
喷嘴针

　　随着压力的不断增加，移位活塞向下移动。高压室容积随之增大。压力瞬时下降。喷嘴针关闭，预喷结束。移位活塞向下移动时喷嘴弹簧大大预紧。因此随后进行主喷射时需要高于预喷时的燃油压力。

主喷开始

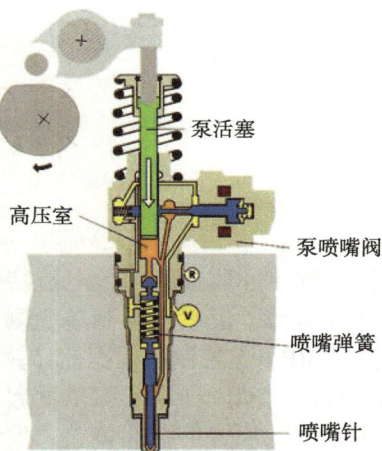

泵活塞
高压室
泵喷嘴阀
喷嘴弹簧
喷嘴针

　　喷嘴针关闭后，高压室内的压力再次升高。电磁阀也关闭，泵活塞向下移动。达到约300 bar时，燃油压力高于预紧喷嘴弹簧作用力。喷嘴针抬起，露出较小喷射孔。主喷射开始。由于通过小喷射孔喷射的燃油量少于通过泵活塞挤压的燃油量，因此压力上升至2050 bar。

主喷结束

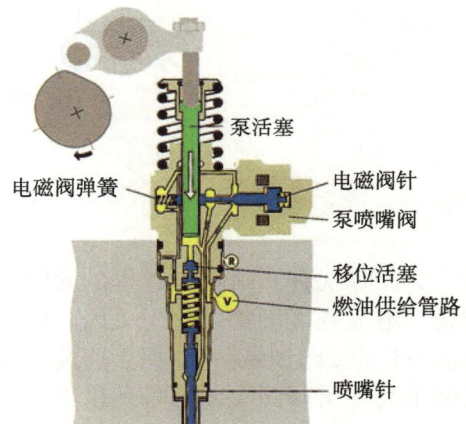

电磁阀弹簧
电磁阀针
泵活塞
泵喷嘴阀
移位活塞
燃油供给管路
喷嘴针

　　发动机控制单元不再控制电磁阀且电磁阀针通过电磁阀弹簧打开时，喷射结束。通过泵活塞挤压的燃油流入燃油供给管路内。压力下降，喷嘴针关闭。移位活塞返回其初始位置。主喷射结束。

2.9　通过检查和测量实现质量保证要求

故障查询：发动机无法起动

检测前提条件：
起动机转动
有燃油

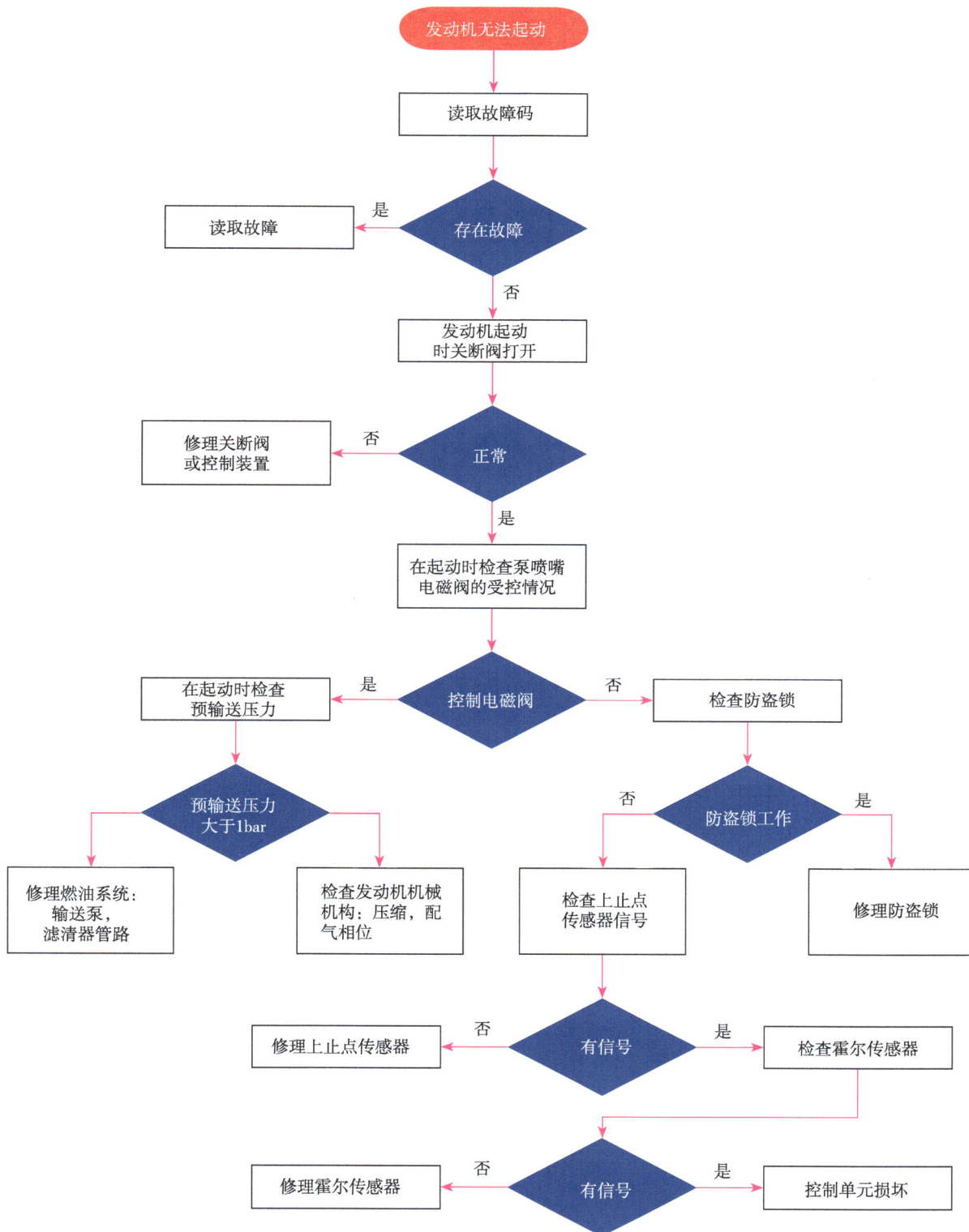

客户委托解决方案说明

发动机管理系统

1 通过以客户为本实现质量保证要求

1）请描述如何接待客户（也可扮演角色）。

2）经销商在报刊上以客户为本做广告。一位客户想了解广告背后的信息。描述可为客户提供哪些信息？

3）借助 ESItronic 编制一个工作卡（工作表 1）。

2 通过系统知识实现质量保证要求

1）进行车辆识别（工作表 2）。

2）描述混合气形成（喷射）和燃烧过程（工作表 3）。

3）画出不同系统的电路方框图：进气系统（如果带有废气再循环系统和增压系统，也包括在内）、燃油系统（如果带有燃油箱通风系统也包括在内）、发动机管理系统、点火或预热系统。用关键词描述各系统的主要功能特点（工作表 4）。

4）打印发动机控制系统的电路图（参见 ESItronic）并将其贴在工作表 5 和 6 上。用彩色笔在电路图中画出各信号：

绿色：输入控制单元的输入信号

蓝色：来自控制单元的输出信号

红色：正极，总线端 15/30 供电

棕色：接地

3 通过检查和测量实现质量保证要求

1）确定故障（参见 ESItronic）并描述待检测功能部件的功能（工作表 7）。

在故障码存储器中记录了以下故障：

客户委托 1（VW Lupo/AUC）：44AB

客户委托 2（VW Lupo/ARR）：4065

客户委托 3（Audi A 4/AKE）：0309

客户委托 4（MB E 320/OM613.961）：在故障码存储器中没有任何故障记录

客户委托 5（VW Golf IV/AUY）：469A

2）请进行故障分析并制定检测计划（工作表 8）。

4 通过按计划修理实现质量保证要求

1）制定工作计划（假设必须更换故障码存储器中所示的部件或系统或必须对其进行保养）（工作表 9）。

2）进行修车作业时必须采取哪些安全措施（对于柴油发动机而言，处理各柴油系统时要保持清洁：参见 ESItronic 中关于 Mercedes-Benz E 320 的服务信息）（工作表 10）。

5 通过检查和记录实现质量保证要求

1）将车辆交付客户前必须对哪些修理部位进行检查？

2）比较各工作小组的不同结果，讨论工作流程并记录改进措施（工作表 11）。

3）借助 ESItronic 补充工作卡内容（确定本经销商处待更换零件的大致价格和工时）。

4）开具结算单。

➡ ☺客户委托解决方案工作表以及有关发动机或系统的其他信息请参见辅助材料 CD-ROM。

☺在 ESItronic 演示版中未包含的车辆信息请参见与本书配套的 CD-Rom ESItronic 演示版 2。该光盘的内容与本书中的客户委托、车辆和发动机管理系统一致。

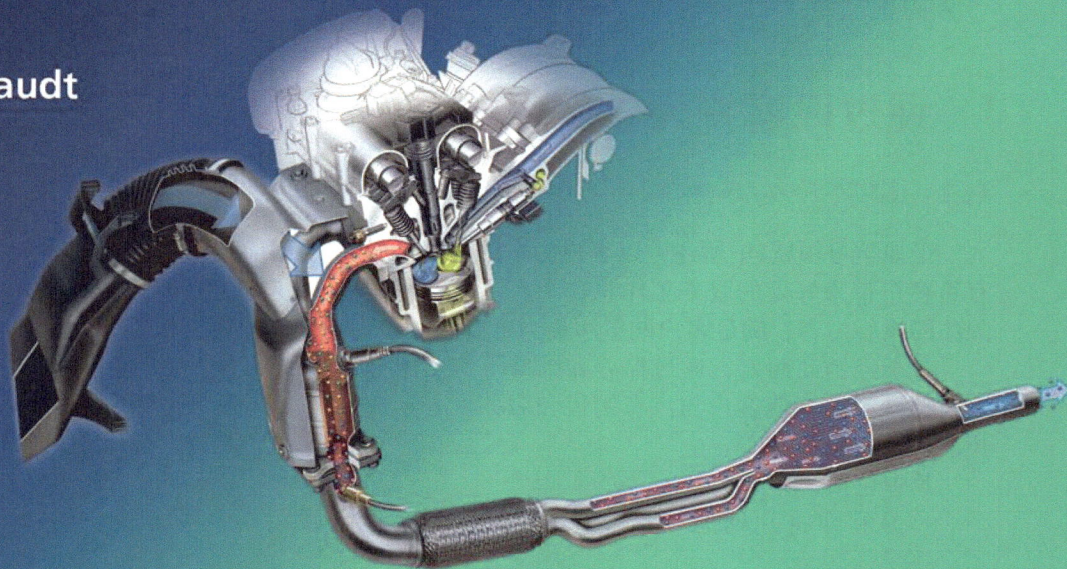

Staudt

学习领域 8

废气系统保养与维修工作的实施

1 通过以客户为本实现质量保证要求

1.1 以客户为本的服务

正如学习领域1中所述，以客户为本的服务是所有给客户带来好处的服务工作总和。产品已不再是关注的核心内容，满足客户期望才最为重要。

对于经销商而言，通过保养和维修等售后服务以及特殊服务，使客户与汽车销售和服务中心形成长期联系非常重要。

其中包括：

· 提醒即将到期的年检（HU）和尾气检测（AU），

· 在汽车销售和服务中心提供尾气检测和年检服务。其他措施包括交车时向用户提供咨询服务，例如：

· 带催化转换器车辆的使用，

· 通过生态和经济的驾驶方式降低耗油量。

1.2 客户委托：进行尾气检测

客户地址：

| Helga Sieber
女士
Lärchenstr. 16

65207 Wiesbaden | 委托书编号：0012
客户编号： 1512
委托日期： 2005年1月21日 |

车型	牌照号	车辆识别号	KAB 代码	里程数/km
VW–Lupo	VVI–HK100	××××××	0603 450	35000

注册登记日期	发动机代码	接车人	电话号码
2003年4月	AUC	Sieber	0611//32134

项目	工时单位	时间	工作内容	价格
01			进行尾气检测	

日期：2005年1月22日，16：00点

此委托是在明确确认"车辆、总成以及零部件工作和费用估算条件"之后签发并交给本人的。

车辆最终检查

日期	时间	验收人	里程数/km

Helga Sieber
_____
客户签名

1.3　向客户交车时提供客户咨询服务

带催化转换器车辆的使用

交车时要将带有催化转换器车辆的使用注意事项告诉客户：

·在催化转换器附近，排气装置温度极高。因此不要将车辆停放在干枯的树叶或草地上，这样可能会引发火灾。

·起动困难时，不要无谓地长时间操控起动机。在起动过程中会持续喷射燃油。未燃烧的燃油会进入催化转换器并在点火时导致过热和催化转换器损坏。

·出于同样的原因也不要通过推车来起动发动机。这样也会导致未燃烧的燃油进入催化转换器并对其造成持续损坏。

·加注和添加发动机油时切勿超过机油尺上的最高液位标记。过量的机油会由于不完全燃烧进入催化转换器，这样可能会损坏贵金属催化层并影响催化转换器功能。

通过生态和经济的驾驶方式降低耗油量

驾驶员本人可通过自身驾驶方式来为降低耗油量以及排放量和燃油费用作出重大贡献：

·检查胎压并在车辆重载时提高胎压。

·清除车辆行李箱中不必要的载荷。

·及早换挡，即在经过一个车长后换入二挡，在二挡和三挡时用力加大节气门并至少在2000r/min时换入高挡。

·以尽可能高的挡位行驶。即使转速低于2000r/min也可满负荷行驶。

·避免高速行驶。福特汽车制造商在试验中发现，最高车速时的耗油量是低于最高车速三分之一时的两倍。

·有预见性地行驶，即避免不必要的制动和随即加速，让车辆跟随车流行驶。

·在停车时间较长，例如拦道木已放下时，关闭发动机。

·车顶安装构件例如车顶行李架尽量只在需要时使用，而且还要关闭车窗以免形成空气涡流。

·附加用电器，例如后窗玻璃加热装置、空调系统只在需要时接通。

接通空调系统时，市内行驶耗油量最高可增加1.8L/100km。

·使用低摩擦发动机油。

·遵守保养周期。空气滤清器有污物或火花塞烧毁都会显著增加耗油量。

·充分利用滑行断油功能。

采取上述措施可在日常行车中节省燃油20%~30%。

学习领域 **8**

2 通过系统知识实现质量保证要求

2.1 燃烧时的进气和排气成分

存储在燃油空气混合气中的化学能在内燃机中转化为曲轴机械能。在能量转换过程中产生废气。

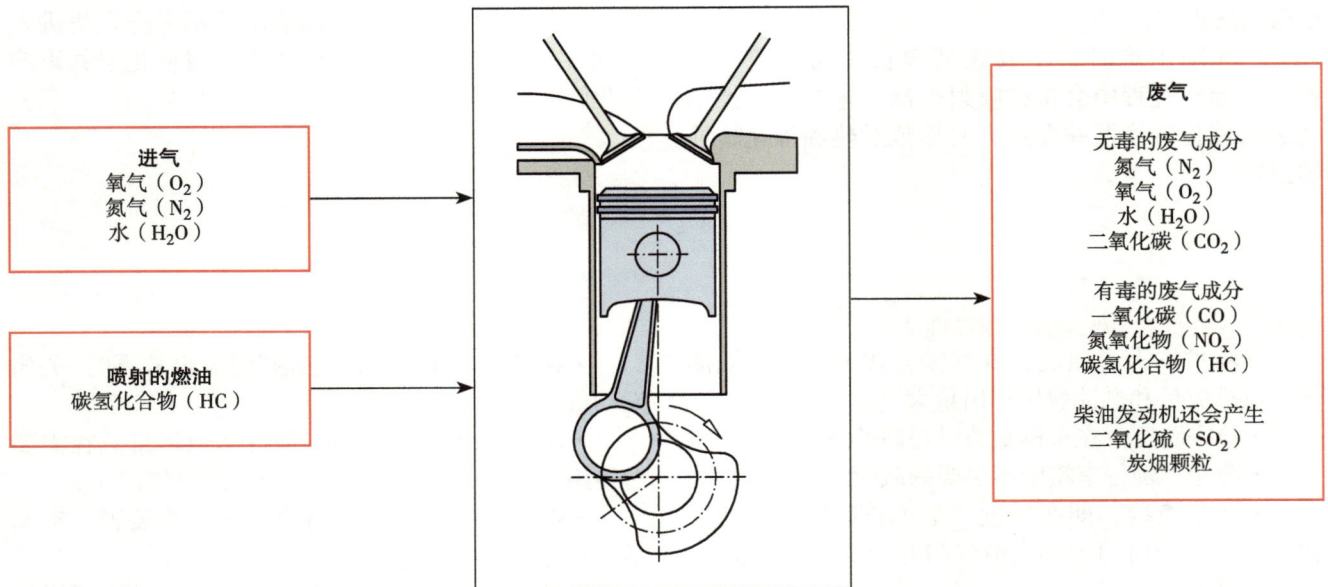

进气
氧气（O_2）
氮气（N_2）
水（H_2O）

喷射的燃油
碳氢化合物（HC）

废气

无毒的废气成分
氮气（N_2）
氧气（O_2）
水（H_2O）
二氧化碳（CO_2）

有毒的废气成分
一氧化碳（CO）
氮氧化物（NO_x）
碳氢化合物（HC）

柴油发动机还会产生
二氧化硫（SO_2）
炭烟颗粒

汽车废气由无毒废气成分氮气（N_2）、二氧化碳（CO_2）、水（H_2O）、氧气（O_2）和各种有害物质组成。

· 氮气是我们吸入的空气（78%氮气，21%氧气，1%其他气体）中的一种成分。它不参与燃烧过程，是废气中含量最高的气体（71%）。

· 化合在燃油中的碳在完全燃烧时生成二氧化碳。二氧化碳是大气中空气的天然成分。

· 化合在燃油中的氢通过燃烧变为在冷却时绝大部分都会凝固的水蒸气。

· 各种有害物质在废气中仅占极小的部分，但是它们对健康有害。

有害物质

汽油发动机

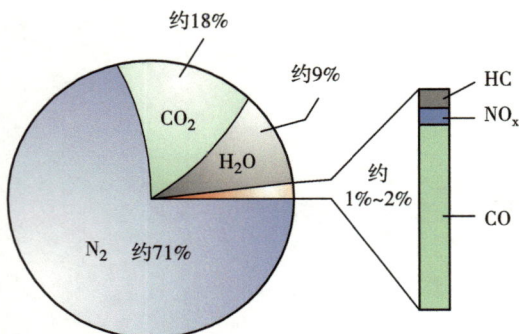

约18% CO_2
约9% H_2O
N_2 约71%
HC
NO_x
CO
约1%~2%

柴油发动机

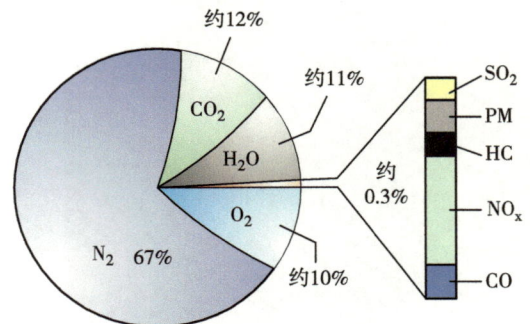

约12% CO_2
约11% H_2O
O_2
约10%
N_2 67%
SO_2
PM
HC
NO_x
CO
约0.3%

有害物质

一氧化碳CO

一氧化碳主要取决于混合比。在空气不足（浓混合气）时，一氧化碳的含量就会增加。当 λ=1 且混合气较稀时，其含量则很小。

一氧化碳无色无味。它的毒性很大，在浓度大于0.3体积百分比时可致人死亡。

未燃烧的碳氢化合物（HC）

HC排放物是未燃烧的燃油成分，在空气不足（λ<1）和空气过量（λ>1.2）时产生。

在燃烧室内间隙处火焰熄灭时，特别是在火力岸、活塞环和火花塞处也会产生HC排放物。碳氢化合物会产生典型的尾气臭味、刺激感官并可致癌。

氮氧化物（NOₓ）

氮氧化物是氮气（N_2）和氧气（O_2）的化合物。发动机在燃烧过程中温度较高和氧气过量时就会产生氮氧化物。氮氧化物与过量空气系数 λ 的关系正好和碳氢化合物排放物相反。在空气不足时，氮氧化物就会增至最大值；在 λ=1.05~1.1时，在稀混合气范围内就会下降。

氮氧化物是一种无色气体，它能强烈刺激呼吸道并在浓度较高时导致出现麻痹现象。此外它也是形成臭氧的原因之一。

二氧化硫（SO₂）

二氧化硫在废气中的含量很低，主要在柴油发动机的废气中。它是一种无色、有刺激性气味的不可燃气体，可造成呼吸道疾病。

炭烟颗粒（PM）（颗粒物质）

在氧气不足的情况下燃烧柴油，特别是在 λ=1时就会产生炭烟颗粒。它可致癌。

2.2 废气与环境

作为大气中空气天然成分的二氧化碳不属于有害物质。但是它对温室效应以及与此相关的气候变化负有责任。除其他气体外，作为引起温室效应气体的二氧化碳对全球气温变化负有主要责任（另见 www.treibhauseffekt.com ）。

氮氧化物也对酸雨以及与此有关的森林毁灭负有责任。二氧化氮分子在阳光照射下分解成一氧化氮（NO）和氧原子。氧原子与空气中的氧分子（O_2）结合成为臭氧（O_3）。臭氧是一种非常重要的大气物质。它滤除阳光中有害的紫外线从而保护地球上的生物（另见臭氧洞）。但在近地空气层中，臭氧是一种有害的空气成分。臭氧是一种特别活跃的氧气存在形式。在臭氧浓度较高的情况下，深呼吸时会导致咳嗽和疼痛、头痛和眩晕以及降低肺部功能和身体机能。空气中臭氧含量较高时，就会发出烟雾警报（夏季烟雾）。

在冬天，特别是在逆温情况下会形成冬季烟雾。逆温情况主要出现在天气稳定、少风的冬季月份。此时温暖的空气层在寒冷的地面空气上方流动。温暖的空气起到覆盖作用，阻止在逆温层下由车辆等产生的有害物质散发。空气有害物质会随着时间不断积聚并可能远远超出平常空气有害物质的污染水平。只有天气变化时逆温现象才会结束。

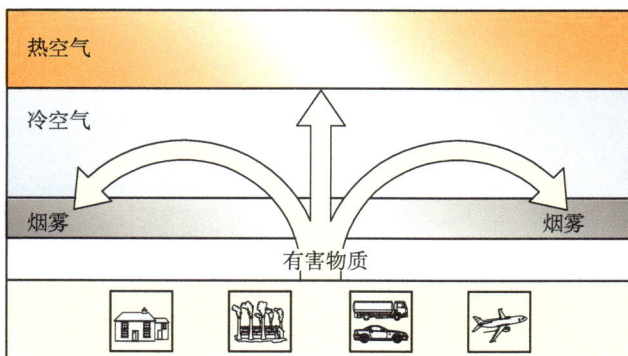

学习领域 8

2.3   废气减排措施

减少废气可采取三种基本策略：

·通过以下方式降低耗油量

–降低空气阻力的符合空气动力学原理的汽车车身，

–采用轻金属材料如铝和镁来减轻汽车重量，

–通过省油燃烧，例如汽油发动机的直喷系统和柴油发动机的泵喷嘴技术来优化发动机，

–通过调整汽车重量和尺寸来优化变速器，例如六挡变速器，

–废气再循环，

–发动机管理系统，

–燃油箱通风。

·废气净化

–通过催化转换器和颗粒过滤器净化废气。

·功能检查

–通过车载诊断系统对所有与排放相关的部件进行功能检查（美国：OBD，欧洲：EOBD）。

自2000年年初起，法规要求进行新车型式试验时必须进行功能检查。

2.3.1   废气排放检测（型式试验）

针对颁发普通车辆使用许可的新车型式试验，法规规定了最大废气限值。用一台检测装置在滚筒式测功机上检测车辆的废气排放量。进行检测时在滚筒式测功机上行驶一个规定的行驶循环，同时测定废气成分。自2000年1月1日起，在发动机起动后立即按照"新欧洲行驶循环"（NEFZ）进行测量，

而不经过暖机阶段。这样还能检测冷起动时产生的废气成分。第一个行驶循环相当于车速为0~50km/h的市内行驶，该循环连续进行四次，持续13min。接下来进行的7min行驶循环相当于最高车速为120km/h的效区行驶。循环里程为11007km。废气排放值不允许超过适用标准的单位为g/km的限值。

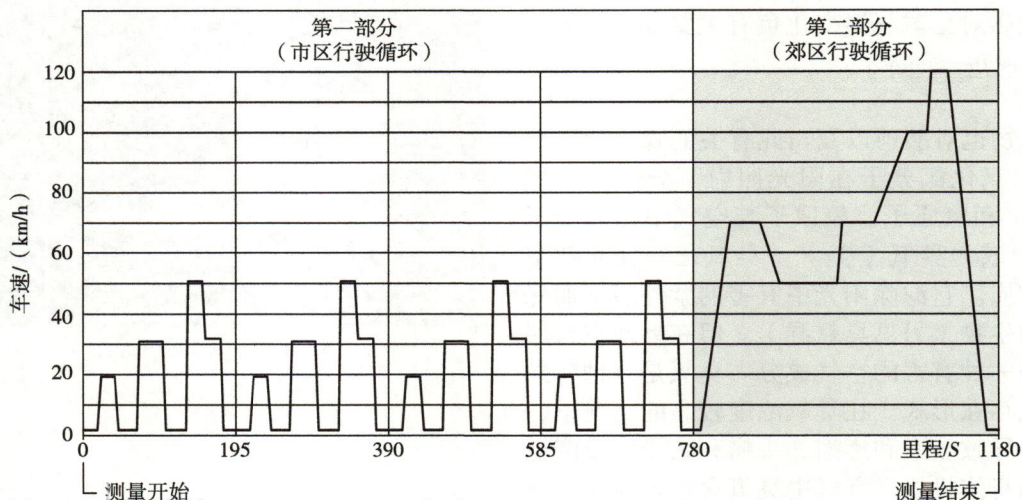

2.4　废气排放标准和规定

近几年来，德国、欧洲、美国和全世界范围内都通过了以降低空气有害物质为目的的相关决议和法律（京都议定书）。

2.4.1　欧洲标准

欧洲标准规定了汽车工业新车车型的相关限值：

·欧II标准：生效至1999年12月31日。将废气成分氮氧化物和碳氢化合物合在一起进行规定。在开始测量废气排放之前，行驶循环（NEFZ＝新欧洲行驶循环）有40s的行驶准备时间。其他欧洲标准的规定表明了如何减少废气排放量。

欧III标准

欧III标准自2000年1月1日起生效。分别规定了废气排放物氮氧化物和碳氢化合物的相关限值。按照新欧洲行驶循环测定废气排放物，取消了40s的准备时间。

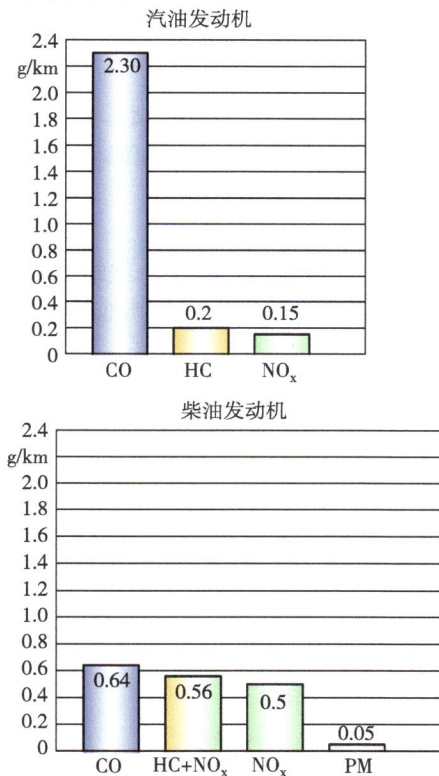

汽油发动机

柴油发动机

欧IV标准

欧IV标准自2005年起取代欧III标准。按照新欧洲行驶循环测定废气排放物，取消了40s的准备时间。

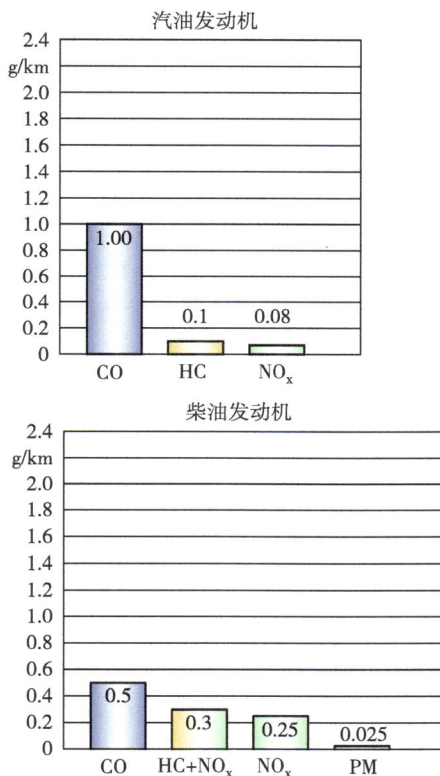

汽油发动机

柴油发动机

为了促使达到欧洲标准，引入了相关限值低于欧洲标准的德国标准D3（严格化的欧II标准）和D4（严格化的欧III标准）。对于达到这些规定的车辆，在2005年之前予以纳税方面的照顾。

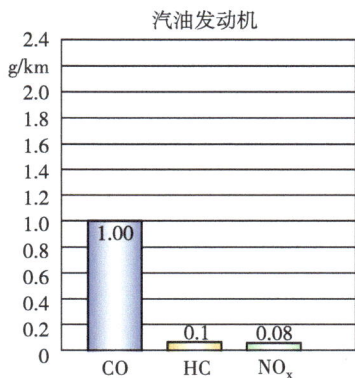

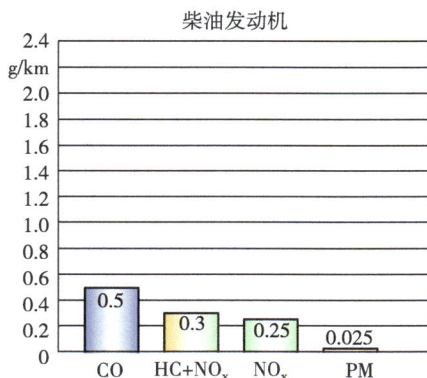

汽油发动机

柴油发动机

2.5　欧洲车载诊断系统（EOBD）

欧盟在欧III和欧IV标准减少有害物质规定的基础上要求所有成员国都采用车载诊断系统。所有与废气相关的系统功能和诊断都由发动机控制单元独立完成而且不会让驾驶员有所觉察。

EOBD的可见元件包括：
· 废气警告灯，
· 诊断接口。

废气警告灯

用于在驾驶员可见区域内显示与废气有关故障的废气警告灯称为"故障指示灯（MI）"。如果发动机控制单元识别出与废气有关的部件发生故障，就会启用废气警告灯：

· 废气警告灯亮起：
– 发动机静止而点火开关接通时，
– 如果在两个连续的行驶循环中（包括起动发动机、车辆按规定转速和速度行驶以及发动机滑行阶段）计算得出值超过允许废气值1.5倍。
· 废气指示灯闪烁：
如果出现可能导致催化转换器损坏的燃烧断火。

诊断接口

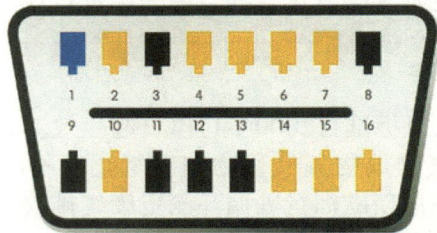

通过诊断接口可读取存储的EOBD数据。插头布置规定如下：

线脚7+15：　按照DIN ISO 9141–2传输数据
线脚2+10：　按照SAE J 1850传输数据
线脚4：　　　车辆接地
线脚5：　　　信号接地
线脚16：　　蓄电池正极（总线端30）
其他线脚可由制造商针对其他诊断功能自由配置。

故障码经过标准化处理，可用任何一种数据显示仪（读取设备）读取。

2.6　用于汽油发动机的欧洲车载诊断系统

2.6.1　检测范围

对带有例如ME–Motronic的汽油发动机进行如下EOBD检测：

· 全面组件监控
· 催化转换器前传感器
· 氧传感器加热装置诊断
· 催化转换器后传感器
· 催化转换器
· 燃油箱通风系统
· 燃烧断火
· 废气再循环系统
· 电子节气门控制系统
· CAN数据总线
· 二次空气系统
· 增压压力调节装置

持续监控

· 燃烧断火
· 混合气调节
· 与废气有关的混合气制备组件

不定时监控

· 催化转换器功能
· 催化转换器加热装置
· 氧传感器
· 氧传感器加热装置
· 二次空气系统
· 废气再循环系统
· 燃油箱通风系统
· 空调系统

2.6.2　与废气有关的系统及其诊断方法

2.6.2.1　全面组件监控（与线路有关的故障）

进行EOBD时通过这种诊断方法监控所有与废气有关的传感器、执行机构和输出极的功能。按照以下标准检查这些部件：

- 检查输入和输出信号的可信度，
- 对地短路，
- 对正极短路，
- 导线断路。

2.6.2.2　过量空气系数控制回路

空气质量和发动机转速是喷射信号的基础。发动机控制单元根据催化转换器前传感器（宽带传感器）信号计算出喷射时间的附加校正系数。通过空气质量流量计、转速传感器、催化转换器前传感器以及各种发动机运行状态过量空气系数特性曲线之间持续的数据交换，可将喷射时间调整到保持空燃比 $\lambda = 1$ 的程度。

老化和中毒可使催化转换器前传感器的电压曲线发生偏移。借助第二个控制回路可在一定范围内（调节）校正电压曲线的偏差情况，从而确保混合气成分长期稳定。

如果通过闭合控制回路使燃油空气混合气始终保持在过量空气系数窗内，催化转换器最多可将有害物质减少 90%。

催化转换器后传感器用于检测催化转换器的转换率（净化度）。

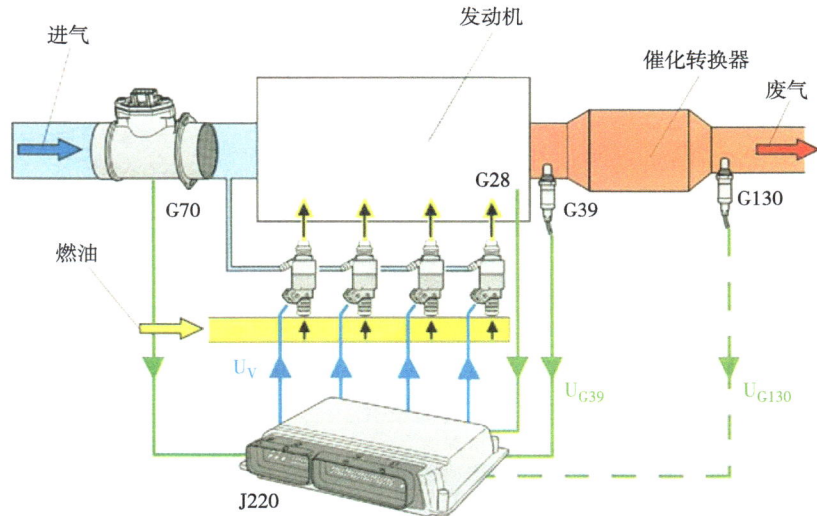

G28—发动机转速传感器
G39—催化转换器前氧传感器
G70—空气质量流量计
G130—催化转换器后氧传感器
U_{G39}—催化转换器前氧传感器电压
U_{G130}—催化转换器后氧传感器电压
U_V—喷射阀控制电压

催化转换器前传感器

催化转换器前传感器是一个电流强度几乎线性增加的宽带氧传感器。

因此可在一个较大的测量范围内测定过量空气系数值。根据电流强度变化计算出过量空气系数值（另见学习领域7，第170页）。

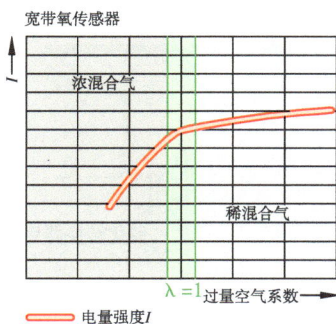

催化转换器后传感器

催化转换器后传感器使用所谓的阶跃式氧传感器。该传感器可识别出导致产生阶跃式电压曲线的浓混合气或稀混合气，该电压曲线足以执行催化转换器后传感器监控功能。根据电压变化计算出过量空气系数值（另见学习领域7，第168页）。

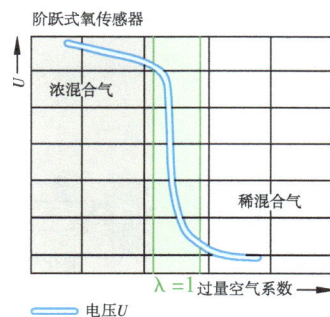

催化转换器前传感器的氧传感器老化诊断

老化和中毒可影响氧传感器的响应特性：

- 改变响应时间，
- 传感器的电压曲线发生偏移。

这两种情况都会导致催化转换器的转换能力（净化度）下降。

催化转换器前传感器的响应时间诊断

使用宽带氧传感器时，过量空气系数始终为 $\lambda = 1$。催化转换器为了达到最佳功能需要混合气成分有轻微波动。发动机控制单元在浓混合气与稀混合气之间进行模拟调制。

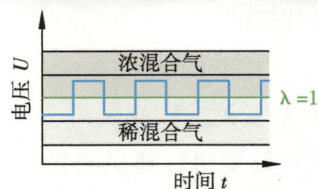

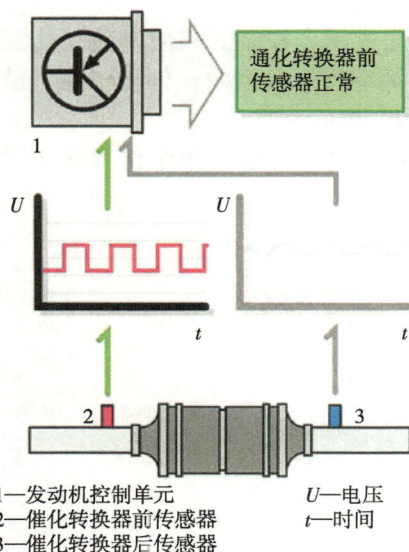

通化转换器前传感器正常

1—发动机控制单元
2—催化转换器前传感器
3—催化转换器后传感器

U—电压
t—时间

催化转换器前传感器信号随着发动机控制单元对燃油空气混合气的调制情况而变化。

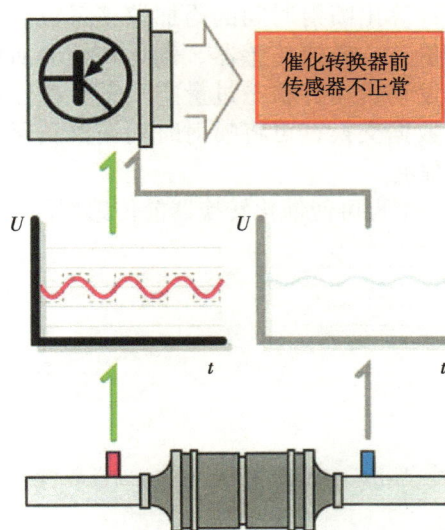

催化转换器前传感器不正常

催化转换器前传感器信号无法随着燃油空气混合气的调制情况而变化。

催化转换器前传感器的电压曲线偏移诊断和调节

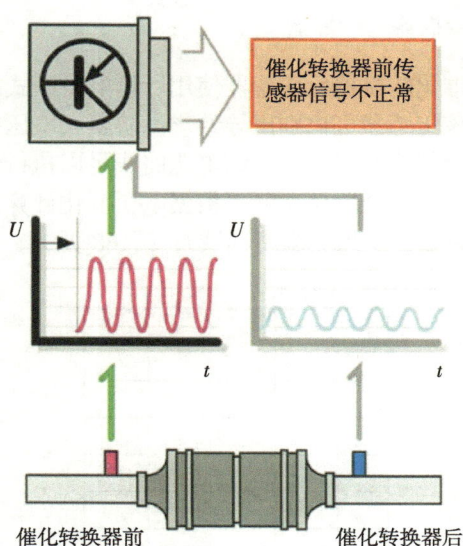

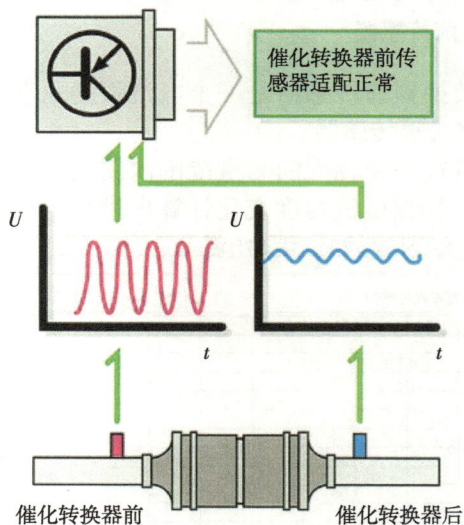

催化转换器前传感器信号不正常

催化转换器前

催化转换器后

催化转换器前传感器适配正常

催化转换器前

催化转换器后

发动机控制单元识别偏移并在特定范围内对其进行校正。

催化转换器后传感器的诊断

催化转换器后传感器的调节限值诊断

燃油空气混合气成分达到最佳状态时，催化转换器后传感器电压就会在 λ = 1 范围内。如果催化转换器后传感器根据浓混合气或稀混合气提供一个较高或较低的传感器电压，发动机控制单元就会一直改变其过量空气系数调节值，直至催化转换器后传感器重新发出 λ = 1 信号。过量空气系数调节值有规定的调节限值，需要对其进行检查。

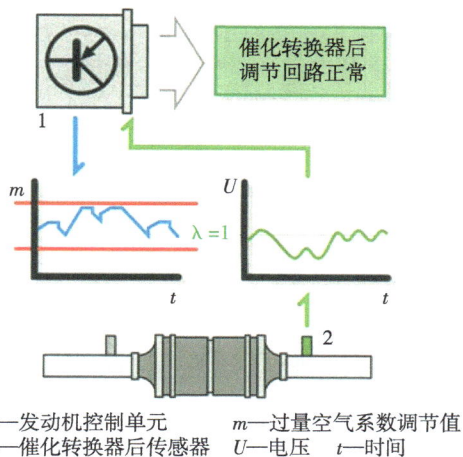

1—发动机控制单元　　　m—过量空气系数调节值
2—催化转换器后传感器　U—电压　　t—时间

如果催化转换器后传感器根据电压下降向发动机控制单元发出氧气增多的信号，就会提高过量空气系数调节值，混合气将会变浓。如果催化转换器后传感器电压重新升高，发动机控制单元就会降低过量空气系数调节值。

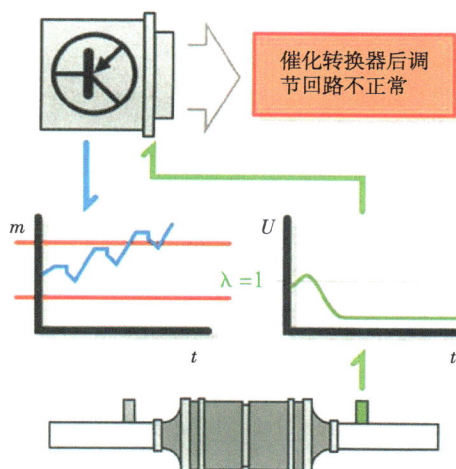

如果混合气变浓后传感器电压仍然很低且发动机控制单元提高过量空气系数调节值并使其超过调节限值，就会识别为催化转换器后传感器或排气装置故障。

催化转换器后传感器的调节限值诊断

发动机控制单元通过在车辆加速或滑行运行期间检查催化转换器后传感器的信号来监控该传感器。

加速运行：燃油空气混合气变浓，废气中的氧气含量降低，传感器电压升高。

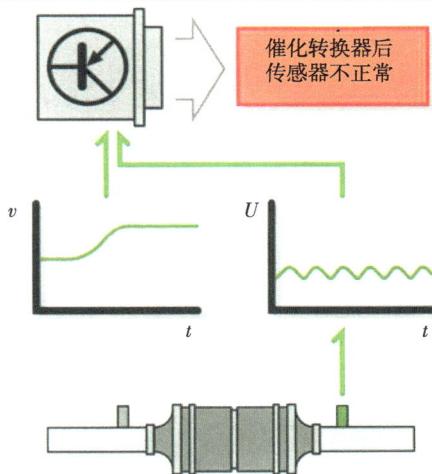

滑行运行：供油被切断，废气中的氧气含量增加，传感器电压下降。

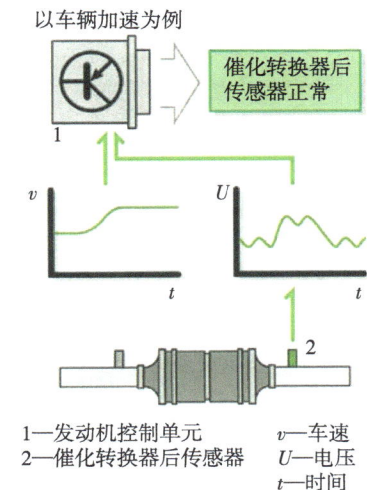

以车辆加速为例

1—发动机控制单元　　v—车速
2—催化转换器后传感器　U—电压
　　　　　　　　　　　t—时间

传感器电压升高。

传感器电压没有变化。发动机控制单元识别出催化转换器后传感器故障。

学习领域

8

催化转换器

催化转换器

催化转换器由一个带有许多纵向气道的陶瓷体组成。为了获得尽可能大的表面面积，用一个中间层增大纵向气道的表面。表面带有贵金属镀层（铂、铑和／或钯）。这些材料不参加化学反应，因此也不会消耗掉（另见学习领域 7，第 167 页）。

在催化转换器内发生两种完全相反的化学反应：

· 氧化：一氧化碳和碳氢化合物氧化为二氧化碳和水。

· 还原：氮氧化物还原为氮气和氧气。

如果过量空气系数控制回路内的空燃比始终保持在过量空气系数窗内，催化转换器最多可将有害物质减少 90%。

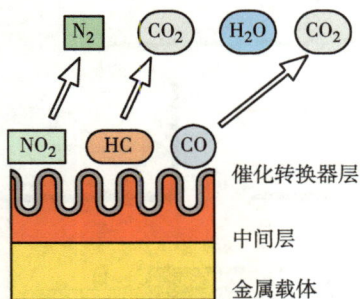

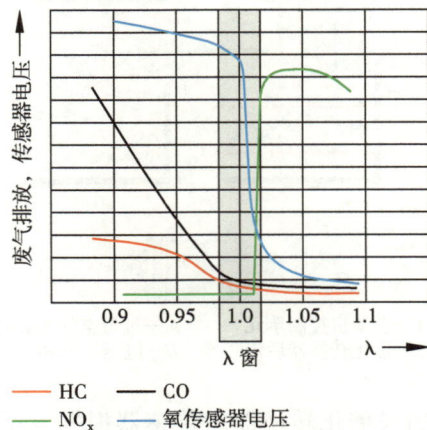

催化转换器诊断

催化转换器转换诊断

老化或故障催化转换器的氧存储能力很低。因此其转换能力也很低。进行诊断时，发动机控制单元对催化转换器前、后传感器的电压进行比较。

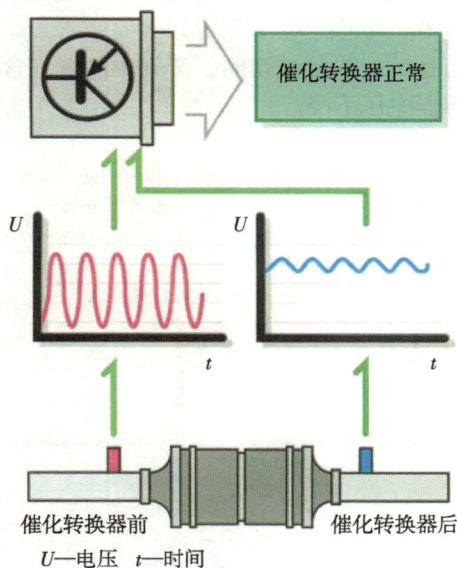

催化转换器前、后传感器的相对值之间没有偏差。

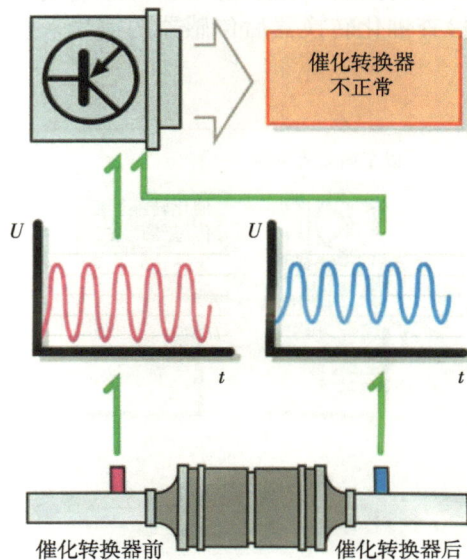

相对值与规定值之间存在偏差。发动机控制单元识别出催化转换器故障。该故障由故障码存储器储存并通过废气警告灯予以显示。

2.6.2.3　燃油箱通风系统/燃油蒸发回收系统

燃油箱通风系统

在燃油箱内燃油表面形成的汽油蒸气存储在活性炭罐中。如果活性炭罐已储满燃油蒸气，就会在发动机运行期间通过发动机控制单元控制电磁阀。发动机的真空压力把储存的汽油蒸气吸走并通过进气管输送至燃烧室内。

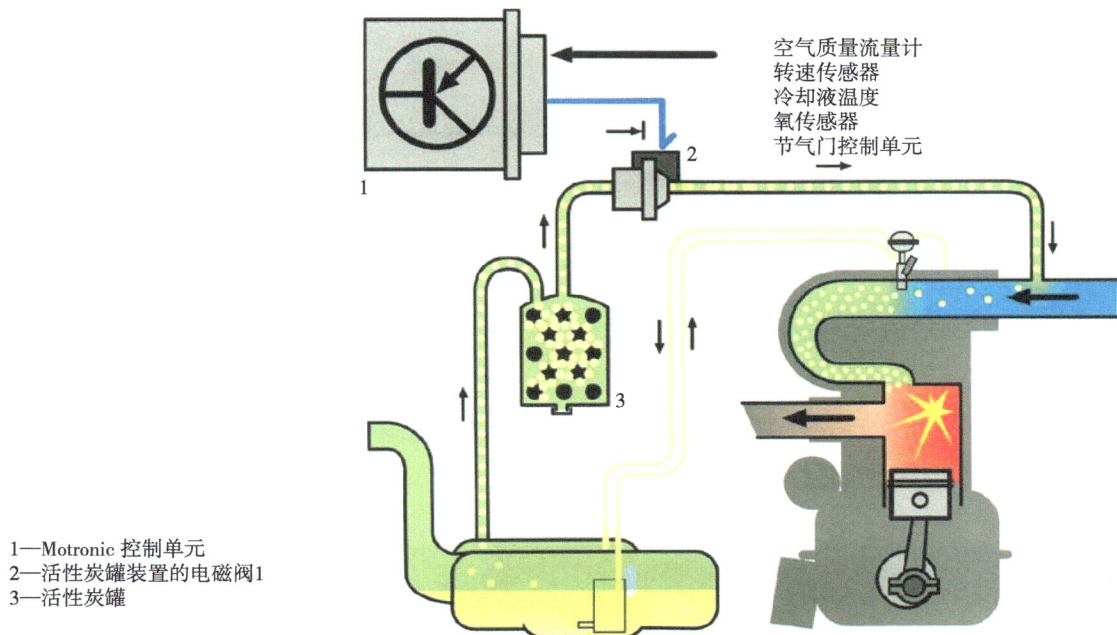

空气质量流量计
转速传感器
冷却液温度
氧传感器
节气门控制单元

1—Motronic 控制单元
2—活性炭罐装置的电磁阀1
3—活性炭罐

燃油箱通风流量诊断

启用燃油箱通风系统时
- 如果活性炭罐充满燃油蒸气，燃油空气混合气就会变浓，
- 如果活性炭罐为空，燃油空气混合气就会变稀。

燃油空气混合气的这种变化通过氧传感器进行探测，它是燃油箱通风系统功能检测的一项标准。

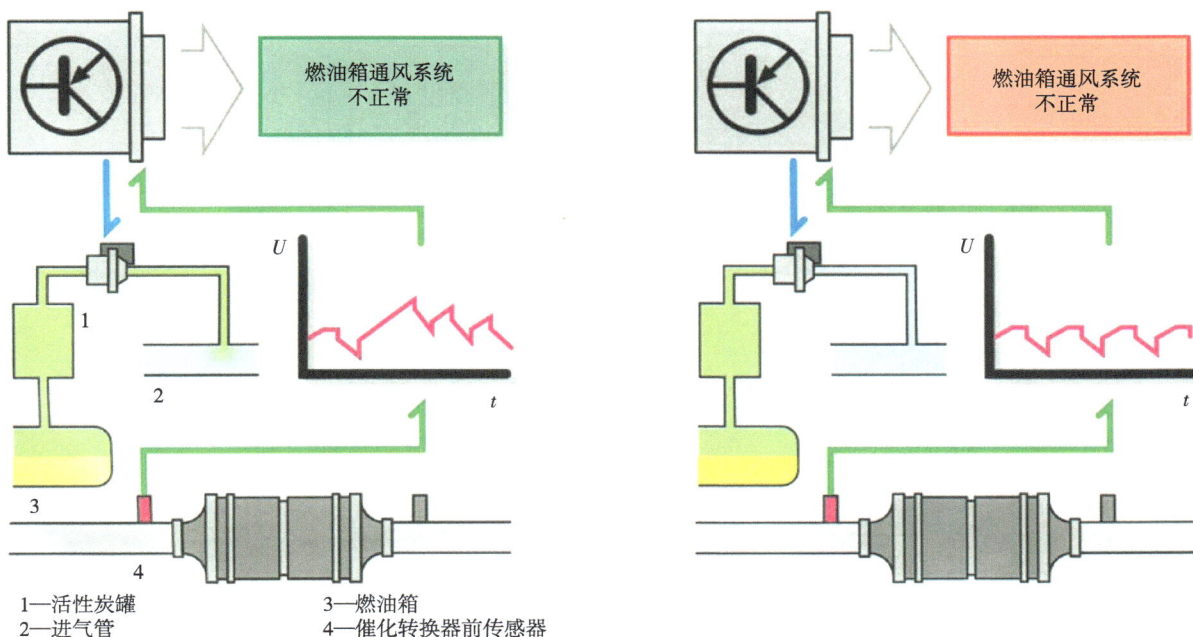

1—活性炭罐　　　3—燃油箱
2—进气管　　　　4—催化转换器前传感器

2.6.2.4 废气再循环系统

废气再循环系统

燃烧室内存在高温和高压时就会产生氮氧化物。将一定量的废气引入燃油空气混合气中可以降低燃烧温度，从而减少产生的氮氧化物。

发动机负荷（空气质量）
发动机转速
发动机温度

3

1

2

1—发动机控制单元
2—废气再循环阀
3—阀门调节传感器

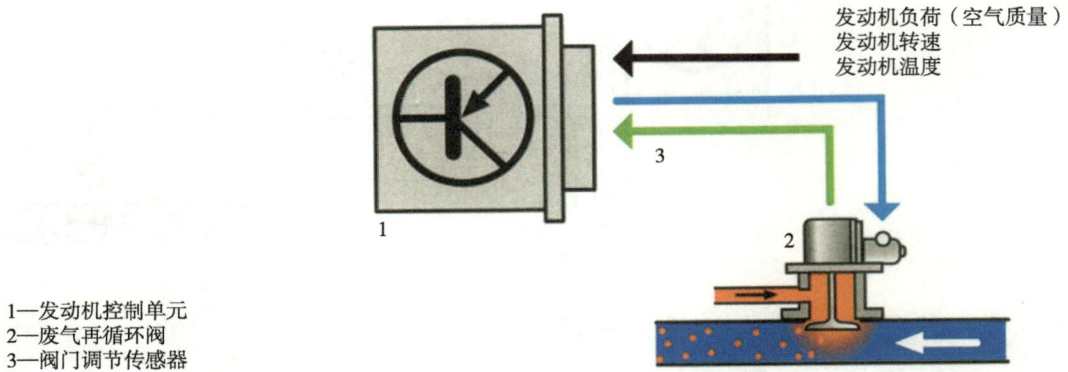

废气再循环压力诊断

启用废气再循环系统（AGR）时，进气管内的压力升高即真空压力减小。发动机控制单元将进气管内的升高压力与输入的废气量进行比较并由此得出关于废气再循环系统功能的结论。仅在滑行运行期间进行这种检查。

进气管压力传感器在废气再循环系统启用时就检测出压力升高。

进气管压力传感器未检测出进气管压力的变化。

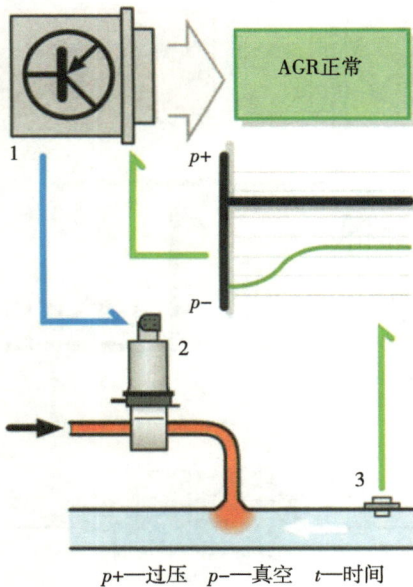

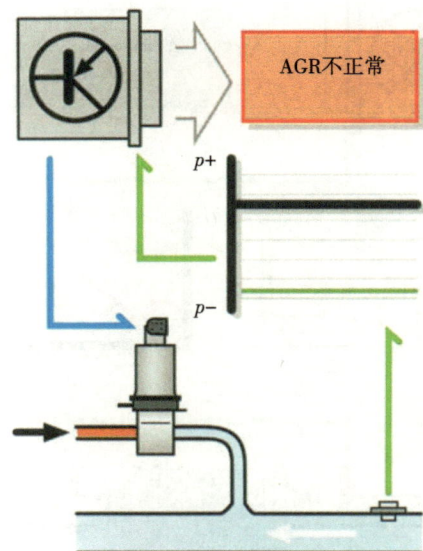

AGR正常

AGR不正常

1

$p+$

$p-$

2

3

$p+$

$p-$

$p+$——过压 $p-$——真空 t——时间

2.6.2.5　二次空气系统

二次空气系统

在冷起动和暖机运行阶段，废气中未燃烧的碳氢化合物比例增加。通过扫气可使氧气变浓，因此可在催化转换器内再次变浓。这样可以减少污染物的排放，释放出来的热量可以缩短催化转换器的起动时间。

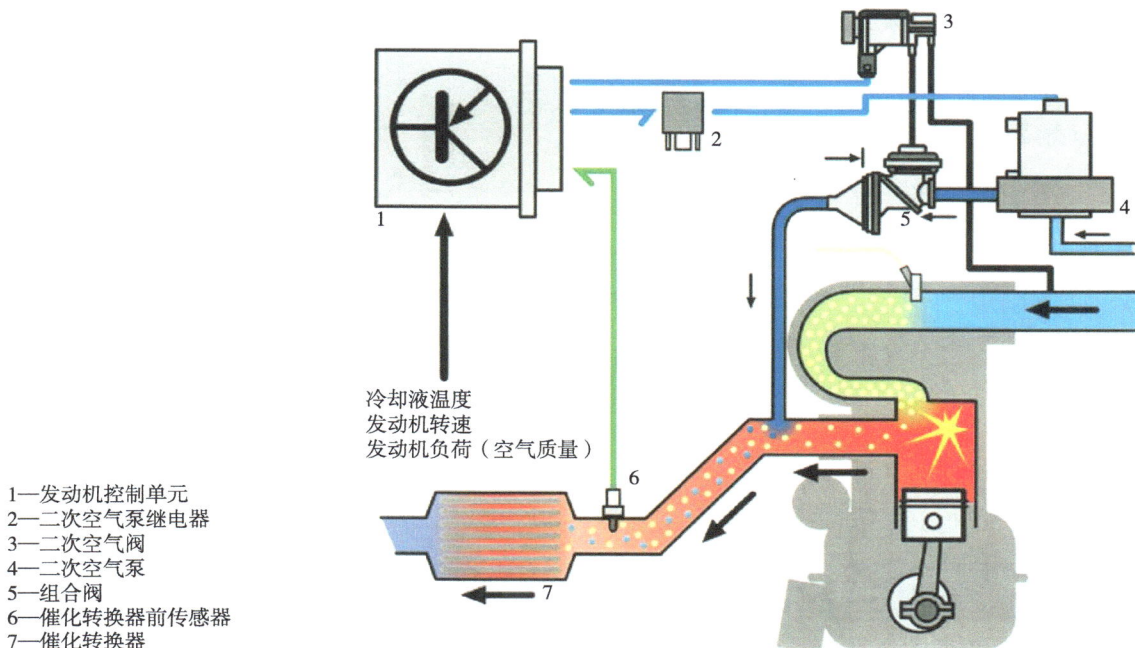

冷却液温度
发动机转速
发动机负荷（空气质量）

1—发动机控制单元
2—二次空气泵继电器
3—二次空气阀
4—二次空气泵
5—组合阀
6—催化转换器前传感器
7—催化转换器

二次空气流量诊断

发动机控制单元在二次空气输送前和输送过程中根据催化转换器前传感器的过量空气系数值计算和监控实际空气供给量。

催化转换器前传感器电压升高。

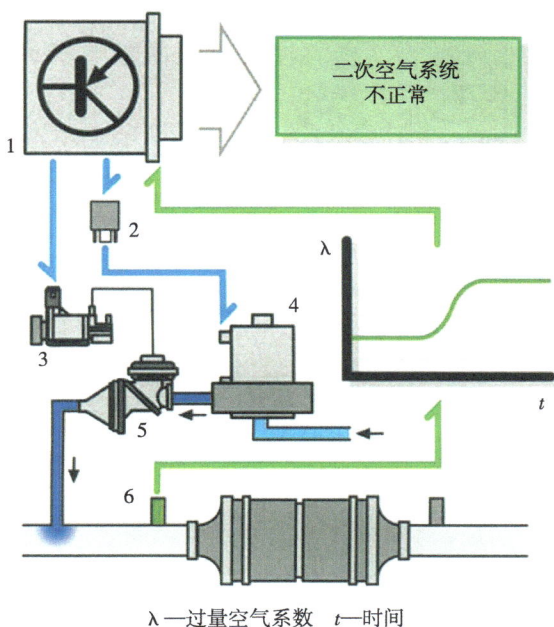

二次空气系统
不正常

催化转换器前传感器没有响应。

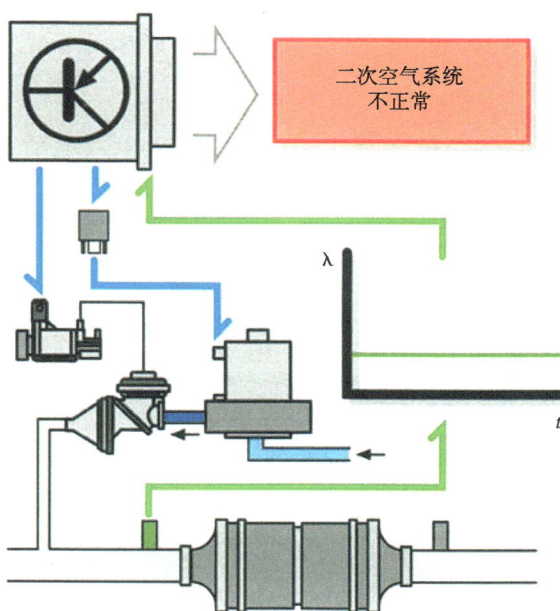

二次空气系统
不正常

λ—过量空气系数　t—时间

8

学习领域

2.6.2.6　增压压力调节装置

增压压力调节装置

增压压力随发动机转速的提高而提高。发动机控制单元通过进气管压力传感器获得压力信息并在增压压力过高时启用增压压力调节电磁阀。增压压力调节电磁阀打开废气旁通阀的控制管路。

一部分废气气流通过废气旁通阀绕过涡轮输送。增压压力降低。

1—发动机控制单元
2—增压压力限制电磁阀
3—带有增压压力调节阀的废气涡轮增压器
4—废气旁通阀
5—进气管压力传感器

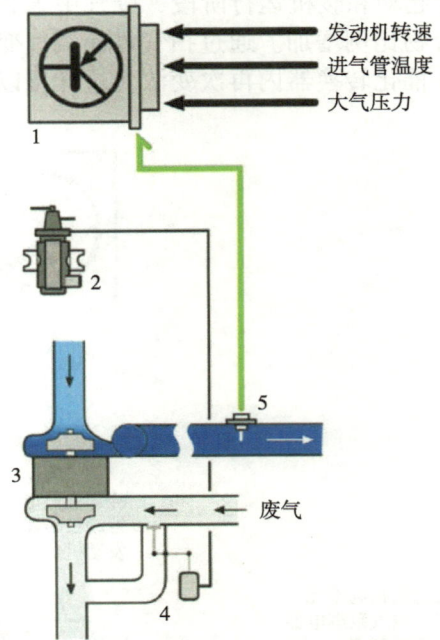

发动机转速
进气管温度
大气压力

废气

增压压力限值诊断

增压压力过高可能会使发动机过载。EOBD可检测是否超过最大允许增压压力同时防止发动机过载。

· 超过增压压力

进气管压力传感器向发动机控制单元发出实际增压压力信号。超过允许增压压力时，发动机控制单元就会识别为增压压力调节故障。

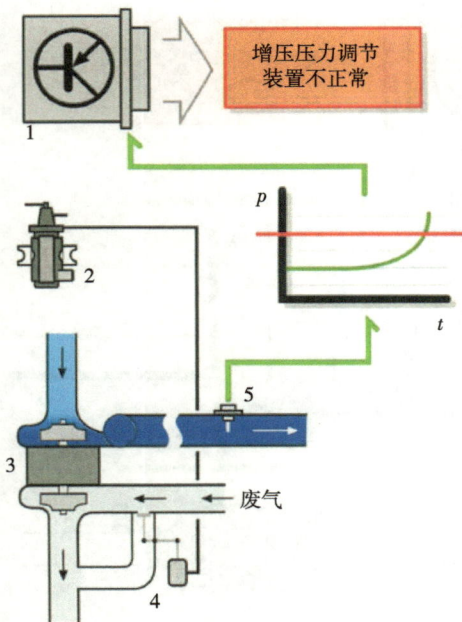

· 引入保护功能

故障存储不足以解决此时的问题。为了保护发动机，会将涡轮增压器的增压压力调节阀（废气旁通阀）打开，从而使废气通过该调压阀改变输送方向。

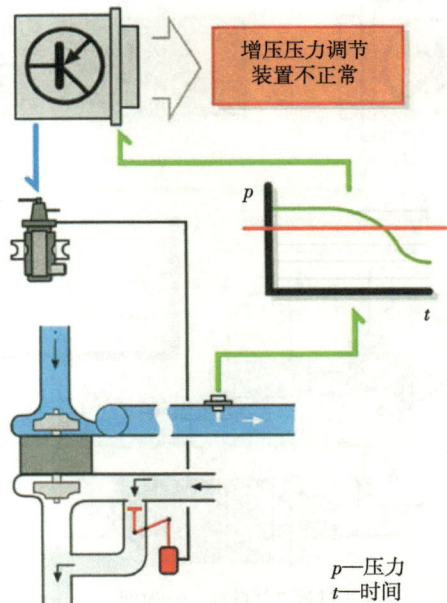

增压压力调节装置不正常

废气

增压压力调节装置不正常

p—压力
t—时间

2.6.2.7　产生静态高电压

产生静态高电压

为了确定准确的点火时刻，控制单元对爆燃传感器信号、负荷信号、冷却液温度和转速信号进行处理。发动机控制单元根据这些数据使点火时刻与发动机的运行状态相匹配。在点火变压器中将功率输出极和点火线圈集成在一起。每次点火时都通过两个相互独立的点火线圈控制火花塞并产生一个点火火花。一个产生在做功行程中，另一个产生在排气行程中。通过爆燃传感器分缸探测是否出现爆燃燃烧并进行校正。

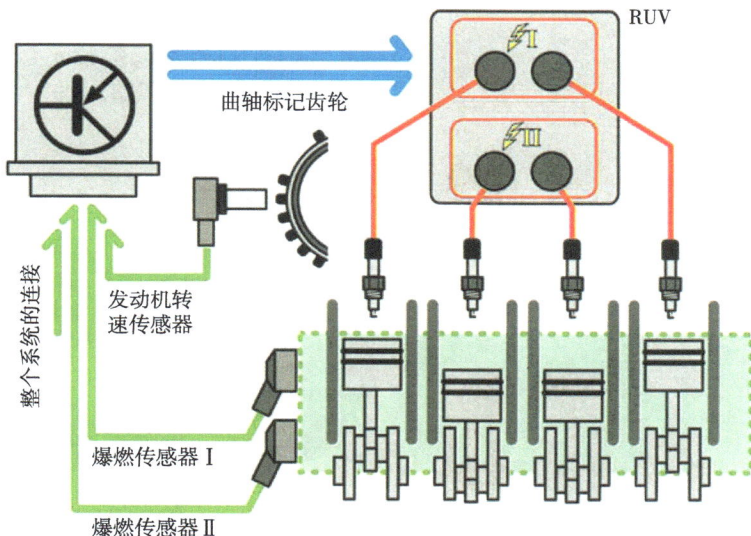

曲轴标记齿轮

RUV

整个系统的连接

发动机转速传感器

爆燃传感器 I

爆燃传感器 II

燃烧断火的分缸识别（运转不平稳法）

发生燃烧断火时，未燃烧的燃油空气混合气就会进入排气系统。催化转换燃烧增强可能会导致催化转换器过热或损坏。此外还会造成发动机功率下降并使废气质量恶化。断火识别以分缸检测发动机的运转不平稳性为基础。通过发动机转速传感器和曲轴标记齿轮确定曲轴运转波动情况。通过霍尔传感器的参与可以分缸识别并显示点火断火。

曲轴标记齿轮的旋转速度是恒定的。如果发生断火，曲轴标记齿轮的旋转速度就会改变。

OBD II检测断火率

·以曲轴每1000转为测量周期（断火率超过2%时相当于废气中的碳氢化合物含量超过1.5倍）。

·在考虑发动机负荷和转速的情况下，以曲轴每200转为测量周期。

如果由于燃烧断火导致超过EOBD废气限值，废气警告灯就会持续亮起。如果通过燃烧断火导致催化转换器损坏而且并未离开危险的负荷转速范围，废气警告灯就会闪烁。短时间后就会切断相关气缸的供油。

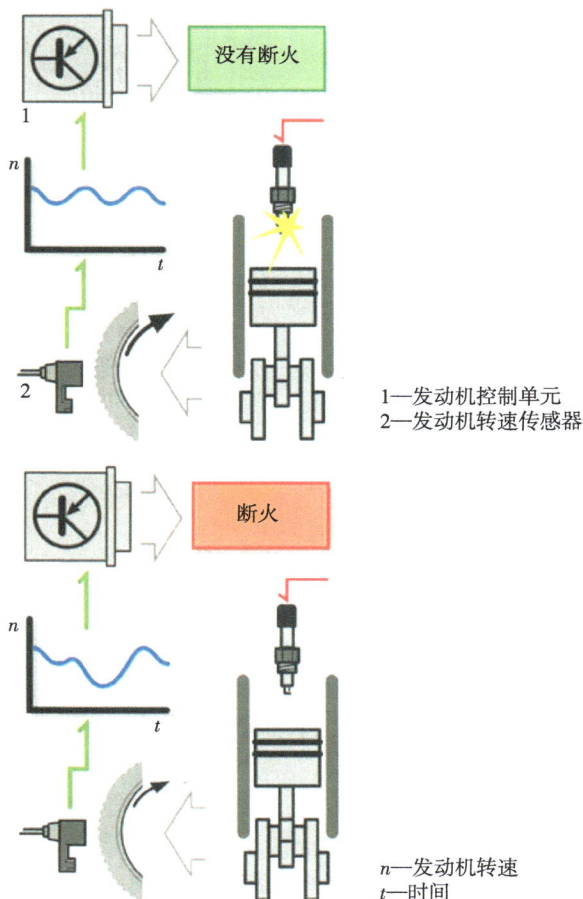

没有断火

n

t

1—发动机控制单元
2—发动机转速传感器

断火

n

t

n—发动机转速
t—时间

2.6.2.8　电子节气门控制系统

电子节气门

发动机控制单元根据驾驶员指令和附加信号计算出实现转矩要求的最佳方案。通过电动可调节气门、点火开关和燃油喷射系统进行实现。

附加信号来自例如定速巡航控制系统、空调系统、怠速调节、过量空气系数调节、自动变速器和ABS/ESP。

电子节气门控制系统检查：

·发动机控制单元中的功能计算机，

·节气门踏板位置传感器，
·节气门传动装置的角度传感器，
·制动信号灯开关，
·制动踏板和离合器踏板开关，
·车速信号。

系统中的故障由自诊断程序检测，通过电子节气门控制系统故障指示灯（EPC）显示，同时由故障码存储器存储。

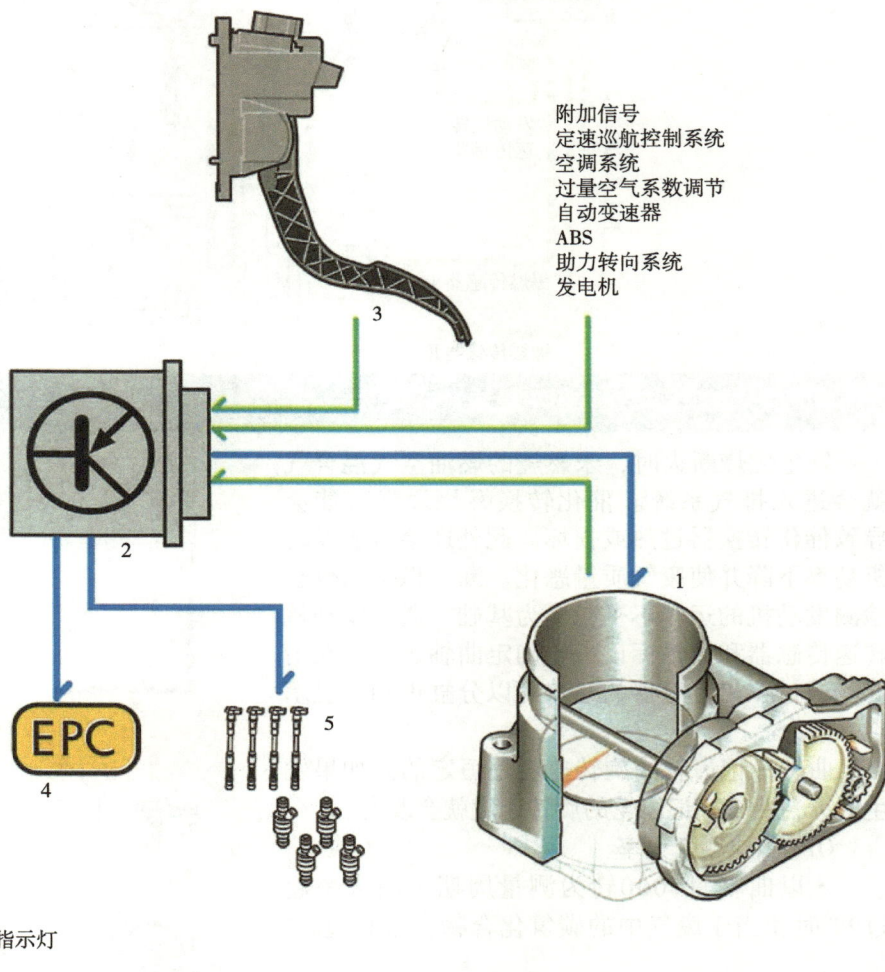

附加信号
定速巡航控制系统
空调系统
过量空气系数调节
自动变速器
ABS
助力转向系统
发电机

EPC

1—节气门控制单元
2—发动机控制单元
3—加速踏板模块
4—电子节气门控制系统（EPC）故障指示灯
5—点火开关，燃油喷射系统

电子节气门诊断

进行电子节气门控制时，通过故障指示灯（EPC）显示故障。

如果在接下来的一个或两个行驶循环中故障继续出现，EOBD就会利用这项功能并接通废气警告灯。

2.6.2.9　CAN数据总线

CAN数据总线

　　发动机控制单元可通过CAN总线系统与其他车辆系统的控制单元进行通信。控制单元按照以下方式交换数据：

　　·控制单元1提供数据并将数据发送给其他控制单元。所有不发送数据的控制单元都自动接收数据。

　　·这些控制单元

　　–接收数据，

　　–检查数据，

　　–采用所需数据，例如控制单元4，

　　–对于数据来说并不重要的控制单元则会停止对数据继续进行处理。

控制单元

CAN数据总线

采用数据
检查数据
接收数据
提供+发送数据

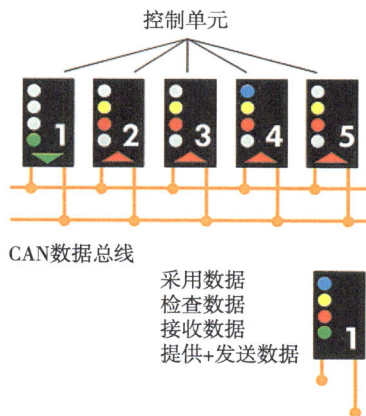

CAN数据总线数据诊断

　　使用CAN数据总线且与EOBD有关的控制单元包括：

　　·组合仪表内带显示单元的控制单元，

　　·ABS/ESP控制单元，

　　·自动变速器控制单元。

　　数据总线必须正常运行，因为需要通过该总线发送其他控制单元请求接通废气警告灯（MIL）的要求（MIL请求）。

CAN数据总线正常运行

　　接通的控制单元定期地向发动机控制单元发送数据。如果不丢失数据，就会进行数据交换。

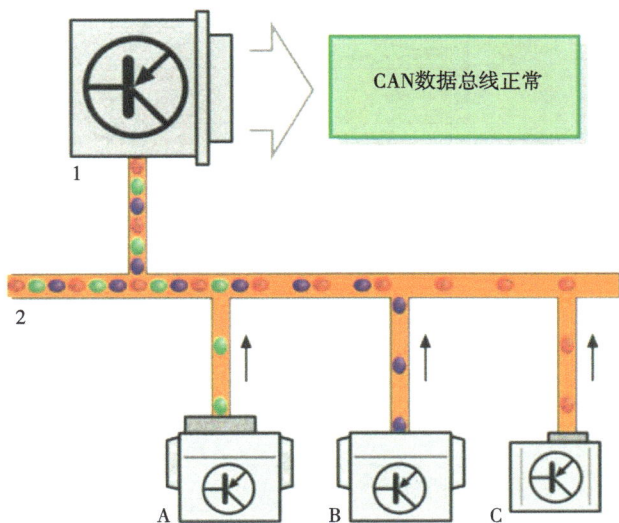

CAN数据总线正常

1—发动机控制单元
2—CAN数据总线

CAN数据总线中断

　　如果有控制单元未向发动机控制单元发送信息，发动机控制单元就会识别出这一故障并且查明相关控制单元和存储故障。

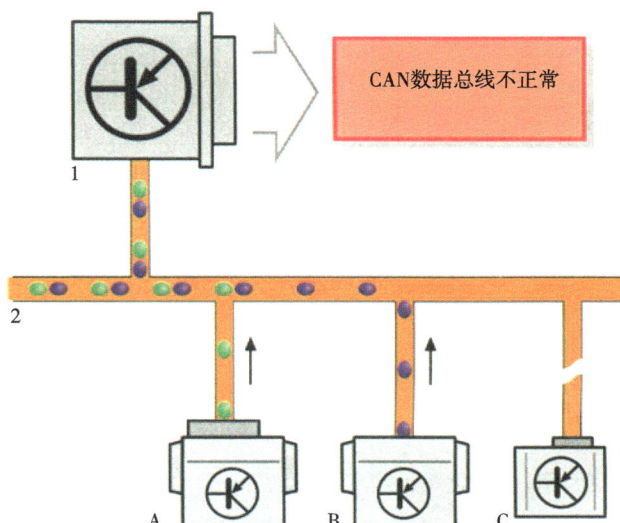

CAN数据总线不正常

A~C—车上的各种控制单元

学习领域

8

2.7 用于柴油发动机的欧洲车载诊断系统

自2003年10月1日起，只有拥有EOBD的柴油发动机新车车型才能进行型式试验。自2004年起，所有柴油发动机批量生产轿车都必须安装EOBD。车辆必须终生保持EOBD功能。自2005年起生效并计划进一步降低排放限值的欧IV标准则要求EOBD必须在车辆行驶十万公里前保持功能正常。

下表展示了柴油发动机的 EOBD 检测范围（摘要）：

柴油发动机的EOBD检测范围					
诊断方法	带有以下装置的TDI发动机		传感器可信度检查	带有以下装置的TDI发动机	
	VP 44	PDS		VP 44	PDS
全面组件			发动机转速传感器	×	×
监控	×	×	冷却液温度传感器	×	×
喷射起始时间调节偏差	×		增压压力传感器	×	×
BIP调节		×	热膜式空气质量流量计	×	×
废气再循环	×	×	燃油温度传感器	×	
预热系统		×	喷嘴针行程传感器	×	
CAN数据总线	×	×	氧传感器		×
增压压力调节装置	×	×	车速信号	×	×
颗粒过滤器监控		×			
氧传感器加热调节		×			

VP=径向活塞式喷射泵，PDS=泵喷嘴系统

2.7.1 喷射起始时间调节

径向活塞式喷射泵的喷射起始时间调节

喷射起始时间调节用于确保供油的正确时刻。发动机控制单元根据以下信号
- 发动机转速，
- 冷却液温度，
- 喷嘴针行程，
- 计算出的燃油量，

计算出喷射起始的正确时刻，并通过泵控制单元（或直接）将相应脉冲发送至喷射起始阀。发动机控制单元通过喷嘴针行程传感器信号检查喷射起始时间。如果与规定值存在偏差，发动机控制单元就会校正喷射起始时间。

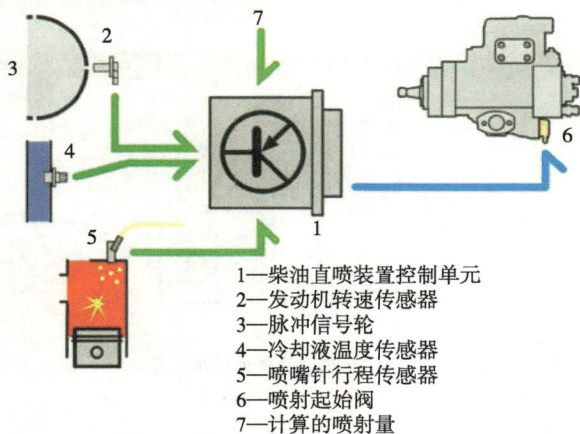

1—柴油直喷装置控制单元
2—发动机转速传感器
3—脉冲信号轮
4—冷却液温度传感器
5—喷嘴针行程传感器
6—喷射起始阀
7—计算的喷射量

喷射起始时间调节偏差的EOBD诊断方法

喷射起始时间会影响起动性能、耗油量和废气排放量。

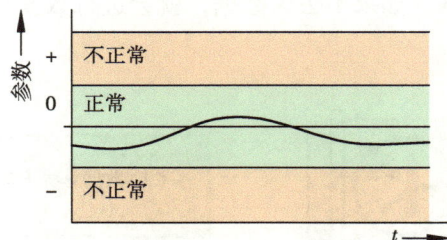

如果测量值保持在规定范围内，则喷射起始调节偏差正常。

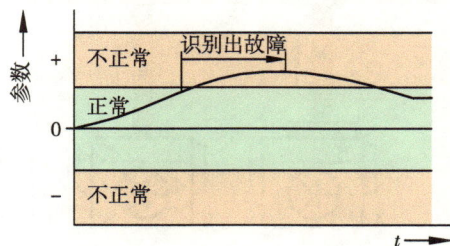

如果测量值超出规定范围一定时间，则喷射起始调节偏差不正常。

泵喷嘴系统的喷射过程

　　系统对泵喷嘴阀进行控制时，喷射过程随即开始。同时建立起一个磁场。电流强度增强，阀门开启。阀门开启时在电流特性曲线上出现一个拐点。此拐点称为BIP（喷射起始）。

　　控制单元通过这个拐点信号得知喷嘴阀门开启和供油起始时刻。阀门开启后，电流强度降至一个恒定的保持电流。如果已达到计算出的供油持续时间，控制单元就会结束阀门控制并关闭阀门。

　　控制单元探测阀门的实际关闭点，并据此计算出下一次喷射的控制时间。如果实际供油起始时间与控制单元内存储的规定值存在偏差，发动机控制单元就会进行校正。

BIP调节

　　发动机控制单元监控泵喷嘴阀的电流特性曲线图并对其进行分析。此阀功能正常时，BIP处于调节限值范围内。超出限值范围时，则阀门出现功能故障而且将会接通废气警告灯。

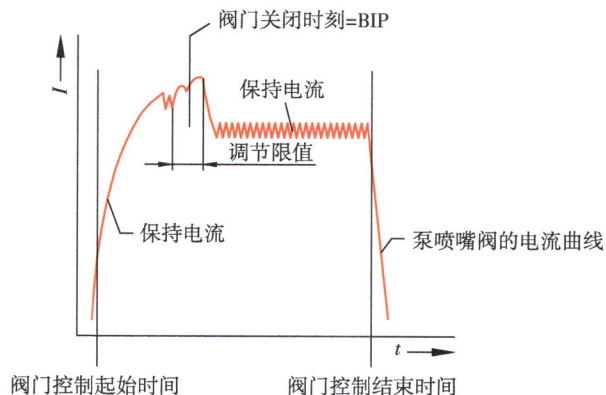

阀门关闭时刻＝BIP
保持电流
调节限值
保持电流
泵喷嘴阀的电流曲线
阀门控制起始时间　　阀门控制结束时间

2.7.2　废气再循环系统

废气再循环

　　通过将废气引入燃油空气混合气从而降低温度减少高温时产生的氮氧化物（废气再循环率可达60%）。

　　由发动机控制单元控制的废气再循环阀将真空从进气管引至废气再循环阀（AGR阀），阀门打开并使废气进入进气管内。

　　在带有颗粒过滤器系统的新式发动机中，部分采用可以加速AGR调节响应时间的电子控制废气再循环阀（另见第294页）。

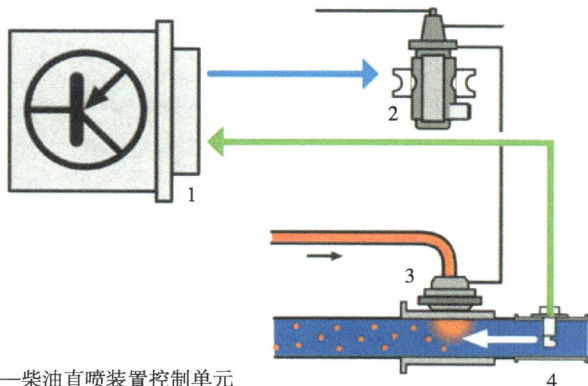

1—柴油直喷装置控制单元
　（带有集成式海拔高度传感器）
2—废气再循环阀
3—AGR阀
4—空气质量流量计

废气再循环诊断

　　TDI发动机的发动机控制单元根据发动机转速、规定空气质量和喷射量计算出一个空气质量公差窗。

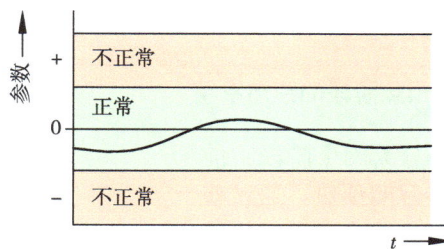

不正常
正常
不正常

测量的实际空气质量处于公差范围内。

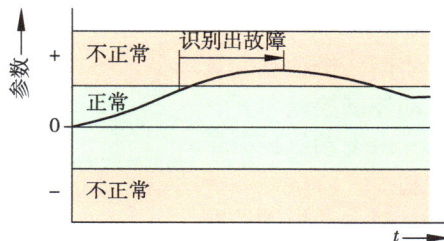

识别出故障
不正常
正常
不正常

　　如果测量的实际空气质量超出规定范围较长时间，则在AGR系统中存在故障。

2.7.3　增压压力调节装置

增压压力调节装置

　　为了在兼顾废气排放的情况下以最佳方式提高功率，必须还要持续调节增压压力。控制单元根据发动机转速传感器、进气管压力传感器、节气门踏板位置传感器和海拔高度传感器的信号计算出所需增压压力并据此调节增压压力限制电磁阀的占空因数。它通过一个真空罐来控制涡轮增压器的导轮叶片调节（另见学习领域7，第230页）。

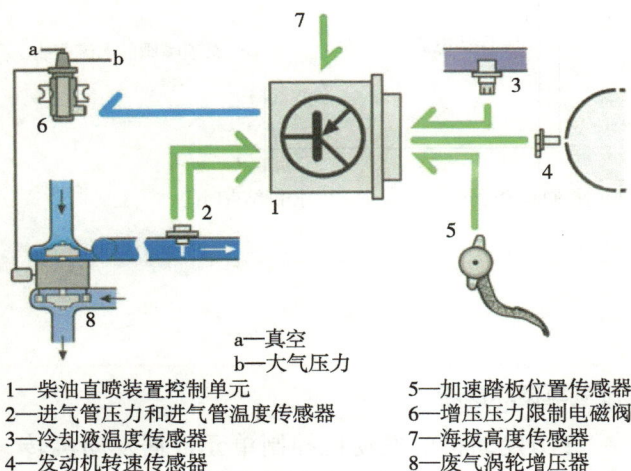

　　　　　　　a—真空
　　　　　　　b—大气压力

1—柴油直喷装置控制单元　　　5—加速踏板位置传感器
2—进气管压力和进气管温度传感器　6—增压压力限制电磁阀
3—冷却液温度传感器　　　　　7—海拔高度传感器
4—发动机转速传感器　　　　　8—废气涡轮增压器

增压压力调节偏差诊断

　　TDI发动机在特定运行情况下进行监控，通过发动机转速和喷射量确定这些运行情况。

　　如果调节偏差处于规定范围内，则增压压力系统中没有故障。

　　如果增压压力调节偏差在一定时间内超出规定范围，则表示出现故障而且废气警告灯开始亮起。

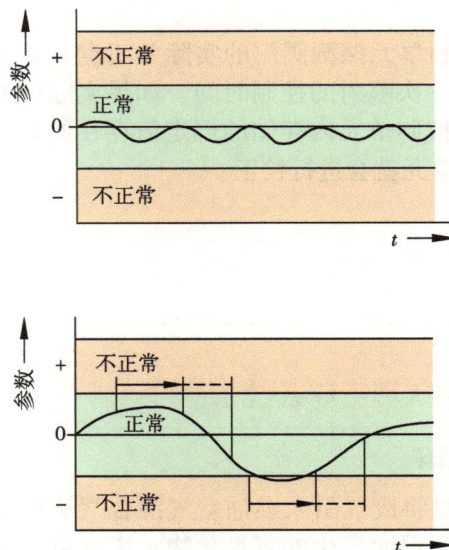

2.7.4　预热系统

包括后期预热阶段的预热系统

　　预热分为两个阶段：前期预热和后期预热。通过前期预热可改善冷态发动机的起动特性，通过后期预热可使燃烧室迅速升温。这样还能降低废气排放。因此后期预热是一种与废气排放有关的功能。

　　为此使用一个独立的预热时间自动控制控制单元，该控制单元由发动机控制单元进行控制。

　　预热时间自动控制控制单元向发动机控制单元发回一份诊断报告，记录识别出的故障例如短路或断路。

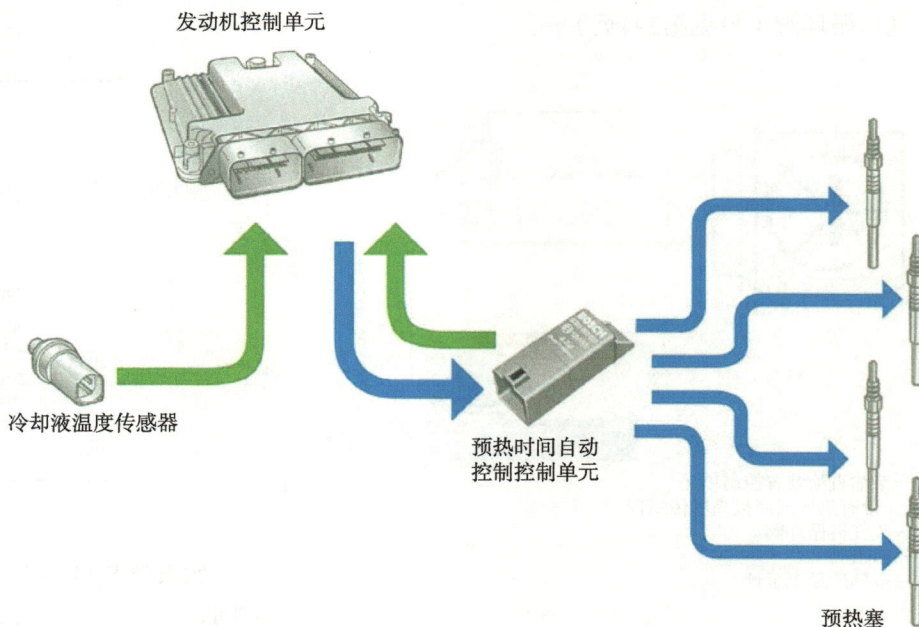

发动机控制单元

冷却液温度传感器

预热时间自动控制控制单元

预热塞

2.7.5　柴油发动机的废气再处理

为了满足2005年生效的欧IV标准需要使用颗粒过滤器。

颗粒过滤器系统

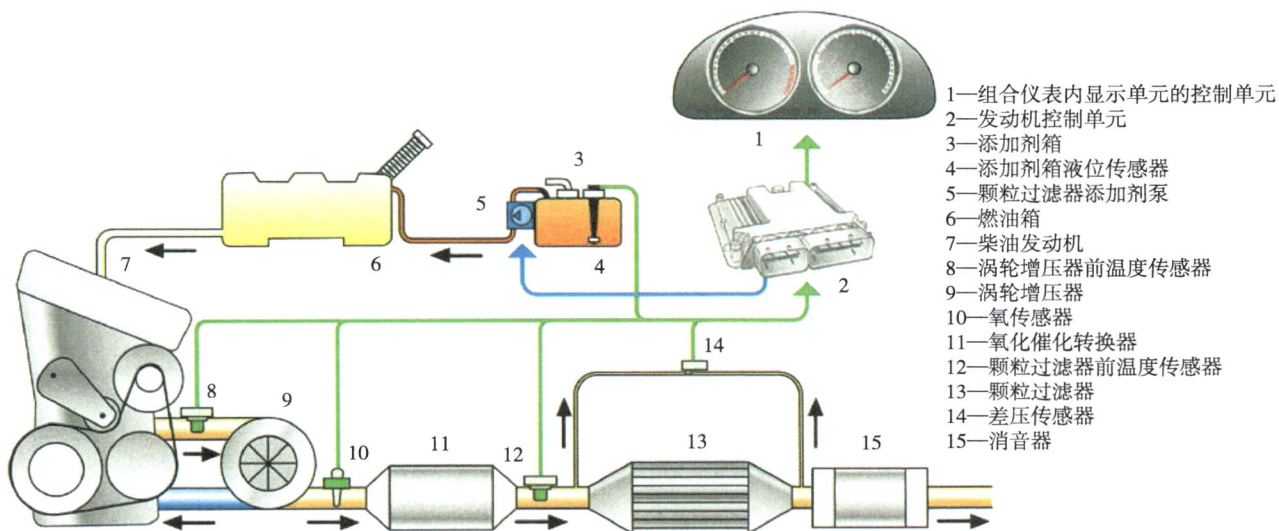

1—组合仪表内显示单元的控制单元
2—发动机控制单元
3—添加剂箱
4—添加剂箱液位传感器
5—颗粒过滤器添加剂泵
6—燃油箱
7—柴油发动机
8—涡轮增压器前温度传感器
9—涡轮增压器
10—氧传感器
11—氧化催化转换器
12—颗粒过滤器前温度传感器
13—颗粒过滤器
14—差压传感器
15—消音器

在氧化过滤器中将一氧化碳氧化为二氧化碳，将碳氢化合物还原为水和二氧化碳。

颗粒过滤器由碳化硅构成并带有平行布置的多孔气道，这些气道通过陶瓷塞交叉封堵。废气流入一端敞开而另一端封堵的气道内并通过多孔的陶瓷壁流入朝相反一侧敞开的气道。通过陶瓷塞时炭烟颗粒析出，因此流动阻力增大。为了避免过滤器逐渐堵塞，必须通过燃烧炭烟对过滤器进行清洁。炭烟点火温度为600~650℃。为使该温度降至约500℃，在添加燃油时向燃油中加入一种由有机铁氧化物构成的添加剂。该添加剂装在一个容器内，能够使用约100000km。

控制单元通过测定过滤器进出口之间压力差的差压传感器识别出颗粒过滤器逐渐堵塞。如果活塞在做功行程中已远远超出上止点，就会根据过量空气系数值和废气温度在已经减少的主喷射基础上继续喷射燃油。同时停止废气再循环，提高增压压力并通过节气门调节新鲜空气供给。

该过程每行驶500~700km进行一次，持续约5~10min。行驶约120000km后，必须清除颗粒过滤器的灰尘或更换过滤器。

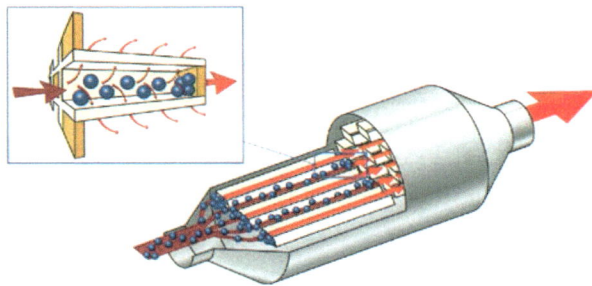

颗粒过滤器的EOBD监控

对颗粒过滤器系统以下功能元件的电气功能进行监控：

· 添加剂箱液位传感器，
· 颗粒过滤器添加剂泵，
· 涡轮增压器前温度传感器，
· 氧传感器，
· 颗粒过滤器前温度传感器，
· 差压传感器。

学习领域
8

2.8　诊断计算机

2.8.1　故障码存储器的结构和功能

为了满足EOBD相关规定，发动机控制单元增加了一个用于OBD诊断的功能块。在诊断计算机中进行故障识别和故障存储：

·将连续和不定时监控的系统故障识别为推测故障（非脉冲输出故障）并存储在故障码存储器内。同时测定环境数据（车速、发动机转速、冷却液温度、进气管压力、发动机负荷等）。

如果一个推测故障满足脉冲输出条件，该故障就会变为脉冲输出故障。例如如果故障反复出现（在每个加热阶段，在连续行驶中或保持一定时间），则满足脉冲输出条件。

·同时通过就绪码（12位数字码）显示车辆系统的所有诊断是否都已进行。

·检查非脉冲输出故障的可信度和现实性。

·如果一个故障在两次连续的行驶循环中出现并导致超过限值，就会启用废气警告灯并将故障码及相应环境数据存储在OBD故障码存储器中。

·如果在三次连续的行驶循环中根据存储的环境数据不再检测到故障，废气警告灯就会熄灭。

·40次无故障行驶循环后，系统就会清除故障码。

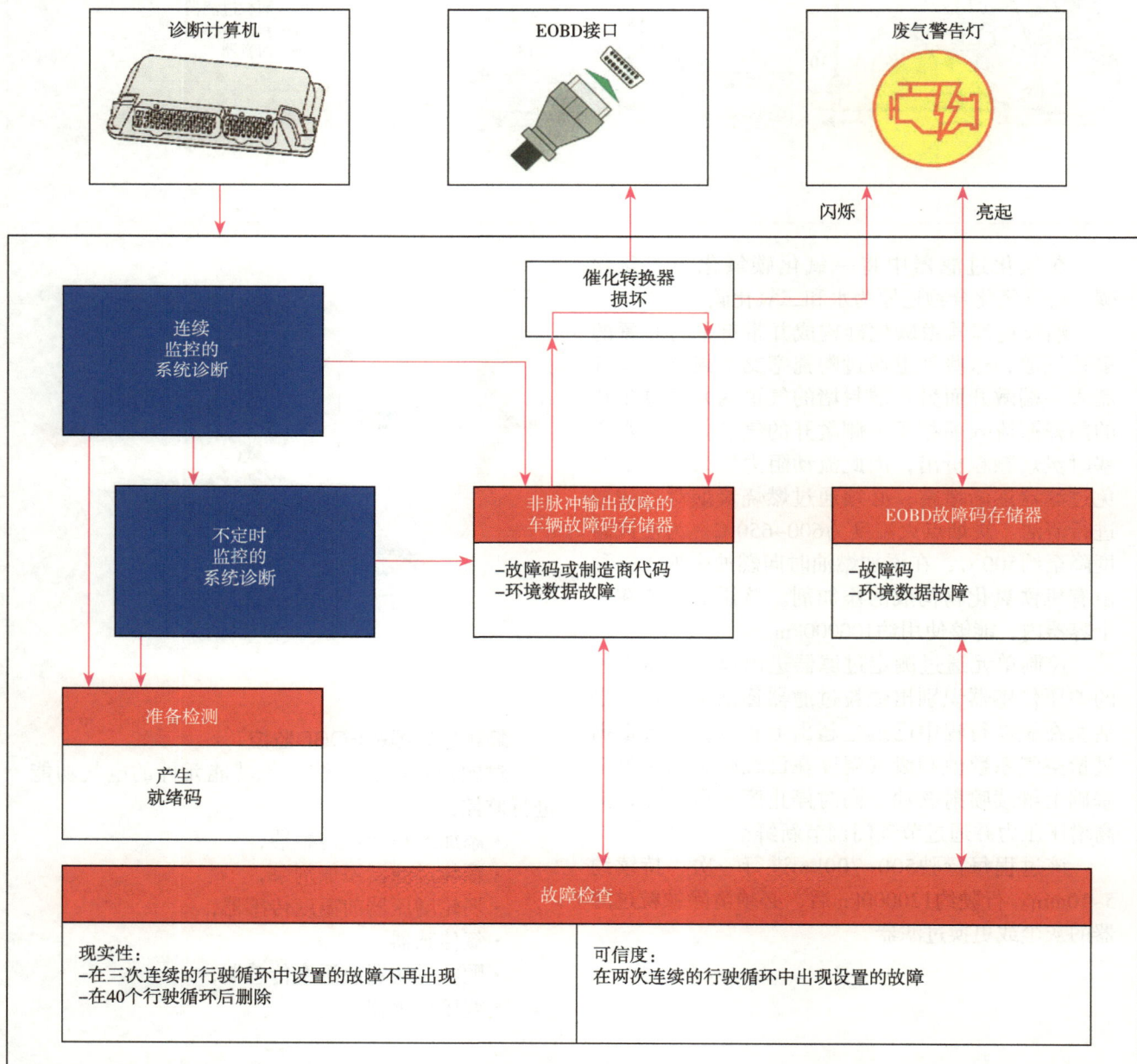

诊断计算机	EOBD接口	废气警告灯

连续监控的系统诊断 → 不定时监控的系统诊断 → 非脉冲输出故障的车辆故障码存储器

催化转换器损坏

闪烁　　亮起

非脉冲输出故障的车辆故障码存储器
－故障码或制造商代码
－环境数据故障

EOBD故障码存储器
－故障码
－环境数据故障

准备检测
产生就绪码

故障检查

现实性： －在三次连续的行驶循环中设置的故障不再出现 －在40个行驶循环后删除	可信度： 在两次连续的行驶循环中出现设置的故障

2.8.2 就绪码

执行EOBD功能时，通过诊断持续检查所有与废气有关的部件是否功能正常。此外还通过诊断方法对并非持续启用的整个系统例如二次空气系统进行检查。为了确定是否进行了这些检查，在此设置就绪码。就绪码仅表示诊断是否已经结束（设置＝0）、是否还未进行或是否中断（设置＝1），它并不表示系统中是否存在故障。如果已进行所有诊断，就会生成就绪码。

可通过两种方法读取就绪码：
· 用任何一个OBD数据显示仪（普通读取设备），
· 用一台相应配备的检测仪。

就绪码由一个12位二进制码组成。代码的每一位数字都对应一种监控功能。

总成		连续监控的系统				不定时监控的系统							
		未使用	其他组件	燃油系统	断火识别系统	废气再循环系统	氧传感器加热装置	氧传感器	空调系统	二次空气系统	燃油箱通风系统	催化转换器加热装置	催化转换器
位		3	2	1	0	7	6	5	4	3	2	1	0
准备码	未检查	1	1	1	1	1	1	1	1	1	1	1	1
	已检查或未安装	0	0	0	0	0	0	0	0	0	0	0	0

如果将监控功能设置为1就表示未进行过监控。如果设置为0就表示已完成监控或车辆中未安装该系统。

如果满足下述条件就会生成就绪码：
· 无故障进行了所有诊断且废气警告灯未亮起，
· 进行了所有诊断，识别出的故障存储在故障码存储器内并通过废气警告灯亮起表示。

一个就绪码示例：011101100101
从右向左读取二进制代码。它表示：
1—还未检查催化转换器
0—已检查催化转换器或催化转换器不存在
1—还未检查燃油箱通风系统
0—已检查二次空气系统或二次空气系统不存在
0—已检查空调系统或空调系统不存在
1—还未检查氧传感器

1—还未检查氧传感器加热装置
0—已检查废气再循环系统或废气再循环系统不存在
1—还未检查断火识别系统
1—还未检查燃油系统
1—还未检查其他组件
0—未使用

以一个数据显示仪的显示为例表示OBD系统查询结果。

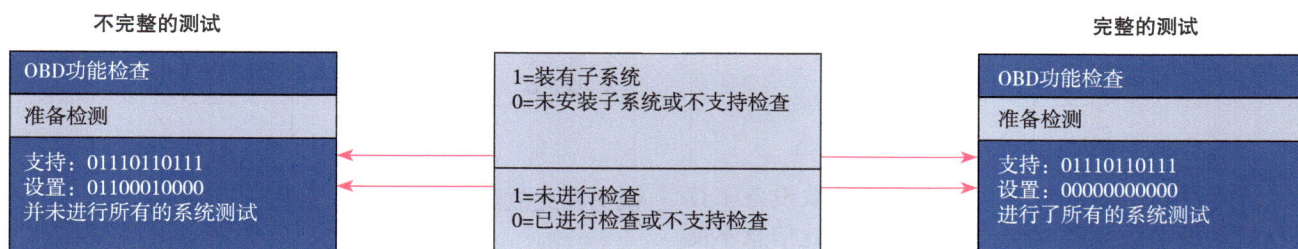

不完整的测试

OBD功能检查
准备检测
支持：01110110111
设置：01100010000
并未进行所有的系统测试

1＝装有子系统
0＝未安装子系统或不支持检查

1＝未进行检查
0＝已进行检查或不支持检查

完整的测试

OBD功能检查
准备检测
支持：01110110111
设置：00000000000
进行了所有的系统测试

进行修理后必须重新生成就绪码。只有在进行诊断时才能生成就绪码。为此可采用三种方法：

· 在滚筒式测功机上进行NEFZ。在普通维修站几乎无法进行这项工作。

· 通过"短途行驶"生成就绪码。短途行驶不是标准行驶循环，而是由制造商开发的一个内部流程，用于通过规定的短暂功能检查来生成就绪码。

· 在一般行驶模式下行驶充足时间。

在柴油发动机车辆上以特定驾驶方式行驶：
–关闭点火开关5s，
–打开点火开关5s后起动发动机，
–挂入三挡以42km/h的速度行驶20s，
–在三挡下从滑行状态开始满负荷加速到3500r/min，
–在五挡下从2800r/min不制动滑行至1200r/min。

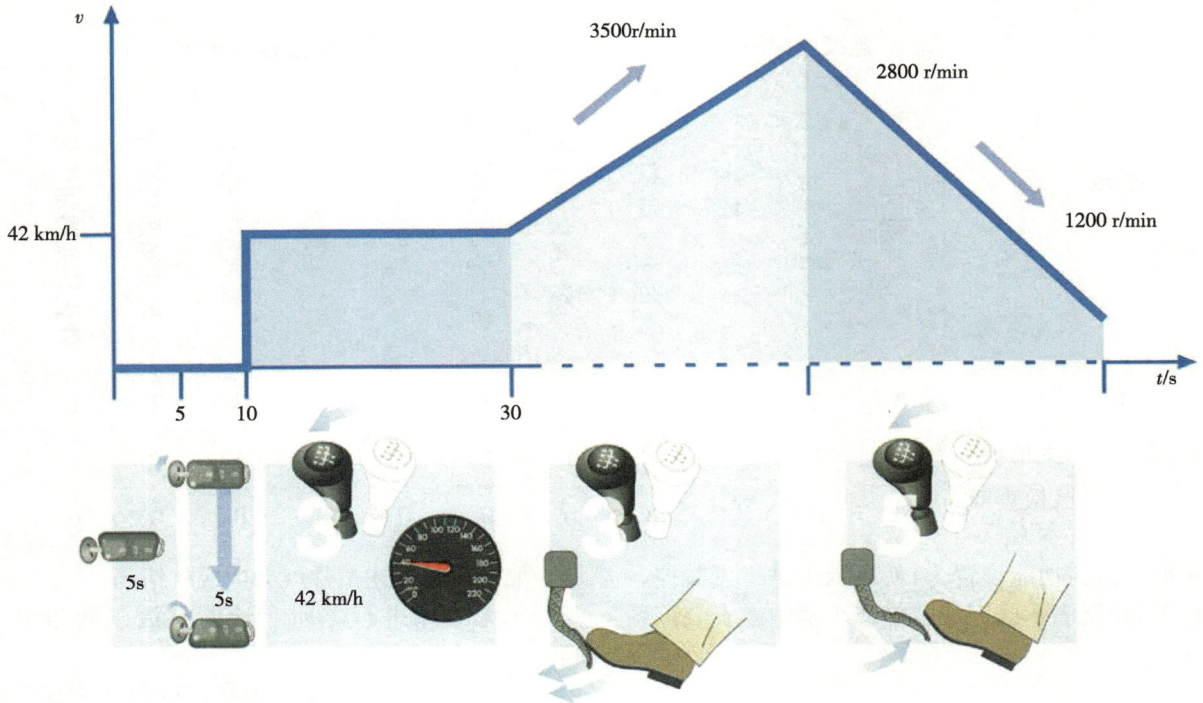

2.8.3 故障码

进行EOBD时由发动机控制单元测定与废气有关的故障。借助SAE码（SAE J2012）存储这些故障。

该故障码是由一个字母和四个数字组成的五位数值。除法律规定的P0故障码外，还允许使用制造商专用的PI故障码。借助故障码表可对法定P0故障码进行分析。

法定故障代码P0

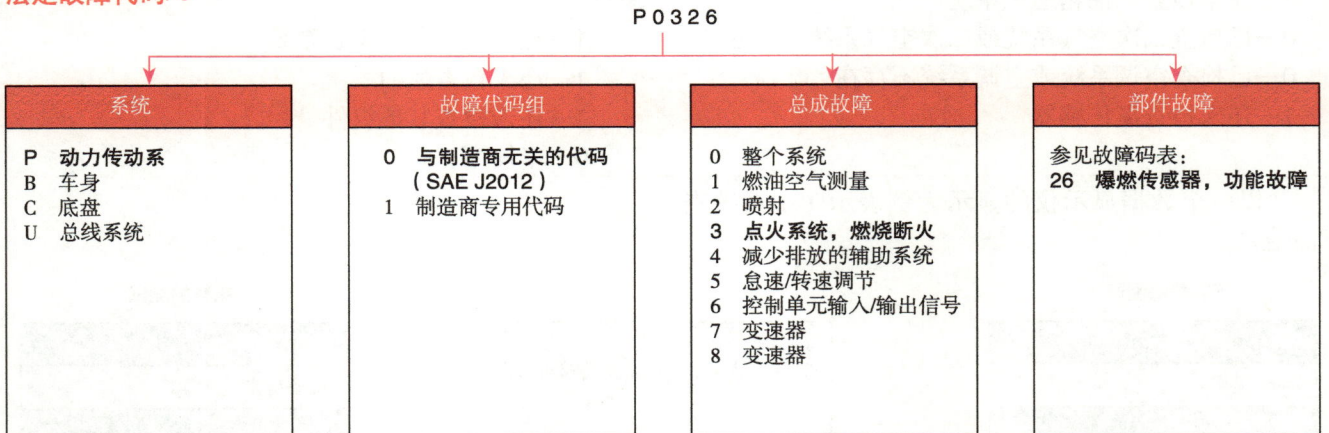

P 0 3 2 6

系统	故障代码组	总成故障	部件故障
P 动力传动系 B 车身 C 底盘 U 总线系统	0 与制造商无关的代码 （SAE J2012） 1 制造商专用代码	0 整个系统 1 燃油空气测量 2 喷射 3 **点火系统，燃烧断火** 4 减少排放的辅助系统 5 急速/转速调节 6 控制单元输入/输出信号 7 变速器 8 变速器	参见故障码表： **26 爆燃传感器，功能故障**

可通过常用的诊断测试仪（通用读取设备）读取存储在模块故障码存储器中的数据。此信息不能

说明在此故障背后是否还有许多其他故障。

2.8.4　环境数据（冻结帧数据）

如果出现故障，就会存储环境数据。其中包括：

- 故障码，
- 发动机负荷，
- 发动机转速，
- 冷却液温度，
- 进气温度，

- 车速，
- 进气管压力，
- 空气流量，
- 节气门位置，
- 二次空气状态，
- 自第一次记录故障以来的行驶里程。

2.9　排气装置

排气装置由以下部件组成：

- 排气歧管，
- 催化转换器，
- 前排气管，

- 中间消声器和后消声器。

如图所示中间消声器和后消声器为单件式结构。进行维修时可将它们分离并用卡箍连接在一起。

2.9.1　结构

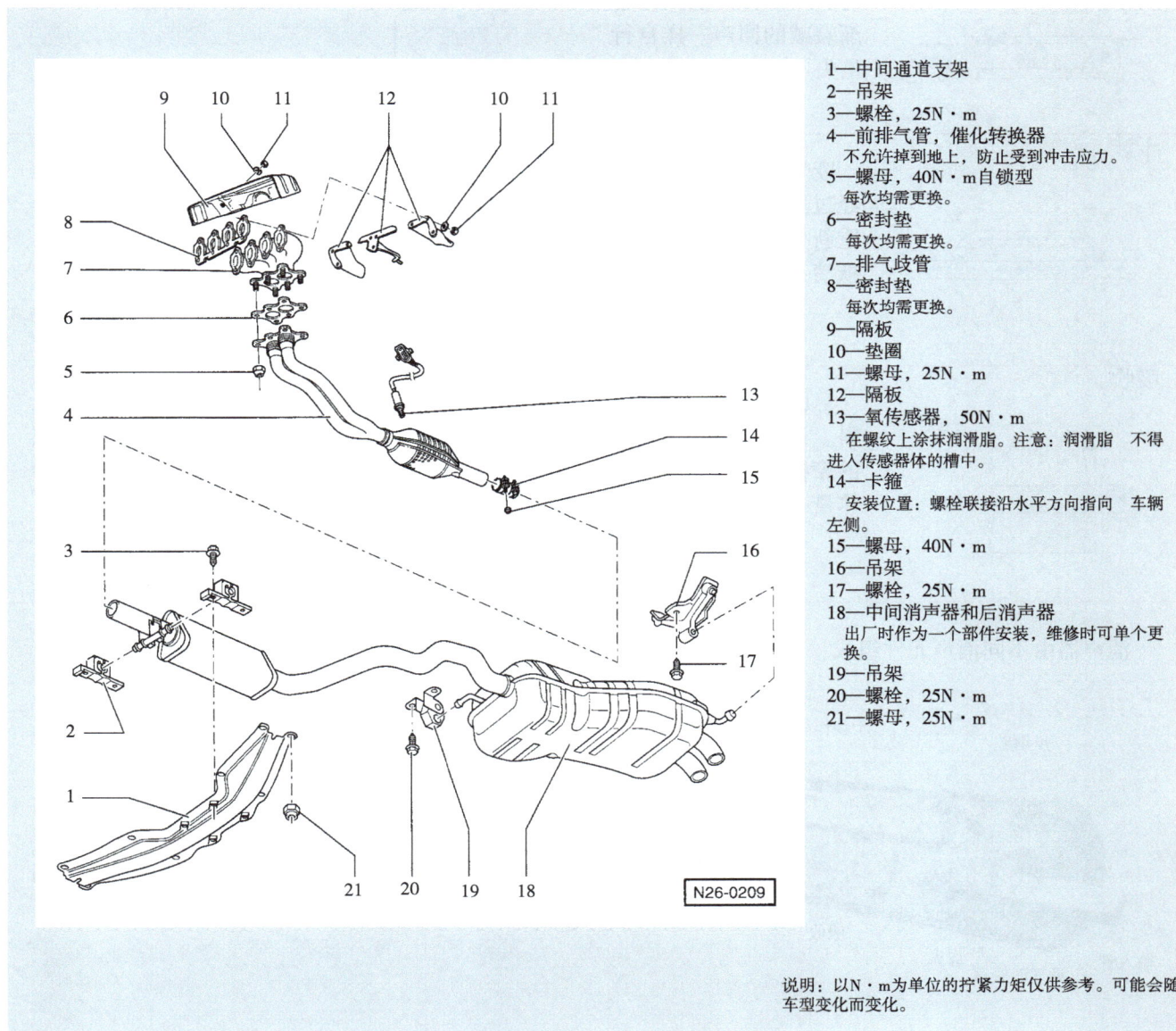

1—中间通道支架
2—吊架
3—螺栓，25N·m
4—前排气管，催化转换器
　　不允许掉到地上，防止受到冲击应力。
5—螺母，40N·m自锁型
　　每次均需更换。
6—密封垫
　　每次均需更换。
7—排气歧管
8—密封垫
　　每次均需更换。
9—隔板
10—垫圈
11—螺母，25N·m
12—隔板
13—氧传感器，50N·m
　　在螺纹上涂抹润滑脂。注意：润滑脂　不得进入传感器体的槽中。
14—卡箍
　　安装位置：螺栓联接沿水平方向指向　车辆左侧。
15—螺母，40N·m
16—吊架
17—螺栓，25N·m
18—中间消声器和后消声器
　　出厂时作为一个部件安装，维修时可单个更换。
19—吊架
20—螺栓，25N·m
21—螺母，25N·m

N26-0209

说明：以N·m为单位的拧紧力矩仅供参考。可能会随车型变化而变化。

学习领域

8

2.9.2　消声器

消声器的任务是：
- 消除声能，
- 使湍流平缓，
- 将废气排放到车外合适的地方。

有两种阻止声音传播的不同方法：

- 隔声

通过反射声音的障碍物来阻止声音传播以及通过前进与返回的声波重叠（干涉）消除特定的声音频率。

人们在消声器技术中采用多种方法来减少噪声。

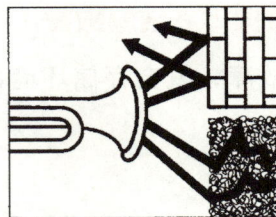

- 消声

通过合适吸音材料中的摩擦把声能转化为热量。

消声元件	工作原理	消声元件	工作原理
反射	声音通过声波阻力例如横截面变化进行反射。一部分声能如同逐渐衰减的回声一样自行消失	扼流	通过管道变窄和打孔使脉动声流分成平缓的小股细流
干涉	废气流被分流。声波经过不同的距离。之后重新相遇、重叠并互相抵消	谐振	谐振器吸收管道谐振
吸收	空腔中填入吸音材料。通过吸音材料中的摩擦把声能转化为热量	平行导管	通过较长的管道尺寸和相应的空腔容积消除中低频噪声（嗡嗡声）

消声器由不同消声元件组成：

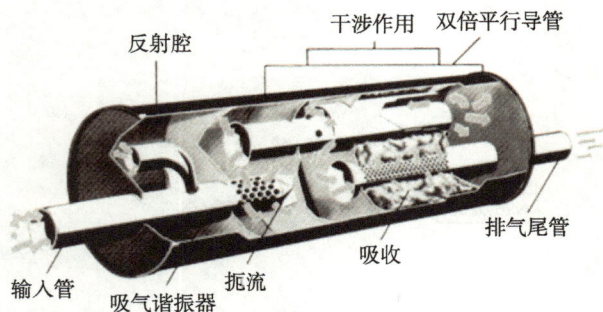

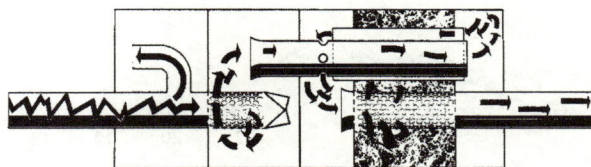

反射腔　干涉作用　双倍平行导管

输入管　吸气谐振器　扼流　吸收　排气尾管

消声器结构形式

反射式消声器

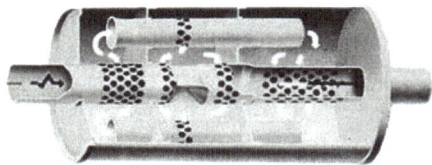

反射式消声器由多个通过穿孔管连接的互相匹配的空腔组成。通过以下方式消声

- 反射,
- 干涉。

这种消声器适用于消除低频噪声（=低音）。

吸收式消声器

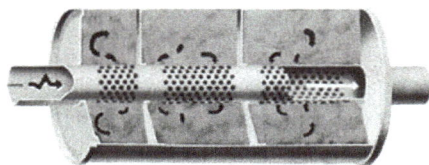

吸收式消声器由多个填入吸音材料——矿物棉、玻璃纤维棉或金属棉的空腔组成。通过将声能转化为摩擦热进行消声。这种消声器适用于消除高频噪声（=高音）。

组合式消声器

右图所示的车辆消声器由反射式消声器和吸收式消声器组合而成。这种消声器覆盖很宽的频率范围。

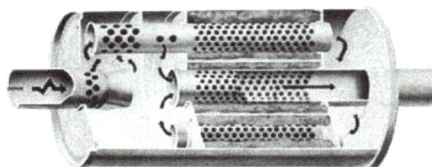

排气装置消声器的内部技术和位置对消声和功率方面有很大影响。

消声器的流体阻力必须较小,否则会降低重新向上移动的活塞速度并损失一部分发动机功率。

除与发动机密切匹配的消声器内部技术外,消声器在排气装置中的位置也会对消声和功率产生重大影响。

消声器前部、中间和后部排气管的长度非常重要。在匹配良好的排气装置中会在排气管路端部出现振动真空,从而将废气从气缸中吸出。这样可在排气门打开时更好更快地排空气缸废气,从而改善充气效果并提高发动机功率。

前消声器主要用于调节发动机功率,主消声器则用于真正消声。

消声器的损坏,外部原因少于内部腐蚀原因。

燃烧时燃油产生的水大部分以不可见的水蒸气形式通过排气管排出。一升燃油燃烧时产生约一升水。温度较低时,一部分水蒸气会迅速冷却至冷凝。冷凝水沉积在排气管内并与废气中的硫形成硫酸。硫酸从内部损坏排气管。

因此使用高级耐热钢作为排气管的材料并根据应力情况镀铝或镀锌。

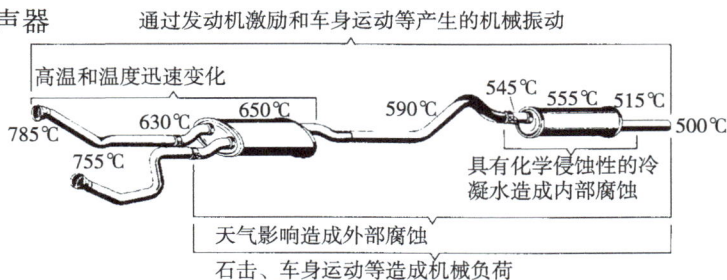

通过发动机激励和车身运动等产生的机械振动

高温和温度迅速变化

785℃　630℃　650℃　590℃　545℃　555℃　515℃　500℃

755℃

具有化学侵蚀性的冷凝水造成内部腐蚀

天气影响造成外部腐蚀

石击、车身运动等造成机械负荷

学习领域

8

3 通过检查和测量实现质量保证要求

3.1 检查和测量设备

3.1.1 OBD数据显示仪（普通读取设备）

必须能够使用OBD数据显示仪读取EOBD检测到的与废气有关的故障。

可通过两种方法进行读取：

·通过独立的读取设备连接车辆和尾气检测测试仪并在车辆OBD系统与尾气检测测试仪之间建立数据连接。

·具有集成式OBD检测功能的测试仪。

发动机控制单元与OBD数据显示仪之间自动建立通信。

为了在尾气检测过程中能够查询OBD数据，可通过选择菜单中显示的运行模式来选择不同的检测级。

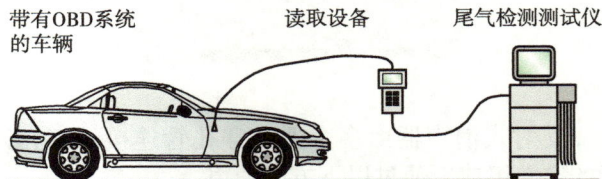

带有OBD系统的车辆　读取设备　尾气检测测试仪

带有OBD系统的车辆　包括OBD的尾气检测测试仪

检测级	诊断功能
模式1	读取当前发动机运行数据（实际值，就绪码）
模式2	读取在存储故障期间保存的运行条件和环境数据（冻结帧数据）
模式3	读取导致废气警告灯接通的与废气有关的故障
模式4	清除故障码和运行条件（模式2）
模式5	显示氧传感器信号
模式6	显示非持续监控的系统测量值（例如二次空气系统、燃油箱通风系统、废气再循环系统）
模式7	读取尚未导致废气警告灯接通的故障（推测故障）
模式8	在欧洲尚未使用
模式9	显示车辆信息（例如车辆识别码、发动机代码、发动机控制单元型号、软件、软件识别码）

3.1.2 排放物分析

借助废气诊断可以识别混合气形成过程中的故障，也可以识别机械方面的故障。因此废气诊断是维修站的一项标准。本页表格所示的可调节废气检测系统能够对带有OBD的汽油机车辆和柴油机车辆进行废气排放系统分析。为此使用一个包括CO、CO_2、HC、O_2、NO、λ的废气模块。

烟度测量模块以%为单位测量烟度，以1/m为单位测量吸收系数k。

它能够

·在不同转速下持续进行烟度测量以及包括喷射调节角、基准角和基准转速在内的供油起始测量，

·在自由加速时进行烟度测量。

通过带有一号气缸喷射管路传感器的柴油适配器来进行转速、供油起始时间和喷射调节的测量。

如果客户对功率不足或冒出黑烟提出投诉，则需进行烟度测量。柴油发动机的燃油燃烧不完全时就会冒出浓烟。这是由于空气不足或燃油过量引起

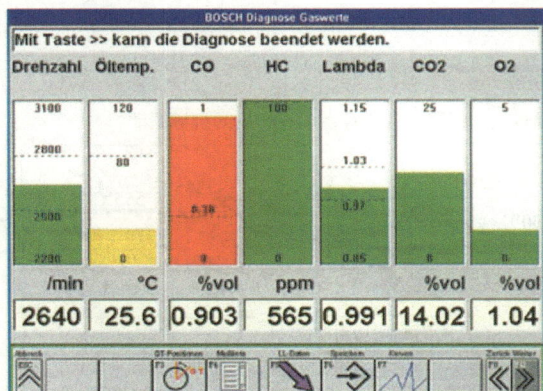

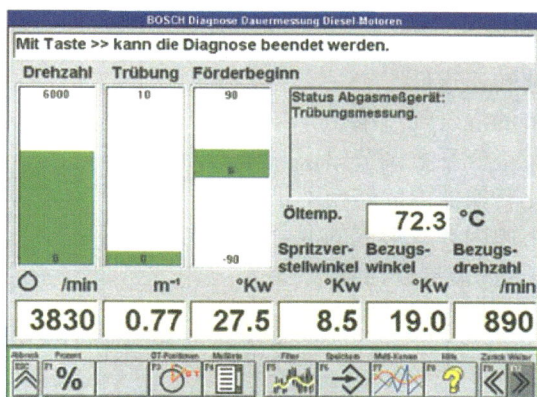

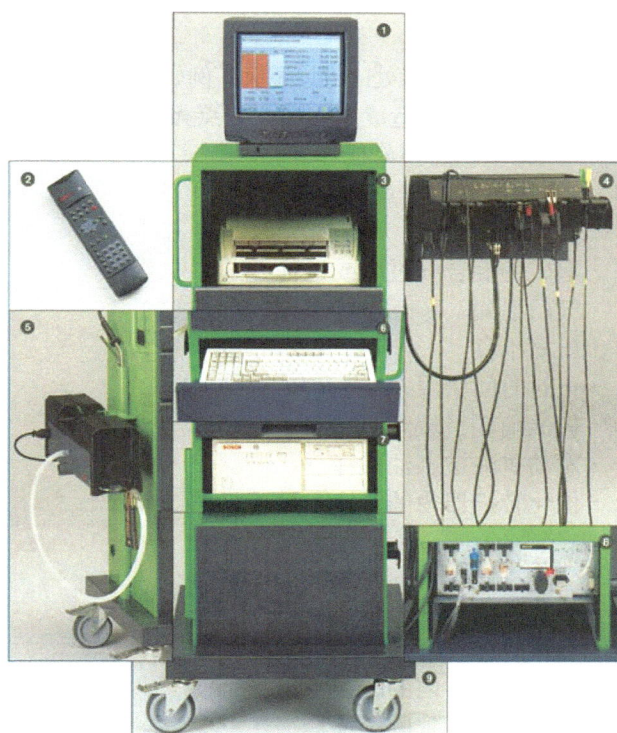

① 监视器
② 遥控器
③ 打印机
④ 发动机测量技术模块
⑤ 烟度测量模块RTM 430
⑥ 键盘
⑦ 计算机模块（PC）
⑧ 废气测量模块BEA 050
⑨ 随行小车

的。后果会导致有害物质排放量增加。烟度测量是一种对发动机、喷射泵、喷嘴或喷射器、废气再循环阀故障进行及时识别和定位的诊断方法。烟度测量将射入尾气并通过光学技术测量到的光束减弱程度作为烟度标准。

只有在负荷情况下烟度测量才有意义，因为只有在这种运行状态下炭烟颗粒才能析出。可通过两种方法进行测量

· 在滚筒式测功机上以满负荷模式运行。

· 在自由加速时通过快速踩下加速踏板使高转速发动机惯性质量产生负荷。

测量过程自动进行。发动机测试仪在开机后每个测量循环——在尾气检测时是四次烟气脉冲——之前自动进行调校并通过扫气保持测量室的洁净。进行测量时通过一个泵装置将一部分废气气流抽入测量室内。在此通过尾气中的烟气测量光束减弱程度并计算出吸收系数 k（m^{-1}）或烟度（％）。通过数字显示屏或柱形图显示数值并通过打印机记录。

烟度曲线中的最大烟度为 $1.25 m^{-1}$。该点过高说明发动机有流量问题，即所含空气过少或燃油过多。因此进行故障查询时首先要检查进气行程（空气滤清器、涡轮增压器、废气再循环系统），随后检查燃油侧（燃油泵压力、增压压力、进气温度和燃油温度传感器）。

在每辆车的铭牌上都标有 k 规定值：Audi A6 的 k 值为0.8 1/m。

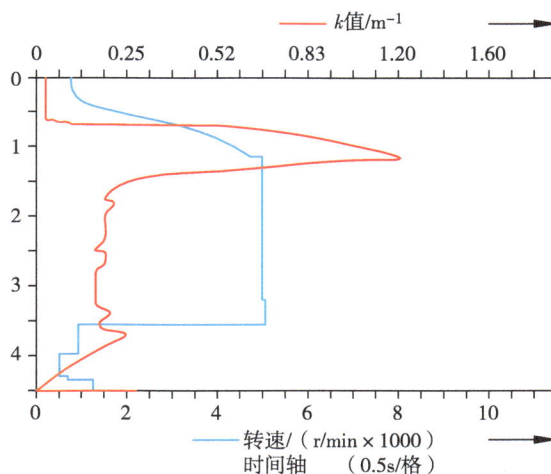

3.1.3　汽油发动机废气诊断

达到工作温度的发动机应出现以下废气值：		
废气	催化转换器前	催化转换器后
碳氢化合物HC	体积分数　0.01%~0.03%	体积分数　0~0.003%
一氧化碳CO	体积分数　0.5%~3.5%	体积分数　0~0.3%
氧气O_2	体积分数　0.5%~1.5%	体积分数　0~0.2%
二氧化碳CO_2	体积分数　13.0%~14.5%	体积分数　14.8%~16.8%
过量空气系数 λ	0.9~1.1	0.98~1.015

学习领域

8

HC值过高：	CO值过高：
• 燃烧室低温边缘处的火焰熄灭，例如冷态发动机时 • 通过以下原因造成点火断火或点火功率不足 　–火花塞已磨损或损坏 　–点火电缆电阻过高、并联等 • 点火时刻错误 • 形成的混合气过浓或过稀 • 气门泄漏 • 压缩不良 • 正时时间错误 / 重叠角较大 • 机油消耗量较高 • 发动机油被燃油稀释 • 催化转换器内的转换不足	• 怠速转速过低 • 调节的混合气过浓 • 过量空气系数调节错误 • 催化转换器内的转换不足 • 以下原因导致形成的混合气过浓 　–空气滤清器有污物 　–喷射装置燃油泄漏 　–在发动机热态时未停止冷起动/冷态运转加浓功能 　–各气缸燃油量不同 　–燃油压力过高（与系统有关）
O₂值过高：	CO₂值过低：
• 调节的混合气过稀 • 点火故障，发动机断火 • 催化转换器内的转换不足 • 以下原因导致废气稀释 　–各气缸燃油量不同， 　–进气系统泄漏（二次空气）， 　–燃油系统压力过低， 　–排气装置泄漏， 　–连接测试仪的废气抽气管泄漏， 　–二次空气进气装置未关闭。	形成的混合气过稀或过浓 • 点火故障，发动机断火 • 催化转换器内的转换不足 • 以下原因导致废气稀释 　–排气装置泄漏， 　–连接测试仪的废气抽气管泄漏， 　–废气探针插入排气尾管的深度不够， 　–二次空气进气装置未关闭。

过量空气系数值：

• 过量空气系数值>1 　–稀混合气（存在的氧气多于完全氧化所需量）	• 过量空气系数值<1 　–浓混合气（存在的氧气少于完全氧化所需量）

3.1.4　柴油发动机废气诊断

　　道路交通许可规定在 Xla3.2 号附件中针对柴油发动机规定了烟度最高值。根据该文件，下述限值有效：

● 在0.5/m带宽时低于2.5/m，

● 在0.7/m带宽时高于2.5/m，

　　根据最后三次的测量结果计算出算术平均值。由此得到的最高值不允许超过汽车制造商针对车型规定的最大烟度值。

　　原则上应首先读取故障码存储器。

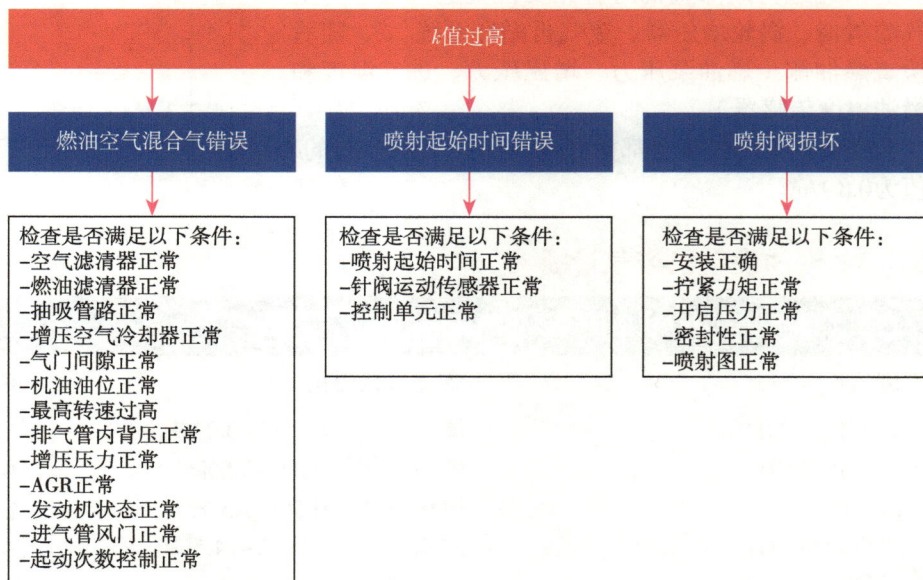

```
                         k值过高
    ┌──────────────┐  ┌──────────────┐  ┌──────────────┐
    │ 燃油空气混合气错误 │  │ 喷射起始时间错误  │  │   喷射阀损坏    │
    └──────────────┘  └──────────────┘  └──────────────┘
```

检查是否满足以下条件： –空气滤清器正常 –燃油滤清器正常 –抽吸管路正常 –增压空气冷却器正常 –气门间隙正常 –机油油位正常 –最高转速过高 –排气管内背压正常 –增压压力正常 –AGR正常 –发动机状态正常 –进气管风门正常 –起动次数控制正常	检查是否满足以下条件： –喷射起始时间正常 –针阀运动传感器正常 –控制单元正常	检查是否满足以下条件： –安装正确 –拧紧力矩正常 –开启压力正常 –密封性正常 –喷射图正常

3.2 尾气检测（AU）

有关车辆技术监督的国家规定与欧洲法规要求紧密结合。尾气检测是在欧洲范围内进行的一项检测。各国的实际检测过程有所不同，取决于监督组织和汽车协会组织的基础设施。

在德国定期进行尾气检测时会检查是否违反一氧化碳限值规定。每辆轿车在首次注册登记三年后以及随后每两年都要进行尾气检测。

2001年12月的尾气检测法规（道路交通许可规定第34号修改法）参考了欧洲法规的要求（欧3/4，OBD）（参见www.verkehrsportal.de 或 www.fahrlehrerverband-bw.de）。

·对尾气检测站的设施和设备提出统一的最低要求，

·统一的尾气检测设备软件/操作指导，

·用于所有尾气检测站的质量保证体系，

·针对所有授权从事尾气检测员工的培训义务，

·车辆检测方法。

尾气检测站必须确保能够满足设备、企业组织和员工培训方面的法规要求：

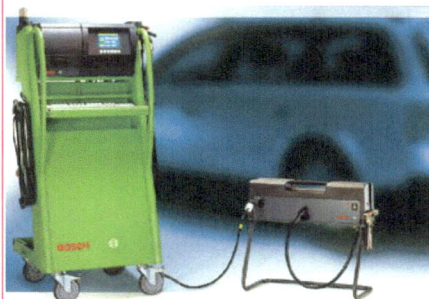

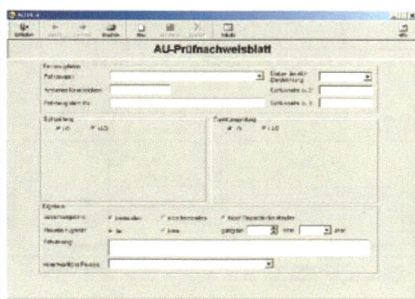

设备	企业组织	员工培训
用于尾气检测的尾气检测仪必须满足检测方法规定的流程要求（操作引导）。必须将测得的测量值记录、储存并以统一的检测证明形式打印出来。为了在进行尾气检测时能够查询OBD功能，需要一台通用读取设备即所谓的读取设备。通过读取设备可读取OBD数据以及储存数据及其故障码，可将这些数据传输至尾气检测仪并用合适的尾气检测软件进行处理。	尾气检测企业必须能够出具企业组织的文件证明。其中主要包括： ·合格员工的姓名， ·培训， ·已发现故障的统计， ·当前采用的检测标志概览， ·尾气检测设备的校准和保养期限监控， ·保持尾气检测实施和记录质量的措施。	所有授权从事尾气检测的专业人员必须参加首次培训且此后每36个月必须参加一次重复培训。 每个尾气检测站都必须任命一位尾气检测代理人，由其负责保管尾气检测站的文件。

学习领域
8

3.2.1 尾气检测的实施

尾气检测法规规定，除以前必须履行尾气检测义务的车辆外，装备OBD系统的车辆也必须经过尾气检测。

所有车辆的尾气检测分为
- 现场直观检查
- 功能检查。

使用混合气制备系统或废气再处理系统的动力总成或发动机类型不同时分别采用这两种方法：
- 使用点燃式发动机但无催化转换器或带有催化转换器但无空燃比调节式混合气制备装置的车辆，
- 使用点燃式发动机且带有催化转换器和空燃比调节式混合气制备装置的车辆，
- 使用点燃式发动机且带有催化转换器和空燃比调节式混合气制备装置及车载诊断系统（OBD）的车辆，
- 使用压燃式发动机的车辆，
- 使用点燃式发动机或压燃式发动机以及可选择传动装置或燃油的车辆。

3.2.2 代码索引

立法者针对上述五种车辆系统的每一种都规定了专用的检测方法。因此按照规定进行尾气检测时，必须首先根据机动车行驶证上的车辆数据对准备检测的车辆进行识别。

通过机动车行驶证区域1和区域5的文字和代码可知道检测方法。

区域5摘要

动力总成类型	机动车行驶证区域5的缩写	区域5的代码
GKAT汽油发动机	OTTO/GKAT	51
带有直喷系统的汽油发动机	OTTO-D	09
带有OBD的汽油发动机	OTTO/OBD	04
带有直喷系统和OBD的汽油发动机	OTTO-D/OBD	05
带有直喷系统的柴油发动机	DIESEL-D	22
带有OBD的柴油发动机	DIESEL/OBD	14

区域1摘要

区域1摘要	区域1文字
×××01	普通，低排放
×××25	低排放欧2标准
×××44	欧3标准
×××62	欧4标准

3.2.3　带有催化转换器汽油发动机和空燃比调节式混合气制备装置的车辆

道路交通许可规定针对这些车辆规定了下述尾气检测检查：

1. 现场直观检查

·检查与废气有关的部件包括排气装置的存在、完整性、密封性和损坏情况。

·检查燃油箱加注管压扁情况，若制造商对此未作出例外规定。

2. 检查

根据汽车制造商的使用说明针对与废气有关的调节参数检查是否符合汽车制造商的规定值。针对达到运行温度的发动机和催化转换器检查以下内容

·点火时刻（只要能显示），

·急速转速，

·根据汽车制造商的规定按照三种替换方法检查过量空气系数调节回路的功能：

a) 基本方法：简单地施加干扰参数，

b) 补充方法：使用简单的测量设备，

c) 替换方法：使用制造商的测试设备。

检查调节回路时，在达到规定转速时（至少2500r/min）通过有目的地施加干扰参数（例如基本方法：拔掉一根软管），检查能否在特定时间内消除 λ 调节与规定值的偏差。

通过施加干扰参数改变不同废气成分的浓度从而改变 λ 值。用尾气测量设备在排气尾管上测定不同废气成分（一氧化碳、二氧化碳、碳氢化合物和氧气）并据此计算出 λ 值。超过允许偏差时，混合气制备系统必须在60s内抵消掉施加的干扰参数。消除之后重新采用干扰参数在最多60s内重新进行抵消直至达到 λ 初始值。因此无法进行故障查询。只能确定调节回路是否正常工作。

按照StVZO第47a条及附件IXa Werk Hermann Electronic，Fuerth进行尾气检测的检测证明

Pierburg Instruments GmbH，　　　　　　　　　　　　　　　日期：2004年3月8日
HGA 400/DiGas 400 尾气检测程序版本：02/06/01，02/2003　　时间：08:56

Mueller 汽车销售服务中心

车辆识别数据
牌照号：　　　　　　　XX-XX-XXX
车辆制造商（2）：　　　戴姆勒-克莱斯勒　　　　HSN 代码（区域2）：0710
车型（3）：　　　　　　210　　　　　　　　　TSN 代码（区域3）：304
车辆识别号（4）：　　　WDB2100371A380140　里程数：92760
测量程序：　　　　　　G-KAT

名称：	规定值（最小/最大）	实际值	规定值/实际值比较
发动机温度/℃	可选	80	# 正常
急速提高/（r/min）	2500/3500	2933	正常
急速提高时的CO（体积百分比）：	最大0.3	0.01	正常
急速提高时的过量空气系数	0.970/1.030	1.001	正常
急速转速/（r/min）	600/750	749	正常
急速时的CO（体积百分比）：	最大0.5	0.01	正常
检查调节回路			# 正常
替换方法			

现场直观检查：# 正常　　规定值/实际值比较：正常　　调节回路评估：# 正常
尾气检测的偏差/说明：

最终结果：
检测：　　　　　　　通过尾气检测　　　检测人：　HARALD SCHOEDTER
检测标志：　　　　　已发放
下次尾气检测日期：　2006/07　　　　　签字：
按照第47b条的检测代码：HE-3-05-0002-1

3.2.4　柴油发动机车辆

检测流程包括以下内容：

·现场直观检查

–检查与废气有关的部件包括排气装置的存在、完整性、密封性和损坏情况。

–在完全踩下加速踏板时检查满负荷限位，如果可以进行的话。

·输入车辆规定数据和公差值，如果在检测设备中未存储这些数据的话：

–最低机油温度，

–急速转速，

–限速转速，

–测量时间（n=限速转速时的时间），

–测量模式（与测量设备有关），

–传感器1或2（与排气管直径有关），

–烟度值。

·使发动机（和废气净化系统）达到运行温度，连接废气检测设备。

·记录实际值：

–发动机转速，

–急速转速，

–限速转速，

–自由加速度：

·首先是急速转速，

·快速均匀地完全踩下加速踏板，

·在达到限速转速后保持该位置足够长的时间，

·松开加速踏板直至重新达到急速转速，

·将此过程重复四次，

·每次都从第二个过程起检测烟度值。

烟气检测的最大值：

·在0.5/m带宽时低于2.5/m烟度系数，

·在0.7/m带宽时高于2.5/m烟度系数，

·根据最后三次的测量结果计算出算术平均值。

·每次快速踩下加速踏板时，烟度算术平均值都不允许超过制造商的规定值。

按照 StVZO第47a条及附件IXa进行尾气检测的检测证明

执行机构：	
TAK	波恩

检测类型　柴油　　　检测报告编号　00000000000105　BOSCH ESA V3.1（德文版）9/2002

牌照号		XX-XX-XXX			
车辆制造商	区域 2	梅赛德斯	代码 2	710	
车型	区域 3	E 320 CDI	代码 3	423	
车辆识别号	区域 4	WDB210026A892931			
里程表		92456			

测量结果	单位	最小	最大	测量	结果
现场直观检查				#	正常
调节					
机油温度	℃	70		71.5	正常
急速转速	r/min	600	800	710	正常
限速转速	r/min	4500	4900	4580	正常

多工况台架测量
测量时间　　　　　　　s　　　　　　1.0
测量模式　　　　　　　　　　　　　B（响应时间t=0.9s−1.1s）
传感器　　　　　　　　　　　　　　1（直径10mm，排气管≤70mm）

多工况台架编号 烟度值	急速转速	限速转速	加速时间	
	1/m	r/min	r/min	s
k2	0.23	710	4580	1.14	正常
k3	0.19	710	4570	1.14	正常
k4	0.22	710	4580	1.12	正常

	单位	最小	最大	测量	结果
烟度带宽	1/m		0.5	0.04	正常
烟度算术平均值	1/m		2.1	0.21	正常
最终结果：	尾气检测				通过
	检测标志 到期时间	7/2006			已发放#
说明：	#				

检查编号	检测日期：	2004年7月22日　09:56	
按照第47b条	检测人：	Schmidt, G.	
BZ-1-23-4567-01			
		负责人签字	印章

3.2.5　带有OBD系统的车辆

针对带有OBD系统的车辆规定了下述检测范围：

· 现场直观检查

–对废气警告灯（MIL）进行现场直观检查

满足以下条件时，检查项目评为合格：打开点火开关时废气警告灯亮起，发动机起动后随即熄灭。

–检查与废气有关的部件以及排气装置的存在、完整性和密封性。

· 功能检查

将尾气检测设备通过读取设备与OBD系统连接，通过诊断接口接入车中。通过准许使用的软件引导专业人员进行功能检查（操作引导）。通过OBD接口读取实际值基本上代替了调节回路检查。

· 尾气检测

尾气检测包括一氧化碳测量以及提高急速时的过量空气系数值。

由发动机控制单元在EOBD过程中检测到的与废气有关的故障和数据必须能够使用OBD数据显示仪（读取设备）读取。借助SAE代码存储已识别的故障。将OBD数据显示仪连接到OBD诊断接口上后，检测设备就会自动建立与发动机控制单元的通信。

在OBD车辆上的尾气检测

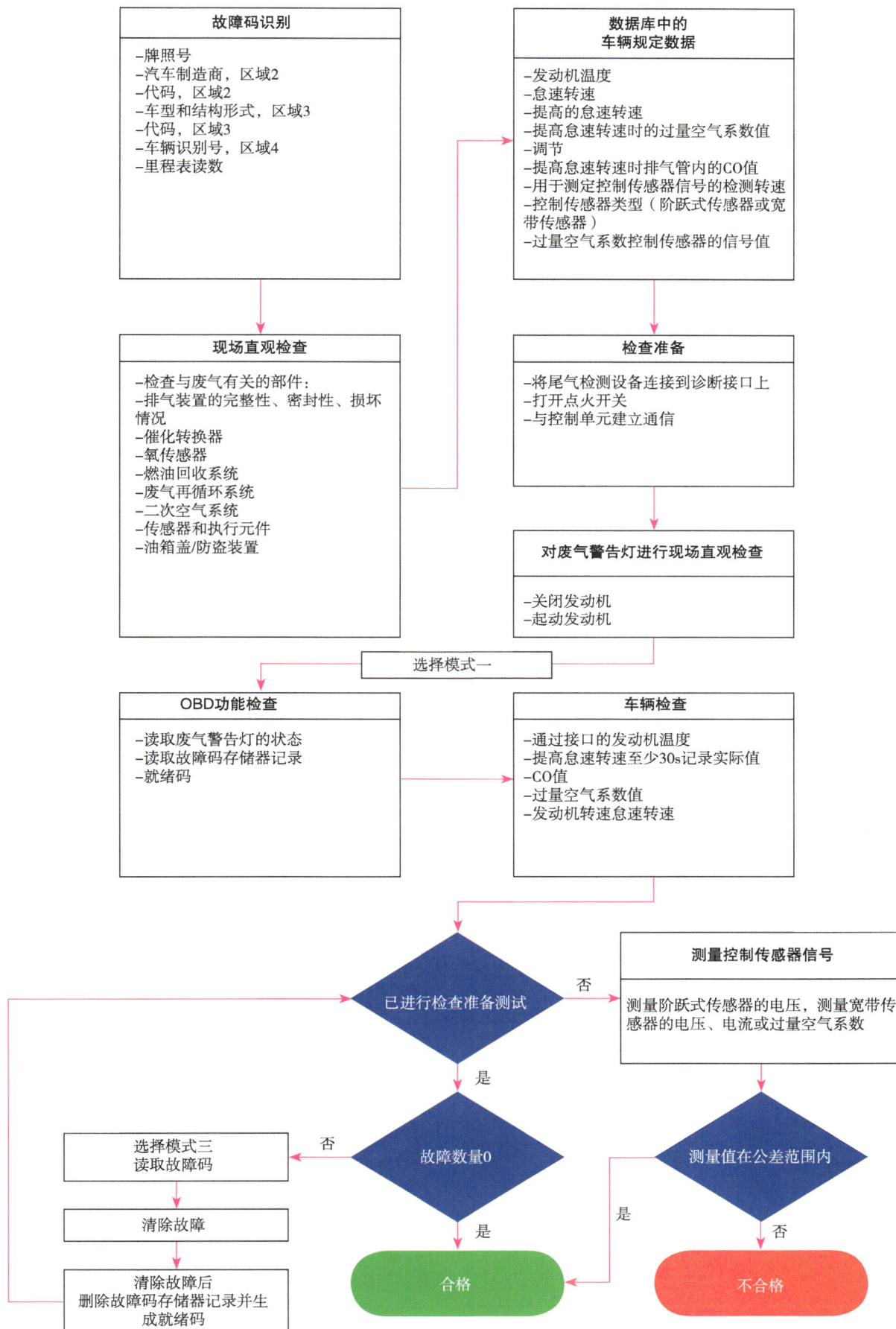

故障码识别
–牌照号 –汽车制造商，区域2 –代码，区域2 –车型和结构形式，区域3 –代码，区域3 –车辆识别号，区域4 –里程表读数

数据库中的车辆规定数据
–发动机温度 –怠速转速 –提高的怠速转速 –提高怠速转速时的过量空气系数值 –调节 –提高怠速转速时排气管内的CO值 –用于测定控制传感器信号的检测转速 –控制传感器类型（阶跃式传感器或宽带传感器） –过量空气系数控制传感器的信号值

现场直观检查
–检查与废气有关的部件： –排气装置的完整性、密封性、损坏情况 –催化转换器 –氧传感器 –燃油回收系统 –废气再循环系统 –二次空气系统 –传感器和执行元件 –油箱盖/防盗装置

检查准备
–将尾气检测设备连接到诊断接口上 –打开点火开关 –与控制单元建立通信

对废气警告灯进行现场直观检查
–关闭发动机 –起动发动机

选择模式一

OBD功能检查
–读取废气警告灯的状态 –读取故障码存储器记录 –就绪码

车辆检查
–通过接口的发动机温度 –提高怠速转速至少30s记录实际值 –CO值 –过量空气系数值 –发动机转速怠速转速

已进行检查准备测试 — 否 →

测量控制传感器信号
测量阶跃式传感器的电压，测量宽带传感器的电压、电流或过量空气系数

是 / 故障数量0 — 否 → 选择模式三 读取故障码 → 清除故障 → 清除故障后删除故障码存储器记录并生成就绪码

测量值在公差范围内 是 → 合格 / 否 → 不合格

合格　不合格

学习领域 8

检测证明：适用于带有催化转换器、空燃比调节式混合气制备装置和OBD系统的车辆

检测证明1：所有的检查准备测试都已结束。无需检查控制传感器。不必再读取故障码存储器，因为没有识别出与废气有关的故障。尾气检测合格，检测标记已颁发。

检测证明2：催化转换器、氧传感器和氧传感器加热装置的功能检查尚未结束。因此需按制造商规定对控制传感器进行功能检查。该功能由软件自动调用并处理。

检测证明3：识别出并储存与废气有关的故障。必须通过检测模式三读取故障码存储器。尾气检测未通过。

按照StVZO第47a条及附件IXa进行尾气检测的检测证明1

执行机构：
TAK　　　　　　波恩

检测类型：汽油催化转换器，带检测报告编号 00000000000104 BOSCH ESAV　3.1（德文版）9/2002　KTS520 版本 1.00

牌照号		XX-XX-XXX		
车辆制造商	区域2	大众VW	代码2	0603
车型	区域3	Lupo	代码3	450
车辆识别号	区域4	WVWZZZ6B72B016288		
里程表		198	OBD状态	EOBD

测量结果	单位	最小	最大	测量	结果
对部件和系统进行现场直观检查				#	正常
MI 状态：在发动机关闭时进行现场直观检查				#亮起	正常
MI 状态：在发动机起动时读取				关闭	正常
MI 状态：在发动机起动时进行现场直观检查				#关闭	正常
调节发动机温度	℃	80		96	正常
调节催化转换器	mm:ss	—		—	
对应转速	r/min	—	—		
提高急速转速	r/min	2500	3000	2562	正常
提高急速转速时的CO	%vol	0.3		0.013	正常
提高急速转速时的过量空气系数		0.97	1.03	1.001	正常
急速转速	r/min	600	800	696	正常

OBD 检测准备	辅助文件：			11111100101	
	实施：	进行所有系统测试		00000000000	
OBD 故障代码存储器	与废气有关的故障			0	正常

最终结果　　尾气检测　合格　　检测标志　到期时间7/2006　#已发放
说明#

检查编号	检测日期：	2004年7月14日　15:10
按照第47b条	检测人：	Schmidt,G.
BZ 1-23-4567-01		
	负责人签字　　印章	

按照StVZO第47a条及附件IXa进行尾气检测的检测证明2

执行机构：
TAK　　　　　　波恩

检测类型：汽油催化转换器，检测报告编号 00000000000101 BOSCH ESAV　3.1（德文版）9/2002　KTS520 版本 1.00

牌照号		XX-XX-XXX		
车辆制造商	区域2	大众VW	代码2	0603
车型	区域3	Lupo	代码3	450
车辆识别号	区域4	WVWZZZ6B72B016288		
里程表		195	OBD状态	EOBD

测量结果	单位	最小	最大	测量	结果
对部件和系统进行现场直观检查				#	正常
MI 状态：在发动机关闭时进行现场直观检查				#亮起	正常
MI 状态：在发动机起动时读取				关闭	正常
MI 状态：在发动机起动时进行现场直观检查				#关闭	正常
调节发动机温度	℃	80		85	正常
调节催化转换器	mm:ss	—		—	
对应转速	r/min	—	—		
提高急速转速	r/min	2500	3000	2892	正常
提高急速转速时的CO	%vol	0.3		0.003	正常
提高急速转速时的过量空气系数		0.97	1.03	1.053	不正常
急速转速	r/min	600	800	735	正常

OBD 检测准备	辅助文件：			11111100101	
	实施：	并非进行所有系统测试		00001100001	
控制传感器检测	转速	615	815	694	正常
	Sig-S1B1	-3.000	3.000	0.726	正常
OBD 故障代码存储器	与废气有关的故障			0	正常

最终结果　　尾气检测　不合格　　检测标志　#未发放
说明#

检查编号	检测日期：	2004年7月14日　13:44
按照第47b条	检测人：	Schmidt,G.
BZ 1-23-4567-01		
	负责人签字　　印章	

按照StVZO第47a条及附件IXa进行尾气检测的检测证明3

执行机构：
TAK　　　　　　波恩

检测类型：汽油催化转换器，检测报告编号 00000000000103 BOSCH ESAV　3.1（德文版）9/2002　KTS520 版本 1.00

牌照号		XX-XX-XXX		
车辆制造商	区域2	大众VW	代码2	0603
车型	区域3	Lupo	代码3	450
车辆识别号	区域4	WVWZZZ6B72B016288		
里程表		195	OBD状态	EOBD

测量结果	单位	最小	最大	测量	结果
对部件和系统进行现场直观检查				#	正常
MI 状态：在发动机关闭时进行现场直观检查				#亮起	正常
MI 状态：在发动机起动时读取				亮起	正常
MI 状态：在发动机起动时进行现场直观检查				#亮起	正常
调节发动机温度	℃	80		93	正常
调节催化转换器	mm:ss	—		—	
对应转速	r/min	—	—		
提高急速转速	r/min	2500	3000	2872	正常
提高急速转速时的CO	%vol	0.3		0.006	正常
提高急速转速时的过量空气系数		0.97	1.03	1.051	不正常
急速转速	r/min	600	800	703	正常

OBD 检测准备	辅助文件：			11111100101	
	实施：	并非进行所有系统测试		00001100001	
控制传感器检测	转速	594	794	700	正常
	Sig-S1B1	0.970	1.030	1.002	正常
OBD 故障代码存储器	与废气有关的故障			1	不正常

*P0030氧传感器加热装置（气缸列1，传感器1）

最终结果　　尾气检测　不合格　　检测标志　#未发放
说明#

检查编号	检测日期：	2004年7月14日　14:25
按照第47b条	检测人：	Schmidt,G.
BZ 1-23-4567-01		
	负责人签字　　印章	

4 通过按计划修理实现质量保证要求

4.1 使用EOBD进行工作

废气警告灯（MIL）亮起时，驾驶员有义务让维修站来检查车辆上的EOBD/排气系统。下图表示此项工作流程。

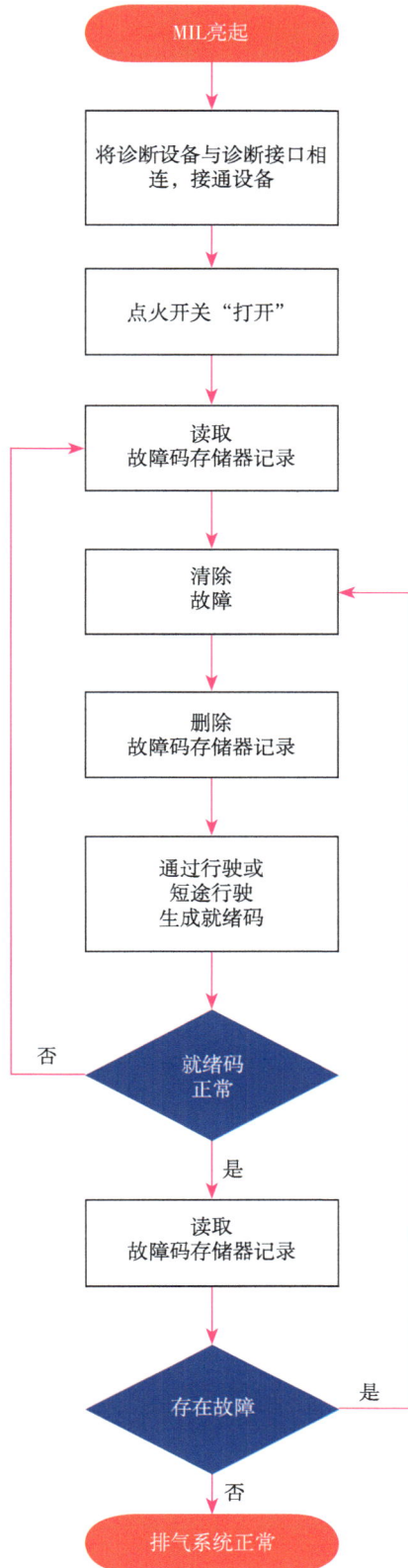

```
            ┌──────────────┐
            │   MIL亮起     │
            └──────┬───────┘
                   ▼
        ┌────────────────────┐
        │ 将诊断设备与诊断接口相 │
        │    连，接通设备       │
        └──────────┬─────────┘
                   ▼
        ┌────────────────────┐
        │  点火开关"打开"      │
        └──────────┬─────────┘
                   ▼
        ┌────────────────────┐
        │     读取            │
        │  故障码存储器记录    │
        └──────────┬─────────┘
                   ▼
        ┌────────────────────┐
        │     清除           │
        │     故障           │
        └──────────┬─────────┘
                   ▼
        ┌────────────────────┐
        │     删除           │
        │  故障码存储器记录    │
        └──────────┬─────────┘
                   ▼
        ┌────────────────────┐
        │   通过行驶或        │
        │   短途行驶         │
        │   生成就绪码        │
        └──────────┬─────────┘
                   ▼
        ◇  就绪码正常  ◇ ──否──→
                   │是
                   ▼
        ┌────────────────────┐
        │     读取            │
        │  故障码存储器记录    │
        └──────────┬─────────┘
                   ▼
        ◇  存在故障  ◇ ──是──→
                   │否
                   ▼
        ┌────────────────────┐
        │   排气系统正常       │
        └────────────────────┘
```

学习领域

8

4.2　尾气检测工作说明

AP05工作说明
尾气检测（AU）工作方法

为了尽可能减轻尾气检测人员的工作负担，尽量规定下述检测流程：

1. 打开大门，把车开到检测位置上并关闭发动机。发动机静止后再关上入口大门。
2. 比较车辆数据并将其输入个人计算机中。
3. 现场直观检查。
4. 把检测设备连接到发动机上。
5. 把探针插入排气管内，进行柴油机检测时在检测循环前才插入。

按照 BG/BIA 建议，安装抽吸漏斗时应尽可能密封并向尾管流动方向居中放置。不要产生反射面。接通抽吸装置。

6. 进行柴油机尾气检测时，如果可能的话，在发动机室盖上仅留一点放置测量线路的小缝隙。
7. 由于会发出噪声，因此进行柴油机尾气检测时可能需要关上大门。
8. 进行柴油机尾气检测时，检测者要戴上听力保护装置坐在车内并起动发动机。
9. 进行检查。
10. 检测一结束就立即关闭发动机。
11. 打开车辆出口大门。
12. 断开检测设备的接线，从排气管中取出探针并签发检测证明。
13. 起动发动并将车开出去。
14. 若不再进行其他车辆检查则关闭抽吸装置。

此外还需遵守以下安全说明：

	通过检测坑进行尾气检测时：坑上方工作区域必须采取足够的安全措施。
	防止车辆溜车。
	检查检测装置的损坏情况和安全设施的功能。
	保持交通道路和逃生门的畅通。
	不要停留在开进来的车辆前面。
	流出的机油、燃油等立即用吸附剂吸收掉并作为特殊垃圾送去进行放弃处理。
	向用户指出存在危险，提供听力防护装置并远离危险区域。
	进行检测过程中，只有检测者才能重新起动汽车。

4.3 工作指导

公司：

负责人：

签字：

工作指导

版本：

应用范围

柴油发动机排放物
根据危险物品规定第 20 章的工作指导

TRK = 0.1 mg/m² – 柴油发动机排放物（DME）是在燃烧柴油（碳氢化合物与添加剂的混合物）过程中释放出的废气。它包括气态形式和颗粒物形式的成分，特别是一氧化碳、一氧化氮和一氧化硫、乙醛、炭烟沉积物。

人身和环境危害

柴油排放物可以致癌。会产生典型的刺鼻气味。在空气中浓度较高时可能会刺激黏膜，引起头痛、眩晕、麻木甚至晕厥。一氧化碳可能会对未出生的婴儿造成伤害。要告知具有生育能力的女员工一氧化碳对胎儿有伤害作用。

保护措施和行为准则

* 避免将发动机正在运行的车辆停放在敞开的车间大门前。
* 避免在没有抽吸装置的情况下让发动机徒劳运转和踩下加速踏板。
* 进行年检和安全检查时使用抽吸装置或 DME 过滤器。
* 压缩空气制动装置，可能的话使用外供压缩空气，否则只能在户外为发动机充气。
* 进行尾气检测时使用抽吸装置并对准抽吸漏斗，以便能够全部收集和抽吸废气。
  不要形成任何冲击面。结束尾气检测后始终通过大门通风。
* 不允许挡住旁通孔。
* 接触到柴油炭烟后必须清洁面部和手部。
* 在检测区域内不要吃东西、饮水、吸烟。

出现问题时的处理措施

* 输送新鲜空气并离开工作区域。
* 抽吸装置损坏时立即报告上级。
* 抽吸装置失灵时不允许在车间内进行尾气检测。
* 准备好发生火灾时所需的灭火器。

发生事故时的处理措施／急救措施

* 拨打 120 紧急呼救电话。
* 吸入后：出现中毒现象时要立即呼吸新鲜空气，根据需要通知急救人员，感觉不适时应到医院就诊。

维护／废弃处理

* 使用灰尘等级为 H 的吸尘器（EN 60335-2-69）或湿式清洁装置（非高压清洁装置）清除抽吸管路内和侧壁上的沉积物。
* 按照制造商说明对已损坏的颗粒过滤器进行废弃处理。

公司：

负责人：

签字：

工作指导

版本：

应用范围

发动机废气
根据危险物品规定第 20 章的工作指导

汽油发动机产生的废气包括一氧化碳、二氧化碳、氮氧化物和碳氢化合物。

人身和环境危害

一氧化碳是一种毒性很大的血液毒素。它会导致血液的氧气吸收能力下降。不排除会产生器官伤害等后果。可能会对未出生的婴儿造成伤害。要告知具有生育能力的女员工一氧化碳对胎儿有伤害作用。

保护措施和行为准则

* 避免将发动机正在运行的车辆停放在敞开的车间大门前以及在检测车间内让发动机徒劳运转和紧急加速。
* 始终保持室内良好通风。不允许挡住外部旁通孔。
* 进行尾气检测时使用尺寸够大的废气抽吸装置。放置和对准抽吸漏斗时要确保能够全部收集和抽吸废气。
  不要形成任何冲击面。
* 在检测区域内不要吃东西、饮水、吸烟。

出现问题时的处理措施

* 抽吸装置损坏时立即报告上级。
* 抽吸装置失灵时不允许在车间内进行尾气检测。
* 空气中的有害物质浓度过高时立即通过最近的出口到达室外。

发生事故时的处理措施／急救措施

* 拨打 120 紧急呼救电话。
* 出现中毒现象时要立即呼吸新鲜空气。
* 根据需要通知急救人员，感觉不适时应到医院就诊。

维护／废弃处理

* 通过足够的通风排到外界空气中。

学习领域

8

5 通过记录实现质量保证要求

5.1 企业组织文件

为了确保以高标准进行尾气检测，尾气检测站必须记录各种所需质保措施。

每个认可的尾气检测站都必须任命一位尾气检测代理人，由其负责保管尾气检测站的文件。

可通过ZDK带有相关表格的质保手册记录质保措施，表格需由尾气检测代理人填写。包括以下表格

·进行和监控尾气检测的人员（尾气检测培训计划），

·车辆故障与检测结果统计（尾气检测证明表），

·尾气检测标志证明（合格证明），

·检测设备/装备（检测工具清单/检测计划），

·尾气检测内部审查（检测清单）。

手写填入这些表格的数据可通过EDV程序AU Plus获取：

·尾气检测实施证明（故障统计）。将所打印检测证明中确认的故障输入尾气检测证明表中以便进行统计分析。

·进行和监控尾气检测的人员（尾气检测培训计划）：在培训计划中记录对相关人员的培训。

·检测设备／装备：必须定期校准、检查或保养检测设备。必须在一个检测工具清单中记录所有检测情况。

·尾气检测内部审查：尾气检测站通过这种所谓的"自检"方法检查是否实际执行了确定的质保措施。

·检测标志合格照明：实际拥有检测标志时必须在尾气检测站进行相应记录。

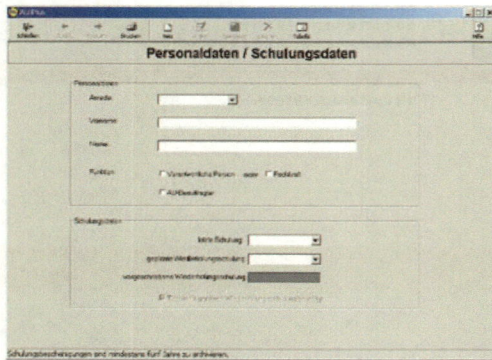

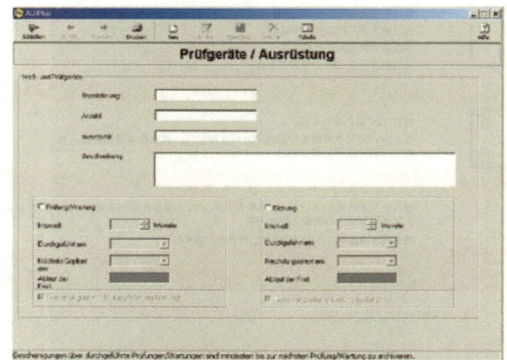

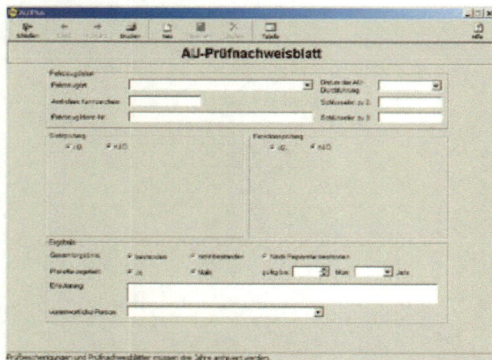

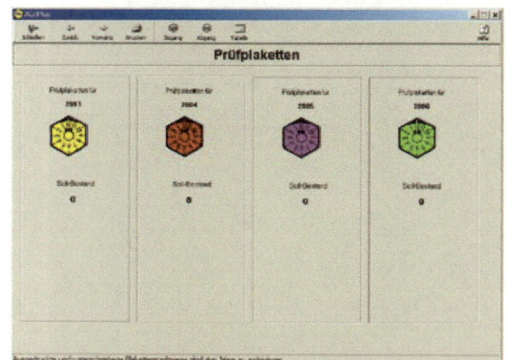

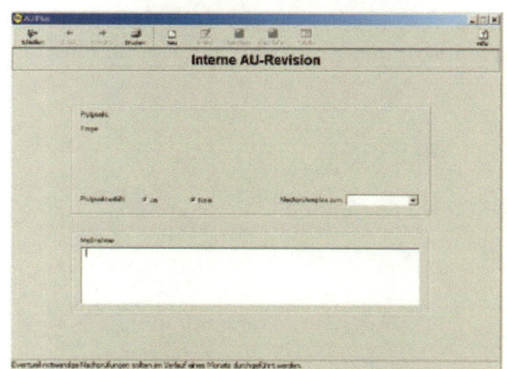

客户委托解决方案说明

排气系统

进行尾气检测AU（参见第292页检测证明3）时未颁发检测标志。请进行修理。

1．通过以客户为本实现质量保证要求

1）电话通知客户并未颁发检测标志（工作表1）。

2）经销商委托您起草一份客户通知书，告知EOBD概况。要用德文和英文打印这份通知书。（在此请使用ESItronic的英文版本。）

2．通过系统知识实现质量保证要求

1）进行车辆识别（工作表2）。

2）哪些组件和系统通过EOBD进行监控（工作表3）？

3）就绪码如何表示上述车辆（工作表3）？

4）画出准备修理的排放系统电路方框图并描述功能（工作表4）。

5）画出电路图（工作表5）。

3．通过检查和测量实现质量保证要求

制定检测计划（工作表5）。

4．通过按计划修理实现质量保证要求

进行修理时必须采取哪些安全措施（工作表8）？

5．通过检查和记录实现质量保证要求

1）将车辆交付客户前必须对哪些修理项目进行复查？

2）比较各工作小组的不同结果，讨论工作流程并记录改进措施（工作表7）。

➡ ☺ 客户委托解决方案工作表及其他信息请参见辅助材料CR–ROM。

图片来源索引

感谢下列公司提供信息资料、照片及专业指导：

Adam Opel AG, Ruesselsheim

Adolf Wuerth GmbH & Co.KG, Kuenzelsau

AEG AG Regensburg

Akademie des Deutschen Kraftfahrzeuggewerbes GmbH, Bonn

Aluminium–Zentrale e. V., Nuernberg

Aral AG, Bochum

Ate GmbH, Frankfurt

Audi AG, Ingolstadt

Automeister, Langen

BASF AG, Ludwigshafen

Bayrische Motoren Werke, Muenchen

Behr GmbH & Co.KG, Stuttgart

Bewag AG & Co.KG, Berlin

Boge GmbH, Eitorf

Conrad Electronic GmbH, Hirschau,

Continental Deutschland GmbH, Hannover

DABAG GmbH, Zuerich

Daimler–Benz, Stuttgart

J. Eberspaecher, Esslingen

ELMAG Entwicklungs– und Handels–GmbH, Ried im Innkreis

Fluke Deutschland GmbH, Kassel

Ford–Werke AG, Koeln

Freudenberg Simrit KG, Weinheim

Hazet – Werk, Remscheid

Heinrich Klar Schilder– und Etikettenfabrik GmbH & Co. KG, Wuppertal

Hella KG, Hueck & Co. KG, Lippstadt

Henkel Loctite Deutschland GmbH, Muenchen

ITT Automotiv Europe GmbH, Frankfurt am Main

KAMAX – Werke, Osterode am Harz

LuK–Aftermarket Service oHG, Langen

MEV Bildarchiv

Mueller Geraetebau GmbH, Hoefendorf

Pirelli Reifenwerke GmbH & Co. KG, Hoechst

Robert Bosch GmbH, Stuttgart

Rothenberger Werkzeuge GmbH, Kelkheim

Strassenverkehrsamt, Siegburg

Uniroyal, Hannover

Varta AG, Hannover

Volkswagen AG, Wolfsburg

Zahnradfabrik Friedrichshafen AG, Friedrichshafen

Zippo Beissbarth Automotive Group, Muenchen

"辅助材料" CD-ROM内容

学习领域5的内容

表格／工作表
委托表/客户委托样表
客户委托解决方案说明

客户委托工作表
工作表01：以客户为本
工作表02：车辆识别，设备识别
工作表03：前期计划：思路图
工作表04：系统知识：提出问题
工作表05：系统知识：电路图/电流特性曲线/元件
工作表06：系统知识：回答问题
工作表07：故障诊断：ESItronic/故障诊断
工作表08：检测和测量，故障诊断1
工作表09：检测和测量，故障诊断2
工作表10：程序流程图
工作表11：劳动安全：危险说明 / 注意事项说明
工作表12：检查，改进质量

汽车技术词汇表

学习领域5的复习问题

学徒考试／毕业考试第一部分的准备（期中考试）
客户委托：检查照明装置、信号装置和刮水清洗装置
客户投诉：蓄电池自动放电
客户投诉：充电指示灯在转速提高时不熄灭
客户投诉：起动机不转动

信息
ESItronic中的显示屏画面
车辆装备、工时和工作卡示例
车辆装备、产品信息和数据示例

银正蓄电池的产品特性
燃料电池的功能（模拟）

质量管理

链接
轿车
货车
两轮车
组件和系统
劳动/健康保护
概述

学习领域

8

学习领域6的内容

表格／工作表
委托表/客户委托样表
客户委托解决方案说明

客户委托工作表
工作表01：以客户为本
工作表02：车辆识别，发动机机械机构
工作表03：发动机特性数据
工作表04：气门控制机构特性数据
工作表05：计算
工作表06：电路方框图，功能描述
工作表07：功能元件
工作表08：故障分析
工作表09：工作计划
工作表10：劳动安全：危险说明／注意事项说明
工作表11：检查，改进质量

汽车技术词汇表

学习领域6的复习问题
有关技术和工艺数学的作业

学徒考试／毕业考试第一部分的准备（期中考试）
客户投诉：冷却液损耗
客户委托：更换正时带
客户投诉：温度显示处于警告区域
客户投诉：机油压力指示灯在行驶途中不熄灭

客户委托信息
客户投诉：冷却液损耗
客户委托：更换正时带
客户投诉：温度显示处于警告区域
客户投诉：机油压力指示灯在行驶途中不熄灭

英文课程资料
专业密封人员的提示

信息
汪克尔旋转活塞发动机
二冲程发动机

链接
轿车　　　　　　　　　　　　　　组件和系统
货车　　　　　　　　　　　　　　劳动/健康保护
两轮车　　　　　　　　　　　　　概述

学习领域7的内容

表格／工作表
委托表/客户委托
客户委托解决方案说明

客户委托工作表
工作表01：以客户为本
工作表02：车辆识别，发动机机械机构
工作表03：燃烧方法
工作表04：电路方框图
工作表05：电路图，信号
工作表06：电路图，信号
工作表07：功能描述
工作表08：故障分析
工作表09：工作计划
工作表10：劳动安全：危险说明／注意事项说明
工作表11：检查，改进质量

汽车技术词汇表
学习领域7的复习问题

问题和作业
复习问题
练习作业

英文课程链接

柴油喷射系统

信息
化油器
汽油喷射系统
耗油量，空燃比，容积率，空气消耗量
蓄电池喷射系统：检查和测量
电动蓄电池点火系统–电子点火系统
电动蓄电池点火系统–电子点火系统：检查和测量
发动机管理系统
发动机管理系统：检查和测量
边缘控制式柴油喷射系统
边缘控制式柴油喷射系统：检查和测量
系统性清除故障，以VW Lupo 1.0（AUC）为例
有关客户委托 1 的信息：加油不顺畅，VW Lupo AUC
ESItronic 培训师信息：KTS，SIS，CAS

学习领域
8

学习领域8的内容

表格／工作表
委托表/客户委托样表
客户委托解决方案说明

客户委托工作表
工作表01：以客户为本
工作表02：车辆识别
工作表03：EOBD
工作表04：电路方框图，功能描述
工作表05：故障分析
工作表06：劳动安全：危险说明／注意事项说明
工作表07：检查，改进质量

汽车技术词汇表

学习领域8的复习问题

链接
轿车
货车
两轮车
组件和系统
劳动/健康保护
概述

术语索引

学习领域

8

学习领域

8

《汽车机电技术》是由华晨宝马汽车有限公司引进并组织翻译的德国职业教育培训教材。全套共三册，本书是第二册，包括学习领域 5~8，内容包括供电系统和起动系统的检查和修理、发动机机械机构的检查和修理、发动机管理系统的诊断与维修、废气系统保养与维修工作的实施。在本学习阶段中，学生需要对客户委托独立完成计划、实施、检查和评估。通过以小组为单位独立执行客户委托，学生既能获得专业的诊断和修理能力，又能培养学习与社交能力。

本书可作为汽车类专业职业院校学生的教学用书，也可作为汽车销售、维修、服务企业的职业培训用书。

Title：Berufsfeld Fahrzeugtechnik-Lernfelder 5-8

Number：978-3-427-04368-3

Author：Wilfried Staudt

Copyright © 2005：Bildungserlag EINS GmbH，Troisdorf

All rights reserved

Chinese copyright © 2009 by China Machine Press

北京市版权局著作权合同登记号：图字 01-2009-2214

图书在版编目（CIP）数据

汽车机电技术（二）学习领域 5~8/（德）施托德（Staudt，W.）著；华晨宝马汽车有限公司组译.—北京：机械工业出版社，2009.8（2025.2 重印）

（国外职业教育优秀教材精选）

ISBN 978-7-111-27727-9

Ⅰ.汽... Ⅱ.①施...②华... Ⅲ.汽车—机电设备—职业教育—教材 Ⅳ.U463

中国版本图书馆 CIP 数据核字（2009）第 119137 号

机械工业出版社（北京市百万庄大街 22 号 邮政编码 100037）

策划编辑：曹新宇 责任编辑：曹新宇 责任校对：刘志文

封面设计：陈 沛 责任印制：李 昂

北京捷迅佳彩印刷有限公司印刷

2025 年 2 月第 1 版第 10 次印刷

210mm×285mm · 19.25 印张 · 684 千字

标准书号：ISBN 978-7-111-27727-9

定价：120.00 元

电话服务 网络服务

客服电话：010-88361066 机 工 官 网：www.cmpbook.com

010-88379833 机 工 官 博：weibo.com/cmp1952

010-68326294 金 书 网：www.golden-book.com

封底无防伪标均为盗版 机工教育服务网：www.cmpedu.com